JN059412

教科書ガイド

第一学習社 版

高等学校 古典探究
古文編 第Ⅱ部
高等学校 精選古典探究
古文編 第Ⅱ部

TEXT
BOOK
GUIDE

文研出版

はしがき

本書は、第一学習社発行の教科書「古典探究　古文編(717)」及び「精選古典探究(719)」に準拠した教科書解説書として編集されたものです。

教科書内容がスムーズに理解できるよう工夫されています。

予習や復習、試験前の学習にお役立てください。

本書の特色

●教科書参照ページ

本書は、お使いの教科書によって「教科書参照ページ」が異なります。

教717…高等学校　古典探究　古文編(717)
教719…高等学校　精選古典探究(719)

本書は、教717の教科書の流れにしたがって、構成されています。教719をお使いの方は、「目次」で教材の収録箇所をご確認ください。

●冒頭解説

それぞれ、各単元の冒頭の〔○○とは〕で、学習にあたっての予備知識となるような事柄(作品と作者など)を解説しています。

品詞分解の略符号

1 品詞名
(名詞は品詞名省略)
ク・シク＝形容詞
ナリ・タリ＝形容動詞
連＝連体詞　副＝副詞
接＝接続詞　感＝感動詞
助動＝助動詞　補＝補助動詞

2 動詞の活用の種類
四＝四段　上一＝上一段
上二＝上二段　下一＝下一段
下二＝下二段
カ変・サ変・ナ変・ラ変＝変格活用

3 活用形
未＝未然形　用＝連用形
終＝終止形　体＝連体形
已＝已然形　命＝命令形

4 助動詞の意味
使＝使役　尊＝尊敬　受＝受身
可＝可能　自＝自発　打＝打消

●教材解説

まず教材のまとまりごとの〔大意〕を簡潔にまとめています。

〔品詞分解／現代語訳〕では、教科書の原文を単語単位に分け、品詞名・種類・活用形を下記の略符号で原文右に示し、原文左には、適宜必要な言葉を補って現代語訳を示しています。また、〔語句の解説〕として、重要語句や文法上特におさえておきたい箇所について解説しています。

●学習の手引き・言葉の手引き

教科書教材末に出ている問題に対応する解答例や考え方などを示しています。

なお、前記以外に、「言語活動」の項目にも解説を設けています。

過＝過去　**詠**＝詠嘆　**完**＝完了
強＝強意（確述）　**存**＝存続
存在＝存在　**推**＝推量　**定**＝推定
意＝意志　**勧**＝勧誘　**命**＝命令
仮＝仮定　**婉**＝婉曲　**当**＝当然
適＝適当　**伝**＝伝聞　**義**＝義務
不推＝不可能推量　**比**＝比況
断＝断定　**様**＝様子　**状**＝状態
現推＝現在推量　**過推**＝過去推量
反仮＝反実仮想　**願**＝願望
打推＝打消推量　**打意**＝打消意志
打当＝打消当然　**禁**＝禁止
現原＝現在の原因推量　**例**＝例示
過原＝過去の原因推量
現婉・過婉＝現在／過去の婉曲
現伝・過伝＝現在／過去の伝聞

5 助詞の分類

格助＝格助詞　**副助**＝副助詞
係助＝係助詞　**終助**＝終助詞
接助＝接続助詞　**間助**＝間投助詞

6 その他

尊＝尊敬　**謙**＝謙譲　**丁**＝丁寧
（代）＝代名詞　**（枕）**＝枕詞
（音）＝音便　**（連語）**　**（語幹）**
（係）……**（結）**＝係り結び
（ク語法）　**（口語）**　など

目次

教科書によって「教科書参照ページ」が異なりますので、ご注意ください。
教717…高等学校　古典探究　古文編（717）
教719…高等学校　精選古典探究（719）

叡実《えいじつ》、路頭の病者《びやうじや》を憐《あは》れむ事〔発心集《ほつしんしふ》〕

教717 P.130〜P.131　教719 P.118〜P.119

【大意】 1　教717 130ページ1〜3行　教719 118ページ1〜3行

比叡山《ひえいざん》の叡実阿闍梨《あじやり》が、帝《みかど》のご病気が重く、断りきれずに祈禱《きとう》のために参上することになった。

【品詞分解／現代語訳】

山	に、	叡実阿闍梨	と	いひ	て、	貴き	人	あり	けり。
	格助		格助	四・用	接助	ク・体		ラ変・用	助動・過・終

比叡山延暦寺に、叡実阿闍梨といって、尊い人がいた。

帝	の	御悩み	重く	おはしまし	ける	ころ、
	格助		ク・用	補尊・四・用	助動・過・体	

帝のご病気が重くていらっしゃったころ、

召し	けれ	ば、	たびたび	辞し	申し	けれ	ど、	重ね	たる	仰せ	否びがたく	て、	なまじひに
四・用	助動・過・已	接助	副	サ変・用	補謙・四・用	助動・過・已	接助	下二・用	助動・存・体		ク・用	接助	ナリ・用

(帝が)お呼び寄せになったので、たびたびご辞退申し上げたのだが、たび重なるご命令を断りきれなくて、しぶしぶながら

参り	給ふ。
四・用	補尊・四・終

参上なさる。

語句の解説 1

教717 130ページ　教719 118ページ

1 **重《おも》くおは《ワ》しましけるころ**　(病気が)重くていらっしゃったところ。

「おはします」は補助動詞「あり」の尊敬語。

2 **召《め》しければ**　お呼び寄せになったので。

「召す」は「呼ぶ」の尊敬語。帝の病気が重く、その回復を願う祈禱のために叡実をお呼び寄せになったのである。

2 **たびたび辞《じ》し申《もう》しけれど、重《かさ》ねたる仰《おお》せ否《いな》びがたくて**　たびたびご辞退申し上げたのだが、たび重なるご命令を断りきれなくて。

「重ねたる」は何度も繰り返す様子。「たる」は存続の助動詞「たり」の連体形。「否びがたく」は形容詞「否びがたし」の連用形。「否ぶ(断るの意)」という動詞に「がたし(難しいの意)」という接尾語が付いてできた。

【大　意】 2　教717 130ページ4行～131ページ6行　教719 118ページ4行～119ページ6行

途中、みすぼらしい病人が路上に倒れていて、叡実は車を降りて病人の世話をした。帝のお使いが参内を急がせると、叡実は、帝もこの病人も同じようにおろそかにはできない。帝の病気快復を祈禱する僧は誰かいるだろうが、この病人は自分が見捨てたら死んでしまうだろうと言い、病人の世話をして参内することはなかった。

【品詞分解／現代語訳】

道 に（格助）、あやしげなる（ナリ・体） 病人 の（格助）、足手 も（係助） かなは（四・未） ず（助動・打・用） して（接助）、ある（連体） 所 の（格助） 築地 の（格助） つら に（格助） 平がり（四・用）

路上に、みすぼらしい病人で、足も手も動かないで、ある所の築地のそばに腹ばいになって

臥せ（四・已） る（助動・存・体） あり（ラ変・用） けり（助動・過・終）。阿闍梨 これ（代） を（格助） 見（上一・用） て（接助）、悲しみ の（格助） 涙 を（格助） 流し（四・用） つつ（接助）、車 より（格助） 下り（上二・用） て（接助）、

寝ている者がいた。阿闍梨はこれを見て、悲しみの涙を流しながら、車から下りて、

憐れみ（四・用） とぶらふ（四・終）。畳 求め（下二・用） て（接助） 敷か（四・未） せ（助動・使・用）、上 に（格助） 仮屋 さし覆ひ（四・用）、食ひ物 求め（下二・用） あつかふ（四・体） ほど に（格助）、

同情して看病する。敷物を求めて敷かせ、上に仮の小屋（を作って、それ）で覆い、食べ物を求めて面倒を見ているうちに、

やや（副） 久しく（シク・用） なり（四・用） に（助動・完・用） けり（助動・過・終）。勅使、「日 暮れ（下二・用） ぬ（助動・強・終） べし（助動・推・終）。いといと（副） 便なき（ク・体） こと なり（助動・断・終）。」 と（格助）

いくらか長くなってしまった。勅使が、「日が暮れてしまうでしょう。たいそう不都合なことだ。」と言ったところ、

言ひ（四・用） けれ（助動・過・已） ば（接助）、「参る（四・終） まじき（助動・打意・体）。かく（副）、そ（代） の（格助） よし を（格助） 申せ（四・命）。」 と（格助） 言ふ（四・終）。御使ひ 驚き（四・用） て（接助）、ゆゑ を（格助）

「参内はしますまい。このように、その（参内しない）ことを申し上げてください。」と言う。勅使は驚いて、理由を尋ねる。

問ふ（四・終）。阿闍梨 言ふ（四・体） やう、「世 を（格助） 厭ひ（四・用） て（接助）、心 を（格助） 仏道 に（格助） 任せ（下二・用） し（助動・過・体） より（格助）、帝 の（格助） 御事 とて（格助）

阿闍梨が言うには、「俗世間を嫌って、仏道に帰依したときから、帝のご用事といっても

も（係助） あながちに（ナリ・用） 貴から（ク・未） ず（助動・打・終）。かかる（ラ変・体） 病人 とて（格助） も（係助） また（副） おろかなら（ナリ・未） ず（助動・打・終）。ただ（副） 同じ（シク・体） やうに（助動・様・用）

とりたてて尊いことではない。このような病人といってもまたおろそかにはできない。ただ同じように思われます。

おぼゆる〔下二・体〕なり。〔助動・断・終〕それ〔(代)〕に〔格助〕とり〔四・用〕て、〔接助〕君の〔格助〕御祈りの〔格助〕ため、験あら〔ラ変・未〕ん〔助動・婉・体〕僧を〔格助〕召さ〔四・未〕ん〔助動・仮・体〕に〔格助〕

それについては、帝のお祈りのために、祈禱の効きめがある僧を呼び寄せたならば、

は、〔係助〕山々寺々に〔格助〕多かる〔ク・体〕人、たれ〔(代)〕かは〔係助(係)〕参ら〔四・未〕ざら〔助動・打・未〕ん。〔助動・推・体(結)〕さらに〔副〕こと欠く〔[1] 四・終〕まじ。〔助動・打推・終〕こ〔(代)〕の〔格助〕

山々や寺々に(いる)たくさんの方は、誰が参上しないだろうか(いや、必ず参上する)。決して不自由しないだろう。(しかし、)

病者に〔格助〕いたり〔四・用〕て〔接助〕は、〔係助〕厭ひ〔四・用〕汚む〔四・体〕人のみ〔副助〕あり〔ラ変・用〕て、〔接助〕近づき〔四・用〕あつかふ〔四・体〕人は〔係助〕ある〔ラ変・体〕べから〔助動・当・未〕ず。〔助動・打・終〕

この病人に至っては、いやがって汚がる人ばかりがいて、近づいて面倒を見る人はいないにちがいない。

もし〔副〕我〔(代)〕捨て〔下二・用〕て〔接助〕去り〔四・用〕な〔助動・強・未〕ば、〔接助〕ほとほと〔副〕寿も〔係助〕尽き〔上二・用〕ぬ〔助動・強・終〕べし。」〔助動・推・終〕とて、〔格助〕かれ〔(代)〕を〔格助〕のみ〔副助〕

もし私が見捨てて立ち去ってしまえば、すぐにも命が尽きてしまうだろう。」と言って、この病人だけを

憐れみ〔四・用〕助くる〔下二・体〕間に、〔格助〕つひに〔副〕参ら〔四・未〕ず〔助動・打・用〕なり〔四・用〕に〔助動・完・用〕けれ〔助動・過・已〕ば、〔接助〕時の人、ありがたき〔ク・体〕ことに〔格助〕

同情して助けているうちに、とうとう参内しないでしまったので、当時の人々は、めったにない(尊い)ことだと

なん〔係助(係)〕言ひ〔四・用〕ける。〔助動・過・体(結)〕

言ったものだ。

こ〔(代)〕の〔格助〕阿闍梨、終はりに〔格助〕往生を〔格助〕遂げ〔下二・用〕たり。〔助動・完・終〕くはしく〔シク・用〕伝に〔格助〕あり。〔ラ変・終〕

この阿闍梨は、最後に往生を遂げた。詳しくは『往生伝』にある。

語句の解説 2

教717 130ページ　教719 118ページ

4 **あやしげなる病人《びょうにん》の**　「あやしげなる」は、ここでは「いかにもみすぼらしい」様子を表す。「不思議だ」「並々でない」という意味もある。「の」は同格の格助詞。

7 **いといと便《びん》なきことなり**　たいそう不都合なことだ。病人の看病に時間がかかり、参内するのが遅くなることを不都合と言っている。

10 **あながちに貴《たっと》からず**　とりたてて尊いことではない。「あながちに」は、下に打消の語を伴って「とりたてて…ない」

「必ずしも…ない」などの意味を表す。

10 **かかる**　このような。

「かかる」は、ラ変の動詞「かかり」の連体形。元の形は、副詞「斯《か》く」＋「有《あ》り」。

教717 131ページ　教719 119ページ

1 **たれかは参《まい》らざらん**　誰が参上しないだろうか（いや、必ず参上する）。

「かは」は、反語を表す係助詞。「かは」→「ん」で係り結び。

1　**「こと欠く」とはどういうことか。**

答　帝の病気快復を願って祈禱する僧がいなくて困るということ。

3 **ほとほと寿《いのち》も尽《つ》きぬべし**　すぐにも命が尽きてしまうだろう。

「ほとほと」は、副詞。「すぐにも、もう少しで」の意。「ぬ」は、強意の助動詞の終止形。「べし」は、推量の助動詞の終止形。

5 **ありがたき**　めったにない。まれな。

「ありがたし」は、存在することが難しいという意味。

学習の手引き

一　**叡実はどのような行動を取ったか、展開に沿ってまとめよう。**

解答例　① 帝の病気治癒の祈禱に召されたが、何度も断った。↓
断り切れず、しぶしぶ参内した。
↓
② 途中でみすぼらしい病者が臥しているのを見た。↓病者を憐れみ、世話をした。↓勅使が急がせると、参内できないと言い、その理由を述べ、病者の世話を続けた。↓参内することはなかった。

二　**叡実の行動はどのような論理に裏づけられているか、「阿闍梨言ふやう、」以下の叡実の発言（717 一三〇・9～一三一・4　719 一一八・9～一一九・4）を読み取って説明しよう。**

考え方　「世を厭《いと》ひて、心を仏道に任せしより」（717 一三〇・9　719 一一八・9）以下の発言に着目し、この内容をまとめる。

解答例　発言内容の要点は、次の二点である。

① 帝も、路頭に倒れている病者も、自分にとっては同じように思われる存在である。

② 帝の病気治癒の祈禱のために参内する僧は多数いるが、この病者の世話をするのは自分だけである。

〔叡実の論理〕出家以来、俗世間のしがらみを捨て、仏の教えに従って生きることを自分の道としてきたので、この世の権威に従うよりも、慈悲の心を実践することを優先しなければならないという論理。

三　**「時の人」は叡実の言動を「ありがたきこと」（717 一三一・5　719 一一九・5）と言ったとある。叡実の言動をどのように評価するか、各自の考えを述べ合おう。**

考え方　「ありがたし」の意味が現代と異なることに注意する。

俗世間の権威を重んじるのではなく、すべての人に慈悲の心で接する仏の道を実践していることについて、自分の評価を述べ合おう。

言葉の手引き

一 次の古語の意味を調べよう。

1 悩み 717 三〇・1 719 二八・1
2 なまじひなり 717 三〇・3 719 二八・3
3 とぶらふ 717 三〇・6 719 二八・6
4 やや 717 三〇・7 719 二八・7
5 便なし 717 三〇・8 719 二八・8
6 あながちなり 717 三〇・10 719 二八・10
7 ほとほと 717 三一・3 719 二九・3
8 ありがたし 717 三一・5 719 二九・5

解答例 1 病気　2 しぶしぶする様子。　3 看病する。見舞う。　4 いくらか　5 不都合だ　6 （打消の語を伴って）必ずしも（…ない）。　7 もう少しで。　8 めったにない。

二 「参るまじき。」（717 三〇・8 719 二八・8）「こと欠くまじ。」（717 三一・2 719 二九・2）の「まじ」について、文法的に説明してみよう。

解答例
・「参るまじき。」…打消意志の助動詞「まじ」の連体形。
・「こと欠くまじ。」…打消推量の助動詞「まじ」の終止形。

祭主《さいしゅ》三位《さんみ》輔親《すけちか》の侍《さぶらひ》、鶯を召しとどむる事〔十訓抄《じっきんせう》〕

教717 P.132～P.134　教719 P.120～P.122

【大意】 1 教717 132ページ1～3行　教719 120ページ1～3行

大中臣《おおなかとみの》輔親は、丹後《たんご》の国の名勝天橋立《あまのはしだて》をまねた屋敷を造り、風流の限りを尽くして住んでいた。

【品詞分解／現代語訳】

七条 の(格助) 南、室町 の(格助) 東 一町 は(係助)、祭主三位輔親 が(格助) 家 なり(助動・断・終)。丹後 の(格助) 天橋立 を(格助) まねび(四・用) て(接助)、

七条大路の南、室町小路の東の一町は、祭主三位大中臣輔親の家である。丹後の天橋立をまねて、

池 の(格助) 中島 を(格助) はるかに(ナリ・用) さし出だし(四・用) て(接助)、小松 を(格助) 長く(ク・用) 植ゑ(下二・用) など(副助) し(サ変・用) たり(助動・存・用) けり(助動・過・終)。

池の中に造った島を長く突き出して、小さい松を長く植えなどしていた。

寝殿 の〔格助〕 南 の〔格助〕 廂 を〔格助〕 ば〔係助〕、月 の〔格助〕 光 入れ〔下二・未〕 ん〔助動・意・終〕 とて〔格助〕、鎖さ〔四・未〕 ざり〔助動・打・用〕 けり〔助動・過・終〕。

寝殿の南の廂の間を、　月の光を入れようとして、　(格子戸を)閉ざさなかった。

語句の解説 1

教717 132ページ　教719 120ページ

1 まねびて　まねて。

「まねぶ」＝まねをする。

3 寝殿《しんでん》の南《みなみ》の廂《ひさし》をば　「寝殿」は、貴族の住宅「寝殿造り」の中央南面の建物。主人の居間・表座敷が置かれる。「をば」は「を」の強調形。係助詞「は」が格助詞「を」に付くと濁音化する。

【大　意】 2　教717 132ページ4〜11行　教719 120ページ4〜11行

春の初めに、鶯《うぐいす》が決まって午前十時ごろに梅の木にやって来て鳴くのを、輔親はたいそう好んで、当時の歌人たちを招くことにした。宿泊して勤務する伊勢武者には、決して鶯を打ってどこかへ行かせたりしないよう言いつけ、伊勢武者も承知した。輔親は、当日早くから起きて支度をした。

【品詞分解／現代語訳】

春 の〔格助〕 初め、軒 近き〔ク・体〕 梅 が〔格助〕 枝 に〔格助〕、鶯 の〔格助〕、定まりて〔副〕 巳の時 ばかり〔副助〕 来〔カ変・用〕 て〔接助〕 鳴き〔四・用〕 ける〔助動・過・体〕 を〔格助〕、

春の初めに、　軒に近い梅の枝に、　鶯が、　決まって午前十時ごろにやって来て鳴いたのを、

ありがたく〔ク・用〕 思ひ〔四・用〕 て〔接助〕、それ〔(代)〕 を〔格助〕 愛する〔サ変・体〕 ほか の〔格助〕 こと なかり〔ク・用〕 けり〔助動・過・終〕。時 の〔格助〕 歌よみども に〔格助〕、

めったにないほどすばらしいことだと思って、それを楽しむ以外のことには目もくれなかった。　当時の歌人たちに、

「かかる〔ラ変・体〕 こと こそ〔係助(係)〕 侍れ〔ラ変・已(結)〕。」と〔格助〕 告げめぐらし〔四・用〕 て〔接助〕、「明日 の〔格助〕 辰の時 ばかり〔副助〕 に〔格助〕 渡り〔四・用〕 て〔接助〕、聞か〔四・未〕

「このような(＝鶯が毎日定時に梅の木にやって来る)ことがございます。」と広く告げ知らせて、「明日の午前八時ごろに来て、お聞きください。」と告げ回して、

せ〔助動・尊・用〕 給へ〔補尊・四・命〕。」と〔格助〕 触れ回し〔四・用〕 て〔接助〕、伊勢武者 の〔格助〕 宿直 し〔サ変・用〕 て〔接助〕 あり〔ラ変・用〕 ける〔助動・過・体〕 に〔格助〕、「かかる〔ラ変・体〕

伊勢武者で宿泊して勤務していた者に、　「このような

格助　ラ変・体　終助　四・用　接助　四・未　助動・推・体　接助　(連語)　四・用　副助　サ変・用　接助
ことのあるぞ。人々渡りて、聞かんずるに、あなかしこ、鶯打ちなんどして、
(＝鶯をめでるために歌人たちがやって来る)ことがあるぞ。人々がやって来て、(鶯の声を)聞くことになっているので、決して、鶯を打ちなどして、

四・終　終助　格助　四・用　助動・過・已　接助　(代)　格助　副　四・用　補丁・四・未　助動・意・体　格助　四・終
やるな。」と言ひければ、この男、「なじかはつかはし候はん。」と言ふ。輔親、
(よそへ)行かせるな。」と言ったところ、この男は、「どうして(鶯をよそへ)やったりしましょうか(いや、逃がしはしません)。」と言う。輔親は、

ク・用　格助　下二・命　終助　格助　四・用　接助　副　上二・用　接助　格助　格助
「とく夜の明けよかし。」と待ち明かして、いつしか起きて、寝殿の南面を
「早く夜が明けろよ。」と待って夜を明かして、(夜が明けると)早くも起き出して、寝殿の南の間を

四・用　接助　上一・用　助動・存・終
取りしつらひて、営みゐたり。
整えて、準備している。

語句の解説 2

教717 132ページ　教719 120ページ

4 **定《さだ》まりて**　動詞「定まる」からできた副詞。

5 **ありがたく**　「有り難し」で「めったにない、珍しい」の意だが、しばしば「めったにないほどすばらしい」意で用いる。

6 **かかる**　「このような」の意で、連体詞とすることもある。

1　「かかること」は、それぞれどのようなことをさすか。

答

・「かかることこそ侍れ。」…毎朝十時ごろに家の梅の木に鶯がやって来て鳴くこと。

・「かかることのあるぞ。」…鶯をめでるために、歌人たちが訪問すること。

6 **侍《はべ》れ**　①「仕ふ」の謙譲語、②「あり」の丁寧語、③丁寧の補助動詞の用法があるが、ここは②で、「ございます、あります」の意。

6 **渡《わた》り**　「行く」や「来る」の意。

7 **せ給《たま》へ《エ》**　尊敬の助動詞「す」に尊敬の補助動詞「給ふ」が付いた二重敬語。

7 **伊勢武者《いせむしゃ》の宿直《とのゐ》してありけるに**　「の」は、格助詞で同格の用法。「ける」の後に、「者」を補って考える。伊勢武者は、この邸《やしき》の警備や雑用をしている。

8 **聞《き》かんずるに**　「んずる」は、助動詞「んず(むず)」の連体形。「んず」は、「むとす」の転で「ん(む)」に似た意味を表す。ここは、「…ことになっている」という予定を表す表現。

8 **あなかしこ**　感動詞「あな」＋形容詞「かしこし」の語幹から成る。「ああ恐れ多い」の意がもとだが、あとに禁止表現を伴うと「決して…するな」の意になる。

【大意】 3 教717 133ページ1～6行 教719 121ページ1～6行

歌人たちが集まって鶯の歌をよもうと苦心していたが、いつもの時間を過ぎても鶯はやって来ない。輔親が伊勢武者を呼んで尋ねると、「以前より早くやって来て、帰りそうだったので召しとらえてある。」と言う。それはどういうことかと尋ねると、「取って来る。」と言って立った。

【品詞分解／現代語訳】

辰の時 ばかり(副助) に(格助)、時 の(格助) 歌よみども 集まり来(カ変・用) て(接助)、今 や(係助(係)) 鶯 鳴く(四・体(結)) と(格助)、2 うめきすめき(連語)
午前八時ごろに、当時の歌人たちが集まって来て、もうすぐ鶯が鳴くかと、（鶯の歌を作ろうと）みんなで苦吟し合っ

し合ひ(四・用) たる(助動・存・体) に(接助)、先々 は(係助) 巳の時 ばかり(副助) 必ず(副) 鳴く(四・体) が(格助)、午の時 の(格助) 下がり まで(副助) 見え(下二・未) ね(助動・打・已)
ていると、以前は午前十時ごろには必ず鳴く鶯が、正午過ぎまでやって来ないので、

ば(接助)、いかなら(ナリ・未) ん(助動・推・体) と(格助) 思ひ(四・用) て(接助)、こ(代) の(格助) 男 を(格助) 呼び(四・用) て(接助)、「いかに(副)、鶯 の(格助) まだ(副) 見え(下二・未) ぬ(助動・打・体) は(係助)。

どうしたのだろうかと思って、この男（＝伊勢武者）を呼んで、「どうしたんだ、鶯がまだやって来ないのは。

今朝 は(係助) いまだ(副) 来(カ変・未) ざり(助動・打・用) つる(助動・完・体) か(係助)。」と(格助) 問へ(四・已) ば(接助)、「鶯 の(格助) やつ は(係助)、先々 より(格助) も(係助) とく(ク・用)
今朝はまだ来なかったのか。」と尋ねると、「鶯のやつは、以前よりも早く

参り(四・用) て(接助) 侍り(補丁・ラ変・用) つる(助動・完・体) を(接助)、帰りげに(ナリ・用) 候ひ(補丁・四・用) つる(助動・完・体) 間、召しとどめ(下二・用) て(接助)。」と(格助) 言ふ(四・終)。

参上しておりましたが、今にも帰りそうにしていましたので、召しとらえて（あります）。」と言う。


「召しとどむ(下二・終) と(格助) は(係助)、いかん(副)。」と(格助) 問へ(四・已) ば(接助)、「取り(四・用) て(接助) 参ら(四・未) ん(助動・意・終)。」とて(格助) 立ち(四・用) ぬ(助動・完・終)。

「召しとらえるとは、どういうことか。」と尋ねると、「取って参りましょう。」と言って（席を）立った。

語句の解説 3

教717 133ページ 教719 121ページ

1 今《いま》や鶯《うぐいす》鳴《な》く 「や…鳴く」で係り結び。ここでは、疑問の意。

1 うめきすめき 動詞「うめく」に「すめく」が付いたもので、「詩歌を作ろうとして苦労する、苦吟する」の意。まだ鶯は現れていないが、あらかじめ準備しているのである。

答　2

「うめきすめきし合ひたる」は、どのような様子か。

鶯を題材とした和歌を苦心してよもうとしている様子。

2**見《み》えねば**　「見ゆ」は、「見える」の意味が基本だが、自然と目に入る意から「見られる」「現れる、来る」などの意味も表す。ここでは「現れる、来る」の意。

4**鶯《うぐいす》のやつ**　鶯を卑しめて言う言い方。

4**参《まい》りて侍《はべ》り**　「来」の謙譲語「参る」に丁寧の補助動詞「侍り」が付いた表現。

5**帰《かえ》りげに候《そうら》ひ《イ》**　形容動詞「帰りげなり」に丁寧の補助動詞が付いた表現。「げ」は「様子」の意の接尾語で、鶯が帰ってしまいそうに見えたことを表す。

5**間《あいだ》**　接続助詞のような用法で「ので」の意。中世以降に用いられた。

5**召《め》しとどめて**　「召す」は、もとは「呼ぶ」の尊敬語だが、しばしば尊敬の意を失って用いられる。ここもその例。

【大　意】　4　教717 133ページ7行～134ページ2行　教719 121ページ7行～122ページ2行

輔親が、わけがわからないと思っていると、伊勢武者は木の枝に鶯を結びつけて持って来た。「鶯を逃がすなと命じられたのに、逃がしたら武士として情けないと思って、神頭《じんどう》で射落とした。」と得意気に言った。輔親は男に立ち去るよう命じた。人々はおかしかったが、男の様子に恐れをなして笑うこともできず、一人二人と帰って行った。興ざめどころの話ではなかった。

【品詞分解／現代語訳】

心　も[係助]　得[下二・未]　ぬ[助動・打・体]　こと　かな[終助]　と[格助]　思ふ[四・体]　ほど　に[格助]、木　の[格助]　枝　に[格助]　鶯　を[格助]　結ひつけ[下二・用]　て[接助]　持て来たれ[四・已]

わけがわからないことだなあと思ううちに、木の枝に鶯を結び付けて持って来た。

り[助動・完・終]。おほかた[副]　あさまし[シク・終]　と[格助]　も[係助]　言ふ[四・体]　ばかり[副助]　なし[ク・終]。「こ[(代)]　は[係助]、いかに[副]　かく[副]　は[係助]　し[サ変・用]　たる[助動・完・体]

全くあきれたことだと言っても言いようがないほどだ。「これは、どうしてこのようにしたのか。」

ぞ[終助]。」と[格助]　問へ[四・已]　ば[接助]、「昨日　の[格助]　仰せ　に[格助]、鶯　やる[四・終]　な[終助]　と[格助]　候ひ[四・用]　しか[助動・過・已]　ば[接助]、言ふかひなく[ク・用]　逃がし[四・用]

と尋ねると、「昨日のご命令に、鶯を行かせるなとございましたので、どうにもならず逃がし

候ひ[補丁・四・用]　な[助動・強・未]　ば[接助]、弓矢　取る[四・体]　身　に[格助]　心憂く[ク・用]　て[接助]、神頭　を[格助]　はげ[下二・用]　て[接助]、射落とし[四・用]　て[接助]　侍り[補丁・ラ変・終]。」

てしまいましたら、武士の身として情けなく思われて、神頭を弓につがえて、射落としてございます。」

と〔格助〕申し〔四・用〕けれ〔助動・過・已〕ば、〔接助〕輔親も〔係助〕居集まれ〔四・已〕る〔助動・存・体〕人々も、〔係助〕あさまし〔シク・終〕と〔格助〕思ひ〔四・用〕て、〔接助〕こ〔(代)〕の〔格助〕男の〔格助〕
と申し上げたので、輔親も寄り集まっている人々も、あきれたことだと思って、この男の

顔を〔格助〕見れ〔上一・已〕ば、〔接助〕脇かいとり〔四・用(音)〕て、〔接助〕息まへ、〔下二・用〕ひざまづき〔四・用〕たり。〔助動・存・終〕祭主、「とく〔ク・用〕立ち〔四・用〕ね。」〔助動・強・命〕と〔格助〕言ひ〔四・用〕
顔を見ると、気負って勢い込んで、力をこめ、ひざまずいている。祭主は、「早く立ち去ってしまえ。」と言った。

けり。〔助動・過・終〕人々をかしかり〔シク・用〕けれ〔助動・過・已〕ども、〔接助〕こ〔(代)〕の〔格助〕男の〔格助〕けしきに〔格助〕恐れ〔下二・用〕て、〔接助〕え〔副〕笑は〔四・未〕ず。〔助動・打・終〕一人立ち、〔四・用〕
人々はおかしかったが、この男の様子に恐れをなして、笑うことができない。一人立ち、

二人立ち〔四・用〕て、〔接助〕みな帰り〔四・用〕に〔助動・完・用〕けり。〔助動・過・終〕興さむる〔下二・体〕など〔副助〕は、〔係助〕ことも〔係助〕おろかなり。〔ナリ・終〕
二人立ちして、みんな帰ってしまった。興ざめだなどという(程度の)言葉では、とても言い尽くせない。

語句の解説 4

教717 133ページ 教719 121ページ

7 **心《こころ》も得《え》ぬことかな** 動詞「心得《う》」は、「わかる、理解する」の意。「ぬ」は、打消の助動詞「ず」の連体形。「かな」は、詠嘆の終助詞で「…だなあ」の意。

7 **ほど** 時間・場所・距離・身分・様子など多くの意味を持つが、時間の用法が多い。ここも「とき、うち」などと訳す。

8 **あさまし** 驚きあきれるばかりだ。

8 **言《い》ふ《ウ》ばかりなし** 何とも言いようがない。言い尽くせない。

9 **仰《おお》せ** 「言ふ」の尊敬語「仰す」からできた名詞。「お言葉、ご命令」の意。

9 **…しかば、…なば、** 「しかば」は、過去の助動詞「き」の已然形に接続助詞「ば」が付いて「…ので」の意。「なば」は、強意(確述)の助動詞「ぬ」の未然形に「ば」が付いて「…てしまうならば」などと訳す。

13 **脇《わき》かいとりて** 「かきとる」のイ音便。気負い、得意になってものを言う動作を表すが、具体的にどんな格好をしたのかは不明。

14 **とく立《た》ちね** 「立ち」は、「席を立って去る」意。「ね」は強意(確述)の助動詞「ぬ」の命令形。「とく立て」をさらに強めた言い方。「…てしまえ」。

15 **をかし《オ》かり** 「をかし」には「風流だ、風情がある」の意もあるが、ここでは「おもしろい、おかしい」の意。

16 **え笑《わら》は《ワ》ず** 副詞「え」は、打消の表現を伴って不可能を表す。

教717 134ページ 教719 122ページ

1 **興《きょう》さむる** おもしろ味がなくなる。興趣がなくなる。

1 **こともおろかなり** 「…とはおろかなり」「…といふもおろかなり」などの形で、「…では言い尽くせない、…どころでない」などの意を表す。

学習の手引き

一 四つの段落の関係をふまえて、話の展開を整理しよう。

解答例
・第一段落…大中臣輔親は、名勝天橋立をまねた屋敷を造り、風流に暮らしていた。(↓導入)
・第二段落…輔親は、春の初め、毎朝鶯が屋敷の庭に来て鳴くのは風流の極みだと思い、歌会を開くことにした。伊勢武者に、鶯をよそに行かすなと命じた。(↓展開1)
・第三段落…歌会の日、いつもの時間を過ぎても鶯は来なかった。輔親が伊勢武者を呼んで聞くと、伊勢武者は鶯を召しとどめているという。(↓展開2)
・第四段落…伊勢武者は鶯を木に結びつけて持って来た。鶯を逃がさず、輔親の命令を守ったと得意気に言う伊勢武者の姿は、興ざめであった。(↓結末)

二 次の描写から、どのような心情が読み取れるか、表現に即してそれぞれ説明してみよう。

1 「とく夜の明けよかし。」と待ち明かして、いつしか起きて、寝殿の南面《みなみおもて》を取りしつらひて、営みゐたり。(717 一三・10 719 二〇・10)

2 脇かいとりて、息まへ、ひざまづきたり。(717 一三・13 719 二一・13)

解答例
1 歌会を待ち望んで、準備に余念がない輔親の心情。
2 侍としての務めを果たし得意になっている伊勢武者の心情。

三 鶯を「やるな。」(717 一三・8 719 二〇・8)という発言について、輔親の意図と侍の解釈を、それぞれ説明してみよう。

解答例
・輔親の意図…鶯を打つなどして追い払うな、そっとしておけと注意する意図。
・侍の解釈…鶯が飛び去ろうとしたら、鶯が傷ついてもかまわないから引きとどめるように命じられたという解釈。

四 この話から、どのような教訓を読み取ることができるか。各自の考えを述べ合おう。

解答例 物事の本質を思慮深く考えてとらえることが大切であるという教訓。

言葉の手引き

一 次の古語の意味を調べよう。

1 鎖す 717 一三・3 719 二〇・3
2 ありがたし 717 一三・5 719 二〇・5
3 あなかしこ 717 一三・8 719 二〇・8
4 やる 717 一三・8 719 二〇・8
5 とし 717 一三・10 719 二〇・10
6 いつしか 717 一三・10 719 二〇・10
7 あさまし 717 一三・8 719 二一・8
8 言ふかひなし 717 一三・9 719 二一・9
9 心憂し 717 一三・10 719 二一・10

解答例
1 かぎをかける。門や戸を閉ざす。　2 めったにない。
3 (禁止を表す語を伴って)決して(…するな)。　4 行かせる。
5 はやい　6 早くも　7 予想外で驚きあきれる。
8 どうにもならない。　9 つらい。嘆かわしい。

二　次の傍線部の副詞の意味と用法を答えよう。

1　なじかはつかはし候はん。（717 一三一・9　719 一二〇・9）
2　おほかたあさましとも言ふばかりなし。（717 一三二・8　719 一二一・8）
3　男のけしきに恐れて、え笑はず。（717 一三二・16　719 一二一・16）

解答例　1　どうして…か（いや、…ない）。（ここは、下に連体形などを伴い、反語を表す。いわゆる「呼応の副詞」。）
2　全く（下に打消の表現を伴い、強い否定を表す。いわゆる「呼応の副詞」。）
3　…できない（下に打消の表現を伴い、不可能を表す。いわゆる「呼応の副詞」。打消を伴わずに用いることは少ない。）

袴垂《はかまだれ》、保昌に合ふ事　〔宇《う》治《ぢ》拾《しふ》遺《ゐ》物語〕

教717 P.135～P.137　教719 P.123～P.125

【大意】　1　教717 135ページ1～10行　教719 123ページ1～10行

昔、袴垂という盗賊の首領が着物を奪おうとして、適当なところを探して歩き回っていたとき、夜中に着物を何枚も着て笛を吹きながらゆっくり歩いている人がいた。袴垂は早速襲いかかろうとするが、その人の不思議な雰囲気に押されて、なぜか襲いかかることができない。尾行しても気づいた様子もないので、また襲いかかろうとするが、その人が振り返った様子に圧倒され、逃げ出した。

【品詞分解／現代語訳】

昔、袴垂 とて（格助）、いみじき（シク・体） 盗人 の（格助） 大将軍 あり（ラ変・用） けり（助動・過・終）。十月 ばかり（副助） に（格助）、衣 の（格助） 用 なり（助動・断・用） けれ（助動・過・已）

昔、袴垂といって、並はずれた盗賊の首領がいた。十月のころに、着物が入り用であったので、

ば（接助）、衣 少し（副） まうけ（下二・未） ん（助動・意・終） とて（格助）、さるべき（連語） 所々 うかがひありき（四・用） ける（助動・過・体） に（接助）、夜中 ばかり（副助） に（格助）、人

着物を少し調達しようとして、（盗みをするのに）よさそうな場所をあちこち探し回ったところ、夜中ごろに、人が

みな（副） 静まり果て（下二・用） て（接助） のち、月 の（格助） 朧なる（ナリ・体） に（格助）、衣 あまた（副） 着（上一・用） たり（助動・存・用） ける（助動・過・体） 主 の（格助）、指貫 の（格助） 稜 挟み（四・用）

すっかり寝静まった後、月がおぼろげに出ているときに、着物をたくさん着ている人が、指貫の袴の脇をたくし上げて帯に挟んで、

て〔接助〕、絹の〔格助〕狩衣めき〔四・用〕たる〔助動・存・体〕着〔上一・用〕て〔接助〕、ただ〔副〕一人、笛吹き〔四・用〕て〔接助〕、行き〔四・用〕も〔係助〕やら〔四・未〕ず〔助動・打・用〕練り行け〔四・已〕ば〔接助〕、

絹の狩衣のようなものを着て、たった一人、笛を吹いて、どんどん行くわけでもなくゆっくり堂々と歩くので、

「あはれ〔感〕、これ〔(代)〕こそ〔係助〕、我〔(代)〕に〔格助〕衣得〔下二・未〕させ〔助動・使・未〕ん〔助動・意・終〕とて〔格助〕出で〔下二・用〕たる〔助動・完・体〕人な〔助動・断・体(音)〕めり〔助動・定・終〕。」と〔格助〕

「ああ、この人こそ、自分に着物を得させようとして現れた人であるようだ。」と思って、

思ひ〔四・用〕て〔接助〕、走りかかり〔四・用〕て〔接助〕衣を〔格助〕剝が〔四・未〕ん〔助動・意・終〕と〔格助〕思ふ〔四・体〕に〔接助〕、あやしく〔シク・用〕ものの〔格助〕恐ろしく〔シク・用〕おぼえ〔下二・用〕けれ〔助動・過・已〕

走りかかって着物を剝ぎ取ろうと思うが、不思議になんとなく恐ろしく感じたので、

ば〔接助〕、添ひ〔四・用〕て〔接助〕二、三町ばかり〔副助〕行け〔四・已〕ども〔接助〕、我〔1 (代)〕に〔格助〕人こそ〔係助(係)〕つき〔四・用〕たれ〔助動・存・已(結)〕と〔格助〕思ひ〔四・用〕たる〔助動・存・体〕けしき

あとについて二、三町ほど行くが、(その人は)自分に人がついてきているなどと思っている様子もない。

も〔係助〕なし〔ク・終〕。いよいよ〔副〕笛を〔格助〕吹き〔四・用〕て〔接助〕行け〔四・已〕ば〔接助〕、試み〔上一・未〕ん〔助動・意・終〕と〔格助〕思ひ〔四・用〕て〔接助〕、足を〔格助〕高く〔ク・用〕し〔サ変・用〕て〔接助〕

ますます笛を吹いて行くので、試してみようと思って、足音を高くして

走り寄り〔四・用〕たる〔助動・完・体〕に〔接助〕、笛を〔格助〕吹き〔四・用〕ながら〔接助〕見返り〔四・用〕たる〔助動・完・体〕けしき、取りかかる〔四・終〕べく〔助動・可・用〕も〔係助〕おぼえ〔下二・未〕

走り寄ったのだが、(その人が)笛を吹きながら振り返った様子は、襲いかかることができるとも思われなかったので、

ざり〔助動・打・用〕けれ〔助動・過・已〕ば〔接助〕、走り退き〔四・用〕ぬ〔助動・完・終〕。

走って逃げてしまった。

語句の解説 1

教717 135ページ　教719 123ページ

1 **いみじき**　並はずれた。とてつもない。
「いみじ」は、程度が甚だしいことを表す場合に、よいことにも悪いことにも使う。

1 **十月**《じゅうがつ》　旧暦の十月は、新暦では十月の終わりから十二月の初めごろにあたり、冬である。

2 **さるべき所々**《ところどころ》　適当な所。よさそうな場所。
「さるべき」は、ラ変動詞「さり」の連体形＋適当の助動詞「べし」の連体形で、「それにふさわしい」「そうするのにちょうどよい」などの意味。ここでは、「(追い剝ぎをするのに)よさそうな場所」と解釈する。

2 **うかがひ《イ》ありきける**　あちこち探し回った。
「…ありく」は、「…して回る」という意味である。

3 **朧《おぼろ》なる**　おぼろげな。
「朧なり」は、ぼんやりかすんでいる様子や、はっきりしない様子を表す形容動詞。

3 **あまた**　たくさん。数多く。
「あまた」は、別の語と結びついて、数が多いことを表す表現に用いられることもある。「あまたたび（＝何度も）」717 一三五・11 719 一三・11」、「あまたどころ（＝多くの場所）」など。

4 **狩衣《かりぎぬ》めきたる**　「めく」は、名詞などについて「…らしく見える」「…らしくなる」などの意味を加える接尾語。

4 **行《ゆ》きもやらず**　どんどん行くわけでもなく。
「やる」は、ある動作を完全にすることを表す。打消の語が付いて「やらず」になると、「完全にするわけではない」の意になる。

5 **練《ね》り行《ゆ》けば**　ゆっくり堂々と歩くので。
「練る」には、「ゆっくり歩く」の意味がある。

5 **あはれ《ワ》**　ああ。（感動したときに発する声。）
「あはれ」には感動詞、形容動詞（語幹）、名詞の三種類があるが、ここでは感動詞。

5 **これこそ**　この人こそ。
「これ」がさすのは、「衣あまた着たりける主」。

5 **なめり《ナン》**　…であるようだ。
断定の助動詞「なり」の連体形「なる」＋推定の助動詞「めり」の終止形。「なる」の撥音便《はつ》「なん」の「ん」が省略された形。

6 **ものの恐《おそ》ろしく**　なんとなく恐ろしく。
「もの」は具体的な物をさすのではなく、ここでは「なんとなく」というほどの意味。「もの恐ろし」も同じ意味。

7 **おぼえければ**　思われたので。感じたので。
「おぼえ」の終止形は「おぼゆ」。ほかに「思い出される」「似る」「思い出して語る」などの意味がある。

7 **添《そ》ひ《イ》て**　あとについて。
「添ふ」は本来、「その上に加わる」「付き添う」などの意味だが、ここでは「相手のあとをつける」というような意味。

1　**「我」は誰をさすか。**

答　笛を吹いて行く男（＝保昌《やすまさ》）。

8 **けしき**　様子。ありさま。
現代語とは違う意味の語。ほかに「きざし」「態度、顔つき」「機嫌」「意向、考え」などの意味もある。

9 **取《と》りかかるべくもおぼえざりければ**　襲いかかることができるとも思われなかったので。
「取りかかる」は、ここでは「襲いかかる」の意。「べく」は、可能の助動詞「べし」の連用形。

【大意】 2 教717 135ページ11行～137ページ1行 教719 123ページ11行～125ページ1行

ねらいをつけた人が一向に動揺しないのを不思議に思いながら、袴垂はついに刀を抜いて襲いかかろうとする。しかし、振り返った相手の威圧感の前に屈して、問われるまま、追い剝ぎであることを告げる。すると相手は「ついて来い。」と言ってまた歩き出したのだった。

【品詞分解／現代語訳】

かやうに、あまたたび、とざまかうざまにするに、つゆばかりも騒ぎたるけしきなし。希有

ナリ・用　副　副　サ変・体　接助　副　係助　四・用　助動・存・体　ク・終　ナリ(語幹)

このように、何度も、ああしたりこうしたりしたが、(その人は)わずかばかりもあわてている様子がない。珍しい

の人かなと思ひて、十余町ばかり具して行く。さりとてあらんやはと思ひて、

格助　終助　格助　四・用　接助　副助　サ変・用　接助　四・終　接　ラ変・未　助動・意・終　係助　格助　四・用　接助

人であるなあと思って、十余町ほど連れ立って行く。そうかといって(このままで)いられようか(いや、いられはしない)

刀を抜きて走りかかりたるときに、そのたび、笛を吹きやみて、立ち返りて、「こは

格助　四・用　接助　四・用　助動・完・体　格助　(代)　格助　格助　四・用　接助　四・用　接助　(代)　係助

と思い、刀を抜いて走って襲いかかったときに、そのときは、(その人は)笛を吹きやんで、振り返り、「これ(＝お前)は

何者ぞ。」と問ふに、心も失せて、我にもあらで、ついゐられぬ。また

終助　格助　四・体　接助　係助　下二・用　接助　(代)　助動・断・用　係助　ラ変・未　接助　上一・未　助動・自・用　助動・完・終　副

何者だ。」と問うので、(袴垂は)ぼう然となって、我を失い、膝をついて座ってしまった。また

「いかなる者ぞ。」と問へば、今は逃ぐともよも逃がさじとおぼえければ、

ナリ・体　終助　格助　四・已　接助　係助　下二・終　接助　副　四・未　助動・打推・終　格助　下二・用　助動・過・已　接助

「どういう者なのか。」と(その人が)問うと、今となっては逃げても(この人が自分を)決して逃がさないだろうと感じたので、

「引剝ぎに候ふ。」と言へば、「何者ぞ。」と問へば、「字、袴垂となん、いはれ

助動・断・用　補丁・四・終　格助　四・已　接助　終助　格助　四・已　接助　格助　係助(係)　四・未　助動・受・用

「追い剝ぎでございます。」と言うと、「何者なのか。」と問うので、「通称は、袴垂と、言われております。」と答えると、

候ふ。」と答ふれば、「さいふ者ありと聞くぞ。あやふげに、希有のやつかな。」と

補丁・四・体(結)　格助　下二・已　接助　副　四・体　ラ変・終　格助　四・体　終助　ナリ・用　ナリ(語幹)　格助　終助　格助

「そういう者がいると聞いているぞ。見るからに物騒で、とんでもないやつだな。」と言って、

言ひ〔四・用〕 て〔接助〕、「ともに〔副〕 まうで来。〔カ変・命〕」と〔格助〕 ばかり〔副助〕 言ひかけ〔下二・用〕 て〔接助〕、また〔副〕 同じ〔シク・体〕 やうに〔助動・状・用〕 笛 吹き〔四・用〕 て〔接助〕 行く。〔四・終〕

「いっしょについて参れ。」とだけ声をかけて、また同じように笛を吹いて行く。

語句の解説 2

教717 135ページ　教719 123ページ

11 とざまかう《コウ》ざまに　ああしたりこうしたり。あれやこれや。
「とさまかくさま」ともいう。

11 つゆばかり　「つゆ」は、「わずか」という意味。元は「露」のことだが、その小ささ、消えやすさから比喩的な使われ方をするようになった。

教717 136ページ　教719 124ページ

1 希有《けう》　珍しい。めったにない。
良い意味でも悪い意味でも使う。

2 具《ぐ》して　いっしょについて。連れ立って。
「具す」は、この場合は自動詞だが、他動詞の場合もある。その場合は、「伴う、従える」という意味になる。

2 さりとてあらんやは　「やは」は、反語。「…だろうか(いや、そうではない)。」

7 我《われ》にもあらで　我を失って。我知らず。
「で」は、「…ないで」という意味の接続助詞。活用語の未然形に接続する。

7 ついゐ《イ》られぬ　「ゐる」は「座る」という意味。「ついゐる」は、膝をついて座る意味で、「つきゐる」のイ音便。

9 よも逃《に》がさじ　決して逃がさないだろう。
「よも」は、下に打消推量の助動詞「じ」を伴って、「決して…ないだろう」の意味を表す。

10 引剝《ひは》ぎに候《さぶら》ふ《ウ》　追い剝ぎでございます。
「候ふ」は、丁寧の意を表す補助動詞。動詞または助動詞の連用形につく。

12 字《あざな》　他人が呼びならわしている名。通称。

13 さいふ《ウ》者《もの》　そういう者。そういう名前の者。
「さ」がさすのは「袴垂」という名前。

【大　意】 3　教717 137ページ2〜7行　教719 125ページ2〜7行

鬼に魂をとられた人のように、ついていく袴垂。その人の家に連れて行かれて、初めて相手が藤原保昌であることを知る。保昌は、袴垂に着物を与えながら、「相手の器量もわからずに襲いかかって失敗をするな。」と諭した。袴垂は捕らえられた後、保昌のことを並はずれて立派な人であったと語ったということだ。

【品詞分解／現代語訳】

こ〔代〕の〔格助〕人の〔格助〕けしき、今は〔係助〕逃ぐ〔下二・終〕とも〔接助〕よも〔副〕逃がさ〔四・未〕じ〔助動・打推・終〕と〔格助〕おぼえ〔下二・用〕けれ〔助動・過・已〕ば、〔接助〕鬼に〔格助〕神

この人の様子は、今となっては逃げても（この人が自分を）まさか逃がさないだろうと感じたので、鬼に魂を

取ら〔四・未〕れ〔助動・受・用〕たる〔助動・完・体〕やうに〔助動・比・用〕て、〔接助〕ともに〔副〕行く〔四・体〕ほどに、〔格助〕家に〔格助〕行き着き〔四・用〕ぬ。〔助動・完・終〕いづこ〔代〕ぞ〔終助〕と〔格助〕思へ〔四・已〕

取られたようになって、いっしょに行くうちに、（その人の）家に行き着いた。（ここは）どこだろうと思うと、

ば、〔接助〕摂津前司保昌と〔格助〕いふ〔四・体〕人なり〔助動・断・用〕けり。〔助動・詠・終〕「家の〔格助〕うちに〔格助〕呼び入れ〔下二・用〕て、〔接助〕綿厚き〔ク・体〕衣一つを〔格助〕

摂津前司藤原保昌という人（の家）なのだったよ。「（保昌が自分を）家の中に呼び入れて、綿の厚い着物一着をお与えになっ

給はり〔四・用〕て、〔接助〕『衣の〔格助〕用あら〔ラ変・未〕ん〔助動・婉・体〕ときは〔係助〕参り〔四・用〕て〔接助〕申せ。〔四・命〕心も〔係助〕知ら〔四・未〕ざら〔助動・打・未〕ん〔助動・婉・体〕人に〔格助〕

て、『着物が必要であるようなときは（ここに）参って申せ。器量もわからないような人に

取りかかり〔四・用〕て、〔接助〕汝〔代〕あやまちす〔サ変・終〕な。』〔終助〕と〔格助〕あり〔ラ変・用〕し〔助動・過・体〕こそ、〔係助（係）〕あさましく、〔シク・用〕むくつけく、〔ク・用〕恐ろしかり〔シク・用〕

襲いかかって、お前が失敗するな。』と言ったのには、驚くばかりで、不気味で、恐ろしいことであった。

しか。〔助動・過・已（結）〕いみじかり〔シク・用〕し〔助動・過・体〕人の〔格助〕ありさまなり。〔助動・断・終〕」と、〔格助〕捕らへ〔下二・未〕られ〔助動・受・用〕て〔接助〕のち、語り〔四・用〕ける。〔助動・過・体〕

並はずれて立派な人の様子であった。」と、（袴垂は）捕らえられてからのちに、語ったということだ。

語句の解説 3

教717 137ページ　教719 125ページ

5 **給《たま》は《ワ》りて**　「給はる」は「与ふ」の尊敬語。保昌に対する敬意を表した語。

5 **参《まい》りて申《もう》せ**　「参る」「申す」ともに謙譲語。

6 **あさましく**　驚きあきれるほどで。
「あさまし」は、多くの意味を持つ。ほかに「興ざめだ、がっかりだ」「情けない」「見苦しい」などがある。

6 **むくつけく**　不気味で。気味が悪く。
「むくつけし」には、「恐ろしい」「無風流だ」などの意味もある。

7 **いみじかりし人《ひと》**　並はずれて立派な人。
717 一三五・1 719 一二三・1では、袴垂の様子を表す言葉として使われていた「いみじ」だが、ここでは、保昌の様子を表す言葉として、良い意味で使われている。

学習の手引き

一 前半（717初め～一三六・8 719初め～一二四・8）の袴垂と保昌の行動を、笛に関する叙述で区切りながら整理しよう。

解答例

保昌…①「ただ一人、笛吹きて、」717一三五・4 719一二三・4

一人で笛を吹きながら、ゆっくりと歩いていく。

袴垂…保昌にねらいをつけて襲おうとするが、威圧感を覚えて襲えず、あとをつけていく。

②「いよいよ笛を吹きて行けば、」717一三五・8 719一二三・8

保昌…あとをつけられていると思う様子もなく、笛を吹き続けて歩いていく。

袴垂…試してみようと思い、足音を高くして走り寄る。

③「笛を吹きながら見返りたる」717一三五・9 719一二三・9

保昌…笛を吹いたまま振り返る。

袴垂…襲いかかることができず、走って逃げる。何度も襲おうとするが保昌は動じることがないため、十余町ほどついていく。意を決して、刀を抜いて襲いかかろうとする。

④「そのたび、笛を吹きやみて、」717一三六・4 719一二四・4

保昌…笛を吹くのをやめて振り返り、「何者か」と問う。

袴垂…ぼう然自失の状態で、膝をついて座る。

二 「希有の人かな」（717一三六・1 719一二四・1）、「希有のやつかな。」（717一三六・14 719一二四・14）とあるが、袴垂と保昌は互いをどのように評価しているか。「希有」の表す内容をそれぞれ説明してみよう。

解答例

・「希有の人かな」…袴垂は保昌のことを「自分をこれほど手こずらせるとは、めったにいない、肝のすわった人だなあ」と評して畏怖の念を抱いている。

・「希有のやつかな」…保昌は袴垂のことを「私に襲いかかろうとは珍しい命知らずのやつだなあ」と評して興味を持っている。

三 会話中の敬語を整理し、敬語を用いた心理を考察しよう。

解答例

・保昌から袴垂に対して…「ともにまうで来。」717一三六・15 719一二四・15、「参りて申せ。」717一三七・5 719一二五・5と袴垂の動作に謙譲語を用いて保昌自身への敬意を表しており、身分の差、人物の格の違いを見せつける表現となっている。

・袴垂から保昌に対して…「引剝ぎに候ふ。」717一三六・10 719一二四・10、「いはれ候ふ。」717一三六・12 719一二四・12では丁寧語、「衣一つを給はりて」717一三七・4 719一二五・4では尊敬語が用いられており、相手が保昌と判明しないうちから、ただ者ではないと自然に畏怖の念を抱いたことがわかる表現になっている。

言葉の手引き

一 次の古語の意味を調べよう。

1 まうく 717一三五・2 719一二三・2
2 とざまかうざま 717一三五・11 719一二三・11
3 つゆ 717一三五・11 719一二三・11
4 希有 717一三六・1 719一二四・1
5 具す 717一三六・2 719一二四・2
6 よも 717一三六・9 719一二四・9

7字 717 一三六・12 719 一三四・12　8給はる 717 一三七・5 719 一三五・5
9あさまし 717 一三七・6 719 一三五・6
10むくつけし 717 一三七・6 719 一三五・6

解答例 1 準備する。調達する。　2 あれやこれや。
3 (打消の語を伴って)少しも(…ない)。
4 めったにない。珍しい。　5 連れ立つ
6 (下に「じ」を伴って)まさか(…ないだろう)。　7 通称
8 お与えになる。　9 予想外で驚きあきれる。
10 恐ろしい。気味が悪い。

二 「十月ばかりに、……けしきもなし。」(717 一三五・1〜8 719 一三三・1〜8)を三文に分け、文語の接続詞でつないでみよう。

解答例 「十月ばかりに……行きもやらず練り行く。」「されば、『あはれ、……衣を剝がんと思ふ。』」「されど、あやしくものの恐ろしく……けしきもなし。」

言語活動　藤原保昌の伝説

教717 P.138　教719 P.126

活動の手引き

一 『今昔物語集《こんじゃくものがたりしゅう》』に、「袴垂《はかまだれ》、保昌《やすまさ》に合ふ事」と同内容の話がある。二つを読み比べ、保昌への言及のしかたにどのような違いがあるか、確かめてみよう。

解答例 ・袴垂が保昌に切りかかる場面…『今昔物語集』では、「さまで恐ろしかるべきことにもあらぬに、これはいかなるにか、心も肝も失せて、ただ死ぬばかり恐ろしくおぼえければ(＝それほどまで恐ろしいはずのことでもないのに、これはどういうことだろうか、心も肝も失せて、ただ死ぬほど恐ろしく思われたので)」と、袴垂の心境を『宇治拾遺《うじしゅうい》物語』よりも詳しく述べている。
・保昌の紹介…『宇治拾遺物語』では、袴垂の話を通して、保昌の、相手を威圧する風格を表しているが、『今昔物語集』では、最後に「心太く、手利き、強力《がうりき》にして、思量のあることも微妙《みめう》なれば、おほやけもこの人をつはものの道に使はるるに、いささかも心もとなきことなかりき。(＝肝が太く、武道の腕前が優れ、強力で、思慮深いこともすばらしいので、朝廷もこの人を武人として使われていたが、少しも気がかりなことはなかった。)」と武勇にすぐれていたと述べている。

二 保昌にまつわる伝説について調べ、保昌がどのような人物として伝承されているか、わかったことを報告し合おう。

解答例 ・源《みなもとの》 頼光《よりみつ》たちと酒呑童子《しゅてんどうじ》を退治したとする伝説。…武勇に優れた人物。
・丹後の国に国司として下ったときに、馬に乗った白髪の老人を強者だと見抜いた話。(『宇治拾遺物語』)…人を見抜く力のある人物。
・祇園祭《ぎおんまつり》の山鉾《やまほこ》「保昌山《ほうしょうやま》」にまつわる話。和泉式部《いずみしきぶ》から紫宸殿《ししんでん》の庭の梅の木を一枝折ってきてほしいと頼まれ、北面の武士に追われながらも梅一枝を折り取って逃げおおせた。…思いを寄せる女性に尽くす人物。

随筆（三）

枕草子

清少納言

教717 P.140〜P.147
教719 P.128〜P.135

宮に初めて参りたるころ

【大意】 1 教717 140ページ1〜9行 教719 128ページ1〜9行

宮仕えに初めて出たころは恥ずかしくて、涙も出そうであった。夜ごと参上して控えていると、中宮様が絵などを見せてくださっても手も差し出すことができないほどだ。灯火の下ではまばゆく、袖口からわずかに見える中宮様のお手も薄紅梅色がすばらしく、このような方がいらっしゃったのだなあと、はっとして見つめてしまうのだった。

【品詞分解／現代語訳】

宮 に〔格助〕 初めて〔副〕 参り〔四・用〕 たる〔助動・完・体〕 ころ、 もの の〔格助〕 はづかしき〔シク・体〕 こと の〔格助〕 数 知ら〔四・未〕 ず〔助動・打・用〕、 涙 も〔係助〕 落ち〔上二・用〕 ぬ〔助動・強・終〕

（中宮様の）御所に初めて出仕したころ、（何を見るにも）気がひけてしまうことが数えきれないほど多く、涙もこぼれてしまいそうなので、

べけれ〔助動・推・已〕 ば〔接助〕、 夜々 参り〔四・用〕 て〔接助〕、 三尺 の〔格助〕 御几帳 の〔格助〕 後ろ に〔格助〕 候ふ〔四・体〕 に〔接助〕、 絵 など〔副助〕 取り出で〔下二・用〕 て〔接助〕 見せ〔下二・未〕 させ〔助動・尊・用〕

毎夜（御前に）参上して、三尺の御几帳の後ろにお控えしていると、（中宮様が）絵などを取り出して見せてくださるが、

給ふ〔補尊・四・体〕 を〔接助〕、 手 にて〔格助〕 も〔係助〕 え〔副〕 さし出づ〔下二・終〕 まじう〔助動・打推・用(音)〕、 わりなし〔ク・終〕。 「これ〔(代)〕 は〔係助〕、 と〔副〕 あり〔ラ変・用〕、 かかり〔ラ変・終〕。 それ〔(代)〕 が〔格助〕、 かれ〔(代)〕

（私は）手を差し出すこともできないくらいに、（恥ずかしくて）どうしようもない。「この絵は、こうなっていて、これこれである。その人が、

が〔格助〕。」 など〔副助〕 のたまはす〔下二・終〕。 高坏 に〔格助〕 参らせ〔下二・用〕 たる〔助動・存・体〕 大殿油 なれ〔助動・断・已〕 ば〔接助〕、 髪 の〔格助〕 筋 など〔副助〕 も〔係助〕、 なかなか〔副〕 昼

あの人が。」などと（中宮様は）おっしゃる。高坏におともししている灯火なので、髪の毛の筋なども、かえって昼間

格助 係助 ナリ・用 下二・用 接助 ク・已 接助 サ変・用 接助 上一・用 副助 サ変・終 副 ク・体 助動・断・已
より も 顕証に 見え て まばゆけれ ど、念じ て 見 など す。いと つめたき ころ なれ
よりもあらわにはっきり見えて恥ずかしいけれど、我慢して見たりする。とても寒いころなので、

接助 下二・未 助動・尊・用 補尊・四・已 助動・存・体 格助 ナリ・用 下二・体 格助 シク・用(音) 四・用 助動・存・体
ば、さし出で させ 給へ る 御手 の はつかに 見ゆる が、いみじう にほひ たる 薄紅梅
（中宮様の）差し出されるお手で、（袖の間から）ちらりと見えるのが、とてもつややかな薄紅梅色であるのは、

助動・断・体 係助 ク・用 ク・終 格助 四・未 助動・打・体 格助 係助 ラ変・体 係助(係) 係助 格助
なる は、限りなく めでたし と、見知ら ぬ 里人心地 に は、かかる 人 こそ は 世 に
このうえもなく美しいと、（宮中を）見知っていない（私のような）宮仕えをしていない（も同然の新参）者の気持ちには、このよう

四・用 助動・詠・已(結) 格助 四・未 助動・自・体 副助 係助(係) 四・用 補謙・下二・体(結)
おはしまし けれ と、驚か るる まで ぞ、まもり 参らする。
な（すばらしい）方がこの世にはいらっしゃるのだなあと、はっとしてしまうほど、お見つめ申し上げる。

語句の解説 1

教717 140ページ　教719 128ページ

1 **もののはづ《ズ》かしきこと**　気がひけてしまうこと。「もの」は漠然とした対象があることを示す接頭語。「はづかし」は古語では、相手がすぐれていて、こちらが萎縮して気恥ずかしく思う様子を表す。

2 **見《み》せさせ給ふ《たまう》**　「させ」は尊敬の助動詞「さす」の連用形。「給ふ」は尊敬を表す補助動詞で最高敬語（二重敬語）となっている。

3 **これは、とあり、かかり。それが、かれが。**　中宮が絵を見せて説明している場面。「かかり」は「かく＋あり」が変化したもの。

5 **顕証《けそう》に**　高坏に置いた灯火が近いので、髪の毛の筋などもはっきり見えてしまう、というのである。

5 **まばゆけれど**　「まばゆし」の意味は、①「まぶしい」、②「まぶしく感じるほど美しい」、③「きまりが悪い、気後れする」、④「目をそむけたいほどだ」など。ここは③。

7 **にほ《オ》ひ《イ》たる薄紅梅《うすこうばい》**　つややかな薄紅梅色。「にほふ」の意味は、①「色に染まる」、②「色が美しく輝く、美しくつややかである」、③「かおりがする」など。ここでは②。

7 **里人心地《さとびとごこち》**　宮仕えをしていない（も同然の新参）者の気持ち。「里人」は宮仕えをしていない人。宮中に入ったばかりの作者の気持ちをこう表現した。

8 **まもり参《まい》らする**　「参らす」は謙譲の補助動詞で、作者が中宮を見つめているのである。「まもる」の意味は、①「見つめる」、②「見定める」、③「防ぐ、守る」など。ここでは①の意味。

【大意】 2　**教717 140ページ10行〜141ページ5行　教719 128ページ10行〜129ページ5行**

明け方には早く退出したいが、中宮様がお引き止めになる。恥ずかしいので顔を伏せてばかりいる。女官が格子を上げにくると、中宮様

は私を気遣って制し、何かとお話しになる。時間がたって退出を許されると、すぐに女房たちが格子を上げる。外は雪が降っていた。

【品詞分解／現代語訳】

暁 に は とく 下り な む と いそが るる。「葛城の神 も しばし。」など 仰せ らるる
格助 係助 ク・用 上二・用 助動・強・未 助動・意・終 格助 四・未 助動・自・体 係助 副 副助 下二・未 助動・尊・体
明け方には早く退出しようと自然と気がせいてしまう。「（夜明けの嫌いな）葛城の神でもうしばらく（いてもいいでしょう）。」などと

を、いかで かは 筋かひ 御覧ぜ られ む とて、なほ 伏し たれ ば、御格子 も 参ら
接助 副 係助(係) サ変・未 助動・受・未 助動・意・体(結) 格助 副 四・用 助動・存・已 接助 係助 四・未
（中宮様が）おっしゃるけれど、どうして斜めにでも（顔を）御覧になられようか（いや、御覧になられずにすませたい）と思って、やはりうつぶしているので、

ず。女官ども 参り て、「これ、放た せ 給へ。」など 言ふ を 聞き て、女房 の 放つ を、
助動・打・終 四・用 接助 (代) 四・未 助動・尊・用 補尊・四・命 副助 四・体 格助 四・用 接助 格助 四・体 格助
御格子もお上げしない。女官たちが参上して、「この格子を、お開けください。」などと言うのを聞いて、（他の）女房が開けるのを、

「まな。」と 仰せ らるれ ば、笑ひ て 帰り ぬ。もの など 問は せ 給ひ、のたまはする に、
副 格助 下二・未 助動・尊・已 接助 四・用 接助 四・用 助動・完・終 副助 四・未 助動・尊・用 補尊・四・用 下二・体 接助
「だめです。」と（中宮様が）おっしゃるので、（女官たちは）笑って帰ってしまう。（中宮様が）あれこれとお尋ねになり、お話しなさるうちに、

久しう なり ぬれ ば、「下り まほしう なり に たら む。さらば、はや。夜さり は、
シク・用(音) 四・用 助動・完・已 接助 上二・未 助動・願・用(音) 四・用 助動・完・用 助動・存・未 助動・推・終 接 副 係助
長い時間もたったので、「（部屋へ）退出したくなってしまっているのでしょう。それなら、早く（お下がりなさい）。

とく。」と 仰せ らる。ゐざり隠るる や 遅き と、上げちらし たる に、雪 降り に
ク・用 格助 下二・未 助動・尊・終 下二・体 係助(係) ク・体(結) 格助 1 四・用 助動・完・体 接助 四・用 助動・完・用
夜分は、すぐ（においで）。」と仰せになられる。（御前から）いざって（下がり）姿を隠すやいなや、（女房たちが）格子をいっせいに上げてしまうと、（外は）雪が

けり。登花殿 の 御前 は、立蔀 近く て せばし。雪 いと をかし。
助動・詠・終 格助 係助 ク・用 接助 ク・終 副 シク・終
降っていたのだった。登花殿の前のお庭は、立蔀が近くめぐらしてあって狭い。雪がとても風情がある。

語句の解説 2

教717 140ページ 教719 128ページ

11 御格子《みこうし》も参《まい》らず 「参る」は、あることを奉仕するときに使う謙譲語。格子を上げるときにも下げるときにも使う。

教717 141ページ 教719 129ページ

1 放《はな》たせ給《たま》へ お開けください。
女官が廂《ひさし》の間の外側から室内の女房に依頼する言葉。

4 とく すぐ。後に「参れ」が省略されていると考えられる。

4ゐざり隠《かく》るるや遅《おそ》きと　(御前から)いざって(下がり)姿を隠すやいなや。

作者は恥ずかしいので顔を上げないで隠れるようにして退出した。「や」は係助詞で、「遅き」(連体形)が結びとなっている。

4上《あ》げちらしたるに　作者が恥ずかしがっていることを察して、中宮は格子を上げないよう女房たちに言う。作者が退出を許されて下がろうとするやいなや、待ちかねた女房たちが格子をいっせいに上げたのである。

1　「上げちらしたる」とは、何をどうするのか。

答　格子をいっせいに上げてしまうこと。

【大　意】　3　教717 141ページ6〜11行　教719 129ページ6〜11行

昼ごろお召しがあり、部屋の古参の女房からも、「中宮様にお目通りがかなうのは、気に入られる理由があるのだ」と、せかされて出仕する。どうしてよいかわからず、とてもつらい思いをした。庭先に雪が積もっている様子はとても趣がある。

【品詞分解／現代語訳】

昼つ方、「今日は、なほ参れ。雪に曇りてあらはにもあるまじ。」など、たびたび召せ
(今日)係助　(なほ)副　(参れ)四・命　(に)格助　(曇り)四・用　(て)接助　(あらはに)ナリ・用　(も)係助　(ある)ラ変・体　(まじ)助動・打推・終　(など)副助　(たびたび)副　(召せ)四・已
昼ごろ、「今日は、(昼でも)やはり参上しなさい。雪で曇ってあらわになることもないでしょう。」などと、たびたびお召しになる

ば、この局のあるじも、「見苦し。さのみやは籠りたらむ。」とする。あへなき
(ば)接助　(こ)(代)　(の)格助　(の)格助　(も)係助　(見苦し)シク・終　(さ)副　(のみ)副助　(やは)係助(係)　(籠り)四・用　(たら)助動・存・未　(む)助動・意・終　(と)格助　(する)サ変・体(結)　(あへなき)ク・体
ので、この局の主である女房も、「見ていられない。そのように引っこんでばかりいようとしてよいものか。」と、あっけない

まで御前許されたるは、さおぼしめすやうこそあらめ。思ふに違ふは心地
(まで)副助　(許さ)四・未　(れ)助動・受・用　(たる)助動・完・体　(は)係助　(さ)副　(おぼしめす)四・体　(こそ)係助(係)　(あら)ラ変・未　(め)助動・推・已(結)　(思ふ)四・体　(に)格助　(違ふ)四・体　(は)係助
ほど(容易に中宮様の)御前へのお目通りが許されたのは、(中宮様が)そのようにお気に召すわけがあるのでしょう。好意にそむくのは

にくきものぞ。」と、ただいそがしに出だし立つれば、あれにもあらぬ心地
(にくき)ク・体　(ぞ)終助　(と)格助　(ただ)副　(いそがし)四・用　(に)格助　(出だし立つれ)下二・已　(ば)接助　(あれ)(代)　(に)助動・断・用　(も)係助　(あら)ラ変・未　(ぬ)助動・打・体
腹が立つものよ。」と(言って)、ひたすら急がせて出仕させるので、無我夢中の気持ちがするけれども

すれど参るぞ、いと苦しき。火焼屋の上に降り積みたるも、めづらしう、をかし。
(すれ)サ変・已　(ど)接助　(参る)四・体　(ぞ)係助(係)　(いと)副　(苦しき)シク・体(結)　(の)格助　(に)格助　(降り積み)四・用　(たる)助動・存・体　(も)係助　(めづらしう)シク・用(音)　(をかし)シク・終
参上するのは、たいへんつらいことだ。火焼屋の上に(雪が)降り積もっているのも、いつもとちがっていて、おもしろい。

(第百七十七段)

語句の解説 3

教717 141ページ　教719 129ページ

6 あらは《ワ》にもあるまじ　顔を見せるのを恥ずかしがっている作者に、雪で薄暗いからよく見えないだろうと気遣った中宮の言葉。

8 さおぼしめすやう《ヨウ》こそあらめ　そのようにお気に召すわけがあるのでしょう。

9 あれにもあらぬ心地《ここち》　無我夢中の気持ち。「あれ」は自称の代名詞。自分ではないような心地ということ。

学習の手引き

一　三つの段落のそれぞれについて、出仕して間もない作者の心境を整理しよう。

解答例　・第一段落…恥ずかしくて、涙が出そうなほどである。中宮の美しさには目を見張るほど感動する。

・第二段落…夜が明けて明るくなり、顔を見られたくない一心で局に下がろうとする。登花殿の前の雪に心奪われる。

・第三段落…昼ごろお召しがあり、古参の女房にも急か《せ》されて出仕するが、無我夢中で、どうしてよいかわからず、つらい。雪が降り積もっていることには趣を感じる。

二　出仕して間もない作者に対して、中宮はどのような心遣いをしているか。中宮の言動に即して説明してみよう。

解答例　①絵など取り出でて見せさせ給ふ 717一四〇・2 719一二八・2

②「葛城《かづらき》の神もしばし。」など仰せらるるを 717一四〇・10 719一二八・10

③女房の放つを、「まな。」と仰せらるれば 717一四一・1 719一二九・1

④「下りまほしうなりにたらむ。さらば、はや。夜さりは、とく。」 717一四一・3 719一二九・3

⑤「……雪に曇りてあらはにもあるまじ。」 717一四一・6 719一二九・6

①は、宮仕えを始めたばかりの作者の緊張をほぐすために、絵を出してその話などをした。②は、退出しようとする作者を冗談めかして引き止めた。③は、明るくなって顔を見られるのを避けている作者を気遣って、部屋に光を入れるのを遅らせた。④は、帰りたそうな作者に退出を許すが、夜になったら早くおいでと優しく言い添えた。⑤は、恥ずかしがる作者に、雪で曇っているのであらわに見られないでしょうと気遣った。

言葉の手引き

一　次の古語の意味を調べよう。

1 まばゆし 717一四〇・5 719一二八・5　2 にほふ 717一四〇・7 719一二八・7

3 まもる 717一四〇・8 719一二八・8

解答例　1 きまりが悪い。気後れする。　2 美しくつややかである。　3 見つめる。じっと見る。

二　「参らせたる大殿油《おほとなぶら》」（717一四〇・4 719一二八・4）、「まもり参らする。」（717一四〇・8 719一二八・8）の傍線部の違いを説明しよう。

解答例　・「参らせ」…謙譲の動詞「参らす」の連用形で、「差し上げる」という意味。（ここでは「（火を）ともし申し上げる」の意。）

・「参らする」…謙譲の補助動詞「参らす」の連体形で、「…申し上げる」という意味。

御方々、君たち

【大意】 1 教717 142ページ1〜7行 教719 130ページ1〜7行

中宮定子《ていし》様のお身内の方々をはじめとして、御前に多くの人が集まっていたとき、中宮様は私に「愛そうか、どうしようか。第一でないならどうか。」と書かれたものを投げて寄こされた。これは私が普段から「一番に愛されないのなら、かえって憎まれた方がよい。」などと言っていたことに対するお言葉であった。

【品詞分解／現代語訳】

御方々、 君たち、 上人 など（副助）、 御前 に（格助） 人 の（格助） いと（副） 多く（ク・用） 候へ（四・已） ば（接助）、 廂 の（格助） 柱 に（格助） 寄りかかり（四・用）

中宮定子様のお身内の人々や、上流貴族の子息たちや、殿上人など、中宮様の御前に人が多く伺候しているので、（私は）廂の間の柱に寄りかかって、

て（接助）、 女房 と（格助） 物語 など（副助） し（サ変・用） て（接助） ゐ（上一・用） たる（助動・存・体） に（接助）、 もの を（格助） 投げ（下二・用） 給はせ（下二・用） たる（助動・完・体）、

女房と話などをしていたところ、（中宮様が）何かものを投げてお与えくださった、

開け（下二・用） て（接助） 見（上一・用） たれ（助動・完・已） ば（接助）、 「思ふ（1 四・終） べし（助動・意・終） や（係助）、 いな（感） や（係助）。 人、 第一 なら（助動・断・未） ず（助動・打・未） は（接助）

（それを）開けてみたところ、「愛そうか、どうしようか。人は、第一でないならば

いかに（副）。」 と（格助） 書か（四・未） せ（助動・尊・用） 給へ（補尊・四・已） り（助動・存・終）。

どうか。」とお書きになっていた。

御前 にて（格助） 物語 など（副助） する（サ変・体） ついで に（格助） も（係助）、 「すべて（副）、 人 に（格助） 一 に（格助） 思は（四・未） れ（助動・受・未）

（これは、私が）中宮様の御前で話などをする折にも、「おしなべて、人に一番に愛されないならば、

ず（助動・打・未） は（接助）、 何 に（格助） かは（係助（係）） せ（サ変・未） む（助動・推・体（結））。 ただ（副） いみじう（シク・用（音））、 なかなか（副） にくま（四・未） れ（助動・受・用）、 あしう（シク・用（音））

どうしようか（いや、どうしようもない）。（それなら）ただもうひどく、かえって憎まれ、悪く

せ（サ変・未）られ（助動・受用）て（助動・断・用）あら（接助・ラ変・未）む（助動・適終）。
扱はれてゐるほうがよい。

一（助）に（接助）て（接助）を（間助）あら（ラ変・未）む（助動・意終）。」など（副助）言へ（四・已）ば（接助）、「一乗の法 な（助動・断・体(音)）り（助動・定終）。」など（副助）、
「それはまるで」『法華経』の〝一乗の法〟であるようだ。」などと、
一番でいたい。」などと言うので、

二、三（助）に（接助）て（接助）は（係助）死ぬ（ナ変・終）とも（接助）あら（ラ変・未）じ（助動・打意終）。
二番、三番では死ぬとしてもいたくない。

語句の解説 １

人々（係助）も 笑ふ（四・体）こと（格助）の 筋 な（助動・断・体(音)）めり（助動・定終）。
女房たちも笑う〔例の〕話の方面であるようだ。

教717 142ページ　**教719** 130ページ

２女房（にようぼう）と物語（ものがたり）などしてゐたるに
「物語」は、話すこと、世間話。

中宮の前に身分の高い方々がたくさんいらっしゃるので、作者は邪魔にならないように、同僚の女房たちとおしゃべりをしていた。

１ 誰が、誰を「思ふ」のか。
中宮が、作者を「思ふ」。（この「思ふ」は、「愛する、いとおしく思う」という意味。）

３第一（だいいち）ならずはいかに 第一でないならばどうか。
「ずは」は、「ずば」と同じで、順接仮定を表す。「いかに」の下に言葉が省略されているので、「どのように思うか」などと補っ

て意味をとらえるとよい。

5 あしうせられてあらむ 悪く扱われているほうがよい。
人に一番に愛されないなら、冷たくあしらわれた方がよい、という作者の気持ちを表している。

6死ぬともあらじ 死ぬとしても（一番、三番では）いたくない。
「とも」は、逆接仮定を表す接続助詞。二番、三番に思われるような存在には、死んでもなるつもりはない、という作者の気持ちを表している。

7一（いち）にてをあらむ 一番でいたい。
「を」は、文中で用いて、強調を表す間投助詞。

6一乗の法（いちじょう ほうナン）なり 『法華経（ほけきょう）』
「一乗の法」は、『法華経』のことで、平安時代に最も尊重された経であり、当時の女性も積極的に学んだと言われている。

答

１

誰が、誰を「思ふ」のか。

【大意】 ２

教717 142ページ8〜12行　**教719** 130ページ8〜12行

私が、「中宮様になら、最下級の愛され方でもかまいません。」とお答えすると、中宮様は「自分の思ったことは、そのまま押し通すのがよく、第一の人に一番に愛されようと思うのがよい。」とおっしゃる。

【品詞分解／現代語訳】

副助　下二・用　助動・完・已　接助　格助　格助　係助　格助　四・終　接助　副助　四・用　接助
筆・紙 など 給はせ たれ ば、「九品蓮台 の 間 に は、下品 と いふ とも。」など、書き て
（中宮様が）筆や紙などをくださったので、（私は）「九品蓮台の間では、下品（の往生だ）というとしても（かまいません）。」などと、書いて

下二・用　助動・完・已　接助　副　サ変・用　助動・完・用　助動・詠・終　副　ク・終　下二・用　助動・完・体
参らせ たれ ば、「むげに 思ひくんじ に けり。いと わろし。言ひとぢめ つる
差し上げたところ、（中宮様は）「ひどく弱気になってしまったことですね。とてもよくない。言い切ったことは、

係助　副　係助（係）　ラ変・未　助動・適・已（結）　格助　下二・終　（代）　係助　格助　四・用　接助　係助
こと は、さて こそ あら め。」と のたまはす。「それ は、人 に 従ひ て こそ。」
そのまま押し通すほうがよいのだ。」とおっしゃる。（私は）「それは、相手によって（のことでございましょう）。」

格助　四・已　接助　（代）　格助　ク・体　終助　終助　格助　格助　副　格助　四・未　助動・受・未　助動・意・終　格助
と 申せ ば、「そ が わろき ぞ かし。第一 の 人 に、また 一 に 思は れ む と
と申し上げると、（中宮様が）「それがよくないのだよ。第一の人に、また一番に愛されようと思うのがよい。」

係助（係）　四・未　助動・適・已（結）　格助　下二・未　助動・尊・体　副　シク・終
こそ 思は め。」と 仰せ らるる、いと をかし。
とおっしゃるのが、とてもおもしろい。

（第九十七段）

語句の解説 2

教717 142ページ　教719 130ページ

8 **九品蓮台《くほんれんだい》の間《あいだ》には、下品《げぼん》といふ《ウ》とも**　九品蓮台の間では、下品（の往生だ）というとしても（かまいません）。

「九品蓮台の間」は、極楽往生の九段階をいい、ここに往生するものは蓮の台に座るという。ここは、「思ふべしや、いなや。人、第一ならずはいかに。」という中宮の問いかけに対して、「中宮様の寵愛を受けられるのであれば、その最下級でもかまわない」という作者の気持ちを表している。

9 **思《おも》ひ《イ》くんじにけり**　弱気になってしまったことですね。

「思ひくんず」は「思ひ屈す」と同じで、弱気になることを表す。

2 「言ひとぢめつること」の具体的な内容は何か。

答 清少納言の言葉「すべて、人に一に思はれずは、……一にてをあらむ。」717 一四三・4～6 719 一三〇・4～6をさす。すべてにおいて、人に第一に思われたいということ。

10 **人《ひと》に従《したが》ひ《イ》てこそ**　相手によって（のことでございましょう）。

係助詞「こそ」の下に「侍らめ」などの結びが省略されている形。

11 **そがわろきぞかし**　それがよくないのだよ。

「わろし」は、他と比較してよくない様子や、普通より劣る様子

に用いる語。「ぞかし」は、文末で、念を押す言い方。

11 **第一《だいいち》の人《ひと》に、また一《いち》に思《おも》は《ワ》れむ《ン》とこそ思《おも》は《ワ》め** 「第一の人」は、ここでは中宮を指す。中宮は「私に一番に愛されようと思いなさい」と作者に言っているのである。

12 **いとを《オ》かし** とてもおもしろい。「をかし」は、何か興味のあるものに心ひかれていく様子を表す言葉で「趣深い」と訳すことが多いが、ここは、さまざまな意味で解釈できる。中宮の言葉に対して、作者が率直に「うれしい」と思っている要素もあるし、自分の返答に応えてくれた中宮の言葉を「おもしろい、心ひかれる」と感じたともとれる。

学習の手引き

一 時間軸に注意して、三つの段落の関係を整理しよう。

解答例

・第一段落　中宮からの課題…中宮が作者に「あなたを大切に思おうか、第一に思わないとすれば、どうか」という問いを投げかけてくる。

・第二段落　課題の背景…第一段落より以前のこと。中宮は、「人に第一に思われなければ、いやだ」という作者の日ごろの口癖を知っていた。

・第三段落　作者の答えと中宮の批評…作者は、中宮なら第一でなくても、最下級でもよいと答える。中宮は、心に決めたことは貫き通せと作者をたしなめる。

二 作者の「九品蓮台の間には、下品といふとも。」（717 一四三・8 719 一三〇・8）という発言について、次の点から説明してみよう。

1 中宮からの質問に対して、どのような返答であるか。

2 以前の作者の発言と照らして、どのような返答であるか。

解答例

1 中宮に大切に思われるなら、一番でなくても、最下級でもうれしい、という返答。

2 一番でないといやだという以前の発言と比べると、気弱な返答。

三 作者が、中宮とのやり取りを「いとをかし。」（717 一四三・12 719 一三〇・12）と受け止めているのはなぜだと思われるか。各自の考えを述べ合おう。

解答例

・「一番に思われたい」という自分の考えを中宮に肯定してもらったうえに、自分の考えを貫き通せと励ましてもらったと作者は思っているので、うれしさから「をかし」と述べている。

・作者と中宮がお互いをよく理解し合えているという信頼関係があるので、「をかし」と述べている。

言葉の手引き

一 次の古語の意味を調べよう。

1 いかに 717 一四三・3 719 一三〇・3　2 なかなか 717 一四三・5 719 一三〇・5
3 にくむ 717 一四三・5 719 一三〇・5　4 あし 717 一四三・5 719 一三〇・5
5 筋 717 一四三・7 719 一三〇・7　6 むげに 717 一四三・9 719 一三〇・9
7 わろし 717 一四三・9 719 一三〇・9　8 をかし 717 一四三・12 719 一三〇・12

解答例

1 どのように。　2 かえって。むしろ。

3 いやだと思う。非難する。 4 悪い
5 意味合い。方面。 6 ひどく 7 あまりよくない。
8 趣がある。おもしろい。

二 次の傍線部を文法的に説明してみよう。

1 一乗の法なり。(717 一四三・6 719 一三〇・6)
2 笑ふことの筋なめり。(717 一四三・7 719 一三〇・7)

解答例 1 断定の助動詞「なり」の連体形「なる」の撥音便《はつ》「なん」の「ん」の無表記+推定の助動詞「なり」の終止形。
2 断定の助動詞「なり」の連体形「なる」の撥音便「なん」の「ん」の無表記+推定の助動詞「めり」の終止形。

五月の御精進《みさうじ》のほど

【大意】 1 教717 144ページ1〜4行 教719 132ページ1〜4行

中宮様が職《しき》にお住まいであった〔推定長徳《ちょうとく》四年(九九八年)〕五月の御精進のころ、一日から雨が降り続きうっとうしいので、「ほととぎすの声を聞きに行きたい」と私が言い、女房たちと出かけた。

【品詞分解/現代語訳】

五月 の(格助) 御精進 の(格助) ほど、職 に(格助) おはします(四・体) ころ、塗籠 の(格助) 前 の(格助) 二間 なる(助動・断・体) 所 を(格助)、ことに(ナリ・用)
五月の御精進のころ、(中宮様が)職にいらっしゃるころ、塗籠の前の二間である所を、特別に

しつらひ(四・用) たれ(助動・完・已) ば(接助)、例様なら(ナリ・未) ぬ(助動・打・体) も(係助) をかし(シク・終)。一日 より(格助) 雨がち に(格助)、曇り過ぐす(四・終)。
(精進の仏事のために)設営したので、いつもの様子でないのもおもしろい。一日から雨がちで、曇った日が続きうっとうしく過ごす。

つれづれなる(ナリ・体) を(接助)、「ほととぎす の(格助) 声 たづね(下二・用) に(格助) 行か(四・未) ばや(終助)。」 と(格助) 言ふ(四・体) を(接助)、我 も(係助) 我 も(係助) と(格助)
手持ち無沙汰なので、「ほととぎすの声を聞きに行きたい。」と(私が)言うと、(他の人たちも)私も私もと(言って)

出で立つ(四・終)。
出かける支度をする。

語句の解説 1

教717 144ページ 教719 132ページ

2 **例様《れいざま》ならぬもをかし《オ》** いつもの様子でないのもおもしろい。
精進の仏事を行うので、普通とは違う様子になっている。

3 **つれづれなるを**　「つれづれなり」は、手持ち無沙汰で退屈なことを表す。雨模様の天候で、精進でもあるので、特にすることもないと、作者は感じている。

3 **ほととぎすの声《こゑ》たづ《ズ》ねに行《い》かばや**　「ほととぎす」は、初夏に渡来し、秋に南方に去る鳥で、夏を知らせる鳥として親しまれ、和歌にも数多くよまれている。山地の樹林に住み、昼夜の区別なく「てっぺんかけたか」と聞こえるような鳴き方をすると言われる。

4 **出《い》で立《た》つ**　「出かけるための準備をする」の意。

【大　意】　2　教717 144ページ7行～145ページ12行　教719 132ページ7行～133ページ12行

二日後くらいに、ほととぎすの声を聞きに行ったときのことを、宰相《さいしょう》の君と話していると、中宮様から「下蕨《したわらび》こそ恋しかりけれ」の下の句が与えられ、これに付ける上の句を求められる。「ほととぎすたづねて聞きし声よりも」と上の句を付けたものの、自分が歌に不得手であることを本気で申し上げたところ、中宮様は、もう無理に歌をよまなくてもいいとおっしゃった。そこに伊周《これちか》様が庚申《こうしん》待《ま》ちのためにいらっしゃった。

【品詞分解／現代語訳】

二日　ばかり（副助）　あり（ラ変・用）　て（接助）、そ（（代））　の（格助）　日　の（格助）　こと　など（副助）　言ひ出づる（下二・体）　に（格助）、宰相の君、「いかに（副）　ぞ（係助）、手づから（副）

二日ほどして、その日（＝ほととぎすの声を聞きに行った日）のことなどを言い出すときに、宰相の君が、「どうでしたか、自分の手で

折り（四・用）　たり（助動・完・終）　と（格助）　言ひ（四・用）　し（助動・過・体）　下蕨　は（係助）。」　と（格助）　のたまふ（四・体）　を（格助）　聞か（四・未）　せ（助動・尊・用）　給ひ（補尊・四・用）　て（接助）、

折ったと（明順が）言った下蕨（の味）は。」とおっしゃるのを（中宮様が）お聞きになって、

「思ひ出づる（下二・体）　こと　の（格助）　さま　よ（間助）。」　と（格助）　笑は（四・未）　せ（助動・尊・用）　給ひ（補尊・四・用）　て（接助）、紙　の（格助）　散り（四・用）　たる（助動・完・体）　に（格助）、

「思い出すことといったら（歌ではなくて）食べ物のこととはね。」とお笑いになって、紙で散らばっていたの（紙）に、

下蕨　こそ（係助（係））　恋しかり（シク・用）　けれ（助動・詠・已（結））

「下蕨こそ恋しかりけれ（＝下蕨こそが恋しいことよ）。」

と（格助）　書か（四・未）　せ（助動・尊・用）　給ひ（補尊・四・用）　て（接助）、「本　言へ（四・命）。」　と（格助）　仰せ（下二・未）　らるる（助動・尊・体）　も（係助）、いと（副）　をかし（シク・終）。

と（下の句を）お書きになって、「（この歌の）上の句を言いなさい。」とおっしゃるのも、たいそうおもしろい。

下二・用 接助 四・用 助動・過・体 格助 係助
ほととぎす たづね て 聞き し 声 より も
「ほととぎすたづねて聞きし声よりも(=わざわざたずね求めて聞いたほととぎすの声よりも)」

格助 四・用 接助 下二・用 助動・完・已 接助 シク・用(音) 四・用 助動・詠・終 副 副助 副 格助
と 書き て、参らせ たれ ば、「いみじう 受け張り けり。かう だに、いかで ほととぎす の
と書いて、差し上げたところ、(中宮様は)「たいそう気兼ねもしないで堂々と言ったものね。このようなことにさえ、どうしてほととぎすを

格助 下二・用 助動・強・終 助動・現原・体 格助 四・未 助動・尊・用 補尊・四・体 係助 シク・終 接助 感
こと を かけ つ らむ。」 とて、笑は せ 給ふ も はづかし ながら、「何か。
歌によむことに執着するのだろう。」と(おっしゃって)、お笑いになるのも恥ずかしく思うけれども、「いいえ、どうして。

(代) 格助 四・用 補丁・ラ変・未 助動・打意・終 格助 係助(係) 四・用 補丁・ラ変・体(結) 間助 格助 副助 格助
この 歌、よみ 侍ら じ と なむ 思ひ 侍る を。もの の 折 など 人 の
この歌(というものを)、よみますまいと思っていますのに。何かの折などに人が(歌を)

四・用 補丁・ラ変・未 助動・婉・体 格助 係助 四・命 副助 下二・未 助動・尊・未 接助 副 四・終 助動・打推・体 係助(係)
よみ 侍ら む に も、『よめ。』など 仰せ られ ば、え 候ふ まじき 心地 なむ
よみますようなときにも、(私に)『よめ』などとおっしゃいますならば、おそばにお仕えできそうもない心地がいたします。

サ変・用 補丁・ラ変・体(結) 副 副 係助 1 格助 四・未 助動・打・用 係助 格助 係助 格助
し 侍る。 いと いかが は、文字 の 数 知ら ず、春 は 冬 の 歌、秋 は 梅・花 の 歌
(いくら私でも)本当にどうして、(歌の)文字の数も知らず、春に冬の歌(をよんだり)、秋に梅や桜の歌などを

副助 格助 四・体 係助 ラ変・未 助動・推・体 接 四・終 格助 四・未 助動・受・用 助動・過・体 係助 副
など を よむ やう は 侍ら む。 されど、歌 よむ と いは れ し 末々 は、少し 人
よむようなことがございましょうか(いや、そんなことはございません)。けれども、歌人と言われた人の子孫は、少しは人より

格助 四・用 接助 (代) 格助 格助 係助 (代) 係助(係) ラ変・用 助動・詠・已(結) 副 係助 四・已 接助 (代) 格助
より まさり て、『その 折 の 歌 は、これ こそ あり けれ。 さ は 言へ ど、それ が 子
優れていて、『これこれの折の歌では、この歌がすばらしかった。何と言っても、誰それという歌人の子だから。』

助動・断・已 接助 副助 四・未 助動・受・未 接助 係助(係) ラ変・体 係助 サ変・用 補丁・ラ変・未 助動・推・已(結) 副
なれ ば。』など 言は れ ば こそ、かひ ある 心地 も し 侍ら め。 つゆ
などと言われれば、(歌をよむのに)かいがある心地もいたしましょう。全く

取り分き（四・用）たる（助動・完・体）方も（係助）なく（ク・用）て（接助）、さすがに（副）歌がましう（シク・用（音））、我は（係助）と（格助）思へ（四・已）る（助動・存・体）さまに（格助）、最初に（格助）
特別なところもなくて、そうはいうもののやはりいかにも歌らしく、私は（すばらしい）と思っている様子で、最初に（歌を）

よみ出で（下二・用）侍ら（補丁・ラ変・未）む（助動・仮・体）、亡き（ク・体）人の（格助）ために（格助）も（係助）いとほしう（シク・用（音））侍る。」（補丁・ラ変・体）と（格助）、まめやかに（ナリ・用）啓すれ（サ変・已）ば（接助）、
よみ出しますなら、亡き父（＝清原元輔）のためにも気の毒でございます。」と、誠心誠意中宮様に申し上げたところ、

笑は（四・未）せ（助動・尊・用）給ひ（補尊・四・用）て（接助）、「さらば（接）、ただ（副）心に（格助）任す。（下二・終）我は（係助）よめ（四・命）と（格助）も（係助）言は（四・未）じ。」（助動・打意・終）と（格助）
（中宮様は）お笑いになって、「それならば、ただ（あなたの）心に任せる。私はよめとも言うまい。」と

のたまはすれ（下二・已）ば（接助）、「いと（副）心やすく（ク・用）なり（四・用）侍り（補丁・ラ変・用）ぬ。（助動・完・終）いまは（係助）歌の（格助）こと思ひかけ（下二・未）じ。」（助動・打意・終）など（副助）
おっしゃるので、「たいそう心が楽になりました。もう歌のことを気にかけますまい。」などと

言ひ（四・用）て（接助）ある（ラ変・体）ころ、庚申せ（サ変・未）させ（助動・尊・用）給ふ（補尊・四・終）とて（格助）、内大殿いみじう（シク・用（音））心まうけせ（サ変・未）させ（助動・尊・用）給へ（補尊・四・已）り。（助動・完・終）
言っているころ、（中宮様が）庚申待ちをしなさるということで、（中宮様のお兄様の）内大臣様がたいそう（張り切って）準備をなさっていた。

語句の解説 2

教717 144ページ　教719 132ページ

7 **いかにぞ**　下に「おぼえし」などが省略されている。また、ここは倒置法が用いられていて、本来は「手づから折りたりと言ひし下蕨は、いかにぞ」となる。

9 **笑《わら》は《ワ》せ給《たま》ひ《イ》て**　主語は中宮で、思い出すのは食べ物のことだけなら、風情のある世界とは無縁だとお笑いになった。

11 **本言《もとい》へ《エ》**　「本」は、歌の上の句のこと。

13 **参《まい》らせたれば**　「参らす」は謙譲語で、ここは中宮に歌の上の句「ほととぎすたづねて聞きし声よりも」を差し上げたということ。

教717 145ページ　教719 133ページ

1 **笑《わら》は《ワ》せ給《たま》ふ《ウ》もはづ《ズ》かしながら**　作者が堂々と、食い意地の張ったことをよんだうえに、下蕨をほととぎすと比べたことに対して中宮がお笑いになった。

1　「文字の数」とは何か。

答　「五七五七七」の和歌の文字数のこと。

5 **歌《うた》よむといは《ワ》れし末々《すえずえ》**　作者清少納言《せいしょうなごん》の曽祖父は清原深養父《きよはらのふかやぶ》、父は清原元輔《もとすけ》で、どちらも有名な歌人であった。

6 **それが子《こ》なれば**　誰それという歌人の子だから、歌がうまいのも納得だということ。

7 **我《われ》はと思《おも》へ《エ》るさまに**　我こそはすぐれているという、うぬぼれて前に出ようとする気持ちを表す。

9 **笑《わら》は《ワ》せ給《たま》ひ《イ》て**　作者清少納言の本心で思っていることを受けとめて、なるほど、偉大な親を持つと子供も大変だと作者の気持ちを理解して、中宮はお笑いになった。また、作者の歌をよまない弁明に納得して、笑ったともとれる。

10 **いと心《こころ》やすくなり侍《はべ》りぬ**　歌をよむことに関しては、あなたの思い通りにしてよいと中宮に言われて、作者は安心した。

11 **心《こころ》ま《モ》うけせさせ給《たま》へ《エ》り**　「心まうけす」は、「準備する、用意する」という意味。

【大　意】 3　教717 145ページ13行～146ページ11行　教719 133ページ13行～134ページ11行

夜が更けたころ、題を賜ってみなが歌をよむ。伊周様が歌をよまずにいる私を責めるが、自分は中宮様のお許しがあるから歌をよまないと弁明し、よむことを聞き入れずにいると、中宮様から「あなたは元輔の娘なのに歌をよまないのね。」という意味の歌をいただく。私は、「元輔の娘でなければ、進んで歌をよもうと思うのに。」とお返しした。

【品詞分解／現代語訳】

夜　うち更くる(下二・体)　**ほど　に**(格助)、**題　出だし**(四・用)　**て**(接助)　**女房　も**(係助)　**歌　よま**(四・未)　**せ**(助動・使・用)　**給ふ。**(補尊・四・終)　**みな　けしきばみ、**(四・用)

夜が更けてゆくころに、題を出して女房にも歌をよませなさる。女房たちはみな気負って、

揺るがし出だす(四・体)　**も、**(接助)　**宮　の**(格助)　**御前　近く**(ク・用)　**候ひ**(四・用)　**て、**(接助)　**もの　啓し**(サ変・用)　**など、**(副助)　**ことごと　を**(格助)　**のみ**(副助)　**言ふ**(四・体)　**を、**(格助)　**大臣**

体を揺すって苦吟し歌を詠出するのに、(私は)中宮様のおそば近くに控えていて、何か申し上げるなど、他の話ばかり言うのを、内大臣が

御覧じ(サ変・用)　**て、**(接助)　**「など**(副)　**歌　は**(係助)　**よま**(四・未)　**で、**(接助)　**むげに**(ナリ・用)　**離れゐ**(上一・用)　**たる。**(助動・存・体)　**題　取れ。」**(四・命)　**とて**(格助)　**給ふ**(四・体)　**を、**(接助)　**「さる**(連)　**こと**

ご覧になって、「どうして歌はよまないで、ひどく離れて座っているのか。題を取って歌をよめ。」と言って(題を)くださるけれども、

承り(四・用)　**て、**(接助)　**歌　よみ**(四・用)　**侍る**(補丁・ラ変・体)　**まじう**(助動・打当・用(音))　**なり**(四・用)　**て**(接助)　**侍れ**(補丁・ラ変・已)　**ば、**(接助)　**思ひかけ**(下二・用)　**侍ら**(補丁・ラ変・未)　**ず。」**(助動・打・終)

「(中宮様から)これこれこのようなお言葉を承って、(私は)歌をよまなくてもよいとなっておりますので、(歌をよむことは)心にかけておりません。」

と(格助)　**申す。**(四・終)　**「ことやうなる**(ナリ・体)　**こと。まことに**(副)　**さる**(連)　**こと　やは**(係助(係))　**侍る。**(ラ変・体(結))　**など**(副)　**か**(係助(係))　**さ**(副)　**は**(係助)　**許さ**(四・未)　**せ**(助動・尊・用)

と申し上げる。「(それは)不思議なこと。本当にそのようなことがございますか(いや、ないでしょう)。どうしてそのように(中宮は)お許しになるのか。

補尊・四・体(結) 副 ラ変・体 助動・打当・体 助動・断・終 副 係助 四・未 助動・打・用 係助 四・命 副助
給ふ。いと ある まじき こと なり。よし、こと時 は 知ら ず、今宵 は よめ。」など、
たいそうあってはならないはずのことである。しかたがない、他の時はいざ知らず、今夜はよめ。」などと、

下二・未 助動・尊・用 補尊・四・已 接助 ク・用(音) 四・用 係助 下二・未 接助 四・体 接助 副 四・用 接助
責め させ 給へ ど、けぎよう 聞き も 入れ で 候ふ に、みな 人々 よみ出だし て、
お責めになるけれど、きれいさっぱりと聞き入れもしないで控えていますと、人々はみな(歌を)よみ出して、

副助 下二・未 助動・尊・体 格助 ナリ・体 格助 四・用 接助 下二・用 下二・用 助動・完・終
よしあし など 定め らるる ほど に、いささかなる 御文 を 書き て、投げ 給はせ たり。
(歌の出来の)よしあしなどをお定めになるころに、(中宮様は)ちょっとしたお手紙を書いて、投げてくださった。

上一・已 接助
見れ ば、
(私が)見ると、

格助 格助 四・未 助動・受・体 副 係助(係) 格助 格助 下二・用 接助 係助 ラ変・体(結)
元輔 が のち と いは るる 君 しも や 今宵 の 歌 に はづれ て は をる
元輔の子と言われるあなたが、今宵の歌(をよむこと)にはずれてかしこまっているのか。

格助 ラ変・体 格助 上一・体 接助 シク・体 係助(係) ク・体(結) 間助 シク・用(音) 四・已 接助 係助
と ある を 見る に、をかしき こと ぞ たぐひ なき や。いみじう 笑へ ば、「何事 ぞ、
と書いてあるのを見ると、おもしろいことはこのうえないことよ。(私が)たいそう笑うので、「何事か、

係助 格助 係助 四・用 補尊・四・終
何事 ぞ。」と、大臣 も 問ひ 給ふ。
何事か。」と、内大臣もお尋ねになる。

(代) 格助 格助 格助 四・未 助動・受・未 助動・打・体 助動・断・用 助動・過・未 接助 格助 格助
「その 人 の のち と いは れ ぬ 身 なり せ ば 今宵 の 歌 を
「(私が)その人(=元輔)の子と言われない身であったならば、今宵の歌を

副 係助(係) 四・未 助動・反仮・体(結)
まづ ぞ よま まし
まずは(進んで)よむでしょうに。

四・体　四・未　助動・打・用　係助　格助　助動・断・終　接助　（代）　格助　係助（係）　カ変・未
つつむ　こと　候は　ず　は、千　の　歌　なり　と、これ　より　なむ　出でまうで来
父の名誉に遠慮することがございませんでしたなら、（私は）千首の歌であるとしても、（命じられなくても）自分から口をついて出てまいる

助動・反仮・体（結）　格助　サ変・用　助動・完・終
まし。」　と　啓し　つ。
でしょうに。」と中宮様に申し上げた。

（第九十五段）

語句の解説 3

教717 145ページ　教719 133ページ

13 **けしきばみ**　「ばむ」は、それらしい様子が表れるという意味を表す接尾語。和歌をよもうとする様子が表れているということ。

14 **ことごと**　「異事」と書き、別のこと、という意味。

2　「さること」は何をさすか。

答　中宮の言葉「さらば、ただ心に任す。我はよめとも言はじ。」（717 一四五・9　719 一三三・9）。歌をよむことに関しては、清少納言の思いのままにしてよいということ。

教717 146ページ　教719 134ページ

1 **ことやう《ヨウ》なること**　普通とは違っていること。

1 **さること**　中宮が清少納言に無理に歌をよまなくてもよいというお墨付きを与えたこと。

2 **よし**　まあ、よい。不満だがしかたがないという気持ち。

3 **けぎよう**　「けぎよし」は、「気清し」と書き、清らかで、はっきりしている、という意味。

4 **いささかなる御文《おんふみ》**　ちょっとした言葉を書いた手紙。

9 **その人《ひと》**　作者の父元輔のこと。

10 **候《さぶら》は《ワ》ずは**　ございませんでしたなら。

10 **出《い》でまう《モウ》で来《こ》まし**　（歌が）出てまいりますでしょうに。後の「出でまうで来まし」と呼応して、反実仮想を表す。「出でまうで来」は、「出で来」の丁寧語。平安時代以降、会話や勅撰《ちょくせん》集の詞書《ことばがき》に用例が多い。

10 **啓《けい》しつ**　中宮に申し上げた。「啓す」は、中宮や皇太子（東宮）に申し上げるという意味の謙譲語。

学習の手引き

一　中宮から詠歌免除の許しを得たときに、作者が歌をよみたくないと述べた弁明（717 一四五・1～8　719 一三三・1～8）の論理を整理してみよう。

解答例　(1)　作者の思い→歌というものをよむまいと思っている。歌をよめと言われたらいたたまれない気持ちがする。

←

(2)　その理由

1　歌のことを全くわかっていないわけではない。
2　歌人として評価されている清原元輔の娘として、自分が歌に優れていれば、すばらしい歌をよんで、さすが元輔の娘だから上手だと評価もされる。歌をよむ価値がある。
3　しかし、歌に優れたところがない自分のような者が、我こそはという様子で歌をよんだら、かえって亡き父元輔の名を汚すことになる。

(3)　作者の願い→亡き父の名誉のためにも詠歌を免除してほしい。
←

二　「元輔が」の歌には、作者に対する中宮のどのような気持ちがこめられているか。各自の考えを述べ合おう。

解答例　・歌をよめないという作者の気持ちを理解しつつも、「あれほど有名な歌人の清原元輔の娘の作者が歌をよまずにいるのはおかしい」という歌で、作者をからかっている。
・歌をよみたくないという作者の気持ちはわかっているけれど、今夜はよんでみたらどうかと、思いやりの気持ちから誘いをかけている。

言葉の手引き

一　次の古語の意味を調べよう。
1　取り分く　717 一四五・7　719 一三三・7
2　まめやかなり　717 一四五・9　719 一三三・9
3　啓す　717 一四五・9　719 一三三・9

解答例　1　特別である。特に目立つ。　2　誠実だ。本気だ。
3　(中宮に)申し上げる。

二　伊周の会話中から、中宮に向けて言ったと考えられる文を指摘し、その理由を説明してみよう。

解答例　・「などかさは許させ給ふ。」　717 一四六・1　719 一三四・1
〔理由〕中宮に対する敬意を表す、最高敬語(尊敬の助動詞「す」の連用形「せ」+尊敬の補助動詞「給ふ」)を用いているから。

雪のいと高う降りたるを

【大　意】　教717 147ページ1〜5行　教719 135ページ1〜5行

中宮様が私に「香炉峰の雪はどのようであろう。」と問いかけたのに対し、私は『白氏文集《はくしぶんしゅう》』の詩をふまえて、とっさに御簾《みす》を高く上げてお答えした。その対応をほかの女房たちも賞賛した。

【品詞分解／現代語訳】

雪　の(格助)　いと(副)　高う(ク・用(音))　降り(四・用)　たる(助動・存・体)　を、(接助)
雪がたいそう高く降り積もっているのに、

例　なら(助動・断・未)　ず(助動・打・用)　御格子　参り(四・用)　て、(接助)
いつもと違って御格子をお下ろししたままで、

炭櫃　に(格助)　火　おこし(四・用)　て、(接助)
角火鉢に火をおこして、

副助 サ変・用 接助 四・用 四・体 格助 終助 格助 ナリ・未 助動・推・体 格助 下二・未 助動・尊・已
物語など して、集まり 候ふ に、「少納言 1 よ、香炉峰 の 雪、いかなら む。」と 仰せ らるれ
おしゃべりなどをして、集まっておそばにお控え申し上げているときに、(中宮様が)「少納言よ、香炉峰の雪は、どのようであろう。」とおっしゃったので、

接助 下二・未 助動・使・用 接助 格助 ク・用 下二・用 助動・完・已 接助 四・未 助動・尊・用 補尊・四・終
ば、御格子 上げ させ て、御簾 を 高く 上げ たれ ば、2 笑は せ 給ふ。
(女官に)御格子を上げさせて、御簾を高く上げたところ、(中宮様は)お笑いになる。

係助 連 係助 四・用 副助 格助 副助 四・已 接助 四・用 係助(係) 四・未 助動・打・用 助動・完・已(結) 副
人々 も、「さる こと は 知り、歌 など に さへ 歌へ ど、思ひ こそ 寄ら ざり つれ。なほ
ほかの女房たちも、「そのようなこと(＝詩句)は知っているし、歌などにまで歌いますが、(清少納言のような対応は)思いも寄りませんでした。やはり、

(代) 格助 格助 格助 係助 ラ変・体(音) 助動・適・体 助動・断・体(音) 助動・定・終 格助 四・終
こ の 宮 の 人 に は、さ べき な めり。」と 言ふ。
この宮にお仕えする人としては、(あなたは)ふさわしい人のようです。」と言う。

(第二百八十段)

語句の解説

教717 147ページ 教719 135ページ

1 **御格子《みこうしまい》参りて** 「御格子参る」は、全体で「御格子を上げる」あるいは「御格子を下ろす」の謙譲表現。どちらかを文脈で判断する。ここは後者。

1 **物語《ものがたり》などして** おしゃべりなどをして。
「物語」には①「話すこと」、②「小説などの散文作品」の意味がある。ここでは①。

2 **集《あつ》まり候《さぶらう》ふ** 「候ふ」は謙譲語。ここの主語は、作者も含む女房たち。主人である「中宮」のそばに伺候しているのである。

2 **仰《おお》せらるれば** 尊敬の動詞「仰す」の未然形＋尊敬の助動詞「らる」の已然形で、中宮に対する二重敬語(最高敬語)。

3 **御格子《みこうし》上げさせて** (女官に)御格子を上げさせて。
「させ」は使役の助動詞なので、ここは、作者が女官に格子を上げさせたのである。

3 **御簾《みす》を高《たか》く上《あ》げたれば** (私が)御簾を高く上げたところ。
ここには使役の意味の語が用いられていないので、作者が自分で御簾を巻き上げたと考える。『白氏文集』の「香炉峰の雪は簾《すだれ》を撥《かか》げて看《み》る」を実演して見せたのである。

1 **「少納言よ」と名指しで課題を出したのはなぜか。**

答 中宮は、少納言なら「香炉峰の雪」と言えば、機転を利かせて答えてくれると期待したから。

2 **「笑はせ給ふ。」とあるが、ここで中宮が笑ったのはなぜか。**

答 「香炉峰の雪」の詩句をふまえて御簾を「高く」上げ、中宮に雪景色が見えるようにした作者の機知に富んだ対応と配慮に満足したから。

4 さること　『白氏文集』の「香炉峰の雪は簾を撥げて看る」の詩―句をさす。

学習の手引き

一　「御簾を高く上げたれば、」（717 一四七・3 719 一三五・3）という行為は、中宮の課題にどのように答えたことになるのか、説明してみよう。

考え方　中宮は、作者に言った「香炉峰の雪、いかならむ。」という言葉で、具体的にはどうしてほしかったのかを考える。

解答例　中宮は、外の雪景色を見たいと思い、それと同時に「香炉峰の雪」の詩の意味をふまえてほしいという、二つの要求を作者に対して投げかけた。作者はその意図をくみ、「御簾を高く上げ」ることで期待に見事に応えたのである。

言葉の手引き

一　次の古語の意味を調べよう。

1 物語 717 一四七・1 719 一三五・1　2 候ふ 717 一四七・2 719 一三五・2
3 さる 717 一四七・4 719 一三五・4　4 なほ 717 一四七・5 719 一三五・5

解答例　1 話すこと。世間話。　2 お仕えする。おそばに控える。　3 そのような。　4 やはり

言語活動　読み比べる・十訓抄

教717 P.148～P.149　教719 P.136～P.137

【品詞分解／現代語訳】

同じ〔シク・体〕院、雪 いと〔副〕 おもしろく〔ク・用〕 降り〔四・用〕 たり〔助動・完・用〕 ける〔助動・過・体〕 冬 の〔格助〕 朝、端 近く〔ク・用〕 居出で〔下二・未〕 させ〔助動・尊・用〕

同じ院（一条天皇）が、雪がとても美しく降り積もっていた冬の朝、（縁の）端近く出てお座りになって、

給ひ〔補尊・四・用〕 て、〔接助〕 雪 御覧じ〔サ変・用〕 ける〔助動・過・体〕 に、〔格助〕 「香炉峰 の〔格助〕 ありさま、いかなら〔ナリ・未〕 む。」〔助動・推・体〕 と〔格助〕 仰せ〔下二・未〕 られ〔助動・尊・用〕

雪をご覧になったときに、「香炉峰の様子は、どのようであろう。」とおっしゃったので、

けれ〔助動・過・已〕 ば、〔接助〕 清少納言、御前 に〔格助〕 候ひ〔四・用〕 ける〔助動・過・体〕 が、〔接助〕 申す〔四・体〕 こと は〔係助〕 なく〔ク・用〕 て、〔接助〕 御簾 を〔格助〕 押し張り〔四・用〕

清少納言は、（院の）前に控えていたが、（何も）申し上げずに、御簾を（手で）押して張り出した（こと）、

たりける、世の末まで優なる例に言ひ伝へられけり。

〔たり：助動・完・用　ける：助動・過・体　の：格助　まで：副助　優なる：ナリ・体　に：格助　言ひ伝へ：下二・未　られ：助動・受・用　けり：助動・過・終〕

（そのことは）後の世まで優雅な（振る舞いの）例として言い伝えられた。

かの香炉峰のことは、白楽天、老いののち、この山の麓に一つの草堂をしめて、住み給ひけるときの詩にいはく、

〔か：（代）　の：格助　の：格助　は：係助　の：格助　こ：（代）　の：格助　の：格助　に：格助　の：格助　を：格助　しめ：下二・用　て：接助　住み：四・用　給ひ：補尊・四・用　ける：助動・過・体　の：格助　に：格助　いはく：（連語）〕

その香炉峰のことは、白楽天が、年を取ったあと、この山の麓に一つの粗末な家を住みかに定めて、お住まいになったときの漢詩によんだことには、

遺愛寺鐘欹枕聴　遺愛寺の鐘は枕を欹てて聴く

〔の：格助　は：係助　を：格助　欹て：下二・用　て：接助　聴く：四・終〕

遺愛寺の鐘（の音）は枕を立てて耳をすまして聴く

香炉峰雪撥簾看　香炉峰の雪は簾を撥げて看る

〔の：格助　は：係助　を：格助　撥げ：下二・用　て：接助　看る：上一・終〕

香炉峰の雪は簾を撥ね上げて見る

とあるを、帝、仰せ出だされけるによりて、御簾をば上げけるなり。

〔と：格助　ある：ラ変・体　を：格助　仰せ出ださ：四・未　れ：助動・尊・用　ける：助動・過・体　に：格助　より：四・用　て：接助　を：格助　ば：係助（濁音）　上げ：下二・用　ける：助動・過・体　なり：助動・断・終〕

と（詩に）よまれていたのを、帝（＝一条天皇）が、お言葉に出されたことによって、（清少納言は）御簾を上げたのである。

かの清少納言は、天暦の御時、梨壺の五人の歌仙のうち、清原元輔の娘にて、

〔か：（代）　の：格助　は：係助　の：格助　の：格助　の：格助　の：格助　の：格助　に：助動・断・用　て：接助〕

その清少納言は、村上天皇の御代に、梨壺の五人の歌人のうちの（一人）、清原元輔の娘であって、

やまとことばも、家の風吹き伝へたりけるうへ、心ざまわりなく優にて、折につけ

〔も：係助　の：格助　吹き伝へ：下二・用　たり：助動・完・用　ける：助動・過・体　わりなく：ク・用　優に：ナリ・用　て：接助　に：格助　つけ：下二・用〕

和歌も、（学問の家柄として）家に代々伝わる流儀を伝えていたうえに、性格も気持ちもこのうえなく優雅で、その折々にぴったり合っ

たる（助動・完・体）　振る舞ひ、　いみじき（シク・体）　こと　多かり（ク・用）　けり（助動・過・終）。
た振る舞いもすばらしいことが多かった。

活動の手引き

一 『十訓抄《じっきんしょう》』では、この場面がどのような状況として描かれているか。登場人物やその位置関係を『枕草子《まくらのそうし》』と比較して、整理してみよう。

解答例　・『枕草子』…中宮定子《ていし》の部屋で、女房たちが集まっている場面。格子は下ろされ、庭の雪が見えない状況。

・『十訓抄』…帝《みかど》を中心に、人々が控えているが、帝は縁の端に座って、庭の雪を見ている状況。

二 清少納言の簾《すだれ》の上げ方について、典拠となった『白氏文集《はくしぶんしゅう》』の詩句を、『枕草子』と『十訓抄』では、それぞれどのように受け止めているか、説明してみよう。

解答例　・『枕草子』…清少納言は、格子を上げさせたうえで、御《み》簾《す》を高く巻き上げた。→まだ雪を見ていない中宮に、雪景色を見せる目的。

・『十訓抄』…清少納言は、御簾を手で少し押し上げて雪が見えるようにした。→枕もとの簾を撥《は》ね上げて雪を見たという、白楽天の漢詩への帝の言及に応じる目的。

三 『枕草子』と『十訓抄』を読み比べて、ほかにどのような相違点があるか、考えたことを発表し合おう。

解答例　・『枕草子』…「雪のいと高う降りたるを」717 一四七・1 719 一三五・1とあり、雪が高く降り積もった様子を描いている。中宮が「少納言よ」と名指しで呼びかけ、清少納言はそれにこたえた形である。

・『十訓抄』…「雪いとおもしろく降りたりける」717 一四八・1 719 一三六・1とあり、雪が美しく積もっている様子を描いている。一条天皇が名指ししたわけではなく、近くに伺候していた清少納言が自らこたえる形で行動している。

言語活動　貴族の衣服と色

教717 P.150　教719 P.138

活動の手引き

一 教科書の中から衣服に関する言葉を抜き出し、正装と平服の別、男女の別、色などについて、調べたことを報告しよう。

解答例　直衣《なおし》 717 一〇・4 719 一四・4…男性貴族の平服。夏の直衣と冬の直衣がある。年齢によって色を変える。

狩衣《かりぎぬ》 717 三一・5 719 三六・5…男性貴族の平服。もとは狩りのときに用いた。

しのぶずりの狩衣 717 三一・6 719 三六・6…「しのぶずり」は、忍草《しのぶぐさ》を摺《す》りつけて染めた布。

苔《こけ》の衣 717 四四・12 719 四八・12…僧や隠者の着る質素な衣服のこと。

三、四月の紅梅の衣《きぬ》 717 六八・1 719 五四・1…「紅梅の衣」は、紅梅襲《がさね》のこと。季節によって色が決まっていた。十一月〜二月くらいに着る。三、四月では季節はずれということになる。

白き衣《きぬ》、山吹《やまぶき》などのなえたる着て 717 八〇・3 719 六六・3…「白き衣」は、女児の着ていた下着。「山吹」は山吹襲の色目。
「なえたる」は、糊《のり》が落ちてしまった状態。

指貫《さしぬき》 717 一三五・4 719 一三一・4…男性貴族の常用の袴《はかま》。裾をくるぶしの上でくくり、ふくらませてはく。正装の場合には表袴《うえのはかま》をはく。

白き御衣《ぞ》 717 一六三・3 719 一五一・3…産婦の着る衣服。

昼《ひ》の装束《そうぞく》 717 二〇三・3 719 一八三・3…宮中に出仕するときなどに着る正装。男性は束帯、女性は裳《も》・唐衣《からぎぬ》をいう。

二 現在の生活においても、場面に応じた服装というものがある。どのような場面があるか、発表し合おう。

考え方 正装をするという習慣は少なくなってきているとはいえ、正月には晴れ着を、入学式・卒業式、結婚式などには制服や礼服を、葬式には喪服を着用するなどの習慣は残っている。

衣替えという儀式はなくなったものの、夏服と冬服を替える時期は六月と十月が目安になっている。

企業や学校には制服がある所もあり、病院のように白衣を着用する職種もある。

日常生活の中には、まだまださまざまな場面で、衣服を替えて臨んでいるケースが思い出されるはずである。それらが、昔の行事や習慣などとどのような関係があるのか、という観点で調べてみるのも有意義な学習となろう。

物語(四)

源氏物語

紫式部

教717 P.152～P.155 P.162～P.185
教719 P.140～P.143 P.150～P.165

夕顔の死

【大意】1 教717 152ページ6行～154ページ3行 教719 140ページ6行～142ページ3行

宵を過ぎるころ、少し眠った光源氏《ひかるげんじ》は、美しい様子の女が恨み言を言い、眠っている夕顔を抱き起こそうとする夢を見て、はっと目を覚ます。すると灯火が消えていて、宿直人《とのいびと》を呼ぶが誰も来ない。女君(＝夕顔)は恐怖のあまり正気を失っていた。光源氏が自ら人を呼びに行くと、管理人の子と殿上童《てんじょうわらわ》一人、いつもの随身《ずいじん》だけがいて、惟光朝臣《これみつのあそん》は退出していた。光源氏は紙燭《しそく》の用意と警戒を命じた。

【品詞分解／現代語訳】

宵 過ぐる(上二・体) ほど、 少し(副) 寝入り(四・用) 給へ(補尊・四・已) る(助動・存・体) に、(接助) 御枕上 に(格助) いと(副) をかしげなる(ナリ・体) 女 ゐ(上一・用) て、(接助)

宵を過ぎるころ、(光源氏が)少しお眠りになっていると、お枕元にたいそう美しい様子の女が座って、

「おの(代) が(格助) いと(副) めでたし(ク・終) と(格助) 見(上一・用) 奉る(補謙・四・体) を(格助) ば(係助) 尋ね(下二・用) 思ほさ(四・未) で、(接助) かく(副) ことなる(ナリ・体) こと なき(ク・体) 人 を(格助)

「私が大変すばらしい方とあなたを見申し上げている、その私を訪ねようともお思いにならないで、このような格別のとりえもない人(＝夕顔)を

率(上一・用) て(接助) おはし(補尊・サ変・用) て、(接助) 時めかし(四・用) 給ふ(補尊・四・体) こそ、(係助(係)) いと(副) めざましく(シク・用) つらけれ。(ク・已(結))」 とて、(格助) こ(代) の(格助) 御かたはら

連れておいでになって、ご寵愛なさるのが、たいそう不愉快で耐え難くございます。」と言って、この(光源氏の)おそばにいる

の(格助) 人 を(格助) かき起こさ(四・未) む(助動・意・終) と(格助) す(サ変・終) と(格助) 見(上一・用) 給ふ。(補尊・四・終) 物 に(格助) 襲は(四・未) るる(助動・受・体) 心地 し(サ変・用) て、(接助) おどろき(四・用)

人(＝夕顔)を抱き起こそうとすると(夢に)ご覧になる。(光源氏は)物の怪に襲われたような気持ちがして、はっと

給へ《補尊・四・已》れ《助動・完・已》ば《接助》、灯も《係助》消え《下二・用》に《助動・完・用》けり《助動・過・終》。うたて《副》おぼさ《四・未》るれ《助動・自・已》ば《接助》、太刀を《格助》引き抜き《四・用》て《接助》

お目覚めになったところ、灯火も消えてしまっていた。自然と気味悪くお思いになるので、（魔除けのまじないのための）太刀

うち置き《四・用》給ひ《補尊・四・用》て《接助》、右近を《格助》起こし《四・用》給ふ《補尊・四・終》。これ《(代)》も《係助》恐ろし《シク・終》と《格助》思ひ《四・用》たる《助動・存・体》さまに《助動・断・用》て《接助》

を引き抜いて（枕元に）お置きになって、右近をお起こしになる。これ（＝右近）も恐ろしいと思っている様子でおそば近くに参上した。

参り寄れ《四・已》り《助動・完・終》。「渡殿なる《助動・存在・体》宿直人起こし《四・用》て《接助》、紙燭さし《四・用》て《接助》参れ《四・命》と《格助》言へ《四・命》。」と《格助》のたまへ《四・已》ば《接助》、

（光源氏が）「渡殿にいる宿直人を起こして、紙燭に火をともして参れと言え。」とおっしゃると、

「いかで《副》か《係助(係)》まから《四・未》む《助動・推・体(結)》、暗う《ク・用(音)》て《接助》。」と《格助》言へ《四・已》ば《接助》、「あな《感》若々し《シク・終》。」と《格助》うち笑ひ《四・用》給ひ《補尊・四・用》て《接助》、手

（右近は）「どうして参れましょうか、暗くて（とても参れません）。」と言うので、（光源氏は）「おやまあ子供っぽい。」とお笑いになって、手

を《格助》たたき《四・用》給へ《補尊・四・已》ば《接助》、山彦の《格助》答ふる《下二・体》声、いと《副》疎まし《シク・終》。人え《副》聞きつけ《下二・未》で《接助》参ら《四・未》ぬ《助動・打・体》に《接助》、こ《(代)》の《格助》

をおたたきになると、こだまが返ってくる声が、ひどく気味が悪い。（その音を）誰も聞きつけることができないで参上しないうえに、この

女君いみじく《シク・用》わななき惑ひ《四・用》て《接助》、いかさまに《ナリ・用》せ《サ変・未》む《助動・意・体》と《格助》思へ《四・已》り《助動・存・終》。汗も《係助》しとどに《副》なり《四・用》

女君（＝夕顔）はたいそうひどくふるえて、どうしようと思っている。汗もびっしょりになって、

て《接助》、我《(代)》か《係助》の《格助》けしきなり《助動・断・終》。「もの怖ぢを《格助》なむ《係助》わりなく《ク・用》せ《サ変・未》させ《助動・尊・用》給ふ《補尊・四・体》本性に《助動・断・用》て《接助》、

自他の区別もつかないほど正気を失っている様子である。「（夕顔様は、何かと）怖がることをむやみになさる性質ですので、

いかに《副》おぼさ《四・未》るる《助動・自・体》に《助動・断・用》か《係助》。」と《格助》、右近も《係助》聞こゆ《下二・終》。いと《副》か弱く《ク・用》て《接助》、昼も《係助》空を《格助》のみ《副助》見《上一・用》

どんなに（恐ろしく）お思いになられているでしょうか。」と右近も申し上げる。（光源氏も夕顔が）とても弱々しくて、昼間も空ばかりを見ていた

つる《助動・完・体》ものを《接助》、いとほし《シク・終》と《格助》おぼし《四・用》て《接助》、「我《(代)》、人を《格助》起こさ《四・未》む《助動・意・終》。」手たたけ《四・已》ば《接助》山彦の《格助》答ふる《下二・体》、いと《副》

のだから、（こんな目にあうなんて）かわいそうだとお思いになって、「私が（行って）、人を起こそう。手をたたくとこだまが返ってくる（声が）、とても

ク・終　(代)　格助　副　ク・用　格助　格助　下二・用　補尊・四・用　接助　格助　格助　下二・用　接助
うるさし。ここ に、しばし、近く。」とて、右近 を 引き寄せ 給ひ て、西 の 妻戸 に 出で て、戸
煩わしい。こちらに、しばらく、近くに(寄っていなさい)。」とおっしゃって、右近を(夕顔のそばに)引き寄せなさって、西側の妻戸(の所)に出て、戸

格助　下二・用　補尊・四・已　助動・完・已　接助　格助　係助　下二・用　助動・完・用　助動・過・終
を 押し開け 給へ れ ば、渡殿 の 灯 も 消え に けり。
戸を押し開けなさったところ、渡殿の灯火も消えてしまっていた。

副　四・用　助動・存・体　接助　係助　ク・用　接助　四・体　副　下二・用　助動・存・終　(代)　格助　格助
風 少し うち吹き たる に、人 は 少なく て、候ふ 限り みな 寝 たり。この 院 の
風が少し吹いているうえに、人は少なくて、お仕えする者はすべて寝ている。この院の管理人の子で、

格助　シク・用　四・用　補尊・四・体　ク・体　接　格助　副助　係助(係)　ラ変・用
預かり の 子、むつましく 使ひ 給ふ 若き 男、また 上童 ひとり、例 の 随身 ばかり ぞ あり
(光源氏が)親しくお使いになっている若い男と、それから殿上童一人と、いつもの随身だけがいた。

助動・過・体(結)　四・已　接助　サ変・用　接助　四・用　助動・完・已　接助　四・用　接助　四・命　係助　サ変・用　接助
ける。召せ ば、御答へ し て 起き たれ ば、「紙燭 さし て 参れ。随身 も 弦打ち し て
(光源氏が)お呼び寄せになると、お返事をして起きてきたので、「紙燭に火をともして(持って)参れ。随身も(魔除けの)弦打ちをして

下二・未　助動・打・用　四・命　格助　下二・命　下二・用　助動・存・体　格助　下二・用　接助　下二・体　係助
絶え ず 声作れ と 仰せよ。人離れ たる 所 に、心とけ て 寝ぬる もの か。惟光の朝臣
絶えず(悪霊などを寄せつけないように)声を立てよと命じなさい。(こんな)人気のない所で、気を許して寝ていてよいものか(いや、よくない)。惟光の朝臣

格助　カ変・用　助動・存・用　助動・強・終　助動・現推・体　係助　格助　四・未　助動・尊・用　補尊・四・已　接助　四・用　助動・完・已　接助　係助
の 来 たり つ らむ は。」と 問は せ 給へ ば、「候ひ つれ ど、仰せ言 も
が来ていただろうが(どうしたか)。」とお尋ねになると、「お控え申し上げておりましたが、ご命令も

ク・終　格助　格助　四・終　助動・意・体　四・用　接助　係助(係)　下二・用　補丁・ラ変・用　助動・完・体(結)　格助　下二・終　(代)
なし、暁 に 御迎へ に 参る べき よし 申し て なむ、まかで 侍り ぬる。」と 聞こゆ。こ
ない(ので)、夜明け前にお迎えに参上しようという旨を申して、退出いたしました。」と申し上げる。

格助　副　四・体　係助　助動・断・用　助動・過・已　接助　副　シク・用　四・用　接助　ク・終
の かう 申す 者 は、滝口 なり けれ ば、弓弦 いと つきづきしく うち鳴らし て、「火 危ふし。」
このこう申し上げる者は、滝口の武士だったので、弓の弦をたいそう(この場に)ふさわしく打ち鳴らして、「火の用心。」

と〔格助〕 言ふ〔四・終〕 言ふ、〔四・終〕 預かり が〔格助〕 曹司 の〔格助〕 方 に〔格助〕 いぬ〔ナ変・終〕 なり。〔助動・定・終〕 内裏 を〔格助〕 おぼしやり〔四・用〕 て、〔接助〕 「名対面 は〔係助〕 過ぎ〔上二・用〕
と言い言い、管理人の住む部屋の方へ行くようだ。（光源氏はこれをお聞きになって）宮中に思いをはせられて、「（今頃は）宿直の殿上人の点呼は

ぬ〔助動・完・終〕 らむ。〔助動・現推・終〕 滝口 の〔格助〕 宿直奏し 今 こそ。」〔係助〕 と〔格助〕 推し量り〔四・用〕 給ふ〔補尊・四・体〕 は、〔係助〕 まだ〔副〕 いたう〔ク・用(音)〕 更け〔下二・未〕 ぬ〔助動・打・体〕
終わっているだろう。宿直の滝口の武士の点呼はちょうど今ごろ（行われているだろう）。」と推察なさるのは、まだそれほど夜が更けていない

に〔助動・断・用〕 こそ〔係助〕 は。〔係助〕
のであろう。

語句の解説 1

教717 152ページ　教719 140ページ

6 **を《オ》かしげなる女《おんな》**　美しい様子の女。
「をかしげなり」＝美しい。かわいらしい。

7 **尋《たず》ね思《おも》ほ《オ》さで**　「思ほす」は、「思ふ」の未然形＋上代の尊敬の助動詞「す」の「思はす」が変化した形。「思ふ」の尊敬語で、「お思いになる」の意。

8 **めざましくつらけれ**　不愉快で耐え難くございます。
「つらし」＝耐え難い、つらい。

8 **御《おおん》かたは《ワ》らの人《ひと》**　（光源氏の）おそばにいる人。夕顔を指す。

9 **物《もの》**　ここでは、恐れの対象となるもの。物《もの》の怪《け》、霊などの類い。

9 **おどろき給《たま》へ《エ》れば**　はっとお目覚めになったところ。

10 **うたて**　ここでは、「気味悪く、異様に」の意。

教717 153ページ　教719 141ページ

1 **紙燭《しそく》さして**　紙燭に火をともして。
「さす」＝火をともす、点火する。

1 **いかでかまからむ《ン》**　「いかでか」は、下に推量の語を伴い、疑問・反語の意を表す。
「まかる」＝ここでは、「行く」の謙譲語で、「参ります」の意。

2 **若々《わかわか》し**　ここでは、「子供っぽい、大人げない」の意。

3 **疎《うと》まし**　ここでは、「気味が悪い、不気味だ」の意。

4 **わななき惑《まど》ひ《イ》て**　ひどくふるえて。
「惑ふ」＝他の動詞に付いて、「ひどく…する」の意を表す。

4 **しとどに**　びっしょりと。ひどくぬれるさまをいう。

7 **いとほ《オ》し**　ここでは、「気の毒だ、ふびんだ、かわいそうだ」の意。

13 **心《こころ》とけて寝《い》ぬるものか**　気を許して寝ていてよいものか（いや、よくない）。
「か」は、疑問・反語の係助詞。ここでは反語を表す。

1　「惟光の朝臣の来たりつらむは」の後に省略されている内容は何か。

答　「いかがせし」（どうしたのか）、「いずこ」（どこにいるか）など。

【大意】 2 教717 154ページ4行～155ページ3行 教719 142ページ4行～143ページ3行

部屋に帰って手探りすると、女君は横に、右近《うこん》はうつ伏せになっていた。光源氏は右近を起こし、次に女君を手探りしてみると、息をしていない。紙燭を取って夕顔を見ると、夢に見た女の幻が現れて消えた。夕顔はすでに息絶えていた。

【品詞分解／現代語訳】

四・用 接助 四・用 補尊・四・已 接助 係助 副 四・用 接助 係助 格助 四・用
帰り入り て 探り 給へ ば、女君 は さながら 臥し て、右近 は かたはら に うつぶし臥し
(光源氏は部屋に)帰って入って手探りなさると、女君はもとのまま横になって、右近は(その)そばにうつ伏せになっている。

助動・存・終 (代) 係助 (代) 係助 感 シク・終 格助 間助 下二・用 助動・存・体 係助 副助 格助
たり。「こ は な ぞ。あな ものぐるほし の もの怖ぢ や。荒れ たる 所 は、狐 など やう の
「これは何ごとか。まあ見苦しいほどの怖がりようだなあ。(こんな)荒れ果てている所は、狐などのようなものが、

格助 四・未 助動・意・終 格助 シク・用(音) 四・未 助動・使・体 助動・断・未 助動・推・終 (代) ラ変・已 接助
もの の、人 脅かさ む とて、け恐ろしう 思は する なら む。まろ あれ ば、
人を脅かそうとして、そら恐ろしく思わせるのだろう。私がいるから、

ナリ(語幹) 格助 格助 係助 四・未 助動・受・未 助動・打意・終 格助 四・用 補尊・四・終 副 副 格助
さやう の もの に は 脅さ れ じ。」とて、引き起こし 給ふ。「いと うたて 乱り心地 の
そんなものには脅かされまい。」とおっしゃって、(右近を)引き起こしなさる。(右近は)「とても気味悪く取り乱した気

シク・用(音) 補丁・ラ変・已 接助 四・用 接助 補丁・ラ変・体 間助 格助 係助(係) ク・用 四・未 助動・自・終
あしう 侍れ ば、うつぶし臥し て 侍る や。御前 に こそ わりなく おぼさ る
分がすぐれませんので、うつ伏せになっておりましたのですよ。(私よりも)ご主人様(＝夕顔)こそむやみに(恐ろしく)お思いになっ

助動・現推・已(結) 格助 四・已 接助 感 副 副 係助 格助 四・用 補尊・四・体 接助 係助 サ変・未 助動・打・終
らめ。」と 言へ ば、「そよ、など かう は。」とて、かい探り 給ふ に、息 も せ ず。
ていらっしゃるでしょう。」と言うので、(光源氏は)「そうだ、どうしてこんなに(怖がるのか)。」と言って、手探り(して触れ)なさると、(夕顔は)息もしない。

四・用 補尊・四・已 接助 副 サ変・用 接助 (代) 助動・断・用 係助 ラ変・未 助動・打・体 助動・断・已 接助 副
引き動かし 給へ ど、なよなよと し て、我 に も あら ぬ さま なれ ば、いと
揺り動かしなさるが、ぐったりとして、正体もない様子であるので、たいそ

いたく若びたる人にて、物に気取られぬるなめりと、せむ方なき
ク・用 上二・用 助動・存・体 助動・断・用 接助 格助 四・未 助動・受・用 助動・完・体 助動・断・体(音) 助動・定・終 格助 ク・体
うひどく子供っぽい人なので、物の怪に魂を奪われてしまったようだと、どうしようもな

心地し給ふ。紙燭持て参れり。右近も動くべきさまにもあらねば、
サ変・用 補尊・四・終 四・已 助動・完・終 係助 四・終 助動・可・体 助動・断・用 係助 ラ変・未 助動・打・已 接助
いお気持ちがなさる。(管理人の子が)紙燭を持って参上した。(取り次ぐ)右近も動けそうな様子でもないので、

近き御几帳を引き寄せて、「なほ持て参れ。」とのたまふ。例ならぬことにて、
ク・体 格助 下二・用 接助 副 四・命 格助 四・終 助動・断・未 助動・打・体 助動・断・用 接助
(光源氏は)近くの御几帳を引き寄せて、「もっと(近くまで)持って参れ。」とおっしゃる。普段にないことなので、

御前近くもえ参らぬつつましさに、長押にもえ上らず。「なほ持て来や。所に
ク・用 係助 副 四・未 助動・打・体 格助 格助 係助 副 四・未 助動・打・終 副 カ変・命 間助 格助
(管理人の子は光源氏の)おそば近くにも参上できない遠慮深さのために、下長押にも上がることができない。(光源氏は)「もっと(近くへ)持って来

従ひてこそ。」とて、召し寄せて見給へば、ただこの枕上に、夢に見えつる
四・用 接助 係助 格助 下二・用 接助 上一・用 補尊・四・已 接助 副 (代) 格助 格助 格助 下二・用 助動・完・体
いよ。遠慮も場合によりけりだ。」とおっしゃって、(紙燭を)お取り寄せになって(夕顔を)ご覧になると、すぐそばに(ある女君の)この枕元に、(先ほど)夢に見

かたちしたる女、面影に見えてふと消え失せぬ。昔物語などにこそかかること
サ変・用 助動・存・体 格助 下二・用 接助 副 下二・用 助動・完・終 副助 格助 係助(係) ラ変・体
えた顔つきをした女が、幻に見えてふっと消え失せた。昔から伝わる話などにこそこのようなことは聞いてい

は聞けと、いとめづらかにむくつけけれど、まづ、この人いかになりぬるぞと思ほす
係助 四・已(結) 格助 副 ナリ・用 ク・已 接助 副 (代) 格助 副 四・用 助動・完・体 係助 格助 四・体
るが、と、実に珍しく気味が悪いけれども、まず、この人(＝夕顔)はどうなったのかとお思いになる胸騒ぎに、

心騒ぎに、身の上も知られ給はず、添ひ臥して、「やや。」とおどろかし給へど、
格助 格助 係助 四・未 助動・可・用 補尊・四・未 助動・打・用 四・用 接助 感 格助 四・用 補尊・四・已 接助
ご自身の危険もお考えになれないで、(夕顔に)添い寝して、「これこれ。」とお起こしなさるけれども、

ただ冷えに冷え入りて、息はとく絶え果てにけり。(夕顔)
副 下二・用 格助 四・用 接助 係助 ク・用 下二・用 助動・完・用 助動・過・終
ただひたすら冷え切って、息はとっくに絶え果ててしまっていた。

語句の解説 2

教717 154ページ 教719 142ページ

4 **さながら** ここでは、「もとのまま、そのまま」の意。

5 **こはな《ナン》ぞ** 「なぞ」は、「なにぞ」の変化した「なんぞ」の撥《はつ》音無表記。何か。何ごとか。

5 **ものぐるほ《オ》しのもの怖《お》ぢ《ジ》や** 「ものぐるほし」＝見苦しい、狂気じみている。「や」は、詠嘆の間投助詞「…だなあ」。

7 **乱《みだ》り心地《ごこち》** 気分のすぐれないこと。取り乱した状態。乱れ心地。

10 **我《われ》にもあらぬさま** 正体もない様子。「我にもあらず」＝(茫然《ぼうぜん》として)正体がない、自分が自分でない気がする、我を忘れる。

11 **若《わか》びたる人《ひと》** 子供っぽい人。「若ぶ」＝子供っぽくふるまう、若々しく見える。

13 **例《れい》ならぬこと** 普段にないこと。普通と違っていること。

教717 155ページ 教719 143ページ

1 **むくつけけれど** 気味が悪いけれども。

学習の手引き

一 光源氏の行動と心情を、時間の経過に従ってまとめてみよう。

解答例

〈行動〉	〈心情〉
・少しお休みになる。夢枕に立つ女を見る。	・何かに襲われる心地。気味悪く思う。
・太刀を引き抜き右近を起こす。	・怖がる夕顔を気の毒に思う。
・自ら人を起こしに行く。 ・西の妻戸《つまど》に出て戸を押し開ける。 ・魔除《まよ》けをするように命じる。	・宮中に思いをはせる。
・部屋に戻る。	・物の怪には脅されまい。
・女君が息をしていないと気づく。	・どうしようもない心地。
・夢枕に立った女の幻を見る。	・気味が悪いと感じる。
・夕顔に添い寝して起こす。	・胸騒ぎで自分の身の危険も考えられない。

二 夕顔の急死にまつわる怪異について

1 物の怪の出現後、状況の不気味さを高めるために効果的に用いられている描写を、第一段落から指摘してみよう。

2 物の怪は、夕顔の容態の悪化とどのように関連づけて描写されているか、説明してみよう。

解答例

1・「灯も消えにけり。」717 一五三・10 719 一四〇・10、「渡殿の灯も消えにけり。」717 一五三・9 719 一四一・9→視覚に訴えることで、暗闇の不気味さを強調。

・「手をたたき給へば、山彦《やまびこ》の答ふる声、いと疎まし。」717 一五三・2 719 一四一・2→山彦という聴覚に訴えることで、静けさを強調。

2・夕顔は、たいそうふるえてうろたえている。汗もびっしょりで茫然自失の状態。→夢枕に立つ女が夕顔を抱き起こそうとする。物の怪に襲われるような心地。

・夕顔は息もせず、ぐったりとしていて、正体もない様子でいる。
↓物の怪に魂を奪われてしまった様子。
・夕顔はひたすら冷たくなり、息が絶えた。↓夢枕に立った女が幻に見えてかき消えた。

言葉の手引き

一 次の古語の意味を調べよう。

1 ことなり 717 一五三・7 719 一四〇・7
2 めざまし 717 一五三・8 719 一四〇・8
3 おどろく 717 一五三・9 719 一四〇・9
4 惑ふ 717 一五三・4 719 一四一・4
5 むつまし 717 一五三・11 719 一四一・11
6 つきづきし 717 一五三・16 719 一四一・16
7 さながら 717 一五四・4 719 一四二・4
8 面影 717 一五四・15 719 一四二・15
9 むくつけし 717 一五五・1 719 一四三・1

解答例
1 特別だ。格別だ。 2 不愉快だ
3 目を覚ます。 4 ひどく…する。
5 親しい 6 似つかわしい。ふさわしい。
7 そっくりそのまま。 8 幻
9 気味が悪い。恐ろしい。

二 「滝口《たきぐち》なりければ、」「預かりが曹司《ざうし》の方《かた》にいぬなり。」の「なり」の違いを説明してみよう。

解答例
・「滝口なり」…断定の助動詞「なり」の連用形
・「いぬなり」…推定の助動詞「なり」の終止形

言語活動 読み比べる・江談抄《がうだんせう》

教717 P.156〜P.157 教719 P.144〜P.145

【品詞分解／現代語訳】

寛平法皇、京極御休所 と(格助) 同車し(サ変・用) て(接助) 川原院 に(格助) 渡御し(サ変・用)、山川 の(格助) 形勢 を(格助) 観覧せ(サ変・未) らる(助動・尊・終)。夜 に(格助)
寛平法皇は、京極御息所と同じ車に乗って川原院にお出かけになり、山や川の様子をご覧になる。夜に

入り(四・用) て(接助) 月 明らかなり(ナリ・終)。
なって月が明るい。

殿中 の(格助) 塗籠 に(格助) 人 有り(ラ変・用)、戸 を(格助) 開き(四・用) て(接助) 出で来る(カ変・体)。法皇 問は(四・未) しめ(助動・尊・用) 給ふ(補尊・四・終)。対へ(下二・用) て(接助)
御殿の中の塗籠の部屋に人がいて、戸を開いて出て来る。法皇が(誰かと)お尋ねになる。答えて言うことには、

云はく、「融にて候ふ。御休所を賜はらむと欲ふ。」と。法皇答へて

「融でございます。御息所をいただこうと思います。」と。法皇が答えておっしゃることには、

云はく、「汝、在生の時、臣下たり。我は主上たり。何ぞ猥りに此の言を出だすや。

「おまえは、生きていた時に、(私の)臣下であった。私は主上である。どうして勝手気ままにこのような言葉を言い出すのか。

退り帰るべし。」と言へれば、霊物恐れながら法皇の御腰を抱く。御休所半ば

(私の前から)帰りなさい。」と言ったので、融の死霊は恐れながら法皇の腰を抱える。御息所はなかば死んで

死して顔色を失ふ。御前駆ら皆中門の外に候ひて、御声達すべからず。

顔色を失う(気絶する)。法皇の先導をする者たちは、すべて中門の外に控えていて、御声が届くことは不可能だ。

只牛童頗る近く侍る。件の童を召し、人々を召して御車を輦せ、御休所を扶け乗せ

ただ牛車を引く童はたいそう近くに控えている。例の牛童を召して、人々をお呼びになり御車をそばに寄せ、御息所を助けて乗せさせる。

しむ。顔色色なく、起立すること能はず。扶け乗せしめて還御し、浄蔵大法師を

(御息所の)顔色は真っ青で、起立することもできない。(御息所を)助けて乗車させて御所にもどり、浄蔵大法師を

召して、加持せしめ給ふ。纔かに以つて蘇生すと云々。法皇先世の業行に依りて

召して、加持祈禱をさせなさる。(御息所は)やっと蘇生したということだ。法皇は前世のあらゆる行為によって

日本国王と為り、宝位を去ると雖も、神祇守護し奉り、融の霊を追ひ退け了んぬ。

日本の国王(である帝)となり、(今では)皇位を退いたとはいっても、神祇がお守り申し上げ、融の霊を退けて終わった。

其の戸の面に打ち物の跡有り。守護神追ひ入れしめし跡なり。

その戸の表に武器の跡がある。守護神が(融の霊を塗籠に)追い入れさせた跡である。

(巻二)

活動の手引き

一 「夕顔の死」と『江談抄』を読み比べ、結末の相違点を整理しよう。

解答例 夕顔は、物《もの》の怪《け》に魂を奪われて息を引き取り、死んでしまう。『江談抄《かだんしょう》』では、気絶し、半死の状態であった御休所《みやすんどころ》は、浄蔵《じょうぞう》大法師《だいほうし》の加持祈禱《かじきとう》のおかげで息を吹き返し、蘇生《そせい》する。

二 『江談抄』が伝える話を知っていた当時の読者は、夕顔の死という結末をどのように受け止めたと思われるか。結末の相違が物語にもたらす効果も考えながら話し合ってみよう。

解答例 物の怪に魅入られて、蘇生することもなく死んでしまった夕顔という女性の存在のはかなさを感じ取ったと思われる。夕顔がか弱い女性として描かれていることが、この結末を受け入れやすくしているともいえる。

言語活動　読み比べる・夕顔

江《え》國《くに》香《か》織《おり》

教717 P.158～P.161　教719 P.146～P.149

活動の手引き

一 江國の口語訳で原文と対応する部分（初め～717 一六〇・11 719 一四八・11）を読み、原文に対して加えられた箇所と省かれた箇所のそれぞれを具体的にあげて、整理してみよう。

解答例 〔加えられた箇所〕「覆いかぶさり、……くいこませる。」717 一五八・6 719 一四六・6→物の怪の描写／「右近の女主人、……可憐な女性」717 一六〇・3 719 一四八・3、「くすくす笑い……はずだと思っていた。」717 一六〇・6 719 一四八・6→夕顔と源氏《げんじ》との関係

〔省かれた箇所〕「この院の……ありける。」717 一五三・10 719 一四一・10→渡殿《わたどの》から人を呼びに行く場面の状況描写／「内裏《うち》をおぼしやりて、……推し量り給ふは」717 一五四・1 719 一四二・1→内裏の様子を源氏が思いやる場面

二 一をふまえて、口語訳する際に原文から変更された点に注目して、その意図や効果について話し合おう。

解答例 「覆いかぶさり、……くいこませる。」717 一五八・6 719 一四六・6→物の怪の様子が、リアルに描かれていて、恐ろしさを感じさせる。／「彼は腹が立った。」717 一五九・10 719 一四七・10、「くすくす笑い……期待していた。」717 一六〇・6 719 一四八・6→源氏の心情が表現されていて、心の動きをたどりやすい。

ほかの箇所についても考えてみよう。

三 作家が手がけた『源氏物語』の口語訳について、ほかにどのようなものがあるかを調べ、わかったことを報告し合おう。

考え方 与謝野晶子《よさのあきこ》、谷崎潤一郎《たにざきじゅんいちろう》、円地文子《えんちふみこ》、瀬戸内寂聴《せとうちじゃくちょう》、田辺《たなべ》聖子《せいこ》、角田光代《かくたみつよ》などによる口語訳がある。

葵の上の出産

【大　意】 1 教717 162ページ6行〜163ページ8行 教719 150ページ6行〜151ページ8行

出産の時期にはまだ間があると油断している時、急に葵《あおい》の上《うえ》は産気づいて苦しみ始めた。験者《げんざ》たちの熱心な祈禱《きとう》のおかげで、執念深くとりついていた物《もの》の怪《け》が苦しんで泣きだした。最期の状態にある葵の上のそばに近づいた源氏《げんじ》は、葵の上の美しい寝姿を見て、今更ながらに深い愛情を覚えた。

【品詞分解／現代語訳】

まだ　さるべき　ほど　に　も　あら　ず　と、　みな人　も　たゆみ　給へ　る　に、
副　(連語)　助動・断・用　係助　ラ変・未　助動・打・終　格助　係助　四・用　補尊・四・已　助動・存・体　格助
まだ出産の時期でもないと、周りの人もみな油断していらっしゃるときに、

にはかに　御けしき　あり　て　悩み　給へ　ば、　いとどしき　御祈り、　数　を　尽くし　て　せ
ナリ・用　ラ変・用　接助　四・用　補尊・四・已　接助　シク・体　格助　四・用　接助　サ変・未
急にご産気づいて苦しみなさるので、ますます重々しい御祈りを、数を尽くしてさせなさっているけれど、

させ　給へ　れ　ど、　例　の　執念き　御物の怪　一つ、　さらに　動か　ず、　やむごとなき
助動・使・用　補尊・四・已　助動・存・已　接助　格助　ク・体　副　四・未　助動・打・用　ク・体
いつもの執念深くしつこい御物の怪が一つ、全く動かず、格別に尊い

験者ども、　めづらかなり　と　もて悩む。　さすがに　いみじう　調ぜ　られ　て、　心苦しげに　泣きわび　て、
ナリ・終　格助　四・終　副　シク・用(音)　サ変・未　助動・受・用　接助　ナリ・用　上二・用　接助
修験道の行者たちが、めずらしいことだと持てあます。そうはいうもののやはりたいそう強く調伏されて、つらそうにどうしようもなく泣いて、

「少し　ゆるべ　給へ　や。　大将　に　聞こゆ　べき　こと　あり。」　と　のたまふ。　「されば　よ。　ある　やう
副　下二・用　補尊・四・命　間助　格助　下二・終　助動・当・体　ラ変・終　格助　四・終　接　間助　ラ変・体
「少し(祈禱を)ゆるめてくださいな。大将(＝光源氏)に申し上げるべきことがある。」とおっしゃる。(女房は)「思ったとおりだ。何かわけが

あら　む。」　とて、　近き　御几帳　の　もと　に　入れ　奉り　たり。　むげに　限り　の　さま　に
ラ変・未　助動・推・終　格助　ク・体　格助　格助　下二・用　補謙・四・用　助動・完・終　副　格助　助動・断・用
あるのだろう。」と言って、(葵の上の)近くの御几帳のもとに(源氏を)お入れ申し上げた。(葵の上は)今にも臨終の様子で

サ変・用　補尊・四・体　接助　四・未　助動・願・体　係助　サ変・体　助動・断・用　係助　格助　係助　係助　副
ものし　給ふ　を、聞こえ置か　まほしき　こと　も　おはする　に　や　とて、大臣　も　宮　も　少し
いらっしゃるので、申し上げておきたいこともおありになるのだろうかと（左大臣と大宮は）お思いになって、左大臣も大宮も少し

四・用　補尊・四・已　助動・完・終　格助　下二・用　接助　格助　四・用　助動・存・体　シク・用(音)　ク・終
退き　給へ　り。加持　の　僧ども　声　静め　て　法華経　を　誦み　たる、いみじう　尊し。
退きなさった。加持の僧たちが声を小さくして法華経を唱えているのが、たいそう尊い。

格助　下二・用　接助　上一・用　補謙・四・用　補尊・四・已　接助　副　ナリ・用　接助　係助
御几帳　の　帷子　引き上げ　て　見　奉り　給へ　ば、いと　をかしげに　て、御腹　は
（源氏が）御几帳の帷子を引き上げて見申し上げなさると、（葵の上は）たいそう美しくて、お腹は

シク・用(音)　ク・用(音)　接助　四・用　補尊・四・已　助動・存・体　副助　上一・用　補謙・四・未　助動・仮・体　格助
いみじう　高う　て　臥し　給へ　る　さま、よそ人　だに　見　奉ら　む　に　心
（妊娠のせいで）ひどく高くなって寝ていらっしゃる様子は、他人でさえ拝見したら（おいたわしくて）心がきっと乱れるだろう。

下二・用　助動・強・終　助動・推・終　副　シク・用(音)　シク・用(音)　四・体　ナリ・終　ク・体　格助
乱れ　ぬ　べし。まして、惜しう　悲しう　おぼす、ことわりなり。白き　御衣　に、色合ひ
まして（源氏が）惜しくて残念で悲しくお思いになるのは当然である。（出産のための）白いお着物に、

副　ナリ・用　接助　格助　副　ク・用(音)　ク・体　格助　四・用　接助　下二・用　助動・存・体　係助　副
いと　はなやかに　て、御髪　の　いと　長う　こちたき　を　引き結ひ　て　うち添へ　たる　も、かうて
（衣服の白と御髪の黒の）色の取り合わせが実に際立っていて、髪の毛でたいそう長くたっぷりとあるのを引き結んで（身体のそばに）添えているのも、

係助(係)　ナリ・用　四・用　助動・存・体　四・用　接助　シク・用　助動・詠・已(結)　格助　下二・終　格助　下二・用　接助
こそ、らうたげに　なまめき　たる　方　添ひ　て、をかしかり　けれ　と　見ゆ。御手　を　とらへ　て、
このような姿であってこそ、かわいらしく若々しく美しい点が加わって、すばらしいなあと思われる。（源氏は葵の上の）御手を取って、

感　シク・終　ク・体　格助　下二・用　補尊・四・体　終助　格助　係助　下二・用　補尊・四・未　助動・打・用　四・用
「あな　いみじ。心憂き　め　を　見せ　給ふ　かな。」とて、もの　も　聞こえ　給は　ず　泣き
「ああひどい。（夫である自分をおいて先立つとは、私に）つらい目をお見せなさるなあ。」とおっしゃって、何も申し上げなさらずお泣きになるので、

補尊・四・已　接助　係助　副　シク・用(音)　ナリ・体　格助　副　ナリ・用　下二・用　接助
給へ　ば、例　は　いと　わづらはしう　恥づかしげなる　御まみ　を、いと　たゆげに　見上げ　て
いつもはたいそう気詰まりでこちらが恥ずかしく感じられる御まなざしを、たいそうだるそうに見上げて

うちまもり（四・用） 聞こえ（補謙・下二・用） 給ふ（補尊・四・体） に、（格助） 涙 の（格助） こぼるる（下二・体） さま を（格助） 見（上一・用） 給ふ（補尊・四・体） は、（係助） いかが（副） あはれ

（葵の上は源氏を）じっと見つめ申し上げなさるときに、涙がこぼれる様子をご覧になるのは、どうして愛情が浅い

の（格助） 浅から（ク・未） む。（助動・推・体）

だろうか（いや、浅くはない）。

語句の解説 1

教717 162ページ　教719 150ページ

6 **さるべき**　ラ行変格活用動詞「さり」の連体形に当然の助動詞「べし」の連体形「べき」が接続した形。「そうなるはずの」という意味を表す。ここは、出産するはずの、ということ。

7 **いとどしき御祈り《おんいの》**　ますます重々しい安産を願う御祈禱。

「いとどし」は、副詞「いとど」に対応する形容詞。

8 **例《れい》の執念《しゅうね》き御物《おおんもの》の怪《け》**　いつもの執念深くしつこい御物の怪。

「執念し」は、漢語「執念」が形容詞化したもの。

9 **さすがに**　そうはいうものの。

験者たちが調伏できずに持て余していることを受けての言葉。

9 **少《すこ》しゆるべ給《たま》へや**　少し祈禱をゆるめてくださいな。

物の怪にとりつかれた葵の上が、正気を失って、物の怪の言葉を口走っている場面。

12 **聞《き》こえ置《お》かまほしきこと**　申し上げておきたいこと。

臨終を迎えている葵の上が源氏に言い残したいことを指す。

教717 163ページ　教719 151ページ

1 **御腹《おおんはら》はいみじう《ジュウ》高《たこ》うて**　妊婦の様子を表している。

2 **よそ人《びと》だに**　「よそ人」は、関係のない人。「だに」は、軽いものを挙げて重いものを類推する副助詞。

1　「ことわりなり」とは、何が「ことわり」であるのか。

答　葵の上の様子を見て、夫である源氏が、いたわしくて心が乱れて悲しむこと。

3 **白《しろ》き御衣《おんぞ》に**　「うち添へたるも」にかかっている。

6 **心《こころ》憂きめを見《み》せ給《たま》ふかな**　つらい目をお見せなさるなあ。

葵の上が源氏に悲しい思いをさせていると、源氏が言っている。

7 **うちまもり聞《き》こえ給《たま》ふに**　じっと見つめ申し上げなさると。

葵の上が目を離すことなく、源氏を見つめている状況。「まもる」は、「じっと見る」という意味。

【大　意】 2　教717 163ページ9行～165ページ2行　教719 151ページ9行～153ページ2行

葵の上がたいそう泣くので、死別の悲しみのせいかと思った源氏は、葵の上を優しく慰める。すると、「そうではない。苦しいので祈禱をやめてほしい。もの思いのせいで魂が身体から抜け出てさまよっている」と葵の上にとりついた物の怪が話すので、源氏が「誰か」と尋

ねると、六条《ろくじょう》の御息所《みやすんどころ》であった。源氏は驚き、疎ましく思う。物の怪の声が静まった隙に、葵の上は、男児を出産した。

【品詞分解／現代語訳】

あまり〔副〕 いたう〔ク・用(音)〕 泣き〔四・用〕 給へ〔補尊・四・已〕 ば、〔接助〕 心苦しき〔シク・体〕 親たち の〔格助〕 御事 を〔格助〕 おぼし、〔四・用〕 また〔接〕 かく〔副〕 見〔上一・用〕 給ふ〔補尊・四・体〕

(葵の上が)あまりにひどくお泣きになるので、(光源氏は)気の毒な両親のことをお思いになり、またこのように(夫である自分を)ご覧

に〔格助〕 つけ〔下二・用〕 て、〔接助〕 くちをしう〔シク・用(音)〕 おぼえ〔下二・用〕 給ふ〔補尊・四・体〕 に〔助動・断・用〕 や〔係助〕 と〔格助〕 おぼし〔四・用〕 て、〔接助〕 「何事 も、〔係助〕 いと〔副〕 かう〔副〕 な〔副〕

になるにつけて、自分(光源氏)との別れを名残惜しく(葵の上は)お思いになっているのだろうかと(源氏は)お思いになって、「何事も、ひどくこのよう

おぼし入れ〔下二・用〕 そ。〔終助〕 さりとも〔副〕 けしう〔シク・用(音)〕 は〔係助〕 おはせ〔サ変・未〕 じ。〔助動・打推・終〕 いかなり〔ナリ・終〕 とも〔接助〕 必ず〔副〕 あふ〔四・体〕 瀬 あ〔ラ変・体(音)〕 なれ〔助動・伝・已〕 ば、〔接助〕

に思いつめなさるな。いくらなんでも死ぬほどお悪くはいらっしゃるまい。たとえ死別しても夫婦は必ずめぐりあうそうだから、

対面 は〔係助〕 あり〔ラ変・用〕 な〔助動・強・未〕 む。〔助動・推・終〕 大臣、 宮 など〔副助〕 も、〔係助〕 深き〔ク・体〕 契り ある〔ラ変・体〕 仲 は、〔係助〕 めぐり〔四・用〕 て〔接助〕 も〔係助〕

(来世で)顔を合わせることはきっとあるだろう。父の左大臣や母の大宮なども、深い宿縁がある仲は、生まれ変わっても

絶え〔下二・未〕 ざ〔助動・打・体(音)〕 なれ〔助動・伝・已〕 ば、〔接助〕 あひ見る〔上一・体〕 ほど あり〔ラ変・用〕 な〔助動・強・未〕 む〔助動・推・終〕 と〔格助〕 おぼせ。」〔四・命〕 と〔格助〕 慰め〔下二・用〕

縁が尽きることはないというので、顔を合わせるときはきっとあるだろうとお思いになってください。」と慰めなさると、

給ふ〔補尊・四・体〕 に、〔接助〕 「いで、〔感〕 あら〔ラ変・未〕 ず〔助動・打・終〕 や。〔間助〕 身 の〔格助〕 上 の〔格助〕 いと〔副〕 苦しき〔シク・体〕 を、〔接助〕 しばし〔副〕 やすめ〔下二・用〕 給へ〔補尊・四・命〕

「いいえ、違いますよ。わが身がたいそう苦しいので、しばらく(祈禱を)ゆるやかにしてく

と〔格助〕 聞こえ〔下二・未〕 む〔助動・意・終〕 とて〔格助〕 なむ。〔係助〕 かく〔副〕 参り来〔カ変・未〕 む〔助動・意・終〕 と〔格助〕 も〔係助〕 さらに〔副〕 思は〔四・未〕 ぬ〔助動・打・体〕 を、〔接助〕 もの思ふ〔四・体〕

ださいと申し上げようと(思ったのです)。このように(生き霊となってまであなたのもとへ)参上して来ようとも全く思わないのに、もの思いを

人 の〔格助〕 魂 は、〔係助〕 げに〔副〕 あくがるる〔下二・体〕 もの に〔助動・断・用〕 なむ〔係助(係)〕 あり〔ラ変・用〕 ける。」〔助動・詠・体(結)〕 と、〔格助〕 なつかしげに〔ナリ・用〕

する人の魂は、本当に身から離れ出るものですねえ。」と、親しそうに言って、

言ひ〔四・用〕て〔接助〕、

嘆きわび〔上二・用〕空に〔格助〕乱るる〔下二・体〕わ〔(代)〕が〔格助〕魂を〔格助〕結びとどめよ〔下二・命〕したがひの〔格助〕つま

嘆き悲しんで（身から浮かれ出て）空に迷っている私の魂を結びとどめてください、着物の下前の褄を結んで。

と〔格助〕のたまふ〔四・体〕声、けはひ、そ〔2 (代)〕の〔格助〕人に〔助動・断・用〕も〔係助〕あら〔ラ変・未〕ず〔助動・打・用〕変はり〔四・用〕給へ〔補尊・四・已〕り〔助動・完・終〕。いと〔副〕

とおっしゃる声や、様子は、その人（葵の上）でもなく人変わりしていらっしゃった。たいそう

あやし〔シク・終〕と〔格助〕おぼしめぐらす〔四・体〕に〔接助〕、ただ〔副〕か〔(代)〕の〔格助〕御息所なり〔助動・断・用〕けり〔助動・詠・終〕。あさましう〔シク・用(音)〕、人の〔格助〕とかく〔副〕

不思議だと（源氏は）あれこれお思いになると、ただあの六条の御息所であるよ。驚きあきれて、女房などがとやかく

言ふ〔四・体〕を〔格助〕、よから〔ク・未〕ぬ〔助動・打・体〕者どもの〔格助〕言ひ出づる〔下二・体〕ことと〔格助〕、聞きにくく〔ク・用〕おぼし〔四・用〕て〔接助〕のたまひ消つ〔四・体〕を〔接助〕、

言うのを、身分の高くない者たちが（根拠もなく）言い出したことと、聞き苦しくお思いになって（うわさを）打ち消していらっしゃったが、

目に〔格助〕見す見す〔副〕、世に〔格助〕は〔係助〕かかる〔ラ変・体〕ことこそ〔係助(係)〕は〔係助〕あり〔ラ変・用〕けれ〔助動・詠・已(結)〕と〔格助〕、疎ましう〔シク・用(音)〕なり〔四・用〕

（御息所の姿を）目の当たりに見て、世の中にはこのようなことがあるのだなあと、いとわしくなった。

ぬ〔助動・完・終〕。あな〔感〕心憂〔ク(語幹)〕と〔格助〕おぼさ〔四・未〕れ〔助動・自・用〕て〔接助〕、「かく〔副〕のたまへ〔四・已〕ど〔接助〕、たれ〔(代)〕と〔格助〕こそ〔係助(係)〕知ら〔四・未〕ね〔助動・打・已(結)〕。

ああつらいなあとお思いになって、「そのようにおっしゃるけれど、誰とはわからない。

確かに〔ナリ・用〕のたまへ〔四・命〕。」と〔格助〕のたまへ〔四・已〕ば〔接助〕、ただ〔副〕それ〔3 (代)〕なる〔助動・断・体〕御ありさまに〔格助〕、あさまし〔シク・終〕と〔格助〕は〔係助〕世の〔格助〕常

はっきりとおっしゃってください。」とおっしゃると、ただそれ（御息所そのまま）であるお姿で、驚きあきれると言っただけでは十分ではない。

なり〔助動・断・終〕。人々近う〔ク・用(音)〕参る〔四・体〕も〔係助〕、かたはらいたう〔ク・用(音)〕おぼさ〔四・未〕る〔助動・自・終〕。

仕えている女房たちがそば近く参上するのも、きまり悪くお思いになる。

少し　御声　も　静まり　給へ　れ　ば、　ひま　おはする　に　や　とて、　宮　の　御湯
（少し＝副／も＝係助／静まり＝四・用／給へ＝補尊・四・已／れ＝助動・完・已／ば＝接助／おはする＝サ変・体／に＝助動・断・用／や＝係助／とて＝格助／の＝格助）
少しお声も静まりなさったので、苦しみの絶え間がおありであるのだろうかと、母宮がお薬湯を

持て寄せ　給へ　る　に、　かき起こさ　れ　給ひ　て、　ほどなく　生まれ　給ひ
（持て寄せ＝下二・用／給へ＝補尊・四・已／る＝助動・完・体／に＝格助／かき起こさ＝四・未／れ＝助動・受・用／給ひ＝補尊・四・用／て＝接助／ほどなく＝ク・用／生まれ＝下二・用／給ひ＝補尊・四・用）
持ってお寄りになったときに、抱き起こされなさって、間もなく（若君が）お生まれになった。

ぬ。
（ぬ＝助動・完・終）

（葵）

語句の解説　2

教717 163ページ　教719 151ページ

9 **心苦《こころぐる》しき親《おや》たちの御事《おんこと》をおぼし**　取り残される両親のことを葵の上が思っていると、源氏が葵の上の心中を推し測っている。

11 **さりとも**　前文の内容を受けて、今の状況は認めながらも、なお別の事態を望む気持ちを表す語。

11 **けしう《シュウ》は《ワ》おはせじ**　そう悪くはいらっしゃるまい。「けしうはあらず＝そう悪くはない」の「あり」を尊敬語「おはす」にし、「ず」を打消推量「じ」にした表現。

11 **あふ《オウ》瀬《せ》あ《アン》なれば**　「あなれば」の「あ」は、ラ行変格活用動詞「あり」の連体形「ある」の撥《はつ》音便「あん」の「ん」が無表記の形。

12 **深《ふか》き契《ちぎ》りある仲《なか》は**　深い宿縁がある仲は。親子の関係を「深き契り」ととらえている。

13 **あひ《イ》見《み》るほどありなむ《ン》**　顔を合わせるときはきっとあるだろう。

13 **いで、あらずや**　いいえ、違いますよ。「いで」は、ここは、軽く打ち消す感動詞。

15 **もの思《おも》ふ《ウ》人《ひと》の魂《たましい》は…**　和泉式部の歌「もの思へば」の歌の意味は、「もの思いをしていると、谷川を飛ぶ蛍も、私の身からさまよい出ている魂ではないかと思って見ていることよ」という意味。

教717 164ページ　教719 152ページ

1 **「嘆《なげ》きわび」の歌**　肉体から離れていく魂を静めとどめるという「魂結び」の俗信があった。自分を正気に戻してほしいという願いをよみ込んだもの。

2　「その人」とは誰をさすか。

答　葵の上。

4 **よからぬ者《もの》ども**　身分の高くはない者たち。

4 **聞《き》きにくくおぼして**　聞き苦しくお思いになって。御息所の生き霊のうわさを源氏は不愉快に思っていたということ。

4 **のたまひ《イ》消《け》つを**　否定なさっていたが。「言ひ消つ」の「言ふ」を尊敬語「のたまふ」にした形。

5目《め》に見《み》す見《み》す　「見す見す」は副詞で、目の前に見えて、それとはっきりわかって、という意味。

5かかること　ここは、生き霊がものにとりつくことをさす。

3　「それなる御ありさま」とは、どのような様子のことか。

答　間違いなく六条の御息所そっくりの様子。

7人々近《ひとびとちこ》う参《まい》るも　女房たちがおそばに参上してくることも。

8かたは《ワ》らいたう《トウ》おぼさる　「かたはらいたし」は、そばで見たり聞いたりしているのも苦々しい、という意味。

学習の手引き

一　光源氏から見た葵の上の様子はどのように変化しているか、順を追って整理してみよう。

解答例　・物の怪にとりつかれて苦しんでいる。

・出産の直前でお腹が膨らんでいる。純白の着物に添わせるように、黒髪を結んでいる。→かわいらしく、優美。

・源氏が葵の上の手を取ると、端正すぎて気詰まりなまなざしではなく、とりつくろわない目つきで源氏を見つめ、涙を流す。

・突然、人変わりしたかのように別人の声で話し出す。

二　物の怪が六条の御息所であるとわかった後の光源氏の気持ちを、心情語を根拠にして説明してみよう。

考え方　・心情語…「あさましう」717 一六四・3 719 一五二・3→「疎ましうなりぬ」717 一六四・5 719 一五二・5→「あな心憂」717 一六四・5 719 一五二・5→「あさましとは世の常なり」717 一六四・7 719 一五二・7→「かたはらいたうおぼさる」717 一六四・8 719 一五二・8

解答例　源氏は、御息所の生き霊のうわさは耳にはしていたが、目《ま》の当たりに見て驚くとともに、嫌な感じがして、不快になった。そして、葵の上を悩ましている生き霊が御息所だと、他の人に知られたくないと思っている。

三　導入文、および、六条の御息所の発言や「嘆きわび」の歌などをふまえて、物の怪として現れた六条の御息所の心情はどのようなものであるか、想像も交えながら、各自で考えたことを発表し合おう。

解答例　自分の意思とは無関係に物の怪となって葵の上にとりついてしまい、そのような自分の心を持て余している。

言葉の手引き

一　次の古語の意味を調べよう。

1たゆむ 717 一六二・6 719 一五〇・6　2悩む 717 一六二・7 719 一五〇・7

3調ず 717 一六二・9 719 一五〇・9　4あくがる 717 一六三・15 719 一五一・15

5けはひ 717 一六四・2 719 一五二・2　6あやし 717 一六四・2 719 一五二・2

7あさまし 717 一六四・3 719 一五二・3

8かたはらいたし 717 一六四・8 719 一五二・8

解答例　1　油断する　2　わずらう。病気で苦しむ。

3　調伏する。祈って退散させる。　4　魂が身から離れる。

5　様子　6　不思議だ　7　驚きあきれる

8 きまり悪い

二 次の文を、傍線部に注意して口語訳しよう。

1 いかがあはれの浅からむ。(717 一六三・8 719 一五一・8)

2 いとかうなおぼし入れそ。(717 一六三・10 719 一五一・10)

3 かく参り来むともさらに思はぬを、(717 一六三・14 719 一五一・14)

解答例

1 どうして愛情が浅いだろうか(いや、浅くはない)。

2 ひどくこのように思いつめなさるな。

3 このように参上して来ようとも全く思わないのに、

須磨の秋 ※教719では、学習しません。

【大意】 1 教717 166ページ4〜13行

須磨《すま》に秋が来た。夜、源氏《げんじ》は、寂しさに涙を流し、琴を弾き、歌をうたった。周囲の人も、それを聞いてこらえきれずに泣く。

【品詞分解/現代語訳】

須磨 に(格助) は(係助)、いとど(副) 心づくし の(格助) 秋風 に(格助)、海 は(係助) 少し(副) 遠けれ(ク・已) ど(接助)、行平の中納言 の(格助)、関 吹き越ゆる(下二・体)

須磨では、ひとしおさまざまにもの思いをさそう秋風が吹いて、(源氏の住居は)海は少し離れているけれども、行平の中納言が、「関吹き越ゆる」

と(格助) 言ひ(四・用) けむ(助動・過伝・体) 浦波、よるよる は(係助)、げに(副) いと(副) 近く(ク・用) 聞こえ(下二・用) て(接助)、またなく(ク・用) あはれなる(ナリ・体) もの は(係助)、かかる(ラ変・体)

とよんだという浦波の打ち寄せる音が、毎夜、本当にすぐ近くに聞こえて、またとなくしみじみと心にしみるのは、このような

所 の(格助) 秋 なり(助動・断・用) けり(助動・詠・終)。

所の秋なのであった。

御前 に(格助) いと(副) 人少なに(ナリ・用) て(接助)、うち休みわたれ(四・已) る(助動・存・体) に(接助)、一人 目 を(格助) 覚まし(四・用) て(接助)、枕 を(格助) そばだて(下二・用) て(接助)

(源氏の)御前にはとても(お仕えする)人が少なくて、みな寝静まっているのに、(源氏は)一人目を覚まして、枕から頭を上げて

四方 の(格助) 嵐 を(格助) 聞き(四・用) 給ふ(補尊・四・体) に(接助)、波 ただ(副) ここもと(代) に(格助) 立ち来る(カ変・体) 心地 し(サ変・用) て(接助)、涙 落つ(上二・終) と(格助) も(係助)

四方の激しい風の音をお聞きになっていると、波がすぐこのあたり(＝枕もと)に打ち寄せてくるような心地がして、涙がこぼれるのにも

下二・未 助動・打・体 接助 四・体 副助 格助 四・用 助動・完・用 助動・詠・終 格助 副 四・用 補尊・四・已 助動・完・体
おぼえぬに、枕浮くばかりになりにけり。琴を少しかき鳴らし給へる
気づかないうちに、(涙の海に)枕が浮くくらいになってしまった。琴を少しかき鳴らしなさったのが、

格助 (代) 副 ク・用(音) 下二・已 接助 四・用 補尊・四・用 接助
が、我ながらいとすごう聞こゆれば、弾きさし給ひて、
我ながらたいへんものさびしく聞こえるので、中途で弾くのをおやめになって、

上二・用 接助 四・体 格助 四・体 係助 四・体 格助 係助(係) 四・終 助動・現原・体(結)
恋ひわびて泣く音にまがふ浦波は思ふ方より風や吹くらむ
都恋しさに堪えかねて私が泣く声に浦波が似ているのは、私が恋しく思っている都の方から風が吹いてくるからであろうか。

格助 四・用 補尊・四・已 助動・完・体 接助 四・用 接助 ク・用(音) 下二・体 接助 四・未 助動・可・未 接助 ク・用(音)
とうたひ給へるに、人々おどろきて、めでたうおぼゆるに、忍ばれで、あいなう
とうたわれると、(寝ていた)人々は目を覚まして、すばらしいと思うにつけ、(悲しさを)こらえきれず、むやみに

上一・用 接助 格助 ナリ・用 四・終
起きゐつつ、鼻を忍びやかにかみわたす。
起き出しては、次々に鼻をそっとかんでいる。

語句の解説 1

教717 166ページ

4 **いとど** 「いといと」が変化した語。程度が甚だしい様子。

5 **関《せき》吹《ふ》き越《こ》ゆると言《い》ひ《イ》けむ《ン》** 「関吹き越ゆる」とよんだという。

5 **げに** 本当に。そのとおり。「実《げ》に」で、賛意を示す言葉。「行平《ゆきひら》の歌のとおり」の意を含む。

7 **枕《まくら》をそばだてて** 枕から頭を上げて。「枕をそばだつ」というのは、枕の一方の端を持ち上げて、頭を持ち上げることとか。風の音を聞くための動作である。

8 **涙《なみだ》落《お》つともおぼえぬに** 涙がこぼれるのにも気づかないうちに。「おぼえ」は、下二段活用の動詞「おぼゆ」の未然形。「おぼゆ」は「ひとりでに思われる、感じられる」の意。

9 **枕《まくら》浮《う》くばかりになりにけり** 涙で枕が浮くという誇張表現だが、古歌をふまえた表現。

10 **すごう聞《き》こゆれば** ものさびしく聞こえるので。「すごう」は、形容詞「すごし」の連用形「すごく」のウ音便。「すごし」は、①「恐ろしい、気味が悪い」、②「さびしい」、③「ぞっとするほどすばらしい」などの意味がある。ここは②。

10 **弾《ひ》きさし給《たま》ひ《イ》て** 中途で弾くのをおやめになって。「弾きさす」は「(弦楽器を)中途で弾きやめる」の意。

11 **恋《こ》ひ《イ》わびて泣《な》く音《ね》にまがふ《ゴウ》浦波《うらなみ》は** 都恋しさに堪えかねて私が泣く声に浦波が似ているのは。

12 あいなう《ノゥ》起《お》きゐ《イ》つつ　「あいなう」は形容詞「あいなし」の連用形「あいなく」のウ音便。「むやみやたらに、わけもなく」の意。

【大意】2　教717 166ページ14行～167ページ11行

源氏は、冗談を言い、歌を書いたり絵をかいたりして自分のために仕える人たちを気遣って過ごしている。その優しく立派な源氏の様子に、人々はつらさも忘れておそばにお仕えしていた。

【品詞分解／現代語訳】

1 「げに（副） いかに（副） 思ふ（四・終） らむ（助動・現推・体）、わ（代） が（格助） 身 一つ に（格助） より（四・用）、親 はらから、かた時 たち離れがたく（ク・用）、ほど

「本当に（この人たちは）どう思っているのだろう、私一人のために、親兄弟、かた時も離れにくく、それぞれ

に（格助） つけ（下二・用） つつ（接助） 思ふ（四・終） らむ（助動・現婉・体） 家 を（格助） 別れ（下二・用） て（接助）、かく（副） 惑ひ合へ（四・已） る（助動・存・体）。」 と（格助） おぼす（四・体） に（接助）、いみじく（シク・用） て（接助）、

に応じて大事に思っているような家から離れて、このようにともにさすらっている。」とお思いになると、かわいそうでたまらなくて、

「いと（副） かく（副） 思ひ沈む（四・体） さま を（格助）、心細し（ク・終） と（格助） 思ふ（四・終） らむ（助動・現推・終）。」 と（格助） おぼせ（四・已） ば（接助）、昼 は（係助） 何くれと（副） たはぶれごと

「全くこのように自分が思い沈んでいる様子を、心細いと思っているだろう。」とお思いになるので、昼は、あれこれと冗談を

うちのたまひ（四・用） 紛らはし（四・用）、つれづれなる（ナリ・体） まま に（格助）、いろいろ（副） の（格助） 紙 を（格助） 継ぎ（四・用） つつ（接助） 手習ひ を（格助） し（サ変・用） 給ひ（補尊・四・用）、

おっしゃっては気を紛らわし、所在ないままに、さまざまな色の紙を継いでは歌をお書きになり、

めづらしき（シク・体） さま なる（助動・断・体） 唐 の（格助） 綾 など（副助） に（格助） さまざま の（格助） 絵ども を（格助） 描きすさび（四・用） 給へ（補尊・四・已） る（助動・存・体）、屏風

珍しい様子の中国渡来の綾織物などにはさまざまな絵などを興にまかせてかいていらっしゃる、屏風

の（格助） おもてども など（副助）、いと（副） めでたく（ク・用）、見どころ あり（ラ変・終）。人々 の（格助） 語り（四・用） 聞こえ（補謙・下二・用） し（助動・過・体） 海 山 の（格助）

の表の絵などは、実にすばらしく、見事である。人々がお話し申し上げた海山の

ありさま を（格助）、はるかに（ナリ・用） おぼしやり（四・用） し（助動・過・体） を（接助）、御目 に（格助） 近く（ク・用） て（接助） は（係助）、げに（副） 及ば（四・未） ぬ（助動・打・体） 磯 の（格助）

様子を、（以前は遠く）はるかに想像していらっしゃっていたが、目の当たりに御覧になって、なるほど想像もできない（ほどすばらしい）

ク・用　下二・用　補尊・四・已　助動・存・終　(代)　格助　格助　格助　サ変・終　助動・婉・体　副助
たたずまひ、二なく 描き集め 給へ り。「こ の ころ の 上手 に す める 千枝、常則 など
磯の景色、(それを)このうえなく上手におかき集めなさっている。「このごろ名人と(世間で)いっているらしい千枝や常則など

格助　四・用　接助　四・未　助動・使・未　終助　格助　四・已　助動・存・終　シク・用(音)　ク・体
を 召し て、作り絵 つかうまつら せ ばや。」と、心もとながり合へ り。なつかしう めでたき
を召して、(君の墨書きの絵に)彩色させ申し上げたいものだ。」と、歯がゆく思い合っている。親しみやすく立派な

格助　格助　下二・用　接助　ク・用(音)　下二・用　四・体　格助　シク・体　格助
御さま に、世 の もの思ひ 忘れ て、近う 慣れ つかうまつる を うれしき こと にて、四、五人
(源氏の)ご様子に、(人々は)世の辛さをも忘れて、おそば近くに親しくお仕えすることをうれしいこととして、四、五人

副助　係助(係)　副　四・用　助動・過・体(結)
ばかり ぞ つと 候ひ ける。
ほどがいつもお仕えしていた。

語句の解説 2

教717 166ページ

1 「『げにいかに…』とおぼすに、…とおぼせば」の「思ふ」「おぼす」は、それぞれ誰が思うのか。

答

・げにいかに思ふらむ →お供の人々
・ほどにつけつつ思ふらむ家を →お供の人々
・「…かく惑ひ合へる。」とおぼすに →源氏
・いとかく思ひ沈むさまを →源氏
・心細しと思ふらむ。 →お供の人々
・「…思ふらむ。」とおぼせば →源氏

教717 167ページ

2 **いみじくて** かわいそうでたまらなくて。
「いみじ」は程度の甚だしい様子に用いる。文脈によってよい意味にも悪い意味にも用いられる。

8 **作《つく》り絵《え》つかう《コウ》まつらせばや** 彩色させ申し上げたいものだ。
「つかうまつる」は、ここでは「す」「作る」の謙譲語として用いられている。「し申し上げる」の意。「せ」は使役の助動詞「す」の未然形。「ばや」は自己の願望の意味の終助詞。

9 **心《こころ》もとながり合《あ》へ《エ》り** 都から遠く離れているので、絵師を呼んで彩色させるようなこともできず、歯がゆく思うのである。

【大　意】 3 教717 167ページ12行〜168ページ5行

前栽に花が咲き乱れる夕暮れ、源氏は渡り廊下に出てたたずみ、経を口ずさむ。その姿は美しい。源氏は舟歌や雁《かり》に悲しみを募らせ、都を思う。その美しさにおそばに仕える人たちの心は慰められるのだった。

【品詞分解／現代語訳】

前栽 の〔格助〕 花 いろいろ〔副〕 咲き乱れ〔下二・用〕、おもしろき〔ク・体〕 夕暮れ に〔格助〕、海 見やら〔四・未〕 るる〔助動・自・体〕 廊 に〔格助〕 出で〔下二・用〕 給ひ〔補尊・四・用〕 て〔接助〕、
前栽の花が色とりどりに咲き乱れ、趣のある夕暮れに、海が見渡される渡り廊下にお出になって、

たたずみ〔四・用〕 給ふ〔補尊・四・体〕 御さま の〔格助〕、ゆゆしう〔シク・用(音)〕 清らなる〔ナリ・体〕 こと、所がら は〔係助〕 まして〔副〕 こ〔(代)〕 の〔格助〕 世 の〔格助〕 もの と〔格助〕 見え〔下二・用〕
たたずんでいらっしゃる(源氏の)ご様子が、不吉なほどに美しいことは、(須磨という)場所が場所だけにいっそうこの世のものとも見えなさらない。

給は〔補尊・四・未〕 ず〔助動・打・終〕。白き〔ク・体〕 綾 の〔格助〕 なよよかなる〔ナリ・体〕、紫苑色 など〔副助〕 奉り〔四・用〕 て〔接助〕、こまやかなる〔ナリ・体〕 御直衣、帯 しどけなく〔ク・用〕
白い綾織りの絹で柔らかな下着に、紫苑色の指貫などをお召しになって、濃い縹色(薄い藍色)の御直衣に、帯は無造作に

うち乱れ〔下二・用〕 給へ〔補尊・四・已〕 る〔助動・存・体〕 御さま に〔助動・断・用〕 て〔接助〕、「釈迦牟尼仏弟子。」 と〔格助〕 名のり〔四・用〕 て〔接助〕、ゆるるかに〔ナリ・用〕 読み〔四・用〕
おくつろぎなさっているご様子で、「釈迦牟尼仏弟子。」と唱えて、ゆるやかに経文を読んで

給へ〔補尊・四・已〕 る〔助動・存・体〕、また〔副〕 世 に〔格助〕 知ら〔四・未〕 ず〔助動・打・用〕 聞こゆ〔下二・終〕。
いらっしゃる(声は)、これもまたこの世に例がないほどすばらしく聞こえる。

沖 より〔格助〕 舟ども の〔格助〕 歌ひののしり〔四・用〕 て〔接助〕 漕ぎ行く〔四・体〕 など〔副助〕 も〔係助〕 聞こゆ〔下二・終〕。ほのかに〔ナリ・用〕、ただ〔副〕 小さき〔ク・体〕 鳥 の〔格助〕 浮かべ〔四・已〕
沖のほうから幾つもの舟が(舟歌を)大声で歌って漕いで行くのなども聞こえる。(それらの舟が)かすかに、ただ小さい鳥が浮かんで

る〔助動・存・体〕 と〔格助〕 見やら〔四・未〕 るる〔助動・自・体〕 も〔係助〕、心細げなる〔ナリ・体〕 に〔接助〕、雁 の〔格助〕 つらね〔下二・用〕 て〔接助〕 鳴く〔四・体〕 声、楫 の〔格助〕 音 に〔格助〕 まがへ〔四・已〕
いるように遠目に見られるのも、心細い感じがするうえに、雁が列を作って鳴く声が、楫の音によく似ているのを、

る〔助動・存・体〕 を〔格助〕、うちながめ〔下二・用〕 給ひ〔補尊・四・用〕 て〔接助〕、涙 の〔格助〕 こぼるる〔下二・体〕 を〔格助〕 かき払ひ〔四・用〕 給へ〔補尊・四・已〕 る〔助動・存・体〕 御手つき、黒き〔ク・体〕
もの思いにふけりながら眺めなさって、涙がこぼれるのをお払いになるお手つきが、黒檀の

御数珠 に〔格助〕 映え〔下二・用〕 給へ〔補尊・四・已〕 る〔助動・存・体〕 は、〔係助〕 ふるさと の〔格助〕 女 恋しき〔シク・体〕 人々 の〔格助〕 心、 みな〔副〕 慰み〔四・用〕 に〔助動・完・用〕 けり。〔助動・過・終〕

御数珠に映えていらっしゃるその美しさは、都に残してきた女を恋しく思う人々の心も、みな慰められるのであった。

語句の解説 3

教717 167ページ

12 **海見《うみみ》やらるる廊《ろう》** 「見やる」（見遣る）は、「視線を遠くに向ける」意味。「るる」は自発の助動詞。「廊」は建物と建物をつなぐ渡り廊下のこと。

13 **ゆゆしう《シュウ》清《きよ》らなる** 不吉なほどに美しい。あまりに美しい人やすぐれた人は神仏などに魅入られ、早逝すると考えられていた。それで「ゆゆし」という言葉を使ったもの。

13 **この世のものと見《み》え給《たま》は《ワ》ず** 「見え」は下二段活用の動詞「見ゆ」の連用形。「給は」は尊敬の補助動詞「給ふ」の未然形。源氏に対する敬意を表している。

教717 168ページ

2 **楫《かじ》の音《おと》にまがへ《エ》るを** 楫の音によく似ているのを。「まがふ」は「似通う」または、「入りまじる」の意がある。

【大　意】 4　教717 168ページ8行〜169ページ3行

月が明るく昇り、源氏は十五夜と気づく。都を懐かしみ、残してきた女性や藤壺《ふじつぼ》、今上帝を思い出し、源氏は涙する。

【品詞分解／現代語訳】

月 の〔格助〕 いと〔副〕 はなやかに〔ナリ・用〕 さし出で〔下二・用〕 たる〔助動・完・体〕 に、〔接助〕 今宵 は〔係助〕 十五夜 なり〔助動・断・用〕 けり〔助動・詠・終〕 と〔格助〕 おぼし出で〔下二・用〕 て、〔接助〕

月がたいそう明るく昇ったので、今夜は十五夜だったのだなあとお思い出しになって、

殿上 の〔格助〕 御遊び 恋しく、〔シク・用〕 ところどころ ながめ〔下二・用〕 給ふ〔補尊・四・終〕 らむ〔助動・現推・終〕 かし〔終助〕 と〔格助〕 思ひやり〔四・用〕 給ふ〔補尊・四・体〕 に〔格助〕 つけ〔下二・用〕

（清涼殿の）殿上の間での管弦の御遊びが恋しく、都のあの方この方も（この月を）もの思いにふけって眺めていらっしゃるであろうよと思いやりなさるにつけ

て〔接助〕 も、〔係助〕 月 の〔格助〕 顔 のみ〔副助〕 まもら〔四・未〕 れ〔助動・自・用〕 給ふ。〔補尊・四・終〕 「二千里 （の）〔格助〕 外 故人 （の）〔格助〕 心。」 と〔格助〕 誦じ〔サ変・用〕 給へ〔補尊・四・已〕

ても、月の面《おもて》ばかりを自然とじっと見つめてしまわれる。「二千里の外故人の心。」と朗唱なさると、

る、〔助動・完・体〕 例 の〔格助〕 涙 も〔係助〕 とどめ〔下二・未〕 られ〔助動・可・未〕 ず。〔助動・打・終〕 入道の宮 の、〔格助〕 「霧 や〔係助（係）〕 隔つる」〔下二・体（結）〕 と〔格助〕 のたまはせ〔下二・用〕 し〔助動・過・体〕

（人々は）いつものように涙を止めることができない。入道の宮（＝藤壺の宮）が、「霧や隔つる。」とおっしゃったころが、

ほど、言はむ方なく恋しく、折々のこと思ひ出で給ふに、よよと泣かれ給ふ。
四・未　助動・婉・体　ク・用　シク・用　格助　下二・用　補尊・四・体　接助　副　四・未　助動・自・用　補尊・四・終
言いようもなく恋しく、あの折のことこの折のことと思い出しなさると、（こらえ切れずに）声をあげてお泣きになる。

「夜更け侍りぬ。」と聞こゆれど、なほ入り給はず。
下二・用　補丁・ラ変・用　助動・完・終　格助　下二・已　接助　副　四・用　補尊・四・未　助動・打・終
「夜も更けました。」と（人々が）申し上げるが、やはり（寝所に）お入りにならない。

見るほどぞしばし慰むめぐりあはむ月の都ははるかなれども
上一・体　係助（係）　副　四・体（結）　四・未　助動・婉・体　格助　係助　ナリ・已　接助
月を見ている間だけはしばらく心が慰められる。再びめぐりあう月の都（京の都）は、はるかに遠いけれど。

その夜、上のいとなつかしう昔物語などし給ひし御さまの、院に似奉り
（代）　格助　格助　副　シク・用（音）　副助　サ変・用　補尊・四・用　助動・過・体　格助　格助　上一・用　補謙・四・用
その夜、朱雀帝がたいそう親しみをこめて昔話などなさったお姿が、桐壺院に似申し上げて

給へりしも、恋しく思ひ出で聞こえ給ひて、「恩賜の御衣は今ここに
補尊・四・已　助動・存・用　助動・過・体　係助　シク・用　下二・用　補謙・下二・用　補尊・四・用　接助　格助　係助　（代）　格助
いらっしゃったことなども、恋しくお思い出し申し上げなさって、「恩賜の御衣は今ここに

あり。」と誦じつつ入り給ひぬ。御衣はまことに身放たず、傍らに置き給へ
ラ変・終　格助　サ変・用　接助　四・用　補尊・四・用　助動・完・終　係助　副　四・未　助動・打・用　格助　四・用　補尊・四・已
ある。」と吟じながら（寝所に）お入りになった。（帝から賜った）御衣は本当に（菅原道真の詩句のとおり）身辺から離さず、いつもそばにおいて

り。
助動・存・終
いらっしゃる。

憂しとのみひとへにものは思ほえで左右にも濡るる袖かな
ク・終　格助　副助　副　係助　下二・未　接助　副　係助　下二・体　終助
（帝に対して）恨めしいとばかりいちずに思うことができなくて、（苦しみの涙ばかりでなく、懐かしさに流す涙でも）左も右も濡れる袖であるよ。

（須磨）

語句の解説 4

教717　168ページ

11 例《れい》の涙《なみだ》もとどめられず　（人々は）いつものように涙を止めることができない。

尊敬語を用いておらず、ここの動作の主体は人々。

14 月《つき》の都《みやこ》ははるかなれども　「月の都」は「京の都」のことを比喩で表現したもの。

教717 169ページ

学習の手引き

一　前半部分（717初め〜一六八・5）の記述から、源氏の心情と絡み合った事物や風物を抜き出し、そこに表れた心情を整理しよう。

解答例　①「秋風」717一六六・4、「浦波」717一六六・5→須磨の秋を迎え、寂しい秋風や、かつてこの地に流されたという行平のよんだ歌を実感しながら浦波の音を聞いていると、自分の運命が重ね合わされて、しみじみと寂しくせつない思いを抱いている。

②「琴《きん》」717一六六・9→自らかき鳴らした七弦の琴の音色にものさびしさを感じる。

③「前栽の花」717一六七・12、「海」717一六七・12、「舟ども」717一六八・1、「雁のつらねて鳴く声」717一六八・2→興趣を感じる秋の風情にも、沖を舟歌を歌って過ぎる舟や、舟が小さく見える光景にも、雁が列を作って鳴く、楫の音のように聞こえるその声にも、都に残してきた恋しい人たちを思い、悲しみを感じる。

二　八月十五日夜の記述から、昔を懐かしむ源氏の感慨を整理し、それらが『白氏文集《はくしぶんしゅう》』や『菅家後集《かんけこうしゅう》』の漢詩の引用とどのように結びついているか、説明してみよう。

解答例　・今夜が十五夜であることに気づくと、例年の殿上の管弦の遊びが「恋しく」思い出される。今宵、同じように月を見ていると思われる、都にいる恋人たちのことを思い、涙があふれる。

→『白氏文集』の、十五夜の月に、二千里の外にいる故人（旧友）を思う白楽天《はくらくてん》の漢詩を思い起こし、都から遠くはなれている自分（源氏）を思う人々の心情を思い、涙を流す。

・「霧や隔つる」とよんだ入道の宮（藤壺の宮）のことがどうしようもなく恋しく、思い出しては泣いてしまう。

・亡き父、桐壺院《きりつぼいん》によく似ていらっしゃった朱雀帝《すざくてい》のことを「恋しく」思い出す。

→大宰府《だざいふ》に左遷された菅原道真《すがわらのみちざね》が、帝《みかど》を思ってよんだ『菅家後集』の漢詩を思い起こし、道真に自分を重ね合わせる。

3 憂《う》しとのみひとへ《エ》にものは思《おも》ほ《オ》えで　（帝に対して）恨めしいとばかりいちずに思うことができなくて。「ひとへに」は「いちずに」の意味と「単《ひとへ》（単衣《ひとへぎぬ》）」（裏地のついていない衣服）を掛けている。

言葉の手引き

一　次の古語の意味を調べよう。

1 まがふ 717一六六・11　2 忍ぶ 717一六六・12
3 あいなし 717一六六・12　4 惑ふ 717一六七・1
5 二なし 717一六七・7　6 清らなり 717一六七・13
7 ののしる 717一六八・1　8 ながむ 717一六八・3
9 映ゆ 717一六八・4

解答例　1　見分けがつかなくなる。まちがえる。　2　こらえる
3　わけもなく。むやみに。　4　途方にくれる。
5　比べるものがない。すばらしい。　6　気品があって美しい。
7　大声で騒ぐ。　8　もの思いにふける。
9　映りあって美しく見える。

二　敬語として用いられている「聞こゆ」を抜き出し、敬語の種類と敬意の方向を説明してみよう。

解答例
・「人々の語り聞こえし」717 一六七・6…謙譲・作者から源氏
・「聞こゆれど」717 一六八・13…謙譲・作者から源氏
・「思ひ出で聞こえ給ひて」717 一六九・1…謙譲・作者から上（朱雀帝）

明石の姫君の入内《じゅだい》

【大　意】　1　教717 170ページ5行～171ページ5行　教719 154ページ6行～155ページ6行

明石《あかし》の姫君の入内の儀式は盛大に行われ、付き添っていた紫の上は退出した。入れ替わって付き添う明石の君が参内する夜、紫の上と明石の君が初めて対面する。お互いに相手の人柄のすばらしさに感じ入る。

【品詞分解／現代語訳】

御参り　の（格助）　儀式、人　の（格助）　目　驚く（四・体）　ばかり（副助）　の（格助）　こと　は（係助）　せ（サ変・未）　じ（助動・打意・終）　と（格助）　おぼしつつめ（四・已）　ど、（接助）
（明石の姫君の）入内の儀式は、人目を驚かすほどのことはしたくないと遠慮なさるが、

おのづから（副）　世　の（格助）　常　の（格助）　さま　に（助動・断・用）　ぞ（係助（係））　あら（ラ変・未）　ぬ（助動・打・体（結））　や。（間助）　限り　も（係助）　なく（ク・用）　かしづき（四・用）　据ゑ（下二・用）
自然と世間並みの規模とはいかないことであるよ。（紫の上が明石の姫君を）このうえもなく大切に

奉り（補謙・四・用）　給ひ（補尊・四・用）　て、（接助）　上　は、（係助）　まことに（副）　あはれに（ナリ・用）　うつくし（シク・終）　と（格助）　思ひ（四・用）　聞こえ（補謙・下二・用）　給ふ（補尊・四・体）　に（格助）　つけ（下二・用）　て（接助）　も、（係助）
お世話申し上げなさって、紫の上は、（明石の姫君を）心からいとしくかわいいとお思い申し上げなさるにつけても、

人　に（格助）　譲る（四・終）　まじう、（助動・打意・用（音））　まことに（副）　かかる（連）　こと　も（係助）　あら（ラ変・未）　ましか（助動・反仮・未）　ば（接助）　と（格助）　おぼす。（四・終）　大臣　も（係助）　宰相の君
誰にも渡したくなく、本当にこのように実の娘が入内することがあったら（いいだろうに）とお思いになる。大臣（＝源氏）も源氏の息子の

係助 副 (代) 格助 格助 係助(係) 四・未 助動・打・体 終助 格助 四・用 助動・過・体(結) 四・用 接助
も、ただ こ の こと 一つ を なむ、飽か ぬ こと かな と おぼし ける。三日 過ごし て
宰相の君(＝夕霧)も、ただこのこと一つだけを、不満なことだなあとお思いになった。(結婚の儀式を)三日間

係助(係) 係助 下二・未 助動・尊・用 補尊・四・体(結)
ぞ、上 は まかで させ 給ふ。
過ごして、紫の上は宮中をご退出なさる。

四・用 接助 四・用 補尊・四・体 ラ変・終 副 上二・用 補尊・四・体 格助 係助 格助
たちかはり て 参り 給ふ 夜、御対面 あり。「かく おとなび 給ふ けぢめ に なむ、年月 の
(紫の上と)入れ替わりに(明石の君が)参内なさる夜、ご対面がある。(紫の上は)「このように姫君が大人らしくおなりになった変化の様子によって、

係助 四・未 助動・自・用 補丁・ラ変・已 接助 シク・体 係助 四・終 助動・打推・用 係助 格助 シク・用(音)
ほど も 知ら れ 侍れ ば、うとうとしき 隔て は 残る まじく や。」と、なつかしう
(姫君をお育てした)年月のほども知られますから、よそよそしい隔ては残らないでしょうね。」と、親しげに

四・用 接助 副助 サ変・用 補尊・四・終 (代) 係助 下二・用 助動・完・体 助動・断・体(音) 助動・定・終 副助
のたまひ て、物語 など し 給ふ。これ も うちとけ ぬる 初め な めり。もの など
おっしゃって、お話などなさる。明石の君のほうも(紫の上と)親しくなった最初の出会いであるようだ。(明石の君が)ものを

四・用 助動・存・体 副助 副 係助 係助 格助 シク・用(音) 上一・用 補尊・四・終 接 副 ク・用(音)
うち言ひ たる けはひ など、むべ こそ は と、めざましう 見 給ふ。また、いと 気高う、
ちょっと言っている様子などを(紫の上は見て)、(源氏が明石の君を重んじるのも)当然だと、目をみはるばかりにすばらしいと御覧になる。また、(明石の

ナリ・体 格助 副 ク・終 格助 上一・用 接助 副 格助 格助 係助 下二・用 助動・存・体
盛りなる 御けしき を、かたみに めでたし と 見 て、そこら の 御中 に も、すぐれ たる
君のほうでも、紫の上を)たいそう気品があり、女盛りのご様子を、こちらはこちらでご立派なことだと見て、たくさんの女性たちの中でも、誰にも勝っている

助動・断・用 接助 ク・体 格助 四・用 補尊・四・用 助動・過・体 係助 副 ナリ(語幹) 格助 四・未
御心ざし に て、並びなき さま に 定まり 給ひ ける も、いと ことわり と 思ひ知ら
御寵愛であって、並ぶ者のない地位におさまりなさったのも、まことにもっともなことと納得する気持ち

助動・自・体 接助 副 副助 四・用 補謙・下二・体 ナリ・終 係助 格助 四・体 接助 下二・用 補尊・四・体
るる に、かう まで 立ち並び 聞こゆる 契り、おろかなり やは と 思ふ ものから、出で 給ふ 儀式
になるが、(紫の上と)このように対等な立場にお立ち申し上げる自分の運命も、いいかげんなものではないと思うものの、(紫の上が宮中から)退出

格助　副　副　シク・用　副助　四・未　助動・受・用　補尊・四・用　接助　格助　格助　ナリ・未
の　いと　ことに　よそほしく、御輦車　など　許さ　れ　給ひ　て、女御　の　御ありさま　に　ことなら
なさる儀式がまことに格別に重々しく華麗で、御輦車などを許されなさって、女御の（ご退出の）ご様子と変わるところがないのを、

助動・打・体　格助　下二・体　接助　ナリ・体　格助　助動・断・終
ぬ　を、思ひ比ぶる　に、さすがなる　身　の　ほど　なり。
（自分と）思い比べると、やはり劣っている自分の身の上である。

語句の解説 1

教717 170ページ　教719 154ページ　※教719の行数は（　）内。

5(6) **おぼしつつめど**　遠慮なさるが。「おぼしつつむ」は漢字で表記すると「思《おぼ》し慎《つつ》む」。「遠慮する、控える」の意の「思ひ慎む」の尊敬語。

6(7) **かしづき据《す》ゑ《エ》奉《たてまつ》り給《たま》ひ《イ》て**　（紫の上が明石の姫君を）大切にお世話申し上げなさって。「かしづく」は「大切に養い育てる」意。「据ゑ」は動詞「据う」の連用形。

7(8) **人《ひと》に譲《ゆず》るまじう《ジュウ》**　東宮の女御として姫君が入内する場面だが、東宮に渡したくないと言っているわけではない。娘（実母は明石の君。紫の上の養女として育てられた）に対する親としての気持ちを言ったもの。

8(9) **まことにかかることもあらましかば**　本当にこのように実の娘が入内することがあったらいいだろうに。「ましかば…まし」の文で、「もし…だったら…だろう」という反実仮想の形。ここの「…まし」は省略されている。「よからまし」「うれしからまし」などが考えられる。

8(9) **このこと一《ひと》つ**　「このこと」とは、紫の上に子供がいないことをさす。

9(10) **まかでさせ給《たま》ふ《ウ》**　ご退出なさる。「さす」（尊敬の助動詞）＋「給ふ」と敬語を重ねた最高敬語。入内する姫君の養母である紫の上に対して最高敬語を用いたもの。

11(12) **かくおとなび給《たま》ふ《ウ》けぢ《ジ》めにな む《ン》、年月《としつき》のほども知《し》られ侍《はべ》れば**　ここは紫の上の言葉。姫君の成長を通し、紫の上と明石の君との縁が長きにわたっていることを言っている。

12(13) **うとうとしき隔《へだ》て**　よそよそしい隔て。「うとうとし」は「疎疎《うとうと》し」で、「よそよそしい、親しくない」の意。

13(14) **これもうちとけぬる初《はじ》めな《ナン》めり**　明石の君のほうも（紫の上と）親しくなった最初の出会いであるようだ。「これ」は明石の君をさす。「うちとく」は「隔てがなくなる、親しくなる」。「なめり」は、「なるめり」が「なんめり→なめり」となり、撥《はつ》音便の「ん」が表記されなくなった形。

13(14) **ものなどうち言《い》ひ《イ》たるけは《ワ》ひ《イ》**　これは、明石の君の話し方や言葉などについて言ったもの。

教717 170ページ　教719 155ページ

14(1) **めざましう《シュウ》**　目をみはるばかりにすばらしい。

「めざまし」は、意外に思うときに使う。

教717 171ページ　教719 155ページ

1 (2) かたみにめでたしと見《み》て　こちらはこちらで（明石の君のほうでも、紫の上を）ご立派なことだと見て。

3 (4) おろかなりやはと　「やは」は反語で「いいかげんなものだろうか（いや、いいかげんなものではない）。」という意味。

【大　意】2　教717 171ページ6行〜172ページ8行　教719 155ページ7行〜156ページ9行

明石の君は、姫君を見るにつけ、はればれしくうれしく思い、住吉《すみよし》の神に感謝する。宮中で大切に姫君をお世話する。また、お仕えする女房たちもよく仕込んでいる。紫の上も時々参内するが、明石の君は、紫の上に対してうちとけて接している。

【品詞分解／現代語訳】

いと（副） うつくしげに（ナリ・用）、雛 の（格助） やうなる（助動・比・体） 御ありさま を（格助）、夢 の（格助） 心地 し（サ変・用） て（接助） 見（上一・用） 奉る（補謙・四・体） に（格助） も（係助）、涙

とてもかわいらしく、雛人形のような（姫君の）ご様子を、（明石の君は）夢を見るような思いで見申し上げるにつけても、涙

のみ（副助） とどまら（四・未） ぬ（助動・打・体） は（係助）、[1] 一つもの と（格助） ぞ（係助（係）） 見え（下二・未） ざり（助動・打・用） ける（助動・詠・体（結））。 年ごろ よろづに（副） 嘆き沈み（四・用）、

がとめどなく流れるばかりであるのは、（悲しいときに流す涙と）同じ涙だとは思えないのだった。長い年月、何かにつけ悲しみに沈んで、

さまざま（副） 憂き（ク・体） 身 と（格助） 思ひ屈し（サ変・用） つる（助動・完・体） 命 も（係助） 延べ（下二・未） まほしう（助動・願・用（音））、はればれしき（シク・体） に（格助） つけ（下二・用） て（接助）、まことに（副）

あれこれつらい身の上だと悲観して（死んでしまいたいとして）いた命も（今は）延ばしたいと思うほど、晴れやかな気持ちになるにつけても、本当に

住吉の神 も（係助） おろかなら（ナリ・未） ず（助動・打・用） 思ひ知ら（四・未） る（助動・自・終）。

住吉の神の霊験もあらたかだと自然と思い知られる。

思ふさまに（ナリ・用） かしづき（四・用） 聞こえ（補謙・下二・用） て（接助）、心 及ば（四・未） ぬ（助動・打・体） こと、はた（副）、をさをさ（副） なき（ク・体） 人 の（格助） らうらうじさ

思う存分に大切にお世話申し上げて、行き届かないことは、これもまた、少しもない明石の君の利発さなので、

なれ（助動・断・已） ば（接助）、おほかた の（格助） 寄せ・おぼえ より（格助） はじめ（下二・用）、なべて（副） なら（助動・断・未） ぬ（助動・打・体） 御ありさま・かたち

周囲の人々の（姫君に対する）人望や評判をはじめとして、並々ならぬ（姫君の）お姿・ご容貌であるから、

助動・断・体 接助 係助 ク・体 格助 副 ナリ・用 四・用 補謙・下二・用 補尊・四・已 助動・存・終 四・用 補尊・四・已
なる に、宮 も、若き 御心地 に、いと 心ことに 思ひ 聞こえ 給へ り。いどみ 給へ
東宮も、まだお若いこととて、(姫君に)たいそう格別に心を寄せ申し上げていらっしゃる。(この姫君と)競い合っ

助動・存・体 格助 副助 係助 (代) 格助 格助 副 四・用 補尊・四・体 格助 格助 四・用 副助
る 御方々 の 人 など は、この 母君 の かくて 候ひ 給ふ を、瑕 に 言ひなし など
ていらっしゃる方々のお付きの女房などは、この(身分の低い、実の)母君がこのように姫君に付き添っていらっしゃることを、欠点として言いたてなど

サ変・已 接助 (代) 格助 四・未 助動・受・終 助動・当・用 係助 ラ変・未 助動・打・終 シク・用(音) ク・体 格助 係助
すれ ど、それ に 消た る べく も あら ず。いまめかしう、並びなき こと を ば
するけれども、そんなことに(姫君の評判を)消されるはずもない。現代風で、比類ないことは

副 係助 四・未 助動・打・用 ク・用 ラ変・体 格助 ク・体 格助 下二・用 接助 係助
さらに も 言は ず、心にくく よし ある 御けはひ を、はかなき こと に つけ て も、
言うまでもなく、奥ゆかしく優雅さのある(姫君の)ご様子を、ちょっとしたことにつけても、

シク・用(音) 四・用 補謙・下二・用 補尊・四・已 助動・存・已 接助 副助 係助 シク・体 格助
あらまほしう もてなし 聞こえ 給へ れ ば、殿上人 など も、めづらしき いどみどころ にて、
(明石の君が姫君を)申し分なくお世話申し上げなさるので、殿上人なども、めったにない風流の才を競う場として(考えて

ナリ・用 四・体 係助 格助 下二・用 助動・存・体 格助 副助 シク・用 四・用
とりどりに 候ふ 人々 も、心 を かけ たる 女房 の 用意・ありさま さへ、いみじく ととのへなし
いるので)、その場に思い思いに伺候している女房たちも、(殿上人が)心を寄せている女房の心構えや態度までも、(明石の君は)たいそうよく仕込ん

補尊・四・已 助動・存・終
給へ り。
でいらっしゃる。

係助 (連語) 格助 係助 四・用 補尊・四・終 シク・用(音) 四・体 接助 接
上 も、さるべき 折ふし に は 参り 給ふ。 2 御仲らひ あらまほしう うちとけゆく に、さりとて
紫の上も、何かの折ふしには参内なさる。(紫の上と明石の君との)間柄も申し分なくうちとけてゆくけれども、だからといって

上二・用 下二・未 助動・打・用 シク・体 助動・当・体 副 副 ク・用 シク・用 シク・体
さし過ぎ もの慣れ ず、侮らはしかる べき もてなし、はた、つゆ なく、あやしく あらまほしき 人
(明石の君は)出過ぎたり慣れ慣れしい態度をとったりせず、軽く見られるはずの態度も、また、まるでなく、不思議なほど理想的な人柄であり

の（格助） ありさま・心ばへ なり（助動・断・終）。
心づかいである。

語句の解説 2

教717 171ページ　教719 155ページ

1 「一つものとぞ見えざりける。」とは、どのような心情か。

答 今、うれしさのために出る涙を思うと、古歌にいうように、うれしいときの涙もつらいときの涙も同じ一つの涙、とは思われない、という心情。

8(9) **憂《う》き身《み》と思《おも》ひ《イ》屈《く》しつる命《いのち》も延《の》べまほしう《シュウ》**　つらい身の上だと悲観して(死んでしまいたいとして)いた命も(今は)延ばしたい。「まほしう」は願望の助動詞「まほし」の連用形「まほしく」のウ音便。

11(13) **心《こころ》及《およ》ばぬこと、はた、を《オ》さを《オ》さなき人《ひと》のらう《ロウ》らう《ロウ》じさなれば**　「をさをさ」は副詞で、打消の語を伴って「少しも…ない」の意を表す。「らうらうじさ」は、形容詞「らうらうじ」が名詞化した語。才気にあふれ、上品に洗練された様子をいう。

14(16) **宮《みや》も、若《わか》き御心地《おんここち》に、いと心《こころ》ことに**　「宮」は東宮(皇太子)のこと。「心ことに」は、形容動詞「心ことなり」の連用形で、他と比べてきわだっている様子を表す。

教717 172ページ　教719 156ページ

1(2) **消《け》たるべくもあらず**　「消た」は、タ行四段活用の動詞「消《け》つ」の未然形。「る」は受身の助動詞「る」の終止形。「べく」は当然の助動詞「べし」の連用形。「消されることが当然だ」を、「もあらず」で打ち消している。

1(3) **いまめかしう《シュウ》、並《なら》びなきことをばさらにも言《い》は《ワ》ず**　現代風で、比類ないことは言うまでもなく。「いまめかし」は、「現代風だ、当世風だ」の意。「さらにも言はず」で、一続きの慣用表現。ほかにも「言うまでもない」の意味の慣用表現は、「言ふに足らず」「言ふべきにもあらず」「言へばさらなり」などがある。

2(3) **心《こころ》にくくよしある御《おおん》けはひ《ワイ》**　「心にくし」は「奥ゆかしい」、「よし」は名詞で、ここでは「優雅さ、上品さ」の意。

5(6) **ととのへ《エ》なし給《たま》へ《エ》り**　仕込んでいらっしゃる。「ととのふ」(整ふ・調ふ)は、きちんと備えることをいう。それに「なす」がついて一語の動詞になっている。ここは「女房の用意・ありさま」についていう。

2 誰と誰との「御仲らひ」か。

答 紫の上と明石の君。

7(8) **侮《あなず》らは《ワ》しかるべきもてなし**　軽く見られるはずの態度。「侮らはし」は、動詞「侮る」(軽蔑する、軽く見る)からの派生語。

【大意】3 教717 172ページ9行～173ページ2行 教719 156ページ10行～157ページ3行

姫君の入内、夕霧《ゆうぎり》の結婚を見届けた源氏《げんじ》は、出家の念願を果たしたい気持ちになる。紫の上をはじめ、どの女性も将来の見通しがついてきたとの思いもある。明ける年には、源氏は四十歳を迎える。

【品詞分解／現代語訳】

係助／ク・未／助動・打・用／副助／四・未／助動・自・体／格助／(代)／格助／格助／四・用／助動・完・体
大臣 も、長から ず のみ おぼさ るる 御世 の こなた に と おぼし つる 御参り、かひ
大臣(＝源氏)も、いつまでも長く生きているわけではないとお思いにならずにはいられないこの世で、ご存命のうちにとお思いだった(姫君の)ご入内も、

ラ変・体／格助／上一・用／補謙・四・用／四・用／補尊・四・用／接助／格助／助動・断・已／接助／格助／四・用／助動・存・体／助動・状・用／接助
ある さま に 見 奉り なし 給ひ て、心 から なれ ど、世 に 浮き たる やうに て
立派に見届け申し上げなさって、夕霧が自分から望んだことではあるが、身の固まらぬありさまで

シク・用／助動・完・体／係助／ク・用／ク・体／格助／四・用／補尊・四・用／助動・完・已／接助
見苦しかり つる 宰相の君 も、思ひ なく めやすき さま に 静まり 給ひ ぬれ ば、御心
世間体の悪かった宰相の君(＝夕霧)も、心配なく見苦しくない様子に(結婚生活が)落ち着きなさったので、(源氏も)すっかり

下二・用／補尊・四・用／接助／係助／係助／下二・用／助動・強・未／助動・意・終／格助／四・終／格助
落ちゐ果て 給ひ て、今 は 本意 も 遂げ な む と おぼしなる。対の上 の 御ありさま
安心なさって、今こそは念願の出家を遂げたいものとお思いになる。対の上(＝紫の上)のお身の上が

格助／ク・体／格助／係助／四・已／接助／ナリ・未／助動・打・体／助動・断・終／(代)／格助／格助
の 見捨てがたき に も、中宮 おはしませ ば、おろかなら ぬ 御心寄せ なり。こ の 御方 に
見捨てがたく思うにつけても、中宮(＝秋好中宮)がいらっしゃるのだから、これが並々ならぬお味方である。このお方(＝明石の姫君)に

係助／格助／四・未／助動・受・用／助動・存・体／格助／係助／副／四・用／補謙・下二・用／補尊・四・終／助動・推・已／接助／副／格助
も、世 に 知ら れ たる 親ざま に は、まづ 思ひ 聞こえ 給ふ べけれ ば、さりとも と
おかれても、世に知られている表向きの親には、(紫の上を)まず第一に大切にお思い申し上げなさるであろうから、自分が出家したとしても

四・用／助動・過・終／格助／格助／四・用／補尊・四・終／助動・打推・体／係助／格助／サ変・用／補尊・四・已
おぼし譲り けり。夏の御方 の、時々 に はなやぎ 給ふ まじき も、宰相 の ものし 給へ
(心配はないだろう)とお任せする気持ちになった。夏の御方(＝花散里)は、何かにつけてはなやかになさることはないだろうけれども、これも宰相(＝夕霧)が

接助	格助	副		ナリ・用
ば、	と、	みな	とりどりに	うしろめたから

おいでだから、（安心だ）と、どの女性たちもそれぞれに（その将来は）心配ないというお気持ちになっていらっしゃる。

下二未	助動・婉・体		格助	ク・未
明け	む	年、	四十に	なり

明ける年は、

助動・打用			
ず	おぼしなりゆく。	四・終

格助	補尊・四・終
給ふ。	御賀

（源氏は）四十歳におなりになる。その祝賀の宴のことを、

格助		格助	
の	こと	を、	おほやけ

格助	下二・用	補謙・四・用	接助
より	はじめ	奉り	て、

帝（＝冷泉帝）をはじめとし申し上げて、

（藤裏葉）

語句の解説 3

教717 172ページ　教719 156ページ

9（10）御世のこなたにとおぼしつる御参り、かひあるさまに見奉り
なし給ひて 「こなた」の時間的な用法は、過去に対しての現在
だが、ここは「存命中に」の意味。「御参り」は明石の姫君の入
内。「かひ」は「値打ち、効果」の意で「かひあり」で用いられ
る。

11（12）思ひなくめやすきさまに 心配なく見苦しくない様子に。
「思ひ」には「思うこと」以外に「心配」の意味もある。「めやす
し」（目安し）は、「見苦しくない、無難だ」の意味。

14（15）世に知られたる親ざまには、まづ思ひ聞こえ給ふべければ
世に知られている表向きの親には、（紫の上を）まず第一に大切
にお思い申し上げなさるであろうから。

答

3

「世に知られたる親ざま」は「対の上＝紫の上」のこと。
「さりとも」の下には、どのような気持ちがこめられている
か。

「さりとも」は、「自分が出家したとしても」の意味。
（「さりとも」は、「その将来は」心配ない。）
心配はないだろうという気持ち。

教717 172ページ　教719 157ページ

16（1）うしろめたからず（その将来は）心配ない。
反意語は「うしろめたし」（後ろめたし）。
「うしろめたし」は、「気がかりだ、心配だ」の意。
「うしろやすし」（後ろ安し）。

	ナリ・体		格助		
	大きなる	世	の	いそぎ	なり。

世をあげてたいへんな準備である。

学習の手引き

一

第二段落に紫の上と明石の君との「対面」が描かれている。
この場面で、二人はおのおの、相手のことをどのように評価
しているか、まとめてみよう。

解答例　〔紫の上から見た明石の君〕

明石の君の話す様子などを見て、目をみはるばかりにすばらしい
と思う。源氏の君が彼女を大事にするのももっともだと感じ入って
いる。

〔明石の君〕

〔明石の君から見た紫の上〕

気品があって、女盛りのすばらしい方と見ている。源氏の君から第一に愛されるのも当然だと納得する。そのような紫の上と肩を並べる自分の運命もいいかげんなものではないと思うが、紫の上が退出なさる様子や紫の上が受けている待遇を見て、自分とは比べることもできない方だと思う。

二　明石の君のすぐれた人柄を、第四・五段落（717 一七一・11～一七二・5 719 一五五・13～一五六・6）の記述から整理しよう。

解答例　・「思ふさまにかしづき聞こえて、心及ばぬこと、はた、をさをさなき人のらうらうじさ」717 一七一・11 719 一五五・13→思う存分大切にお世話をして、行き届かないことは少しもない賢明さを持つ人柄。

・「いまめかしう、並びなきことをばさらにも言はず、心にくくよしある御けはひを、はかなきことにつけても、あらまほしうもてなし聞こえ給へれば」717 一七二・1 719 一五六・3→ちょっとしたことにも、明石の姫君を盛り立てる配慮のできる人柄。

・「とりどりに候ふ人々も、心をかけたる女房の用意・ありさまさへ、いみじくととのへなし給へり。」717 一七二・4 719 一五六・5→お付きの女房たちの心構えや態度についても教育し、指導することのできる人柄。

・「さし過ぎもの慣れず、侮らはしかるべきもてなし、はた、つゆなく」717 一七二・7 719 一五六・8→紫の上に対して、心を開いてうちとけながらも慣れ慣れしくならず、かといって軽く見られるような態度もとらない慎み深い人柄。

三　「今は本意《ほい》も遂げなむ」（717 一七二・12 719 一五六・13）とあるが、源氏が出家の意を強くしたのはなぜか。本文中から読み取れる、源氏を取り巻く周囲の状況を整理したうえで、説明してみよう。

解答例　・明石の姫君が入内したこと。

・宰相の君（夕霧）が結婚生活に入ったこと。

・紫の上には、冷泉帝の后の秋好《あきこのむ》中宮（源氏の養女）と明石の姫君がいて、紫の上を母として大切にするであろうこと。

・夏の御方（花散里《はなちるさと》）も夕霧の養母であり、安心できること。

・明石の君は、実の子の明石の姫君のおそばにいて周囲からも評価されていること。

言葉の手引き

一　次の古語の意味を調べよう。

1かしづき据う 717 一七〇・6 719 一五四・7　2飽く 717 一七〇・9 719 一五四・10
3うとうとし 717 一七〇・12 719 一五四・13　4契り 717 一七一・3 719 一五五・4
5おろかなり 717 一七一・3 719 一五五・4　6寄せ 717 一七一・13 719 一五五・15
7おぼえ 717 一七一・13 719 一五五・15　8あらまほし 717 一七二・3 719 一五六・4
9もてなす 717 一七二・3 719 一五六・4　10心ばへ 717 一七二・8 719 一五六・9
11うしろめたし 717 一七二・16 719 一五七・1
12いそぎ 717 一七三・2 719 一五七・3

解答例　1　大切に世話をする。　2　満足する
3　よそよそしい　4　前世からの約束。宿縁。
5　並ひととおりだ　6　人望。人が心を寄せること。

7　評判　8　理想的だ。申し分ない。
9　世話をする。　10　心づかい。気立て。
11　気がかりだ。心配だ。　12　準備

二　本文中から、二方面に対する敬語が用いられている箇所をすべて指摘し、それぞれ敬語の種類と敬意の方向を説明してみよう。

解答例
・「据ゑ奉り給ひて」717 一七〇・6 719 一五四・7…「奉り」は謙譲で、作者から明石の姫君に対する敬意。「給ひ」は尊敬で、作者から紫の上に対する敬意。
・「思ひ聞こえ給ふに」717 一七〇・7 719 一五四・8…「聞こえ」は謙譲で、作者から明石の姫君に対する敬意。「給ふ」は尊敬で、作者から紫の上に対する敬意。
・「まかでさせ給ふ」717 一七〇・9 719 一五四・10…「まかで」は謙譲で、作者から明石の姫君に対する敬意。「させ」「給ふ」は尊敬で、作者から紫の上に対する敬意。
・「参り給ふ」717 一七〇・11 719 一五四・12…「参り」は謙譲で、作者から明石の姫君に対する敬意。「給ふ」は尊敬で、作者から明石の君に対する敬意。
・「思ひ聞こえ給へり」717 一七一・15 719 一五六・1…「聞こえ」は謙譲で、作者から明石の姫君に対する敬意。「給へ」は尊敬で、作者から東宮に対する敬意。
・「候ひ給ふを」717 一七二・1 719 一五六・2…「候ひ」は謙譲で、作者から明石の姫君に対する敬意。「給ふ」は尊敬で、作者から明石の君に対する敬意。
・「もてなし聞こえ給へれば」717 一七二・3 719 一五六・4…「聞こえ」は謙譲で、作者から明石の姫君に対する敬意。「給へ」は尊敬で、作者から明石の君に対する敬意。
・「参り給ふ」717 一七二・6 719 一五六・7…「参り」は謙譲で、作者から明石の姫君に対する敬意。「給ふ」は尊敬で、作者から紫の上に対する敬意。
・「見奉りなし給ひて」717 一七二・10 719 一五六・11…「奉り」は謙譲で、作者から明石の姫君に対する敬意。「給ひ」は尊敬で、作者から源氏に対する敬意。
・「思ひ聞こえ給ふべければ」717 一七二・14 719 一五六・15…「聞こえ」は謙譲で、作者から紫の上に対する敬意。「給ふ」は尊敬で、作者から明石の姫君に対する敬意。

女三の宮の降嫁

【大　意】　1　教717 174ページ6行～175ページ11行　教719 158ページ6行～159ページ11行

結婚後三日間、源氏《げんじ》は毎夜女三《おんなさん》の宮《みや》のもとに通っていく。三日目の夜、紫の上の寂しそうな様子を見て、源氏は女三の宮との結婚を後悔する。紫の上に、慰めの言葉をかけたり、変わらない心を誓う歌を書いたりして、出かけるのをためらう源氏を、紫の上はせき立てるようにするが、見送る紫の上の心の中は平穏ではなかった。

【品詞分解／現代語訳】

格助　係助　ク・用　四・用　補尊・四・体　接助　副　係助　四・用　補尊・四・未　助動・打・体
三日 が ほど は、 夜離れ なく 渡り 給ふ を、 年ごろ さ も ならひ 給は ぬ 心地
（婚儀の）三日間は、（源氏が女三の宮のもとに）毎夜お行きになるので、長年そうしたことにはお慣れでない（紫の上の）気持ちとしては、

格助　上二・已　接助　副　ナリ・終　副助　副　下二・未　助動・使・用　補尊・四・体　接助
に、 忍ぶれ ど なほ ものあはれなり。 御衣ども など、 いよいよ 薫きしめ させ 給ふ ものから、
我慢するけれどもやはり何となくしみじみと寂しい。光源氏のお召し物などに、（紫の上が女房たちに命じて）いっそう香を薫きしめさせなさるけれども、

下二・用　接助　サ変・用　補尊・四・体　シク・用　ナリ・用　シク・終　副　格助　ラ変・終
うちながめ て ものし 給ふ けしき、 いみじく らうたげに をかし。「などて、 よろづ の こと あり
もの思いに沈んでいらっしゃる（紫の上の）様子は、たいそうかわいらしく美しい。（源氏は）「どうして、いろいろな事情はあるとしても、

接助　副　格助　係助（濁音）　下二・用　接助　上一・終　助動・当・体　終助　シク・用　ク・用　四・用　助動・完・用
とも、 また 人 を ば 並べ て 見る べき ぞ。 あだあだしく、 心弱く なりおき に
他の女性を紫の上と並べて迎えなければならなかったのか。浮気っぽく、心弱くかねてからなっていた

助動・詠・体　（代）　格助　格助　ラ変・体　係助　カ変・体　終助　終助　ク・已　接助　格助　係助（濁音）　副
ける わ が 怠り に、 かかる こと も 出で来る ぞ かし。 若けれ ど、 中納言 を ば え
自分の過ちで、このようなことも出て来るのだよ。若いけれど、（朱雀院は）中納言（＝夕霧）を女三の宮の

下二・未　助動・打・用　四・用　助動・完・終　助動・婉・用　助動・過・体　間助　格助　（代）　ク・用　下二・未　助動・自・体
おぼしかけ ず なり ぬ めり し を。」 と、 我ながら つらく おぼし続け らるる
婿にとお考えに入れずじまいだったようだよ。」と、我ながら情けなくお思い続けなさるので、

接助　四・未　助動・自・用　接助　副助　係助　1ナリ（語幹）　格助　四・用　補尊・四・用　助動・強・未　助動・適・終　終助　（代）
に、 涙ぐま れ て、「今宵 ばかり は ことわり と 許し 給ひ て む な。 これ
つい涙ぐんで、「（三日目の）今夜だけは（女三の宮のもとへ向かうのも）もっともなこと（でやむを得ない）とお許しになってくださいな。これ

格助　格助　ラ変・未　助動・仮・体　係助（係）　接助　係助　ク・体　助動・推・已（結）　接
より のち の とだえ あら む こそ、 身 ながら も 心づきなかる べけれ。 また
から後に（あなたから）離れるようなことがあるなら、自分ながらも愛想が尽きるだろう。また

さりとて、かの院に聞こしめさむことよ。」と、思ひ乱れ給へる御心のうち
接 （代） 格助 格助 四・未 助動・婉・体 間助 格助 下二・用 補尊・四・已 助動・存・体 格助
そうかといって、（女三の宮をいいかげんに扱ったら）朱雀院におかせられてはお聞きになること（が気がかりだ）よ。」と、思い乱れなさっている源氏の御心の中

苦しげなり。少しほほゑみて、「みづからの御心ながらだに、え定め給ふまじか
ナリ・終 副 四・用 接助 （代） 格助 接助 副助 副 下二・用 補尊・四・終 助動・打推・体（音）
は苦しそうである。（紫の上は）少しほほえんで、「自分のお心のままでさえ、お決めになることができそうもないようなのに、

なるを、ましてことわりも何も。いづこにとまるべきにか。」と、
助動・定・体 接助 副 係助 係助 （代） 格助 四・終 助動・推・体 助動・断・用 係助 格助
まして（私は、今おっしゃった）道理も何も（わかりません）。どこに落ち着くのでしょうか。」と、

言ふかひなげにとりなし給へば、恥づかしうさへおぼえ給ひて、頰杖をつき
ナリ・用 四・用 補尊・四・已 接助 シク・用（音） 副助 下二・用 補尊・四・用 接助 格助 四・用
言うかいもなさそうに扱いなさるので、（源氏は）恥ずかしいとまで思われなさって、頰杖をおつきになって

給ひて寄り臥し給へれば、硯を引き寄せて、
補尊・四・用 接助 四・用 補尊・四・已 助動・存・已 接助 格助 下二・用 接助
物に寄りかかって横になっていらっしゃるので、（紫の上は）硯を引き寄せて、

目に近く移ればかはる世の中を行く末遠く頼みけるかな
格助 ク・用 四・已 接助 四・体 格助 ク・用 四・用 助動・詠・体 終助
すぐ目の前で変われば変わるあなたとの仲を、（私は）将来、はるか遠くまであてにしていたことですね。

古言など書きまぜ給ふを、取りて見給ひて、はかなき言なれど、げにと、
副助 下二・用 補尊・四・体 格助 四・用 接助 上一・用 補尊・四・用 接助 ク・体 助動・断・已 接助 副 格助
古い歌などを書きまぜていらっしゃるのを、（源氏は）取ってご覧になって、なんでもない歌であるけれど、本当に（その通りだ）と、

ことわりにて、
ナリ・用 接助
もっともなことだと思って、

命こそ絶ゆとも絶えめ定めなき世の常ならぬ中の契りを
係助（係） 下二・終 格助 係助 下二・未 助動・推・已（結） ク・体 格助 助動・断・未 助動・打・体 格助 間助
命というものは絶えるときは絶えてしまうのだろうが、不定の世の常とは異なる（変わらない）私たちの仲なのですよ。

ナリ・用	係助	副	四・用	補尊・四・未	助動・打・体	格助	副	2 ク・体		終助	格助	四・用
とみに	も	え	渡り	給は	ぬ	を、	「いと	かたはらいたき	わざ	かな。」	と	そそのかし

（源氏は女三の宮のもとに）すぐにもお出かけになれないのを、「たいそうはらはらすることですね。」と（紫の上は）せき立て申し上げなさるので、

補謙・下二・用	補尊・四・已	接助	ナリ・用	ク・体		格助	（連語）	四・用	接助	四・用	補尊・四・体	格助
聞こえ	給へ	ば、	なよよかに	をかしき	ほど	に、	えならず	にほひ	て	渡り	給ふ	を、

（糊がとれて）しなやかで美しい衣服で、何とも言いようがないほどすばらしく香が漂ってお出かけになるのを、

四・用	補尊・四・体	係助	副	ナリ・用	係助	ラ変・未	助動・打・終	終助
見出だし	給ふ	も、	いと	ただに	は	あら	ず	かし。

（紫の上は）お見送りになるのも、たいそう心穏やかではないよ。

語句の解説 1

教717 174ページ　教719 158ページ

6 **さもならひ《イ》給《たまワ》はぬ心地《ここち》に**　「さ」は、源氏が、夜、紫の上のそばにいないこと。

10 **かかること**　女三の宮と結婚して六条院に女三の宮を迎えること。

1 「ことわりと」というのはなぜか。

答 新婚三日間は、新妻のもとに通い続けるという習わしがあったから。

12 **許《ゆる》し給《たま》ひ《イ》てむ《ン》な**　「て」は強意の「つ」の未然形、「む」は適当の助動詞で、「…のがよい」などの意。「な」は念押しの終助詞。

14 **かの院《いん》に聞《き》こしめさむ《ン》ことよ**　朱雀院におかせられてはお聞きになること（が気がかりだ）よ。

ここの「に」は、尊敬すべき主体を表す格助詞。

教717 175ページ　教719 159ページ

1 **まじか《カン》なるを**　「まじか」は打消推量の「まじ」の連体形「まじかる」の撥《はつ》音便「まじかん」の撥音無表記。

1 **まして ことわりも何《なに》も**　「だに」と呼応している。源氏自身の心でさえも、自分の思いを持て余しているのに、まして、紫の上は「ことわり」と言われても、どう自分の心を制御すればよいかわからないという、紫の上の思いを述べている。

6 **はかなき言《こと》なれど**　なんでもない（古い）歌であるけれど。この「言」は、「古言」すなわち古い歌のこと。

2 「かたはらいたきわざ」とはどういう意味か。

答 女三の宮のもとになかなか行こうとしない源氏の態度が、そばで見ていてはらはらするという意味。

9 **そそのかし聞《き》こえ給《たまエ》へば**　「そそのかす」は、「せき立てる」の意。

10 **えならず**　なんとも言いようがないほどすばらしい。副詞「え」＋四段活用動詞「なる」の未然形＋打消の助動詞「ず」の形。

10 **見出《みい》だし給《たまウ》ふも**　「見出だす」は、家の中から外を見ること。反対語は「見入る」。

【大意】 2 教717 175ページ12行〜176ページ6行 教719 159ページ12行〜160ページ6行

長年、光源氏が他の女性に心を移すのではないかと、紫の上は気がかりに過ごしたが、最近ようやく夫婦関係が落ち着いたと思っていた矢先に、女三の宮の降嫁が決まり、これからは源氏との関係も今まで通りにはいかないと、紫の上は心を乱しながらも、表面はさりげなく過ごしている。女房たちの嘆きにも動じることなく振る舞う。

【品詞分解／現代語訳】

年ごろ、さ も や あら む と 思ひ し ことども も、今 は と のみ

副／係助／係助(係)／ラ変・未／助動・推・体(結)／格助／四・用／助動・過・体／係助／係助／格助／副助

長年、光源氏が他の女性に心を移すのではないかと思っていたことなども、今となってはとばかりに

もて離れ 給ひ つつ、さらば かく に こそ は と、うちとけゆく 末 に、ありありて、かく

下二・用／補尊・四・用／接助／接／副／助動・断・用／係助／係助／格助／四・体／格助／(連語)／副

恋愛から距離をおとり続けなさっていて、それならば私たちはこのまま大丈夫であろうと、安心しきっていたその末に、結局、このように

世 の 聞き耳 も なのめなら ぬ こと の 出で来 ぬる よ、思ひ定む べき 世 の ありさま

格助／係助／ナリ・未／助動・打・体／格助／カ変・用／助動・完・体／間助／下二・終／助動・当・体／格助

世間の外聞が並ひととおりでないことが出て来たことよ、大丈夫と思い決めていられる夫婦の間柄

に も あら ざり けれ ば、今 より のち も うしろめたく ぞ、おぼしなり ぬる。

助動・断・用／係助／ラ変・未／助動・打・用／助動・詠・已／接助／格助／係助／ク・用／係助(係)／四・用／助動・完・体(結)

でもなかったので、これから先も不安に、(紫の上は)思うようにおなりになった。

さ こそ つれなく 紛らはし 給へ ど、候ふ 人々 も、「思はずなる 世 なり や。あまた ものし

副／係助／ク・用／四・用／補尊・四・已／接助／四・体／係助／ナリ・体／助動・断・終／間助／副／サ変・用

(紫の上は)そのようにさりげなく紛らわしていらっしゃるけれど、仕えている女房たちも、「思いがけない夫婦の仲であることよ。(光源氏には)たくさんの御方々

給ふ やうなれ ど、いづ方 も、みな こなた の 御けはひ に は、片避り はばかる さま

補尊・四・体／助動・状・已／接助／(代)／係助／副／(代)／格助／格助／係助／四・用／四・体

がいらっしゃるようだけれど、どの方も、みな紫の上の御様子には、気を遣って遠慮する様子で

に て 過ぐし 給へ ば こそ、3 ことなく なだらかに も あれ、おし立ち て かばかり なる

助動・断・用／接助／四・用／補尊・四・已／接助／係助(係)／ク・用／ナリ・用／係助／ラ変・已(結)／四・用／接助／副／助動・断・体

過ごしなさっているので、(これまでは)何事もなく平穏であったけれども、無理を通してこれほどまで

格助 四・未 助動・受・用 接助 係助 副 四・用 補尊・四・未 助動・打推・終 接 接 ク・体
ありさまに、消たれてもえ過ぐし給はじ。また さりとて、はかなき
遠慮のない女三の宮の様子に、（紫の上も）気押されたままではお過ごしになれないでしょう。またそうだからといって、ちょっとした

格助 下二・用 接助 係助 ク・未 助動・打・体 格助 ラ変・未 助動・婉・体 副 シク・体
ことにつけてもやすからぬことのあらむ折々、必ずわづらはしきことども
ことにつけても心安らかではないことがあるような時々、必ず面倒なことがきっと

カ変・用 助動・強・未 助動・推・終 終助 副助 副 四・用 ナリ・体 格助 副 係助 四・未
出で来なむかし。」など、おのがじしうち語らひ、嘆かしげなるを、つゆも見知ら
出て来るでしょうよ。」などと、めいめいに話し合い、嘆かわしそうであるのを、（紫の上は）少しも見知らない

助動・打・体 助動・様・用 副 シク・用 副助 サ変・用 補尊・四・用 接助 下二・体 副助 サ変・終
ぬやうに、いとけはひをかしく物語などし給ひつつ、夜更くるまでおはす。
様子で、たいそう態度が優雅で世間話などをなさりながら、夜が更けるまで（起きて）いらっしゃる。

語句の解説 2

教717 175ページ 教719 159ページ

13 **世《よ》の聞《き》き耳《みみ》** 「聞き耳」は、「外聞」。

14 **思《おも》ひ《イ》定《さだ》むべき世《よ》のありさま** 紫の上は光源氏に寵愛されているが、正妻の立場ではない。

教717 176ページ 教719 160ページ

3 「ことなく」とは、どういうことか。

答 光源氏には、たくさんの御方々（愛人）がいるが、もめごともないということ。

4 **必《かなら》ずづ《ズ》らは《ワ》しきことども出《い》で来《き》なむ《ン》かし** 女三の宮と紫の上との間に、やっかいなことが起こるのではないかと、女房たちは考えている。

6 **夜更《よふ》くるまでおは《ワ》す** 紫の上は、女房たちの動揺を抑えるためにも、自分がさりげなく振る舞って落ち着いていなければならないと思い、女房たちと話しながら過ごしている。

【大 意】 3 教717 176ページ7行～177ページ4行 教719 160ページ7行～161ページ4行

女房たちが、女三の宮の降嫁に対して、いろいろなことを言うのを紫の上は聞き苦しいことだと思い、女三の宮の降嫁が源氏にとってよいことであり、自分は女三の宮と親しくしたいと思っていること、自分と女三の宮とでは身分が違うから、張り合う気にもなれないことを女房たちに話す。六条院に住む源氏の女君たちから気づかいの手紙が来るけれども、人の心を推し量る態度はいやなものだと紫の上は思う。

【品詞分解／現代語訳】

副 / 格助 / ナリ・未 / 助動・打・用 / 四・用 / 助動・存・体 / 係助 / ク・終 / 格助 / 四・用 / 接助 / 副 / (代)
かう、人 の ただなら ず 言ひ思ひ たる も、聞きにくし と おぼし て、「かく、これかれ
このように、女房たちが普通ではなく言ったり思ったりしているのも、(紫の上は)聞き苦しいとお思いになって、「このように、この方あの方

副 / サ変・用 / 補尊・四・終 / 助動・推・已 / 接助 / 格助 / 四・用 / 接助 / シク・用 / 下二・用 / 助動・存・体 / 助動・断・用
あまた ものし 給ふ めれ ど、御心 に かなひ て 今めかしく すぐれ たる きは に
たくさんいらっしゃるようだけれど、光源氏のお心にかなって当世風で華やかで高貴な身分でもないと、

係助 / ラ変・未 / 助動・打・終 / 格助 / 下二・用 / 接助 / シク・用 / [4] 四・用 / 助動・存・用 / 助動・完・体 / 格助 / (代) / 格助
も あら ず と、目なれ て さうざうしく おぼし たり つる に、この 宮 の
見なれてもの足りなく(光源氏は)お思いになっていたところに、この女三の宮が

副 / 四・用 / 補尊・四・已 / 助動・完・体 / 係助(係) / ク・已(結) / 副 / [5] / 格助 / 下二・未 / 助動・打・体 / 助動・断・用 / 係助(係)
かく 渡り 給へ る こそ、めやすけれ。なほ 童心 の 失せ ぬ に や
このようにお輿入れなさったことは、結構なことだ。やはり(私も)子供心がなくならないからだろうか、

ラ変・未 / 助動・推・体(結) / (代) / 係助 / 上二・用 / 補謙・下二・用 / 接助 / ラ変・未 / 助動・願・体 / 接助 / ク・用 / ラ変・体 / 格助
あら む、我 も むつび 聞こえ て あら まほしき を、あいなく、隔て ある さま に
私も(女三の宮と)親しくさせていただきたいのに、困ったことに、(私が女三の宮に)隔てる心があるように

係助(係) / 四・未 / 助動・意・終 / 格助 / サ変・終 / 助動・現推・体(結) / シク・体 / 副助 / 四・体 / 格助
人々 や とりなさ む と す らむ。等しき ほど、劣りざま など 思ふ 人 に
人々が言い立てようとしているのだろうか。自分と同等、もしくは相手のほうが劣った身分などと思う人に対し

係助(係) / ナリ・未 / 助動・打・用 / 四・体 / 係助 / 副 / カ変・体 / 助動・断・已(結) / ク・用 / シク・体
こそ、ただなら ず 耳立つ こと も、おのづから 出で来る わざ なれ、かたじけなく 心苦しき
ては、普通ではなく耳にとまる(＝聞き流せない)ことも、自然と出て来ることであるが、(女三の宮は)恐れ多くおいたわしい

助動・断・体(音) / 助動・推・已 / 接助 / 副 / 四・未 / 助動・受・用 / 補謙・四・未 / 助動・打意・終 / 格助 / 係助(係) / 四・体(結) / 副助
御事 な めれ ば、いかで 心置か れ 奉ら じ と なむ 思ふ。」など
ご事情であるようなので、何とかして気兼ねされ申し上げるまいと思う。」などと

四・已 / 接助 / 副助 / 格助 / 格助 / 下二・用 / 接助 / ナリ・体
のたまへ ば、中務、中将の君 など やう の 人々、目 を くはせ つつ、「あまりなる 御思ひやり
おっしゃるので、中務、中将の君などというような女房たちは、目くばせをしながら、「あまりなお心づかいであるよ。」な

終助 副助 四・終 助動・推・終 係助 ナリ・未 助動・打・体 格助 四・用 補尊・四・用 助動・過・体
かな。」 など 言ふ べし。 昔 は、 ただなら ぬ さま に 使ひならし 給ひ し 人ども
どと言うだろう。 昔は、普通ではない様子で（光源氏が）おそばでお召し使いになっていた女房たちであるが、

助動・断・已 接助 係助 (代) 格助 格助 四・用 接助 下二・用 補謙・下二・用 助動・存・体 助動・断・体(音)
なれ ど、 年ごろ は こ の 御方 に 候ひ て、 みな 心 寄せ 聞こえ たる な
ここ数年はこの御方（＝紫の上）にお仕えしていて、 みな心をお寄せ申し上げているのであるようだ。

助動・定・終 格助 係助 副 四・終 助動・現推・体 副 下二・用 助動・存・体 係助
めり。 こと御方々 より も、 「いかに おぼす らむ。 もとより 思ひ離れ たる 人々 は、
六条院に住む他の源氏の女君方からも、「どのようにお思いになっているのだろうか。もとから諦めている私たちは、

6 副 ク・体 接助 副助 下二・用 接助 四・用 補謙・下二・用 補尊・四・体 係助 ラ変・体 接助 副
なかなか 心やすき を。」 など、 おもむけ つつ、 とぶらひ 聞こえ 給ふ も ある を、 「かく
かえって気楽ですが。」などと、 紫の上の気を引きながら、お見舞い申し上げなさる人もあるが、 「このように

四・体 係助(係) 副 シク・已(結) 係助 副 ク・体 接助 副 係助(係) 副 副助 係助
推し量る 人 こそ なかなか 苦しけれ。 世の中 も いと 常なき ものを、 などて か さ のみ は
（私の気持ちを）推し量る人はかえってつらい。 夫婦の仲もたいそう無常なものであるのに、 どうしてそのようにばかり

四・未 助動・推・体(結) 副助 四・終
思ひ悩ま む。」 など おぼす。
思い悩もうか（いや、そうはいかない）。」などとお思いになる。

（若菜上）

語句の解説 3

教717 176ページ 教719 160ページ

8 今《いま》めかしくすぐれたるきは《ワ》にもあらず 女三の宮は若く、皇女であるので、「今めかしく」「すぐれたるきは」である。

4 「おぼしたりつる」の主語は誰か。

答 光源氏。

9 この宮《みや》のかく渡《わた》り給《たま》へ《エ》るこそ、めやすけれ 女三の宮がこのように降嫁なさったことが感じがよい。六条院のためになるというのが、紫の上の考えである。

5 「童心《わらはごころ》」とは、誰の心か。

答 紫の上。

11 あいなく 気にくわなく。困ったことに。

11 **隔《へだ》てあるさまに人々《ひとびと》やとりなさむ《ン》とすらむ《ン》** 紫の上と女三の宮との間に隔てがあるように女房たちが言い立てようとしているのだろうか。

13 **いかで心置《こころお》かれ奉《たてまつ》らじ** 「いかで」は、打消意志の「じ」と呼応して「なんとかして…まい」という意味。「心置く」は、「気兼ねをする・遠慮する」。女三の宮が、紫の上に気兼ねしないようにと紫の上は思っている。

15 **あまりなる御思《おおんおも》ひ《イ》やりかな** 紫の上の言葉が、あまりに立派すぎると、中務《なかつかさ》や中将の君は思っている。

教717 177ページ 教719 161ページ

6 「なかなか心やすき」とはどういうことか。

答 もとから源氏に寵愛《ちょうあい》されることを諦めているから、女三の宮が降嫁しても何も変わる事はないし、何も思う必要がないということ。

4 **などてかさのみは思《おも》ひ《イ》悩《なや》まむ《ン》** どうしてそのようにばかり思い悩もうか(いや、そうはいかない)。「さ」は、女三の宮の降嫁で起こるいろいろなこと。

学習の手引き

一 女三の宮の降嫁に対する、光源氏の考えをまとめてみよう。

解答例 紫の上の気持ちを思いやると、女三の宮との結婚を後悔し、浮気で気の弱くなった自分を強く反省している。とはいえ、女三の宮を疎略に扱っては朱雀院《すざくいん》に顔向けできず、この二つの感情の間で板挟みになっている。

二 次の1〜3をまとめたうえで、そこから読み取ることができる紫の上の心情はどのようなものか、説明してみよう。

1 光源氏の言葉や態度に対する紫の上の反応

2 女房たちの言葉に対する紫の上の反応

3 「こと御方々」(717 一七七・1 719 一六一・1)の言葉に対する紫の上の反応

解答例 1 紫の上の機嫌をとろうとし、朱雀院の思惑も気にして思い乱れている源氏に対して、紫の上はほほえみ、源氏が自分の心を持てあましているのだから、自分は何も言えない、源氏が何を言っても仕方がないという態度をとる。女三の宮のもとに行かないのをせき立てるようにして見送る。

→源氏の思いを理解しながらも、紫の上は傷つき、源氏を見送りながらも心の中は平穏ではない。

2 紫の上と源氏との関係や、紫の上と女三の宮との関係をうわさする女房たちの言葉に気づかない様子で、紫の上は優雅に夜が更けるまで過ごす。また、女三の宮の輿入《こしい》れは、源氏にはよいことであるとし、母を亡くし、後見人もいない女三の宮とは親しくしたいと話す。

→女房たちのうわさ話や憶測は聞きづらいものなので、自分が動揺することなく、普段通りにすることを心がけている。

3 自分たちと違い、今まで寵愛されていた紫の上は、女三の宮の存在にかえってつらく思うだろうという言葉に対して、人の心を憶測するようなことはよくないと思う。
→自分の気持ちに寄り添うように言葉をかけてくる「こと御方々」の気持ちは受け入れがたいし、夫婦の仲は無常であるという見方をしている。

言葉の手引き

一 次の古語の意味を調べよう。

1あだあだし 717 一七四・9 719 一五八・9
2怠り 717 一七四・10 719 一五八・10
3心づきなし 717 一七四・13 719 一五八・13
4世の中 717 一七五・5 719 一五九・5
5ありありて 717 一七五・13 719 一五九・13
6なのめなり 717 一七五・14 719 一五九・14
7ただなり 717 一七六・7 719 一六〇・7
8むつぶ 717 一七六・10 719 一六〇・10
9心置く 717 一七六・13 719 一六〇・13

解答例 1　浮気だ。誠実でない。　2　失敗。過ち。　3　気に入らない。　4　夫婦の仲。男女の仲。　5　結局。あげくのはてに。　6　ありふれている。　7　普通だ　8　親しくする。仲良くする。　9　遠慮する

二 本文中から、「こそ…已然形」で文が終止せずに下に続いている箇所を指摘し、口語訳しよう。

解答例 ・「命こそ絶ゆとも絶えめ」717 一七五・8 719 一五九・8
→命というものは絶えるときは絶えてしまうのだろうが、
・「過ぐし給へばこそ、ことなくなだらかにもあれ、」717 一七六・1 719 一六〇・1
→過ごしなさっているので、何事もなく平穏であるけれども、
・「等しきほど、劣りざまなど思ふ人にこそ、ただならず耳立つこともおのづから出で来るわざなれ、」717 一七六・12 719 一六〇・12
→自分と同等、もしくは相手のほうが劣った身分などと思う人に対しては、普通ではなく耳にとまる(＝聞き流せない)ことも、自然と出て来ることであるが、

紫の上の死

【大　意】 1　教717 178ページ8行〜179ページ5行　教719 162ページ8行〜163ページ5行

秋に入り涼しくなったが、紫の上の病状は好転しないままであった。夏から里下がりしていた明石《あかし》の中宮が、宮中に帰る日も迫ったころ、紫の上の病状を見舞う。痩せ細っているものの、上品で優雅な紫の上のその姿は、以前よりも美しく見えるのであった。

【品詞分解／現代語訳】

秋　待ちつけ(下二・用)　て、(接助)　世の中　少し(副)　涼しく(シク・用)　なり(四・用)　て(接助)　は、(係助)　御心地　も(係助)　いささか(副)　さはやぐ(四・体)　やうなれ(助動・様・已)　ど、(接助)
秋を待ちかねたようにして、世の中が少し涼しくなってからは、(紫の上の)ご気分もいくらかさっぱりするようであるが、

副 副 シク・終 接 格助 四・体 副助 四・未 助動・自・終 助動・当・体 助動・断・未
なほ ともすれば かごとがまし。 さるは、 身 に しむ ばかり おぼさ る べき 秋風 なら
やはりどうかすると恨めしい思いになりがちである。とはいうものの、身にしみるほどお感じになるはずの秋風ではないのだが、

助動・打・已 接助 1 ク・体 ナリ・用 接助 四・用 補尊・四・終
ね ど、 露けき 折がちに て 過ぐし 給ふ。
（紫の上は露にぬれるように）涙にぬれがちでお過ごしになっている。

係助 四・用 補尊・四・用 助動・強・未 助動・意・終 格助 サ変・体 格助 副 副 係助 サ変・命 格助 係助 下二・未
中宮 は 参り 給ひ な む と する を、「いま しばし は 御覧ぜよ。」 と も 聞こえ
明石の中宮が（宮中へ）帰参しようとなさるのを、（紫の上は）「もうしばらく（滞在して病状を）ご覧になってください。」

助動・願・用(音) 四・已 接助 シク・体 助動・状・用 係助 ラ変・用 格助 格助 ク・体 係助
まほしう おぼせ ども、 さかしき やうに も あり、 内裏 の 御使ひ の ひま なき も
とも申し上げたくお思いだけれども、出過ぎたようでもあり、（明石の中宮の帰参を促す）帝のお使いがひっきりなしなのも

シク・已 接助 2 副 係助 下二・用 補尊・四・未 助動・打・体 接助 (代) 格助 係助 副 四・用 補尊・四・未 助動・打・已 接助
わづらはしけれ ば、 さ も 聞こえ 給は ぬ に、 あなた に も え 渡り 給は ね ば、 宮
気にかかるので、そのようにも申し上げなさらないうえに、あちら（中宮が滞在する二条院の東の対）にも出向くことがおできにならな

係助(係) 四・用 補尊・四・用 助動・過・体(結) ク・已 接助 副 上一・用 補謙・四・未 助動・打・体 係助 ク・終 格助
ぞ 渡り 給ひ ける。 かたはらいたけれ ど、 げに 見 奉ら ぬ も かひなし とて、
いので、中宮のほうから出向いていらっしゃった。（衰えた姿をお見せするのは）心苦しいけれども、本当にお目にかからないのも残念だと（紫の上は）お思い

(代) 格助 格助 副 サ変・未 助動・使・用 補尊・四・終
こなた に 御しつらひ を ことに せ させ 給ふ。
になって、こちら（の病室）に御座所を特別に準備させなさる。

ク・用(音) 四・用 補尊・四・已 助動・存・已 接助 副 係助(係) ナリ・用 シク・体 格助 係助
こよなう 痩せ細り 給へ れ ど、 かくて こそ、 あてに なまめかしき こと の 限りなさ も
（紫の上は）非常に痩せ細っていらっしゃるけれども、こうであってこそ、上品で優雅なことのこのうえない様子も

四・用 接助 ク・用 助動・詠・已(結) 格助 副 ク・用 副 サ変・未 助動・過・体 係助
まさり て めでたかり けれ と、 来し方 あまり にほひ 多く あざあざと おはせ し 盛り は、
勝ってすばらしいことだと（中宮は御覧になって）、以前はあまりにも艶麗さが多すぎて鮮やかなまで華やかでいらっしゃった女盛りは、

なかなか　こ　の　世　の　花　の　香り　に　も　よそへ　られ　給ひ　し　を、　限り　も　なく

（副）（代）（格助）（格助）（格助）（格助）（係助）（下二・未）（助動・受・用）（補尊・四・用）（助動・過・体）（接助）（係助）（ク・用）

むしろこの世の花の美しさにもなぞらえられていらっしゃったけれども、(今は)このうえもなく

らうたげに　をかしげなる　御さま　に　て、　いと　かりそめに　世　を　思ひ　給へ　る　けしき、

（ナリ・用）（ナリ・体）（助動・断・用）（接助）（副）（ナリ・用）（格助）（四・用）（補尊・四・已）（助動・存・体）

愛らしい美しい感じのお姿で、本当にはかないものとこの世を考えていらっしゃる様子は、

似る　もの　なく　心苦しく、　すずろに　もの悲し。

（上一・体）（ク・用）（シク・用）（ナリ・用）（シク・終）

たとえようもなく気の毒で、わけもなくもの悲しい。

語句の解説 1

教717 178ページ　教719 162ページ

1 「露けき折がち」とはどのような意味か。

答 涙にぬれるときが多いということ。

11 **中宮《ちゅうぐう》**　明石の中宮と呼び慣らわしている人。昔の明石の姫君。養母である紫の上の病気を案じて里下がりしていたのである。この年、二十三歳。

11 **いましばしは御覧《ごらん》ぜよ**　自分の死期の近いのを悟った紫の上の気持ち。命令形は、相手の身分が上の場合は、願望の意を表す。

12 **内裏《うち》の御使《おおんつかい》ひ**　帝《みかど》のお使い。明石の中宮に、早く参内しなさい、という催促である。

12 **わづ《ズ》は《ワ》しければ**　気にかかるので。

「わづらはし」は、①「めんどうだ、いやだ」、②「気がかりだ、心づかいされる」の意。ここは②。

2 「さ」は何をさすか。

答 「いましばしは御覧ぜよ。」 717 一七八・11 719 一六二・11

14 **こなた**　二条院の西の対にある紫の上の病室。

15 **ことにせさせ給《たま》ふ**　特別に準備させなさる。

「こと」は、①「事」、②「異」、③「言」、④「殊」の字を当てる。ここは④。「せ」はサ変動詞「す」の未然形。

教717 179ページ　教719 163ページ

1 **限《かぎ》りなさ**　形容詞「限りなし」の語幹「限りな」に、状態を表す接尾語「さ」がついて名詞化したもの。

2 **来《き》し方《かた》あまりにほ《オ》ひ《イ》多《おお》く**　以前はあまりにも艶麗さが多すぎて。

「にほひ」は、輝くばかりの美しさ。色、艶の美をいう。

3 **香《かお》り**　「にほひ」と同じく、色つやの意。

4 **かりそめに世《よ》を思《おも》ひ《イ》給《たま》へ《エ》る**　「かりそめに」は「思ひ給へる」にかかる。

【大 意】 2 教717 179ページ6行〜181ページ2行 教719 163ページ6行〜165ページ2行

明石の中宮が紫の上を見舞っているところに源氏《げんじ》も姿を見せた。小康状態を喜ぶ源氏に、紫の上は萩《はぎ》の上の露に託して命のはかなさを歌によむ。源氏も中宮もそれに唱和した。まもなく紫の上の容体が急変し、中宮がお手を取ると臨終の様子であった。加持祈禱《かじきとう》の効果もむなしく、紫の上は明け方に息を引き取った。

【品詞分解／現代語訳】

ク・用 下二・用 助動・完・体 格助 上一・用 補尊・四・終 格助 格助 上一・用 補尊・四・已 助動・存・体
風 すごく 吹き出で たる 夕暮れ に、前栽 見 給ふ とて、脇息 に 寄りゐ 給へ る
風がいかにも寂しく吹き出した夕暮れに、（紫の上は）庭の草木を御覧になるというので、脇息に寄りかかっていらっしゃるのを、

格助 四・用 接助 上一・用 補謙・四・用 補尊・四・用 接助 係助 副 ク・用 上一・用 補尊・四・終 助動・定・体 終助 （代） 格助
を、院 渡り て 見 奉り 給ひ て、「今日 は、いと よく 起きゐ 給ふ める は。こ の
院（＝光源氏）がおいでになって見申し上げなさって、「今日は、本当によく起きていらっしゃるようだね。（明石の）中宮の

格助 係助 ク・用 係助 ナリ・体（音） 助動・定・終 終助 格助 下二・用 補尊・四・終 副 格助
御前 にて は、こよなく 御心 も 晴れ晴れしげな めり かし。」と 聞こえ 給ふ。かばかり の ひま
御前では、このうえなくご気分も晴れ晴れするように見えますね。」と申し上げなさる。（紫の上は）この程度の気分のよいとき

ラ変・体 格助 係助 副 シク・終 格助 四・用 補謙・下二・用 補尊・四・已 助動・存・体 格助 上一・用 補尊・四・体 係助 3シク・用
ある を も、いと うれし と 思ひ 聞こえ 給へ る 御けしき を 見 給ふ も、心苦しく、
があるのをも、非常にうれしいとお思い申し上げなさっている（源氏の）ご様子を御覧になるにつけても、（源氏のことが）気の毒で、

副 副 4四・未 助動・推・体 格助 四・体 接助 ナリ・已 接助
つひに いかに おぼし騒が む と 思ふ に、あはれなれ ば、
最期というときに（源氏は）どんなに思い乱れなさるだろうと思うと、しみじみと悲しいので、（紫の上は）

四・終 格助 上一・体 係助（係） ク・体（結） 副 格助 下二・体 格助
おく と 見る ほど ぞ はかなき ともすれば 風 に 乱るる 萩 の 上露
花に置いていると見る間もはかないものです。ともすると吹く風に散り乱れる萩の上の露は。（私がこうして起きているのも束の間のことです。ともすれば萩の上露のようにはかなく消える私の命です。）（とおよみになる。）

副 係助（係） 四・用 四・終 助動・当・用（音） 係助 ラ変・未 助動・打・体（結） 5下二・未 助動・受・用 助動・完・体 副助
げに ぞ、折れ返り、とまる べう も あら ぬ、よそへ られ たる 折 さへ
なるほど（その通り）、（庭の萩が風に吹かれて）折れ返り、（萩の上に）とどまりそうにもない露が、（紫の上の身に）思い合わせられた（秋の夕暮れという）この折

ク・体 接助 四・用 補尊・四・用 接助 係助
忍びがたきを、見出だし給ひても、
までも耐えがたいので、(源氏は)外を御覧になっても、

副 格助 四・体 格助 格助 下二・用 四・体 下二・未 助動・打・用 終助
ややもせば消えをあらそふ露の世におくれ先立つほど経ずもがな
ともすれば先を争って消えてゆく露のようにはかないこの世に、私たちは、死に後れたり先立ったりする間を置きたくないものだ。

格助 格助 下二・用 補尊・四・未 助動・打・終
とて、御涙を払ひあへ給はず。宮、
とよんで、涙をぬぐいきれないでいらっしゃる。明石の中宮も、

格助 副 四・未 助動・打・体 格助 格助 (代) 係助(係) 格助 格助 副助 上一・未 助動・推・体(結)
秋風にしばしとまらぬ露の世をたれか草葉の上とのみ見む
秋風のために、しばらくもとまらずに消えるはかない露のようなこの世を、誰が草葉の上のことだけだと見るでしょうか。(人の世も同じです。)

格助 四・用 補尊・四・体 シク・用 上一・体 ラ変・体 格助 下二・用 接助 係助 副
と聞こえ交はし給ふ御かたちどもあらまほしく、見るかひあるにつけても、かくて
と互いに歌をよみ交わしなさる(紫の上と明石の中宮の)ご容貌が理想的で、見るかいがあるにつけても、(源氏は)こうして

格助 四・体 終助 格助 四・未 助動・自・已 接助 格助 四・未 助動・打・体 助動・断・已 接助 下二・未
千年を過ぐすわざもがなとおぼさるれど、心にかなはぬことなれば、かけとめ
千年を生き長らえるすべがあればいいのになあとお思いにならずにはいられないが、(人の命は)思うにまかせないことなので、(紫の上の命

助動・婉・体 ク・体 係助(係) シク・用 助動・過・体(結)
む方なきぞ悲しかりける。
が絶えようとするのを)ひきとどめるすべがないのは悲しいことだった。

係助 四・未 助動・尊・用 補尊・四・用 助動・強・命 副 シク・用 四・用 補丁・ラ変・用 助動・完・終 ク・用 四・用
「今は渡らせ給ひね。乱り心地いと苦しくなり侍りぬ。言ふかひなくなり
(紫の上が)「もうお帰りになってください。(私は)気分がひどく悪くなりました。どうしようもなくなって

助動・完・用 助動・詠・体 格助 四・用 接助 副 ナリ・用 補丁・ラ変・終 間助 格助 下二・用 接助 四・用
にけるほどと言ひながら、いとなめげに侍りや。」とて、御几帳引き寄せて臥し
しまった有様とは言いながら、(寝たままでは)まことに失礼でございますから。」と(中宮に)おっしゃって、御几帳を引き寄せて横になられた様子が、

給へ（補尊・四・已）る（助動・存・体）さまの（格助）、常より（格助）も（係助）いと（副）頼もしげなく（ク・用）見え（下二・用）給へ（補尊・四・已）ば（接助）、「いかに（副）おぼさ（四・未）るる（助動・自・体）

いつもよりひどく頼りなさそうにお見えになるので、「どんなご気分でいらっしゃいます

に（助動・断・用）か（係助）。」とて（格助）、宮は（係助）御手を（格助）とらへ（下二・用）奉り（補謙・四・用）て（接助）泣く泣く（副）見（上一・用）奉り（補謙・四・用）給ふ（補尊・四・体）に（接助）、まことに（副）

か。」とおっしゃって、中宮は（紫の上の）お手をお取り申し上げて泣く泣く（ご様子を）見申し上げなさると、本当に

消えゆく（四・体）露の（格助）心地し（サ変・用）て（接助）、限りに（格助）見え（下二・用）給へ（補尊・四・已）ば（接助）、御誦経の（格助）使ひども数も（係助）知ら（四・未）ず（助動・打・用）

消えてゆく露のような感じがして、この世の最後と見えなさるので、御誦経を頼みに行く使者たちが数えきれないほど大勢

立ち騒ぎ（四・用）たり（助動・存・終）。先々も（係助）かくて（副）生き出で（下二・用）給ふ（補尊・四・体）折に（格助）ならひ（四・用）給ひ（補尊・四・用）て（接助）、御物の怪と（格助）疑ひ（四・用）

立ち騒いでいる。以前にもこのような状態で生き返りなさった場合（があるので、それ）に倣いなさって、（源氏は）御物の怪のしわざかとお疑い

給ひ（補尊・四・用）て（接助）、夜一夜さまざまの（格助）ことを（格助）し尽くさ（四・未）せ（助動・使・用）給へ（補尊・四・已）ど（接助）、かひも（係助）なく（ク・用）、明け果つる（下二・体）

になって、一晩中（加持祈禱などの）さまざまなことをすべてさせなさったが、その甲斐もなく、夜がすっかり明ける

ほどに（格助）消え果て（下二・用）給ひ（補尊・四・用）ぬ（助動・完・終）。

ころに（紫の上は）お亡くなりになってしまった。

（御法）

語句の解説 2

教717 179ページ　教719 163ページ

7 **見《み》奉《たてまつ》り給《たま》ひ《イ》て** （源氏が紫の上を）見申し上げなさって。
「奉り」は、作者から紫の上に対する敬意。「給ひ」は、作者から源氏に対する敬意。

8 **晴《は》れ晴《ば》れしげなめ《ナン》りかし** 「なめり」は、「なる」（形容動詞の連体形の活用語尾）＋「めり」（推定）の撥《はつ》音便形「なんめり」の「ん」を表記しない形。「かし」は、念を押す終助詞。

3 「心苦しく」思うのは誰か。

答 紫の上。

10 **つひ《イ》にいかにおぼし騒《さわ》がむ《ン》** 最期というときに（源氏は）どんなに思い乱れなさるだろう。
「つひに」の「つひ」は「死にぎわ、最期」の意。「おぼし騒ぐ」は「思ひ騒ぐ」の尊敬語。

4

「おぼし騒」ぐのは誰か。

答

源氏。

11 **萩《はぎ》の上露《うわつゆ》**　「萩」は、秋に紅紫色または白色の花が咲く。「上露」は、花や葉の上に置く露。

12 **とまるべう《ビョウ》もあらぬ**　とどまりそうにもない。

庭の萩が風に吹かれて折り返り、葉の上に露がとどまりそうにないということ。「べう」は「べく」のウ音便。

5

「よそへられたる」とあるが、何が何に「よそへられ」ているのか。

答

「折れ返り、とまるべうもあらぬ」花の露が、「紫の上のはかない命」に、「よそへられ(思い合わせられ)」ている。

14 **「ややもせば」の歌**　「消え」は「露」の縁語。

14 **消《き》えをあらそふ《ウ》**　どちらが先に消えてゆくか、先を争う。

「消え」は動詞「消ゆ」(ヤ行下二段活用)の連用形から転成した名詞。

14 **おくれ先立《さきだ》つほど経《へ》ずもがな**　死に後れたり先立ったりする間を置きたくないものだ。

「経《へ》」は、「経《ふ》」(ハ行下二段活用・未然形)で、時がたつの意。「もがな」は願望の終助詞で「…であってほしい」の意が原義。「もが」「もがな」「もがも」はすべて、願望の終助詞。

15 **払《はら》ひ《イ》あへ《エ》給《たま》は《ワ》ず**　(涙を)ぬぐいきれないでいらっしゃる。

「あへ」は「敢《あ》ふ」(ハ行下二段活用・連用形)で、動詞の下について、「完全に…する」の意。ここでは、下に打消の「ず」を伴うので、不完全な意を表す。

16 **「秋風《あきかぜ》に」の歌**　「草葉」「露」は縁語。

教717 180ページ　教719 164ページ

1 **聞《き》こえ交《か》は《ワ》し給《たま》ふ《ウ》**　互いに歌をよみ交わしなさる。

「聞こえ交はし」は、「言ひ交はし」の謙譲語。

1 **御《おおん》かたちども**　中宮と紫の上のご容貌。

6 **今《いま》は渡《わた》らせ給《たま》ひ《イ》ね**　もうお帰りになってください。

「今は」で、「もはや、もう」の意。「は」は「今」を強調する。「ね」は強意の助動詞「ぬ」の命令形。ここは、確述の用法。

7 **言《い》ふ《ウ》かひ《イ》なくなりにけるほど**　どうしようもなくなってしまった有様。

「言ふかひなし」は、どうしようもなくなった状態をいう。死の婉曲表現としても使われる。「に」は、完了の助動詞「ぬ」の連用形。

8 **なめげに侍《はべ》りや**　失礼でございますから。

「なめげに」は形容動詞「なめげなり」の連用形。「失礼だ、無礼だ」の意。「や」は詠嘆の間投助詞。

6

紫の上は、何を「なめげに侍りや」と思っているのか。

答

自分の衰弱がひどくなり、寝たままの状態で中宮に対応すること。また、臨終の近づいた見苦しい姿を中宮に見せること。

11 **いかにおぼさるるにか**　どんなご気分でいらっしゃいますか。

下に、「あらむ」「侍らむ」などの結びの語が省略されている。「おぼさるるにか」の「に」は、断定の助動詞「なり」の連用形。

16 **先々《さきざき》もかくて生《い》き出《い》で給《たまウ》ふ折《おり》に**　以前にもこのような状態で生き返りなさった場合(があるので、それ)に。
四年前の四月、紫の上は危篤状態に陥ったが、加持祈禱により蘇生したことがある。(若菜下)

教717 181ページ　教719 165ページ

1 **御物《おおんもの》の怪《け》**　人にとりついて苦しめる死霊や生き霊。四年前のときは、六条の御息所《みやすんどころ》の死霊が現れた。高貴な人の霊なので「御」をつけたもの。

2 **明《あ》け果《は》つる**　夜がすっかり明ける。「明け果つ」で一語の動詞。「果つ」が付くと「…し終わる」「すっかり…する」の意を加える。

学習の手引き

一　明石の中宮の視点から描かれる紫の上の美しさを、紫の上の過去の様子と現在の様子とを対比させて、整理しよう。

解答例　女盛りのころは、きわだった華麗な美しさであったが、今は衰弱して艶麗さは影をひそめ、代わって上品さ、優雅さを一段と増し、愛らしい美しさを感じさせる姿として描かれている。生命力が衰え、死にゆく寸前の、深みのある美しさである。

二　紫の上が、明石の中宮と源氏を気遣っている箇所を指摘し、そこから読み取れる紫の上の思いや人柄をまとめてみよう。

解答例　〔明石の中宮に対して〕

・「『いましばしは御覧ぜよ。』……さも聞こえ給はぬに、」717 一七八・11～13 719 一六三・11～13→自分の死期が近いので見届けてほしいと思いつつも、それを口にするのは出過ぎたことと思う。また、早く宮中に戻れという帝の仰せ言も当然なので、自分の思いを自制する。

・「かたはらいたけれど、……ことにせさせ給ふ。」717 一七八・14～15 719 一六三・14～15→中宮に見舞っていただくことを恐れ多いと思い、中宮を迎える心配りをする。

・「『今は渡らせ給ひね。……臥し給へるさま」717 一八〇・6～10 719 一六四・6～10→自分の見苦しい姿を中宮に見せては失礼にあたるとし、中宮を死の穢《けが》れにふれさせないようにと気遣う。

〔源氏に対して〕

・「かばかりのひまあるをも、……思ふに、あはれなれば、」717 一七九・8～10 719 一六三・8～10→自分の死後、源氏はどれほど嘆き悲しむかと、源氏の心を思いやる。

このように、紫の上は、絶えず相手の立場に立って、相手の気持ちを思いやるという人柄である。

三　三人のよんだ歌にこめられた各人の思いを、和歌のやりとりという観点をふまえて、説明してみよう。

解答例　・紫の上の「おくと見る」の歌…「萩の上露」が、自分の命の象徴であり、自分の命ははかなく消えるという、死を覚悟した思い。

・源氏の「ややもせば」の歌…紫の上の歌の「露」を受けて、人の命は「露」のようにはかないものであっても、自分たちは、死ぬときはいっしょでありたいとし、先立たないでほしいと紫の上に訴える悲痛な思い。
・明石の中宮の「秋風に」の歌…源氏の歌を受けて、人の世は、露のようにはかないものであるとし、「萩の上露」は紫の上だけではなく、誰もがそうだと慰めようとする思い。

四 **本文において、秋の風物の描写はどのような役割を果たしているか。歌や本文中の表現をふまえて、説明してみよう。**

解答例 ・「秋風」と前栽の「露」が描写される。紫の上の歌のように、「まことに消えゆく露の心地して（本当に消えてゆく露のような感じがして）」717一八〇・13 719一六四・13紫の上は息を引き取る。自然と人事を融合させて、「露」のはかなさに、人の命のはかなさを感じさせている。

言葉の手引き

一 次の古語の意味を調べよう。

1露けし 717一七六・10 719一六二・10　2ひま 717一七六・12 719一六二・12
3かたはらいたし 717一七六・14 719一六二・14
4あてなり 717一七九・1 719一六三・1
5なまめかし 717一七九・1 719一六三・1
6来し方 717一七九・2 719一六三・2　7よそふ 717一七九・3 719一六三・3
8つひに 717一七九・10 719一六三・10　9おくる 717一七九・14 719一六三・14
10なめげなり 717一八〇・8 719一六四・8　11夜一夜 717一八一・1 719一六五・1
12消え果つ 717一八一・2 719一六五・2

解答例 1 露に濡れて湿っぽい。涙がちである。
2 すきま。絶え間。　3 心苦しい。きまりが悪い。
4 高貴だ。上品だ。　5 優雅だ　6 以前
7 なぞらえる　8 最期に。最後に。　9 死に後れる
10 失礼だ　11 一晩中　12 亡くなる

二 次の文を、傍線部に注意して口語訳しよう。

1 御心も晴れ晴れしげなめりかし。（717一七九・8 719一六三・8）
2 かくて千年《ちとせ》を過ぐすわざもがな（717一八〇・3 719一六四・3）

解答例 1 ご気分も晴れ晴れするように見えますね。
2 こうして千年を生き長らえるすべがあればいいのになあ

薫と宇治の姫君 ※教719では、学習しません。

【大　意】 1 教717 182ページ5行〜184ページ1行

宇治の八の宮邸に近づくと、楽の音《ね》が聞こえる。邸内に入ると、それは琵琶《びわ》と箏《そう》の音であった。薫《かおる》は隠れて聞いていたが、番人はいち早く気づいて出てくる。八の宮は不在で、弾奏しているのが姫君たちだとわかると、薫は「こっそり聞ける物陰はないか。」と番人を口説く。

【品詞分解／現代語訳】

ク・用 四・体 格助 (代) 格助 格助 係助 四・未 助動・可・未 助動・打・体 格助 副 ナリ・用
近く なる ほど に、その 琴 と も 聞き分か れ ぬ もの の 音ども、いと すごげに
(八の宮の屋敷が)近くなるうちに、何の弦楽器とも聞き分けられない音楽が、たいそう身にしみて寂しく

下二・終 副 副 四・用 補尊・四・終 格助 四・体 接助 ク・用 接助 格助 格助 格助 ク・体 係助 副
聞こゆ。常に かく 遊び 給ふ と 聞く を、ついで なく て、親王 の 御琴 の 音 の 名高き も、え
聞こえる。いつも(八の宮は姫君たちと)こうして演奏なさるのだと聞くが、機会がなくて、八の宮の琴《きん》の琴《こと》の音の名高いのも、聞くことができないで

四・未 助動・打・体 終助 終助 ク・体 助動・断・体 助動・推・終 格助 四・用 接助 四・用 補尊・四・已 接助 格助 格助
聞か ぬ ぞ かし、よき 折 なる べし と、思ひ つつ 入り 給へ ば、琵琶 の 声 の 響き
いるよ、(今日は)良い機会であろうと、(薫は)思いながら(邸内に)お入りになると、(それは)琵琶の音の響き

助動・断・用 助動・詠・終 格助 下二・用 接助 格助 格助 助動・断・已 接助 助動・断・用 係助 下二・未
なり けり。黄鐘調 に 調べ て、世 の 常 の かきあはせ なれ ど、所から に や、耳慣れ
であったよ。黄鐘調に調子を整えて、普通の、弦楽器の調子を整えるための短い曲であるけれども、(宇治という)場所柄のせいであろうか、

助動・打・体 サ変・用 接助 四・体 格助 係助 ナリ・用 ク・終 ナリ・用 四・用(音)
ぬ 心地 し て、かき返す 撥 の 音 も、もの清げに おもしろし。箏の琴、あはれに なまめい
聞き慣れない感じがして、(下から上へ)かき返す撥の音も、なんとなく澄んでいて興味深い。箏の琴が、しみじみと優雅な音で、

助動・存・体 サ変・用 接助 副 下二・終
たる 声 し て、絶え絶え 聞こゆ。
途切れ途切れに聞こえてくる。

副 四・未 助動・願・体 接助 上二・用 補尊・四・已 接助 ク・用 下二・用 接助 四・体
しばし 聞か まほしき に、忍び 給へ ど、御けはひ しるく 聞きつけ て、宿直人めく 男、
しばらくの間聞きたくて、人目を避けていらっしゃるが、(薫がやって来た)ご様子をはっきりと聞きつけて、夜間の警護をする者らし

シク・体 カ変・用 助動・完・終 副 係助(係) 四・用 補尊・四・体(結) 格助 係助(係)
なまかたくなしき、出で来 たり。「しかしか なむ、籠り おはします。御消息 を こそ
い男で、どことなくものわかりの悪そうなのが、出て来た。(その男が)「これこれで、(八の宮は山寺に)籠っていらっしゃいます。お取り次ぎを

下二・未 助動・使・未 助動・意・已(結) 格助 四・終 感 副 ラ変・体 格助 格助 四・用
聞こえ させ め。」と 申す。「何か。しか 限り ある 御行ひ の ほど を 紛らはし
(山寺に)申し上げさせましょう。」と申し上げる。(薫は)「いやなに(それには及ばない)。そのように日数を限ったご勤行の間を

補謙・下二・未　助動・仮・体　格助　ク・終　副　副　四・用　接助　ナリ・用　四・未　助動・婉・体　格助　格助
聞こえさせ む に、あいなし。かく 濡れ濡れ 参り て、いたづらに 帰ら む 憂へ を、姫君 の
お邪魔申し上げたら、不都合だ。（私が）このように（露に）濡れながら参上したのに、（宮にお目にかかれずに）むだに帰るような嘆きを、

格助　下二・用　接助　ナリ（語幹）　格助　下二・未　接助　係助（係）　四・終　助動・推・体（結）　格助　四・已　接助　ク・体
御方 に 聞こえ て、あはれ と のたまはせ ば なむ、慰む べき。」と のたまへ ば、みにくき 顔
姫君のところに申し上げて、『お気の毒に』とおっしゃるならば、（私の）心も晴れるだろう。」とおっしゃると、（宿直人の）みにくい顔が

四・用　接助　四・未　助動・使・用　補丁・ラ変・未　助動・意・終　格助　四・体　格助　副　間助　格助　下二・用　接助　副
うち笑み て、「申さ せ 侍ら む。」とて 立つ を、「しばし や。」と 召し寄せ て、「年ごろ
にっこり笑って、「（女房に）申させましょう。」と言って立って行くのを、（薫は）「ちょっと待てよ。」とお呼び寄せになって、「この数年

格助　副助　四・用　接助　シク・用　四・体　格助　格助　シク・体　終助　副　副　下二・用
人づて に のみ 聞き て、ゆかしく 思ふ 御琴 の 音ども を、うれしき 折 かな、しばし、少し 立ち隠れ
他人からうわさにだけ聞いて、聞きたく思っている（姫君の）お琴の音を、ちょうどうれしい機会であるなあ、しばらく、ちょっと隠れて

接助　四・終　助動・可・体　格助　ラ変・終　係助　ク・用　上二・用　接助　四・未　助動・婉・体　副
て 聞く べき、もの の くま あり や。つきなく さし過ぎ て 参り寄ら む ほど、みな こと
聞くことができる、物陰はあるか。（私が）不似合いに出過ぎて（姫君たちのおそばに）近寄ったりする間に、すっかり演奏を

下二・用　補尊・四・用　接助　係助　副　ク・未　助動・推・終　格助　四・終　格助　連
やめ 給ひ て は、いと 本意なから む。」と のたまふ。御けはひ、顔かたち の、さる
おやめになったら、本当に残念であろう。」とおっしゃる。（薫の）ご様子や、お顔が、そうした

シク・体　格助　係助　副　ク・用　ク・用　下二・已　接助　四・未　助動・打・体　係助
なほなほしき 心地 に も、いと めでたく かたじけなく おぼゆれ ば、「人 聞か ぬ とき は、
（宿直人のような）身分の低い者の気持ちにも、たいそうすばらしくもったいなく思われるので、「誰も聞いていないときは、

副　副　係助　四・已　接助　助動・断・用　接助　係助　格助　格助　四・用　四・体　ラ変・体
明け暮れ かく なむ 遊ばせ ど、下人 に て も、都 の 方 より 参り、立ち交じる 人 侍る とき
朝に夕にこうして演奏なさるけれども、たとえ下人であっても、都のほうから参って、（この邸内に）立ちまじる者がおります

係助　係助　サ変・未　助動・尊・用　補尊・四・未　助動・打・終　副　副　四・体　格助　係助　■四・未
は、音 も せ させ 給は ず。おほかた、かくて 女たち おはします こと を ば、隠さ
ときは、音もお立てになりません。（八の宮さまは）だいたい、こうして姫君たちのいらっしゃることを、お隠しに

助動・尊・用 補尊・四・用 副 格助 格助 四・未 助動・使・用 補謙・四・未 助動・打意・終 格助 下二・体 助動・断・終 格助 四・已

せ 給ひ、なべて の 人 に 知ら せ 奉ら じ と、おぼしのたまはする なり。」と 申せ

なり、一般の人には（姫のことを）お知らせ申し上げるまいと、お思いになりおっしゃるのです。」と申し上げるので、

接助 四・用 接助 ク・体 助動・断・終 副 上二・用 補尊・四・終 助動・伝・已 接助 ク・体

ば、うち笑ひ て、「あぢきなき 御もの隠し なり。しか 忍び 給ふ なれ ど、みな人、ありがたき

（薫は）ほほえんで、「つまらないお隠しごとだ。そのように隠していらっしゃるということだが、世間の人はみな、（姫君の

格助 格助 下二・終 助動・当・体（音） 助動・定・体 接助 格助 四・用 接助 副 サ変・命 （代） 係助

世 の ためし に、聞き出づ べか める を。」と のたまひ て、「なほ しるべ せよ。我 は

美しさを）世にも珍しい例として、当然聞きつけているらしいのに。」とおっしゃって、「やはり案内せよ。私は

シク・体 副助 ク・体 終助 副 四・終 助動・現伝・体 格助 シク・用 副 副

すきずきしき 心 など なき 人 ぞ。かくて おはします らむ 御ありさま の、あやしく、げに なべて

好色めいた心などもたない者だ。（寂しい所に）こうして過ごしていらっしゃるという（姫君たちの）ご様子が、不思議と、いかにも世間に

格助 下二・用 補尊・四・未 助動・打・体 助動・断・終 格助 ナリ・用 四・已 接助 感 ク（語幹） ク・体 助動・様・用

に おぼえ 給は ぬ なり。」と、こまやかに のたまへ ば、「あな かしこ。心なき やうに、

ありふれた女と同じでいらっしゃるとは思われないのだ。」と、ねんごろにおっしゃるので、（宿直人は）「ああ、もったいない。（ご案内しなければ

格助 係助（係） ラ変・未 助動・推・体（結） 格助 （代） 格助 係助 格助 下二・用 接助 副

のち の 聞こえ や 侍ら む。」とて、あなた の 御前 は、竹 の 透垣 しこめ て、みな 隔て

ば、私は）無粋な者のように、後で評判が立つこともございましょうか。」と言って、あちら（姫君たちのお部屋）の前の庭は、竹の透垣で囲って、すっかり

ナリ・体 格助 下二・用 補謙・四・已 助動・完・終 格助 係助 格助 格助 下二・用 接助 （代） 格助

異なる を、教へ寄せ 奉れ り。御供 の 人 は 西 の 廊 に 呼び据ゑ て、こ の 宿直人

（こちらとは）囲いが別になっているのを、教えて近くにお連れ申し上げた。（薫の）お供の人々は西の廊のほうに呼び寄せて、この宿直人がもてなす。

四・終

あひしらふ。

語句の解説 1

教717 182ページ

5 その琴《こと》とも　何の弦楽器とも。「その」は不定の事物をさす。

6 かく遊《あそ》び給《たま》ふ《ウ》　こうして演奏なさるのだ。「遊ぶ」は「音楽を奏する」の意。管弦の遊びをする。主語は八の宮。「給ふ」は八の宮に対する敬意。

8 所《ところ》からにや　（宇治という）場所柄のせいであろうか。「に」は断定の助動詞「なり」の連用形。下に「あらむ」を省略している。

11 御《おおん》けは《ワ》ひ《イ》しるく聞《き》きつけて　（薫がやって来た）ご様子をはっきりと聞きつけて。「しるく」は、ク活用の形容詞「しるし（著し）」の連用形。

12 なまかたくなしき　「なま」は、接頭語。用言の上に付くときは、なんとなく、どことなく、などの意を表す。

13 何《なに》か　いやなに（それには及ばない）。相手の言葉を軽く打ち消すときの語。

14 いたづ《ズ》らに帰《かえ》らむ《ン》憂《うれ》へ《エ》を　むだに帰るような嘆きを。「いたづらに」は、ナリ活用の形容動詞の連用形。「無益だ、無駄だ」の意。「む」は婉曲《えんきょく》の助動詞。

教717 183ページ

4 もののくま　物陰。ものの隅（くま）。

5 つきなくさし過《す》ぎて参《まい》り寄《よ》らむ《ン》ほど　不似合いに出過ぎて、（姫君たちのおそばに）近寄ったりする間に。形容詞「つきなし」は、「不似合いだ」の意。漢字で表すと「付き無し」。「さし過ぎて」は「出しゃばって、度を越して」の意。

6 さるなほ《オ》なほ《オ》しき心地《ここち》にも　そうした（宿直人のような）身分の低い者の気持ちにも。「なほなほし」は、「直直し」で、「平凡だ、卑しくてつまらない」の意。

7 かくなむ《ン》遊《あそ》ばせど　「遊ばす」は「する・行う」の尊敬語。ここは、「演奏なさる」の意。「なむ」の結びは、「遊ばす」となるべきところ、切れずに下に続いたため、流れている。「結びの流れ（消滅）」という。

1 「隠させ給ひ」の主語は誰か。

答 八の宮。

11 しか忍《しの》び給《たま》ふ《ウ》なれど　そのように隠していらっしゃるということだが。「なれ」は、伝聞の助動詞「なり」の已然形。

12 聞《き》き出《い》づ《ズ》べか《カン》めるを　当然聞きつけているらしいのに。「べかめる」は、「べかるめる」→「べかんめる」（撥《はつ》音便）の「ん」を無表記にした形。

14 げになべてにおぼえ給《たま》は《ワ》ぬなり　いかにも世間にありふれた女と同じでいらっしゃるとは思われないのだ。「なべて」は、「並ひととおり」の意。「おぼゆ」は、「（自然とそう）思われる」。

14 あなかしこ　ああ、もったいない。

「かしこ」は、形容詞「かしこし」の語幹。形容詞の語幹用法で、感動詞「あな」などの下にきて、感動表現となる。

16 **しこめて**　囲って。

「しこむ」は「し籠《こ》む」で、「し」は本来、サ変動詞。

教717 184ページ

1 **呼《よ》び据《す》ゑて**　呼び寄せて(呼び入れ座らせて)。

「据ゑ」は、ワ行下二段活用の動詞「据う」の連用形。ワ行下二段活用の動詞は、「飢う」「植う」「据う」の三語のみ。

【大　意】2　教717 184ページ2行～185ページ4行

薫が透垣《すいがい》の戸口からのぞくと、簾《すだれ》を巻き上げて、女房たちは月をながめているところだった。琵琶《びわ》の撥《ばち》のことで、たわいもなく言い合っている二人の姫君に、薫は心を引かれてしまう。人目につかない意外なところで美しい姫君を見いだすようなことは、昔物語の世界だけに存在するものと思っていたが、実際にしみじみと情趣ある場面に出くわして、感動を新たにするのであった。まもなく、誰か来客のあることを知らせたのか、簾を下ろして、みな静かに奥へ引っ込んでしまった。

【品詞分解／現代語訳】

あなた〔(代)〕 **に**〔格助〕 **通ふ**〔四・終〕 **べか**〔助動・推・体(音)〕 **める**〔助動・定・体〕 **透垣** **の**〔格助〕 **戸** **を**〔格助〕、**少し**〔副〕 **押し開け**〔下二・用〕 **て**〔接助〕 **見**〔上一・用〕 **給へ**〔補尊・四・已〕 **ば**〔接助〕、**月**

(薫が)あちら(の姫君の部屋)に通じているらしい透垣の戸を、少し押し開けて御覧になると、月が

をかしき〔シク・体〕 **ほど** **に**〔格助〕 **霧りわたれ**〔四・已〕 **る**〔助動・存・体〕 **を**〔格助〕 **ながめ**〔下二・用〕 **て**〔接助〕、**簾** **を**〔格助〕 **短く**〔ク・用〕 **巻き上げ**〔下二・用〕 **て**〔接助〕、**人々** **ゐ**〔上一・用〕 **たり**〔助動・存・終〕。

風情のある程度に霧が一面にかかっているのをながめて、簾を短く巻き上げて、女房たちが座っている。

簀子 **に**〔格助〕、**いと**〔副〕 **寒げに**〔ナリ・用〕、**身** **細く**〔ク・用〕、**萎えばめ**〔四・已〕 **る**〔助動・存・体〕 **童** **一人**、**同じ**〔シク・体〕 **さま** **なる**〔助動・断・体〕 **大人** **など**〔副助〕 **ゐ**〔上一・用〕 **たり**〔助動・存・終〕。

濡れ縁に、たいそう寒そうに、体がほっそりして、糊気のない、体に慣れた着物を着た女童が一人と、同じような様子をした年配の女房などが座っている。

内 **なる**〔助動・存在・体〕 **人**、**一人** **は**〔係助〕 **柱** **に**〔格助〕 **少し**〔副〕 **ゐ隠れ**〔下二・用〕 **て**〔接助〕、**琵琶** **を**〔格助〕 **前** **に**〔格助〕 **置き**〔四・用〕 **て**〔接助〕、**撥** **を**〔格助〕 **手まさぐり** **に**〔格助〕 **し**〔サ変・用〕

廂の間にいる姉妹は、ひとり(＝中の君)は柱に少し隠れて座り、琵琶を前に置いて、撥を手でもてあそびながら座っているが、

つつ〔接助〕 **ゐ**〔上一・用〕 **たる**〔助動・存・体〕 **に**〔接助〕、**雲隠れ**〔下二・用〕 **たり**〔助動・存・用〕 **つる**〔助動・完・体〕 **月** **の**〔格助〕、**にはかに**〔ナリ・用〕 **いと**〔副〕 **明かく**〔ク・用〕 **さし出で**〔下二・用〕 **たれ**〔助動・完・已〕 **ば**〔接助〕、**「扇**

雲に隠れてしまっていた月が、急にたいそう明るくさし出たので、「扇

助動・断・未　接助　(代)　格助　係助　係助　四・用　助動・強・終　助動・可・用　助動・詠・終　格助　四・用　助動・存・体
ならで、これしても、月は招きつべかりけり。」とて、さしのぞきたる顔、
でなくて、この撥によっても、月は招き返すことができるのね。」と言って、(月のほうを)さしのぞいている(中の君の)顔は、

シク・用　ナリ・用　ナリ・体　助動・推・終　四・用　助動・存・体　係助　格助　格助　四・用　接助
いみじくらうたげに、にほひやかなるべし。添ひ臥したる人は、琴の上に傾きかかりて、
非常にかわいらしく、つやつやと美しいようだ。(もう一人の)寄り添って横になっている姫(＝大い君)は、(月をのぞこうと)琴の上に

四・体　格助　四・体　係助(係)　ラ変・用　助動・詠・已(結)　ナリ・用　係助　四・用　補尊・四・体　終助　格助
「入る日を返す撥こそありけれ、さま異にも思ひ及び給ふ御心かな。」とて、
おおいかぶさって、「夕日を呼び返す撥はあるそうだけれど、(月を招き返すとは)変わったことを思いつきなさるお心だこと。」と言って、

四・用　助動・存・体　副　副　ナリ・用　四・用　助動・存・終　四・未　助動・打・終　接助　(代)　係助　格助
うち笑ひたるけはひ、いま少し重りかによしづきたり。「及ばずとも、これも月に
ほほえんでいる様子は、(中の君より)もう少し重々しく奥ゆかしい感じである。(中の君は)「(撥で月を招き返すことは)できなくても、撥も月と

下二・体　係助　副助　ク・体　格助　下二・用　四・用　助動・存・体　副
離るるものかは。」など、はかなきことを、うちとけのたまひかはしたるけはひども、さらによそ
縁がないものではない。」などと、たわいもないことを、うちとけて話し合っていらっしゃる様子は、よそながら想像し

格助　四・用　助動・過・体　格助　係助　上一・未　助動・打・用　副　ナリ・用　シク・用(音)　シク・終　副助　格助　下二・用
に思ひやりしには似ず、いとあはれになつかしうをかし。昔物語などに語り伝へ
ていたのとは全く違って、たいそうしみじみと身にしみて慕わしく風情がある。昔物語などに語り伝えてあって、

接助　ク・体　副助　格助　四・体　格助　係助　四・体　接助　副　2ナリ(語幹)　格助　格助　格助　四・用　助動・存・体　副　ラ変・未
て、若き女房などの読むをも聞くに、必ずかやうのことを言ひたる、さしもあら
若い女房などが読むのをも聞くと、必ずこのようなことを述べているが、(実際は)そうでも

助動・打・用　助動・過推・終　格助　ク・用　四・未　助動・自・体　接助　副　ナリ・体　格助　ラ変・用　助動・強・終　助動・当・体
ざりけむと、憎く推し量らるるを、げにあはれなるもののくまありぬべき
なかったのだろうと、(そんな作り話が)憎らしく思われるけれども、なるほど(昔物語にある通り)しみじみと趣深い、人の知らない所も確かにあり

助動・断・用　助動・詠・終　格助　四・用　助動・強・終　助動・推・終
世なりけりと、心移りぬべし。
うる世の中であったのだなあと、(薫は姫君に)きっと心を奪われるにちがいない。

霧 の 深けれ ば、さやかに 見ゆ べく も あら ず。また 月 さし出で なむ と おぼす
格助　ク・已　接助　ナリ・用　下二・終　助動・可・用　係助　ラ変・未　助動・打・終　副　下二・未　終助　格助　四・体
霧が深いので、（姫君たちの姿は）はっきり見ることもできない。もう一度月が出てほしいと（薫が）

ほど に、奥 の 方 より、「人 おはす。」と 告げ聞こゆる 人 や あら む、簾 下ろし て
格助　格助　格助　サ変・終　格助　下二・体　係助（係）　ラ変・未　助動・推・体（結）　四・用　接助
お思いになっているうちに、奥のほうから、「どなたかおいでです。」とお知らせ申し上げる人がいるのだろうか、簾を下ろして、

みな 入り ぬ。驚き顔 に は あら ず、なごやかに もてなし て、やをら 隠れ
四・用　助動・完・終　助動・断・用　係助　ラ変・未　助動・打・用　ナリ・用　四・用　接助　副　下二・用
みな奥に入ってしまった。（二人の姫君は）驚いた様子ではなく、穏やかに振る舞って、そっと隠れていっ

ぬる けはひども、衣 の 音 も せ ず、いと なよよかに 心苦しう て、いみじう あてに
助動・完・体　格助　係助　サ変・未　助動・打・用　副　ナリ・用　シク・用（音）　接助　シク・用（音）　ナリ・用
た様子などは、衣ずれの音もせず、とてもの柔らかでいじらしくて、非常に上品で

みやびかなる を、あはれ と 思ひ 給ふ。
ナリ・体　格助　ナリ（語幹）　格助　四・用　補尊・四・終
優雅なのを、（薫は）しみじみと心が引かれるとお思いになる。

（橋姫）

語句の解説 2

教717 184ページ

2 **あなたに通《かよ》ふ《ウ》べか《カン》める**　あちら（の姫君の部屋）に通じているらしい。

「あなた」は姫君たちの住む部屋のほうをさす。

4 **萎《な》えばめる**　糊気《のりけ》のない、体に慣れた着物を着た。

「萎えばむ」は、萎えた状態になること。「萎ゆ」（ヤ行下二段活用）は、「なえる、糊気が取れて柔らかくなる、しおれる」の意。

5 **ゐ《イ》隠《かく》れて**　隠れて座り。

「ゐ」は「居る」で、「座る」の意。

5 **琵琶《びわ》**　四弦（まれに五弦）の弦楽器。

5 **撥《ばち》**　琵琶を弾く道具。いちょうの葉のような形をしたもの。柘植《つげ》の木で作られた。

7 **扇《おうぎ》ならで、これしても**　扇でなくて、この撥によっても。

「して」は、「…で（手段）」の意の格助詞。

8 **にほひ《オイ》やかなるべし**　つやつやと美しいようだ。

「べし（推量）」を用いているのは、霧のかかった月光を頼りに、やや離れたところから見ているからである。

8 **琴《こと》の上《うえ》に傾《かたぶ》きかかりて**　琴の上におおいかぶさって。

室内から月をのぞこうとしている姿勢である。

9 **入《い》る日《ひ》を返《かえ》す撥《ばち》こそありけれ**　夕日を呼び返す撥はあるそうだけれど。

「こそ…已然形」の後、文が続く場合は、逆接の接続用法となる。

10 **重《おも》りかによしづきたり**　重々しく奥ゆかしい感じである。
「よしづく」は、「奥ゆかしさを持っている、由緒ありそうだ」の意。

12 **さらによそに思《おも》ひ《イ》やりしには似《に》ず**　よそながら想像していたのとは全く違って。
「さらに…ず」で、「全く…ない」の意。副詞の呼応という。

13 **昔物語《むかしものがたり》など**　『宇津保《うつほ》物語』や『住吉《すみよし》物語』などをさす。主人公が、琴を弾く姫君に心引かれて近づく話が見える。

2 **「かやうのこと」とは、具体的にどのような内容か。**

答 人目につかない意外な所で美しい姫君を見いだすようなこと。

14 **さしもあらざりけむ《ン》**　そうでもなかったのだろう。
本来、「さ」は「然《さ》」(＝そのような)。「しも」は強意の副助詞。

15 **もののくまありぬべき世《よ》なりけり**　人の知らない所も確かにありうる世の中であったのだなあ。
「もののくま(隅)」は、「物陰」、ここでは「人の知らない隠れた所」。「ぬべし」は、「きっと…だろう、必ず…にちがいない」の意。「なりけり」は断定＋詠嘆で、強い詠嘆の意となる。

16 **月《つき》さし出《い》でなむ《ン》**　月が出てほしい。
「なむ」は他に対してあつらえ望む意を表す終助詞。未然形に接続する。

教717 185ページ

2 **なごやかにもてなして**　穏やかに振る舞って。
「もてなす」は、「振る舞う、動作する」の意。

学習の手引き

一 **薫が宿直人《とのいびと》を説得する過程を、順を追って整理しよう。**

解答例
・薫→八の宮の不在を告げられた薫は、姫君たちからねぎらいの言葉をいただければ、それで心が慰められると伝える。
・宿直人→薫の下心を邪推して、姫君たちに薫の言葉を伝えさせようとする。
・薫→宿直人をとどめて、琴を弾く姫君たちを垣間見する手引きを請う。
・宿直人→主人の八の宮は姫君たちの存在を隠そうとしていたと示し、薫の申し出をやんわりと拒絶する。
・薫→薫は、八の宮の方針をつまらないと言い、自分は好色な気持ちはなく、姫君たちのことも世にありふれた女性とは思っていないと言う。
・宿直人→薫の人柄を信じ、自分が無粋な者と言われないようにと、薫を手引きする。

二 **大い君と中の君はどのような人物として描かれているか。本文中の描写に即して、両者を対比させながらまとめてみよう。**

解答例 大い君は、「重りかによしづきたり」717 一八四・10とあり、中の君よりも重々しく奥ゆかしい感じであると述べられている。大い君は、思慮深く落ち着いている人のようである。

いっぽう、中の君は、「いみじくらうたげに、にほひやかなる」717 一八四・8とあり、非常にかわいらしくて、つやつやと美しい様子である。中の君は、若々しく愛らしい人のようだ。

三 **薫は二人の姫君のどのような点に心引かれたのか、薫の心情表現に注目して、まとめてみよう。**

解答例 姫君たちは、薫が予想した通りの人たちではなかった。姫君たちを隠そうとする父の八の宮のように、きまじめで堅苦しい人ではなく、親しみやすく優雅で、上品な感じを受けた。それは、「さらによそに思ひやりしには似ず、いとあはれになつかしうをかし。」717 一八四・12からうかがえる。

言葉の手引き

一 **次の古語の意味を調べよう。**

1 ゆかし 717 一八三・3　**2 ありがたし** 717 一八三・11
3 すきずきし 717 一八三・13　**4 大人** 717 一八四・4
5 らうたげなり 717 一八四・8　**6 さやかなり** 717 一八四・16

解答例 1　聞きたい。　2　めったにない。珍しい。　3　色好みだ　4　年配の女房。　5　かわいらしい　6　はっきりしている。

二 **「聞き出づべかめるを。」（717 一八三・12）を品詞に分け、文法的に説明してみよう。**

解答例
・聞き出づ…ダ行下二段活用動詞「聞き出づ」の終止形
・べか…当然の助動詞「べし」の連体形「べかる」の撥音便「べかん」の「ん」の無表記
・める…推定の助動詞「めり」の連体形
・を…接続助詞

言語活動　貴族の呼び名―官職と位階―

教717 P.186　教719 P.166

活動の手引き

一 **左大臣家の嫡男の官職に相当する位階は何か、「官《かん》位《い》相当表《そうとうひょう》」などを用いてそれぞれ確認してみよう。**

解答例
1 蔵人《くろうど》少将《しょうしょう》（五位《ごい》の蔵人《くろうど》兼近衛《このえの》少将《しょうしょう》）
五位の蔵人→正五位上～従五位下
近衛少将→正五位下

2 頭中将《とうのちゅうじょう》（蔵人頭《くろうどのとう》兼近衛中将《このえのちゅうじょう》）
蔵人頭→正四位上～従四位下
近衛中将→従四位下

3 宰相中将《さいしょうのちゅうじょう》（参議《さんぎ》兼近衛中将）
宰相（参議）→正四位下
近衛中将→従四位下

4 大納言《だいなごん》→正三位

5内大臣《うちのおとど》→正二位〜従二位
6太政大臣《おおきおとど》→正一位〜従一位
7致仕《ちじ》の大臣《おとど》→なし

二 **教科書に掲載している『大鏡』の文章の中から、登場人物が官職名で呼ばれている例を抜き出し、それぞれ誰をさしているか指摘してみよう。また、その官職がどのような職務であったか、調べてみよう。**

解答例

第Ⅰ部

○帥殿《そちどの》 717 八四・1 719 七〇・1→藤原伊周《ふじわらのこれちか》
帥→大宰府《だざいふ》の長官。九州諸国の行政の監督、外国使節の接待、海辺防備など。伊周が就いた大宰権帥《だざいのごんのそち》の「権」は、「仮」の意。

○中の関白殿 717 八四・3 719 七〇・3／717 八七・9 719 七三・9→藤原道隆《みちたか》
関白→天皇を補佐して政務を執る最高官。

○大臣《おとど》 717 九一・8 719 七七・8→藤原兼家
右大臣(このとき兼家は右大臣だった)→太政官。太政大臣・左大臣に次ぐ。太政官の政務や儀式を行う。

*同じようにして、第Ⅱ部も調べてみよう。
大納言殿 717 三〇〇・4 719 一八〇・4→藤原公任《きんとう》、大臣《おとど》 717 三〇六・1 719 一八六・1→藤原時平《ときひら》(左大臣)、右大臣 717 三〇六・2 719 一八六・2→菅原道真《すがわらのみちざね》、など。

評論（一）

●評論とは

特定の文学作品や時事などを対象として、その価値・優劣などを論じた文章が評論である。文芸評論という分野が確立されたのがいつかということは、はっきりとはいえない。評論(一)では、特に歌論を中心に学習していく。歌論は、当時の人々がどのように和歌を鑑賞し、歌人を評価し、詠作に苦心していたかということを知る貴重な資料ともいえる。『万葉集《まんようしゅう》』の題詞や、『古今《こきん》和歌集』の仮名序・真名序にも歌論と呼べる要素が見られるが、歌合が盛んに行われるようになるとおのずから歌の批評が必要となり、一〇〇〇年前後には藤原公任《ふじわらのきんとう》(『俊頼髄脳《としよりずいのう》』に出てくる四条大納言)により、『新撰髄脳《しんせんずいのう》』『和歌九品《わかくほん》』が著され、和歌の評価基準が示されるにいたった。ここでは、『俊頼髄脳』『無名抄《むみょうしょう》』『毎月抄《まいげつしょう》』という歌論書に加え、物語、和歌、作者などを幅広く論じた『無名草子《むみょうぞうし》』を学習する。

評論(二)では、能楽論書である『風姿花伝《ふうしかでん》』、江戸時代中期の俳論書『三冊子《さんぞうし》』『去来抄《きょらいしょう》』、思想的随筆『玉勝間《たまかつま》』と、和歌以外の評論へと学習を進めていく。

歌のよしあし　〔俊頼髄脳《としよりずいのう》〕

教717 P.188～P.189　教719 P.168～P.169

【大　意】

教717 188ページ1行～189ページ4行　教719 168ページ1行～169ページ4行

四条大納言に、子の中納言が尋ねる。「和泉式部《いずみしきぶ》と赤染衛門《あかぞめえもん》はどちらが勝っているのですか。」大納言は、「『ひまこそなけれ』の歌をよんだ和泉式部は優れた歌人だ。」と答えた。中納言が「式部の歌としては『はるかに照らせ』の歌のほうが勝っていると世の人々は言いますが。」と問うと、「『はるかに照らせ』の歌は経文の句によってよんだだけで、『ひまこそなけれ』の技巧こそすばらしい。」と言った。

【品詞分解／現代語訳】

歌　の（格助）　よしあし　を（格助）　知ら（四・未）　む（助動・婉・体）　こと　は、（係助）　ことのほか（ナリ〈語幹〉）　の（格助）　大事　な（助動・断・体〈音〉）　めり。（助動・婉・終）　四条大納言

歌のよしあしを理解するようなことは、格別重大な事柄であるようだ。四条大納言（藤原公任）

に、（格助）　子　の（格助）　中納言　の、（格助）　「式部　と（格助）　赤染　と、（格助）　いづれ（代）　か（係助〈係〉）　まされ（四・已）　る（助動・存・体〈結〉）　ぞ。」（終助）　と（格助）　尋ね（下二・用）　申さ（補謙・四・未）

に、子の中納言（＝藤原定頼）が、「和泉式部と赤染衛門とは、どちらが優れていますか。」とお尋ね申し上げなさったところ、

れければ、「一口に言ふべき歌よみにあらず。式部は、『ひまこそ

（大納言は）「一言で言うことができる歌人ではない。和泉式部は、『ひまこそ

なけれ葦の八重ぶき』とよめる者なり。いとやむごとなき歌よみなり。」とあり

なけれ葦の八重ぶき』とよんだ者である。とても優れた歌人である。」と言ったので、

ければ、中納言はあやしげに思ひて、「式部が歌をば、『はるかに照らせ山の端の月』と

中納言は不思議に思って、「和泉式部の歌では、『はるかに照らせ山の端の月』と

申す歌をこそ、よき歌とは、世の人申すめれ。」と申されければ、「それ

いいます歌こそが、すばらしい歌だと、世の中の人は申すようですが。」と申し上げなさったところ、「それ

ぞ、人のえ知らぬことを言ふよ。『暗きより暗き道にぞ』といへる句は、

は、世の人がわからないことを言うのだよ。『暗きより暗き道にぞ』とよんだ句は、

法華経の文にはあらずや。されば、いかに思ひよりけむともおぼえ

「法華経」の文言ではないか。そうであれば、どうやって思いついたのだろうとも思われない。

ず。末の『はるかに照らせ』といへる句は、本にひかされて、やすくよまれ

下の句の『はるかに照らせ』とよんだ句は、上の句に引きつけられて、たやすくよまれたのだろう。

にけむ。『こやとも人を』といひて、『ひまこそなけれ』といへる言葉

（私があげた歌の）『こやとも人を』とよんで、『ひまこそなけれ』とよんだ言葉は、

は、凡夫の思ひよるべきにあらず。いみじきことなり。」とぞ申さ

凡人の思いつくことができるものではない。すばらしいことである。」と申し上げなさった。

れ　助動・尊・用
ける。　助動・過・体（結）

語句の解説

教717 188ページ　教719 168ページ

3 **一口《いっこう》に言《い》ふ《ウ》べき歌《うた》よみにあらず**　一言で言うことができる歌人ではない。

「一言でどちらが優れているとは言えない」ということ。「一口」は、「ひっくるめて」の意味もあるので、和泉式部と赤染衛門をひっくるめて同列とは見ることができないほど和泉式部が優れている、と解釈することもできる。ここでは前者で解釈した。

3 **「ひまこそなけれ」の歌**　津の国の昆陽《こや》ではありませんが、あなたに「来や（来てください）」と言うべきでしょうが、人の目の隙がなくてその機会がありません。葦《あし》の八重ぶきの「小屋」に隙間がないように。

6 **「はるかに照《て》らせ」の歌**　私は闇からいっそう闇へ入り込んでしまいそうだ。はるかかなたまで照らせよ、山の端に出た月よ。

9 **え知《し》らぬこと**　わからないこと。

「え」は、副詞。下に打消の語を伴って「…できない」の意を表す。

教717 189ページ　教719 169ページ

1 **いかに思《おも》ひ《イ》よりけむ《ン》ともおぼえず**　どうやって思いついたのだろうとも思われない。

「思ひよる」は、「思いつく」「考え及ぶ」の意。歌を作るときの苦心のほどを、歌の評価の対象にしていることがわかる。

1 **末《すえ》**　下の句のこと。次の行の「本《もと》」は上の句。

3 **いみじきこと**　すばらしいこと。

「いみじき」は、形容詞「いみじ」の連体形。「いみじ」は、①「はなはだしい」、②「すばらしい」、③「ひどい、恐ろしい」などの意味がある。ここでは②。

学習の手引き

一　冒頭の一文は、以下に続く本文が何について述べることを表しているか。全体の内容をふまえて説明してみよう。

解答例　・歌の優劣を判定するのは難しいということ。

どのような歌を名歌というのかについて考えるとき、世間の評価の高い歌が必ずしも名歌とはいえない。優れた歌というのは、作者が独特の発想を持ち、技巧を駆使し、巧みに表現されたものであるということを述べる。

二　和泉式部の歌二首を、技巧の面で比較してみよう。

解答例　●「ひまこそなけれ…」の歌の技巧

掛詞《かけことば》→・こや（昆陽・来や〔・小屋〕）　・ひま（暇・隙）

縁語→「小屋」、「隙」が「葦の八重ぶき」の縁語典拠→『古今和歌六帖《ろくじょう》』の「津の国の葦の八重ぶきひまをなみ恋しき人に逢《あ》はぬころかな」
枕詞《まくらことば》→「津の国の」　その他→四句切れ、体言止め、倒置

●「はるかに照らせ…」の歌の技巧
掛詞→なし　縁語→なし
典拠→『法華経《ほけきょう》』の「従冥入於冥、永不聞仏名。」
枕詞→なし　その他→三句・四句切れ、体言止め、倒置

三 公任の、二首の歌に対する評価を整理し、公任が考える和歌の評価基準を説明してみよう。

解答例
「ひまこそなけれ…」の歌の、掛詞や縁語を駆使した技巧の巧みさ、発想・趣向のおもしろさなどを高く評価している。その反面、「はるかに照らせ…」の歌には、『法華経』の文句そのままで発想の巧みさがないことを指摘していて、評価が低い。

言葉の手引き

一 次の古語の意味を調べよう。

1 やむごとなし 717 一八八・4 719 一六八・4
3 末 717 一八九・1 719 一六九・1
2 え 717 一八八・9 719 一六八・9
5 凡夫 717 一八九・3 719 一六九・3
4 本 717 一八九・2 719 一六九・2
6 いみじ 717 一八九・3 719 一六九・3

解答例
1 格別だ。立派だ。　2 （打消の語を伴って）…できない。　3 下の句。
4 上の句。　5 凡人。並みの人。　6 すばらしい

二 「尋ね申されければ、」（717 一八八・2 719 一六八・2）、「ひまこそなけれ葦の八重ぶき」（717 一八八・3 719 一六八・3）の傍線部の違いを説明してみよう。

解答例
・尋ね申されければ…過去の助動詞「けり」の已然形。
・ひまこそなけれ…ク活用形容詞「なし」の已然形の活用語尾。

深草の里

〔無名抄《むみやうせう》〕

教717 P.190～P.191　教719 P.170～P.171

【大意】 教717 190ページ1行～191ページ7行　教719 170ページ1行～171ページ7行

俊恵《しゅんえ》が言うには、「五条三位入道は『夕されば』の歌を自身の代表的な歌だと思うということだが、この歌は最も大事なところを『身にしみて』とあっさり言い表したために、趣が浅くなってしまった。これほどの歌なら、具体的な景色などをさらりとよみ表して、なんとなく身にしみたのだろうなあと思わせるのが、奥ゆかしく優雅でもあるのだ。私の歌の中では、『み吉野の』を代表的な歌としようと思う。」と言った。

【品詞分解／現代語訳】

（連語） 格助 格助 下二・用 助動・完・用 助動・過・体 格助 格助 格助 係助
俊恵 いはく、「五条三位入道 の もと に まうで たり し ついで に、『御詠 の 中 に は、
俊恵が言うことには、「五条三位入道（＝藤原俊成）のところにうかがった折に、『およみになった歌の中では、

（代） 格助 係助（係） 下二・用 助動・存・終 格助 四・体（結） 格助 ナリ・用 下二・用 補丁・ラ変・已 接助 （代） 格助 係助
いづれ を か すぐれ たり と おぼす。よそ の 人 さまざまに 定め 侍れ ど、それ を ば
どれを優れているとお思いになりますか。 ほかの人はさまざまに議論しますけれども、 それを

上一・用 補丁・ラ変・体 助動・適・未 助動・打・終 シク・用 四・未 助動・意・終 格助 四・終 格助 下二・用 助動・過・已 接助
用ゐ 侍る べから ず。まさしく 承ら ん と 思ふ。』と 聞こえ しか ば、
採用するのはよくありません。 はっきりとお聞きしようと思う。』と申し上げたところ、

四・已 接助 格助 格助 四・用 接助 四・終 助動・定・終 格助
『夕され ば 野辺 の 秋風 身 に しみ て うづら 鳴く なり 深草 の 里
夕方になると野原の秋風が身にしみるように感じて、うずらは鳴くようだ。深草の里では。

（代） 格助 係助（係） 格助 四・用 接助 係助 格助 四・用 補謙・下二・体（結） 格助 四・未 助動・尊・用 助動・過・体 接助
これ を なん、身 に とり て は おもて歌 と 思ひ 給ふる。』と 言は れ し を、俊恵
これを、 自分にとっては代表的な歌と存じます。』とおっしゃったが、 俊恵が

副 （連語） 格助 ク・用 格助 四・用 補丁・ラ変・体 係助
また いはく、『世 に あまねく 人 の 申し 侍る は、
また言うことには、『世間で広く人が申しますのは、

格助 格助 格助 下二・用 接助 カ変・用 助動・完・終 格助
面影 に 花 の 姿 を 先立て て 幾重 越え来 ぬ 峰 の 白雲
目の前に（桜の）花の姿を思い浮かべていくつも（峰を）越えてきた。（それは遠くの）峰にかかる白雲だったのだが。

（代） 格助 下二・用 助動・存・体 助動・婉・用 四・用 補丁・ラ変・体 係助 副 格助 下二・已 接助 副 格助 係助
これ を すぐれ たる やうに 申し 侍る は、いかに。』と 聞こゆれ ば、『いさ、よそ に は
これを優れているように申しますのは、 どうでしょうか。』と申し上げると、 『さあ、 ほかでは

副 係助(係) 下二・用 補丁・ラ変・体 助動・現推・体(結) 四・用 補謙・下二・未 助動・打・終 副 (代) 係助 格助 格助 係助
さもや定め侍るらん、知り給へず。なほみづからは、先の歌には
そのようにも論じているのでしょうか、(私は)どうだか存じません。やはり自分は、先の歌と

下二・終 助動・可・未 助動・打・終 格助 係助(係) ラ変・用 助動・過・体(結) 格助 四・用 接助 (代) 格助 副 四・用 助動・過・体
言ひ比ぶべからず。』とぞ侍りし。」と語りて、これをうちうちに申しし
比べて言うことはできない。』ということでした。」と語って、このことをこっそり(私に)申したことには、

係助 (代) 格助 係助 格助 四・用 接助 格助 四・体 格助 格助 シク・用(音) ナリ・用 下二・体 助動・断・終 (代) 副助
は、「かの歌は、『身にしみて』といふ腰の句のいみじう無念におぼゆるなり。これほど
「あの歌は、『身にしみて』という第三句がたいそう残念に思われるのだ。これほど

格助 四・用 助動・完・体 係助 格助 四・用 接助 副 ナリ・用 格助 四・用 助動・過推・終 終助 格助 四・未
になりぬる歌は、景気を言ひ流して、ただそらに身にしみけんかしと思は
になった歌は、具体的な景色や詩的雰囲気をさらりとよみ表して、ただなんとなく(観念的に)身にしみたのだろうなあと思わせたの

助動・使・用 助動・完・体 係助(係) ク・用 係助 ナリ・用 係助 補丁・ラ変・已(結) シク・用(音) 四・用 接助 格助 格助
せたるこそ、心にくくも優にも侍れ。いみじう言ひもてゆきて、歌の詮と
こそが、奥ゆかしくも優雅でもあります。(この歌は)たいそう上手に表現していって、歌の最も大事なところと

サ変・終 助動・当・体 格助 副 四・用 助動・存・已 接助 ナリ・用 ク・用 四・用 助動・完・体 格助 (代) 格助
すべきふしを、さはと言ひ表したれば、むげにこと浅くなりぬる。」とて、その
しなければならない箇所を、あっさりと言い表しているので、すっかり趣が浅くなってしまった。」と言って、その

格助 (代) 格助 格助 格助 係助
ついでに、「わが歌の中には、
ついでに、「私の歌の中では、

格助 四・用 四・已 接助 格助 係助 下二・用 接助
み吉野の山かき曇り雪降れば麓の里はうちしぐれつつ
吉野山(の空)が曇って雪が降ると麓の里は時雨が折々過ぎてゆくよ。

(代) 格助 係助(係) 1(代) 格助 格助 サ変・未 助動・意・終 格助 四・用(音) 補謙・下二・体(結) 副 格助 格助
これをなん、かのたぐひにせんと思う給ふる。もし世の末に、
これを、例の(代表作の)類いにしようと存じます。もし(私の)死後に、

おぼつかなく（ク・用） 言ふ（四・体） 人 も（係助） あら（ラ変・未） ば（接助）、『かく（副） こそ（係助(係)） 言ひ（四・用） しか（助動・過・已(結)）。』と（格助） 語り（四・用） 給へ（補尊・四・命）。」と（格助） ぞ（係助）。

(代表作が)はっきりしないと言う人がいたら、『このように言った。』とお話しください。」と(言った)。

語句の解説

教717 190ページ　教719 170ページ

1 まう《モウ》でたりし　うかがった。
「まうで」は、下二段活用の動詞「まうづ」の連用形。「まうづ」は「行く」の謙譲語で、「うかがう」「参上する」という意味。ここでは、俊恵から五条三位入道(藤原俊成《ふじわらのとしなり》)への敬意を表す。

2 いづ《ズ》れをかすぐれたりとおぼす
「か」は、疑問を表す係助詞。係り結びによって、文末の「おぼす」が連体形になっている。「おぼす」は「思ふ」の尊敬語で、ここでは俊恵から五条三位入道への敬意を表す。

2 定《さだ》め侍《はべ》れど　議論しますけれども。
「侍れ」は、ラ行変格活用の補助動詞「侍り」の已然形。「侍り」は丁寧語で、ここでは俊恵から五条三位入道への敬意を表す。

2 それをば用《もち》ゐ《イ》侍《はべ》るべからず　それを採用するのはよくありません。
「それ」は、直前に書かれているように「よその人さまざまに定め」た結果、つまり、ほかの人が議論した結果、五条三位入道の代表作とした歌をさす。俊恵は、他人の評価によって代表作を決めるのは適切ではないと思っているのである。

3 聞《き》こえしかば　申し上げたところ。
「聞こえ」は、下二段活用の動詞「聞こゆ」の連用形。ここでは「言ふ」の謙譲語で、俊恵から五条三位入道への敬意を表す。

4 夕《ゆう》されば　夕方になると。
「夕」は、名詞。「され」は、「…になる」という意味の動詞「さる」の已然形。「ば」は、接続助詞。

5 思《おも》ひ給《たま》ふ《ウ》る　存じます。
「給ふる」は、下二段活用の補助動詞「給ふ」の連体形。前に係助詞「なん」があるため、係り結び。下二段活用の「給ふ」は謙譲語で、ここでは、動詞「思ふ」の連用形「思ひ」に付いて、へりくだる気持ち(五条三位入道から俊恵への敬意)を表す。

7 面影《おもかげ》に花《はな》の姿《すがた》を先立《さきだ》てて　目の前に(桜の)花の姿を思い浮かべて。
「面影」は、ここでは「心に浮かぶ姿」「まぼろし」という意味。「先立て」は下二段活用の動詞「先立つ」の連用形。この「先立つ」は他動詞で、「前に行かせる」という意味。つまり、桜の花が咲く様子を眼前に思い浮かべながら歩いたということである。

8 いさ、よそにはさもや定《さだ》め侍《はべ》るらん、知《し》り給《たま》へ《エ》ず　さあ、ほかではそのようにも論じているのでしょうか、(私は)どうだか存じません。
ここでは「いさ」は副詞で、「知らず」などを伴い、「さあ、どうだか(知らない)」という意味を表し、ここでは、「知り給へず」と呼応している。「さも」は「そうも、そのようにも」の意を表す副詞で、直前で俊恵が言った内容、つまり、「面影に」の歌を五条三位入道の代表作とすることをさしている。

9先《さき》の歌《うた》には言《い》ひ《イ》比《くら》ぶべからず　先の歌と比べて言うことはできない。

「先の歌」は「夕されば」の歌のこと。五条三位入道は、ほかの人が何と言おうと「夕されば」が代表作だと思っているのである。

教717 191ページ　教719 171ページ

3さは《ワ》と言《い》ひ《イ》表《あらわ》したれば　あっさりと言い表しているので。

「身にしみて」と直接的に表したことをさしている。

5うちしぐれつつ　時雨が折々過ぎてゆくよ。

「うち」は接頭語。「つつ」は、反復を表す接続助詞。

1 「かのたぐひ」は何をさすか。

答 「おもて歌」717 一九〇・5 719 一七〇・5

7かくこそ言《い》ひ《イ》しか　このように言った。

「かく」は、「み吉野の」の歌が俊恵の代表作だということをさす。

学習の手引き

一 本文を、俊恵から作者に対する三つの発言に分け、それぞれ何について述べているかを捉えよう。

解答例

・第一の発言（初め～「と語りて、」717 一九〇・10 719 一七〇・10）

俊恵が俊成に代表作は何かと尋ねると、俊成は「夕されば」の歌をあげる。世の中の評価が高いのは「面影に」の歌だとさらに尋ねると、俊成は「夕されば」が比較にならないほどよいと答える。

・第二の発言（「これを」717 一九〇・10 719 一七〇・10～「『…なりぬる。』とて、」717 一九一・3 719 一七一・3）

「夕されば」の歌に対する、俊恵の批評。

・第三の発言（「そのついでに」717 一九一・3 719 一七一・3～終わり）

俊恵自身の考える自分の代表作は「み吉野の」の歌である。

二 俊恵の、「夕されば」の歌に対する批評の要点をまとめ、俊恵が考える和歌の評価基準を説明してみよう。

解答例

・批評の要点…歌の最も大事なところを、「身にしみて」という作者の主観的な言葉で直接説明しているので、感銘が浅くなってしまう。

・俊恵の和歌の評価基準…具体的な景色や雰囲気を、客観的な言葉でそのままよみ表すことにより、奥ゆかしさや優美さを感じさせること。

三 「み吉野の」の歌を、俊恵の基準に照らして評価してみよう。

解答例 「み吉野の山かき曇り雪降れば」717 一九一・5 719 一七一・5と遠景を示し、「麓の里はうちしぐれつつ」717 一九一・5 719 一七一・5と近景を示して、客観的に景色をよんでいる。また、山では雪がふり、麓の里では時雨が降るというように、自然の違いを描き、作者の主観的な表現はない。具体的に景色をさらりとよみ流すことで、深い余情を感じさせている。

言葉の手引き

一 次の古語の意味を調べよう。

1 夕さる 717 一九〇・4 719 一七〇・4　2 いさ 717 一九〇・8 719 一七〇・8
3 腰の句 717 一九〇・11 719 一七〇・11　4 そらなり 717 一九一・1 719 一七一・1
5 心にくし 717 一九一・2 719 一七一・2　6 優なり 717 一九一・2 719 一七一・2

解答例 1 夕方になる。
2 (「知らず」と呼応して)さあ、どうかしら。
3 第三句
4 心がうつろなさま。なんとなく。
5 奥ゆかしい
6 優雅だ

二 「知り給へず。」(717 一九〇・9 719 一七〇・9)、「語り給へ。」(717 一九一・7 719 一七一・7)の傍線部の違いを説明してみよう。

考え方 活用の種類が異なることに注意。前者は未然形で、未然形がエ段の音になるのは下二段活用である。

解答例 前者は下二段活用の補助動詞「給ふ」の未然形で謙譲語であるが、後者は四段活用の補助動詞「給ふ」の命令形で尊敬語である。

本歌取り

〔毎月抄《まいげつせう》〕

教717 P.192～P.193　教719 P.172～P.173

【大　意】 1 教717 192ページ1～4行　教719 172ページ1～4行

本歌取りの場合は、例えば、春の歌は秋や冬の歌によみかえ、恋の歌は雑歌などによみかえて、その歌を取っているとわかるように工夫してよまなければならない。

【品詞分解／現代語訳】

本歌 取り(四・用) 侍る(補丁・ラ変・体) やう は(係助)、先 に(格助) も(係助) 記し(四・用) 申し(補謙・四・用) 候ひ(補丁・四・用) し(助動・過・体)、花 の(格助) 歌 を(格助) やがて(副)

本歌を取ります方法は、以前にも記し申しました(ように)、花の歌をそのまま

花 に(格助) よみ(四・用)、月 の(格助) 歌 を(格助) やがて(副) 月 にて(格助) よむ(四・体) こと は(係助)、達者 の(格助) わざ なる(助動・断・体) べし(助動・推・終)。

花の歌としてよみ、月の歌をそのまま月の歌としてよむことは、達人の技芸であるだろう。

春 の(格助) 歌 を(格助) ば(係助) 秋・冬 など(副助) に(格助) よみかへ(下二・用)、恋 の(格助) 歌 を(格助) ば(係助) 雑 や(間助) 季 の(格助) 歌 など(副助) にて(格助)、

春の歌を秋・冬の歌などによみかえ、恋の歌を雑歌や四季歌などとして(よみかえ)、

接 (代) 格助 格助 四・已 助動・完・体 終助 格助 下二・体 助動・状・用 四・終 助動・当・体 助動・断・用 接助
しかも そ の 歌 を 取れ る よ と 聞こゆる やうに、 よみなす べき に て
そのうえその歌を（本歌として）取ったよとわかるように、 作らなければならないのでございます。

補丁・四・終
候ふ。

語句の解説 1

教717 192ページ 教719 172ページ

3 雑《ざう》 春・夏・秋・冬・賀・離別・羇旅《きりょ》・物名《もののな》・恋・哀傷《あいしょう》などに属さない、さまざまな歌のこと。

4 聞《き》こゆるやう《ヨゥ》に 理解されるように。

【大意】 2 教717 192ページ5〜9行 教719 172ページ5〜9行

本歌取りでは、本歌の言葉をあまりに多く取ってはいけない。最も重要と思われる語句を二つほど取って、新しい歌の上の句と下の句に分けて置くのがよいだろう。

【品詞分解／現代語訳】

格助 格助 副 ク・用 四・体 係助 ラ変・体 助動・打当・体 助動・断・用 接助 補丁・四・終 (代) 格助
本歌 の 詞 を あまりに 多く 取る こと は、 ある まじき に て 候ふ。 そ の
本歌の言葉をあまりに多く取ることは、 あってはいけないことでございます。 その方法は、

係助 格助 下二・体 副助 格助 格助 格助 格助 四・終
やう は、 詮 と おぼゆる 詞 二つ ばかり にて、 [1] 今 の 歌 の 上・下句 に 分かち置く
最も重要と思われる語句二つほどで、 新しい歌の上の句と下の句に分けて置くのがよいだろうか。

助動・推・体 助動・断・用 係助 副 係助 格助 格助 係助(係) 四・体(結) 格助
べき に や。 たとへば、 「夕暮れ は 雲 の はたて に もの ぞ 思ふ 天 つ 空
たとえば、 「夕暮れどきは、雲の果てに向かってもの思いをすることよ。天上にいるような、手の届かない人を

助動・存在・体 格助 上二・終 格助 格助 ラ変・体 格助 四・未 接助 格助 格助 四・終 格助
なる 人 を 恋ふ とて」 と 侍る 歌 を 取ら ば、 「雲 の はたて」 と 「もの 思ふ」 と
恋しく思っているので。」とございます歌を（本歌として）取るならば、 「雲のはたて」と「もの思ふ」という言葉を取って、

いふ〔四・体〕詞を〔格助〕取り〔四・用〕て、〔接助〕上・下句に〔格助〕置き〔四・用〕て、〔接助〕恋の〔格助〕歌なら〔助動・断・未〕ざら〔助動・打・未〕ん〔助動・婉・体〕雑・季など〔副助〕に〔格助〕よむ〔四・終〕べし。〔助動・当・終〕

上の句と下の句に置いて、恋の歌でないような雑歌や四季歌などによむべきである。

語句の解説 2

教717 192ページ　教719 172ページ

6 **詮**《せん》　大事なところ。眼目。

1　「今の歌」は何をさすか。

答　新しくよむ歌。

7 **天**《あま》**つ空**《そら》**なる人**《ひと》　高貴な身分の人を示している。

8 **取**《と》**らば**　（本歌として）取るならば。

9 **雑**《ぞう》**・季**《き》**などによむべし**　「夕暮れは」の歌は、「恋の歌」である。

【大　意】　3　教717 192ページ10行～193ページ3行　教719 172ページ10行～173ページ3行

本歌取りのときは、取る言葉が多いからよくないのではなく、めずらしくて、構想上で重要だと感じられる言葉をやたらに取るのがよくないのである。だからと言って、あまりに少なく言葉を取るなら、何を本歌にしているかがわからないから、それもかいがない。このようなことを理解して作らなければならない。

【品詞分解／現代語訳】

こ（代）の〔格助〕ごろも、〔係助〕こ（代）の〔格助〕歌を〔格助〕取る〔四・終〕とて、〔格助〕「夕暮れ」の〔格助〕詞を〔格助〕も〔係助〕取り添へ〔下二・用〕て〔接助〕よめ〔四・已〕る〔助動・完・体〕

最近も、この歌を取るということで、「夕暮れ」という言葉をも取る言葉に加えてよんだ例もございます。

たぐひも〔係助〕侍り。〔ラ変・終〕「夕暮れは〔係助〕」と〔格助〕は〔係助〕取り添へ〔下二・用〕たる〔助動・存・体〕に、〔接助〕など〔副〕やらん、（連語）あしく〔シク・用〕も〔係助〕聞こえ〔下二・未〕ず。〔助動・打・終〕

「夕暮れは」と取る言葉に加えてよんでいるが、どうしてだろうか、悪くも聞こえない。

めづらしく、〔シク・用〕詮と〔格助〕おぼゆる〔下二・体〕詞を、〔格助〕さ〔副〕のみ〔副助〕取る〔四・体〕が〔格助〕わろく〔ク・用〕侍る〔補丁・ラ変・体〕なり。〔助動・断・終〕また、〔副〕

めずらしく、最も重要と思われる言葉を、そのようにばかり（三つも）取るのがよくないのでございます。また、

副	ナリ・用	四・用	接助	(代)	格助		格助	四・已	助動・完・体	終助	格助	係助	下二・未	助動・打・未
あまりに	かすかに	取り	て、	そ	の	歌	にて	よめ	る	よ	と	も	見え	ざら

あまりにも少なく取って、その歌を本歌としてよんだなともわからないとしたら、

助動・仮・体		格助		係助	ラ変・体	助動・当・体	助動・断・已	接助	シク・用	(代)	係助	下二・用	接助	四・終
ん、	何	の	詮	か	侍る	べき	なれ	ば、	よろしく	これら	は	心得	て	取る

何のかいもないはずですから、よくこういうことを理解して取るべきでございます。

助動・当・体	助動・断・用	係助
べき	に	こそ。

語句の解説 3

教717 192ページ　教719 172ページ

10「夕暮《ゆうぐ》れ」の詞《ことば》をも取《と》り添《そ》へ《エ》てよめるたぐひ《イ》　脚注6の「ながめわび」の歌の意味は、「どうしようもなくもの思いにふけり、何ということもなくものを思うことだ。雲の果ての夕暮れの空に向かって。」ということ。

11 などやらん　どうしてだろうか。

「やらん」は、「にやあらん(=断定の助動詞「なり」の連用形「に」+係助詞「や」+ラ変動詞「あり」の未然形「あら」+推量の助動詞「ん」の連体形)」が転じたもの。

学習の手引き

一　定家《さだいえ》の説く本歌取りの方法を各段落からそれぞれ読み取り、要点を三つにまとめよう。

解答例　・第一段落…本歌が春の歌であれば、秋や冬の歌によみかえたり、恋の歌を雑や四季の歌によみかえたりする。しかも、本歌は何かとわかるようによみなす。

・第二段落…本歌の最も重要と思われる語句を二つほど取り、新しい歌の上の句と下の句に分けて置いてよむ。

・第三段落…めずらしくて、重要と思われる語句ばかりをやたらと取るのは、(本歌と代わりばえがしないから)よくない。しかし、どれが本歌なのかわからないような取り方もよくない。そのあたりを理解して、よまなければならない。

二　「『夕暮れは』とは取り添へたるに、などやらん、あしくも聞こえず。」(717 一九二・11 719 一七二・11)とあるが、脚注6にあげた歌を例にして、その理由を考察してみよう。

解答例　「ながめわび」の歌には、本歌の「雲のはたて」と「もの思ふ」の二つの言葉だけではなく、「夕暮れ」の語句も取られている。本歌が明確であり、同じ恋の歌であるが、本歌の「天つ空なる人(=手の届かない高貴な人)を恋ふとて」ということではなく、「それとはなしに」もの思いをすると歌うことで、広く人

の気持ちをよんだ歌になっているから、悪くも聞こえないのである。

言葉の手引き

一 次の古語の意味を調べよう。

1やがて 717 一九二・1 719 一七二・1　2聞こゆ 717 一九二・4 719 一七二・4
3はたて 717 一九二・7 719 一七二・7　4たぐひ 717 一九二・10 719 一七二・10
5あし 717 一九二・11 719 一七二・11　6わろし 717 一九三・1 719 一七三・1

解答例
1 そのまま　2 理解される。わかる。
3 果て　4 同じ種類。　5 悪い　6 よくない。

二 本文に用いられている丁寧語を整理し、なぜ丁寧語が多用されているのか、考えを述べてみよう。

解答例〔丁寧の補助動詞〕
・「本歌取り侍るやう」717 一九二・1 719 一七二・1
・「記し申し候ひし」717 一九二・1 719 一七二・1
・「よみなすべきにて候ふ」717 一九二・4 719 一七二・4
・「あるまじきにて候ふ」717 一九二・5 719 一七二・5
・「わろく侍るなり」717 一九三・1 719 一七三・1
〔丁寧の動詞〕
・「侍る歌を」717 一九二・7 719 一七二・7
・「たぐひも侍り」717 一九二・10 719 一七二・10
・「何の詮か侍るべき」717 一九三・2 719 一七三・2
『毎月抄』は、毎月、藤原定家に歌を送り添削を請う人に答えて和歌を論じたものなので、読み手を意識して丁寧語を用いている。

無《む》名《みやう》草《ざう》子《し》

教717 P.194～P.197　教719 P.174～P.177

清少納言

【大意】1 教717 194ページ1～6行 教719 174ページ1～6行

度を過ぎてしまった人がそのままでいる例は、めったにないようだ。清少納言《せいしょうなごん》が皇后宮(＝定子《ていし》)の最盛期に仕え、ほかの女房より優れた者と思われていたころのことは、『枕草子《まくらのそうし》』というものに自ら書き表している。

【品詞分解／現代語訳】

「すべて〔副〕、あまりに〔1ナリ・用〕 なり〔四・用〕 ぬる〔助動・完・体〕 人 の〔格助〕、そ〔(代)〕 の〔格助〕 まま に〔助動・断・用〕 て〔接助〕 侍る〔補丁・ラ変・体〕 ためし、ありがたき〔ク・体〕 わざ

「総じて、度を過ぎてしまった人が、そのままでいます例は、めったにないことで

に　こそ　あ　めれ。
（助動・断・用／係助(係)／ラ変・体(音)／助動・婉・已(結)）
あるようだ。

檜垣の子、清少納言は、一条院の位の御時、中の関白、世をしらせ給ひける
（格助／係助／格助／格助／格助／四・未／助動・尊・用／補尊・四・用／助動・過・体）
檜垣の嫗の子、清少納言は、一条院の在位の御代、中の関白（＝藤原道隆）が、世をお治めになった（その）初期、

初め、皇太后宮の時めかせ給ふ盛りに候ひ給ひて、人より優なる者とおぼしめさ
（格助／四・未／助動・尊・用／補尊・四・体／格助／四・用／補尊・四・用／接助／格助／ナリ・体／格助／四・未）
皇后宮が（天皇の）御寵愛をお受けになっていらっしゃる盛り（のとき）にお仕えになって、ほかの女房より優れた者と（皇后から）お思いになっ

れたりけるほどのことどもは、枕草子といふものに、みづから書き表して
（助動・受・用／助動・完・用／助動・過・体／格助／係助／格助／四・体／格助／副／四・用／接助）
ていただいていたころのさまざまなことは、『枕草子』というものに、自ら書き表していますので、

侍れば、細かに申すに及ばず。
（補丁・ラ変・已／接助／ナリ・用／四・体／格助／四・未／助動・打・終）
細かく申し上げるには及びません。

語句の解説 1

教717 194ページ　教719 174ページ

1 **あまりになりぬる人《ひと》**　度を過ぎてしまった人。
「あまりに」は、形容動詞「あまりなり」の連用形。「あまりなり」は、度が過ぎてしまっている様子を表す。ここでは、清少納言が定子の「時めかせ給《たま》ふ盛り」に仕え、「人より優なる者」と評価されていたときの様子をさす。ただし、これは、清少納言や『枕草子』を批判した、皮肉をこめた表現ではない。

1　「あまりになりぬる人」とは、どういう意味か。

答　分相応な程度よりも出過ぎてしまった人。

1 **ありがたきわざにこそあ《アン》めれ**　めったにないことであるようだ。
「ありがたき」は、形容詞「ありがたし」の連体形。「ありがたし」は漢字で書くと「有り難し」で、「あることが難しい」というのがもともとの意味。

【大　意】 2　教717 194ページ7～10行　教719 174ページ7～10行

清原元輔《きよはらのもとすけ》の娘であり、あれほどの人物であったわりには、清少納言は歌をよむことに優れていなかったようだ。清少納言の歌は、『後拾《ごしゅう》遺集《いしゅう》』にも少ししか入っていない。清少納言自身も十分にわかっていて、歌をよむことにはかかわらなかったのだろうか。

【品詞分解／現代語訳】

歌よみ の（格助） 方 こそ（係助）、元輔 が（格助） 娘 に（助動・断・用） て（接助）、さ（副） ばかり（副助） なり（助動・断・用） ける（助動・過・体） ほど より（格助） は（係助）、すぐれ（下二・未）
（清少納言の）歌をよむことの方面は、元輔の娘であって、あれほど（の優れた人）であったわりには、優れて

ざり（助動・打・用） ける（助動・過・体） と（格助） か（係助） や（間助） と（格助） おぼゆる（下二・体）。後拾遺 など（副助） に（格助） も（係助）、むげに（ナリ・用） 少なく（ク・用） 入り（四・用） て（接助） 侍る（補丁・ラ変・体） めり（助動・婉・終）。
いなかったのではないかと思われる。『後拾遺集』などにも、（清少納言の歌は）ひどく少なく入集しているようです。

みづから も（係助） 思ひ知り（四・用） て（接助）、申し請ひ（四・用） て（接助）、さやう の（格助） こと に（格助） は（係助）、まじり（四・用） 侍ら（補丁・ラ変・未） ざり（助動・打・用）
（清少納言）自身も十分にわかっていて、（皇后に）お願い申し上げて、そうしたことには、かかわらなかったのでしょうか。

ける（助動・過・体） に（助動・断・用） や（係助）。さらでは（連語）、いと（副） いみじかり（シク・用） ける（助動・過・体） もの に（助動・断・用） こそ（係助（係）） あ（ラ変・体（音）） めれ（助動・定・已（結））。
そうでなくては、入集歌があまりにも少なすぎたように思われます。

語句の解説 2

教717 194ページ　教719 174ページ

7 すぐれざりけるとかやとおぼゆる　優れていなかったのではないかと思われる。

「とかや」は、格助詞「と」＋係助詞「か」＋間投助詞「や」。伝え聞いたことを、断定を避けて表す表現。係助詞「か」の結びは省略されている。文末の「おぼゆる」は連体形だが、一文の冒頭「歌よみの方こそ」の係助詞「こそ」の破格の結び（「こそ」の結びは本来已然形）であるとする説もある。

9 さやう《ヨウ》のこと　そうしたこと。

和歌に関することをさす。

10 さらでは　そうでなくては。

「さらでは」は、動詞「さり（然り）」の未然形「さら」＋打消の接続助詞「で」＋係助詞「は」。ここでは、清少納言が作歌に優れていないことを自覚し、歌を作ることにかかわらなかったことをさす。

【大　意】 3　教717 194ページ11行〜195ページ9行　教719 174ページ11行〜175ページ9行

『枕草子』は、清少納言の心の様子が見えてとても興味深い。皇后が天皇の御寵愛《ちょうあい》を受けたことだけをまざまざと書き出すいっぽう、衰退した事情は少しも言い出さないような心遣いのあった人が、後に遠い田舎に下り、粗末な生活をしていたというのはとても気の毒だ。

【品詞分解／現代語訳】

(代)　格助　係助(係)　格助　下二・用　接助　副　シク・用(音)　補丁・ラ変・已(結)

その　枕草子　こそ、心　の　ほど　見え　て、いと　をかしう　侍れ。

その『枕草子』は、（清少納言の）心の様子が見えて、とても興味深いものでございます。

副　シク・用(音)　係助　ナリ・用　係助　シク・用　係助　ク・用　係助　ラ変・体　四・未　助動・打・用　四・用　助動・存・体　格助　格助
さばかり　をかしう　も、あはれに　も、いみじく　も、めでたく　も、ある　ことども　残ら　ず　書き記し　たる　中　に、宮　の
あんなにおもしろくも、趣深くも、すばらしくも、立派にも、さまざまな出来事を残らず書き記してある中で、皇后が

ク・用　ナリ・用　四・未　助動・尊・用　補尊・四・用　助動・過・体　副助　格助　格助　係助　四・体　副助　下二・用
めでたく　盛りに　時めか　せ　給ひ　し　こと　ばかり　を、身　の　毛　も　立つ　ばかり　書き出で
すばらしく最盛期にあって（天皇の）御寵愛をお受けになったことだけを、ぞくぞくするほど（真に迫って）書き出して、

接助　下二・用　補尊・四・用　四・未　助動・受・用　補尊・四・用　副助　サ変・未　助動・過・体　格助　格助　係助
て、関白殿　失せ　給ひ、内大臣　流さ　れ　給ひ　など　せ　し　ほど　の　衰へ　を　ば、
関白殿（＝藤原道隆）がお亡くなりになり、内大臣（＝藤原伊周）が流されなさるなどしたころの衰退を、

副　下二・未　助動・打・体　格助　シク・体　助動・断・用　助動・過婉・体　格助　シク・体
かけても　言ひ出で　ぬ　ほど　の、いみじき　心ばせ　なり　けむ　人　の、はかばかしき　よすが
少しも言い出さないほどの、すばらしい心遣いだったような人が、しっかりした縁者なども

副助　係助　ク・用　助動・過・体　助動・断・用　係助　格助　助動・断・用　助動・過・体　格助　サ変・用　接助　ナリ・体　格助
など　も　なかり　ける　に　や、乳母　の　子　なり　ける　者　に　具し　て、はるかなる　田舎　に
なかったのだろうか、乳母の子だった者に付き従って、遠い田舎に

四・用　接助　四・用　助動・過・体　接助　格助　四・体　四・用　格助　格助　下二・終　格助　格助　係助(係)
まかり　て　住み　ける　に、青菜　と　いふ　もの　干し　に、外　に　出づ　とて、『昔　の　直衣姿　こそ
下って住んだが、青菜というものを干しに、外に出ようとして、『昔の直衣姿（の方たち）が

下二・未　助動・打・已(結)　格助　四・用　助動・過・体　格助　上一・用　補丁・ラ変・用　助動・過・已　接助　シク・終　格助　上一・用　接助
忘れ　ね。』と、ひとりごち　ける　を　見　侍り　けれ　ば、あやし　の　衣　着　て、
忘れられない。』と、独り言を言ったのを（ある人が）見ましたところ、粗末な着物を着て、

つづり と いふ もの 帽子 に し て 侍り ける こそ、いと あはれなれ。まことに、いかに 昔
（格助／四・体／格助／サ変・用／接助／補丁・ラ変・用／助動・過・体／係助（係）／副／ナリ・已（結）／副／副）
（布切れを継いだ）つづりというものを帽子にしていましたのが、とても気の毒だ。本当に、どんなに昔が

恋しかり けむ。」
（シク・用／助動・過推・体）
恋しかったのだろう。」

語句の解説 3

教717 195ページ　教719 175ページ

2 **身《み》の毛《け》も立《た》つばかり**　ぞくぞくするほど（真に迫って）。

驚きや感動のために、体の毛が逆立つように感じる様子を表す。肯定的にも否定的にも使われるが、ここでは、『枕草子』を「いとをかしう侍れ」、清少納言を「いみじき心ばせなりけむ人」と評価していることから考えて、描写が詳しく真に迫っているという肯定的な意味でこのように表現したと考えられる。

3 **関白殿《かんぱくどの》失《う》せ給ひ《たまイ》、内大臣《うちのおとど》流《なが》され給ひ《たまイ》などせし**　「関白殿」は、「中の関白」（藤原道隆《ふじわらのみちたか》）のこと。「中の関白」は、定子の父である。また、「内大臣」（藤原伊周《これちか》）は定子の兄。「流され」は、大宰権《だざいのごんの》帥《そち》に左遷されたことをさす。

4 **いみじき心《こころ》ばせ**　すばらしい心遣い。

前に書かれているように、定子の最盛期の様子だけを詳しく書き表し、衰退の様子を一切書こうとしない、清少納言の心配りをさしている。

4 **はかばかしきよすがなどもなかりけるにや**　しっかりした縁者などもなかったのだろうか。

直後に書かれている、清少納言が田舎へ下ったことの理由を推測した表現。

6 **昔《むかし》の直衣姿《のうしすがた》こそ忘《わす》れね**　昔の直衣姿（の方たち）が忘れられない。

「直衣」は、天皇や上級の貴族が着る服。清少納言は、青菜の色から直衣の色を連想した（または、庶民が着る襖《あお》から直衣を連想した）と考えられる。華やかな宮中での生活を懐かしんでいる。

学習の手引き

一 冒頭の一文は、後の本文のどの部分と対応しているか。該当する本文を指摘し、内容をまとめよう。

解答例　「乳母《めのと》の子なりける者に具して、……いとあはれなれ。」

717 一九五・5 719 一七五・5～717 一九五・8 719 一七五・8

乳母の子に付き従って、遠い田舎に住み、粗末な着物を着て帽子をかぶり、華やかな生活とはほど遠い暮らしをしていたという没落した姿を述べた部分と対応している。

二 本文中に述べられている清少納言の人物評を、次の点から整理しよう。

1 『枕草子』の執筆態度

2 歌人としての評価

解答例　1　中宮定子の華やかで栄えていたときのことだけを書き、定子の父「中の関白」(藤原道隆)没後の一族の衰退については書かないでおくという配慮をしている。宮廷生活の賛美者。

2　優れた歌人と評価されている清原元輔の娘にしては勅撰《ちょくせん》和歌集への入集《にっしゅう》も少なく、歌の才能に乏しかったと思われる。清少納言自身もそれを自覚し、あまり歌をよまないようにしていたという人物。

言葉の手引き

一　次の古語の意味を調べよう。

1ありがたし 717 一九四・1 719 一七四・1　2しる 717 一九四・3 719 一七四・3

3時めく 717 一九四・4 719 一七四・4　4かけても 717 一九五・4 719 一七五・4

5はかばかし 717 一九五・4 719 一七五・4　6よすが 717 一九五・5 719 一七五・5

解答例　1　めったにない。　2　治める

3　寵愛を受ける。時流に乗って栄える。

4　(打消の語を伴って)少しも(…ない)。　5　しっかりした。

6　縁者

二　「時めかせ給ひしことばかりを、身の毛も立つばかり書き出でて、」(717 一九五・2 719 一七五・2)の傍線部の違いを説明してみよう。

解答例　「ことばかり」は、限定の副助詞で「…だけ」と訳す。「立つばかり」は、程度を表す副助詞で「…ほど・…ぐらい」と訳す。

紫式部

【大意】　教717 196ページ1～12行　教719 176ページ1～12行

紫式部《むらさきしきぶ》が上東門院《じょうとうもんいん》(=中宮彰子《しょうし》)の命を受けて『源氏物語《げんじものがたり》』を作ったというのは、実にうらやましく、すばらしい。実家にいたときに『源氏物語』を作り、それにちなんで紫式部という名をつけたともいうが、どちらが本当なのだろうか。紫式部の日記にも、「出仕した初めのころは、つきあいにくいだろうと他の女房に思われていたが、ぼんやりしていたので意外に思われた。」などと書かれている。

【品詞分解／現代語訳】

「繰り言　の(格助)　やうに(助動・比・用)　は(係助)　侍れ(補丁・ラ変・已)　ど、(接助)　尽き(上二・用)　も(係助)　せ(サ変・未)　ず(助動・打・用)　うらやましく、(シク・用)　めでたく(ク・用)　侍る(補丁・ラ変・体)

「同じことをくどくど繰り返すようですけれど、尽きることもなくうらやましく、すばらしゅうございますのは、

は、(係助)　大斎院　より(格助)　上東門院、『つれづれ　慰み(四・用)　ぬ(助動・強・終)　べき(助動・適・体)　物語　や(係助(係))　候ふ。』(四・体(結))　と(格助)　尋ね(下二・用)　参らせ(補謙・下二・用)

大斎院から上東門院へ、『退屈な気分が晴れるのによい物語はございますか。』とお尋ね申し上げなさったところ、

補尊・四・已　助動・完・用　助動・過・体　接助　格助　四・用　接助　(代)　格助　係助(係)　下二・終　助動・適・体(結)　格助　下二・未　助動・尊・用
給へ り ける に、紫式部 を 召し て、『何 を か 参らす べき。』 と 仰せ られ
（上東門院が）紫式部をお呼びになって、『何を差し上げるのがよいか。』とおっしゃったので、

助動・過・已　接助　シク・体　係助　(代)　係助(係)　ラ変・体　助動・推・体(結)　シク・用　四・用　接助　下二・用　補尊・四・命　終助
けれ ば、『めづらしき もの は、何 か 侍る べき。 新しく 作り て 参らせ 給へ かし。』
（紫式部が）『目新しいものは、何かございますでしょうか（いいえ、ございません）。新しく作って差し上げなさいませ。』

格助　四・用　助動・過・已　接助　四・命　格助　下二・未　助動・尊・用　助動・過・体　格助　四・用　接助　格助　四・用　助動・完・用　助動・過・体
と 申し けれ ば、『作れ。』 と 仰せ られ ける を、承り て、源氏 を 作り たり ける
と申し上げたところ、『（おまえが）作りなさい。』とおっしゃったのを、（紫式部が）承って、『源氏物語』を作ったのは、

係助(係)　シク・用　ク・用　補丁・ラ変・已(結)　格助　四・体　ラ変・已　接助　接　副　係助　サ変・未　接助　格助
こそ、いみじく めでたく 侍れ。」 と 言ふ 人 侍れ ば、また、「いまだ 宮仕へ も せ で 里 に
たいそうすばらしゅうございます。」と言う人がおりますと、また、（もう一人の人が）「まだ宮仕えもせず実家に

ラ変・用　助動・過・体　ラ変・体　下二・用　助動・完・用　助動・過・体　格助　四・用　接助　下二・未　助動・受・用　接助　接
侍り ける 折、かかる もの 作り出で たり ける に より て、召し出で られ て、それゆゑ
ございましたとき、このようなものを作り出したことによって、（出仕するように）召し寄せられて、そのため

格助　四・体　係助　下二・用　助動・完・終　格助　係助　四・体　係助　(代)　係助(係)　助動・断・用　接助　補丁・ラ変・未
紫式部 と いふ 名 は つけ たり と も 申す は、いづれ か まこと に て 侍ら
紫式部という名をつけたとも申すのは、どちらが本当なのでしょうか。

助動・推・体(結)　(代)　格助　格助　格助　四・体　ラ変・用　助動・過・体　格助　係助　四・用　助動・過・体　副助
む。 その 人 の 日記 と いふ もの 侍り し に も、『参り ける 初め ばかり、
その人（＝紫式部）の日記というものがありましたのにも、『出仕した初めのころは、

シク・用(音)　係助　ク・用　係助　接　シク・用(音)　係助　ラ変・未　助動・推・終　助動・現推・終　格助　四・已
はづかしう も、心にくく も、また、添ひ苦しう も あら むず らむ と、おのおの 思へ
（私のことを）立派でもあり、奥ゆかしくもあり、また、つきあいにくくもあるだろうと、（他の女房が）それぞれ

助動・存・用　助動・過・体　格助　副　ナリ・用　四・用　ナリ・用　接助　格助　副助　四・未　助動・打・体
り ける ほど に、いと 思はずに ほけづき、かたほに て、一文字 を だに 引か ぬ さま
れ思っていたところに、（私は）全く意外なことにぼんやりしていて、世慣れていなくて、「一」という文字をさえ書かない様子だったので、

なり	けれ	ば、	かく	思は	ず	と、	友だちども	思は	る。』	など	こそ	見え	て	侍れ。」
助動・断・用	助動・過・已	接助	副	四・未	助動・打・終	格助		四・未	助動・尊・終	副助	係助(係)	下二・用	接助	補丁・ラ変・已(結)

こうとは思わなかったと、友達たちはお思いになる。』などと書かれています。」

語句の解説

教717 196ページ　教719 176ページ

1 **繰《く》り言《ごと》のやう《ヨウ》には侍《はべ》れど**　同じことをくどくど繰り返すようですけれど。

『無名草子』では、繰り返し『源氏物語』を礼賛している。

2 **尋《たず》ね参《まい》らせ給《たま》へ《エ》りけるに**　お尋ね申し上げなさったところ。

「参らせ」は、謙譲の補助動詞「参らす」の連用形。語り手から上東門院への敬意を表している。同時に、尊敬の補助動詞「給へ」(給ふ)が付くことによって、この動作をした大斎院《だいさいいん》を尊敬する表現になっている。

3 **紫式部《むらさきしきぶ》を召《め》して**　紫式部をお呼びになって。

主語は「上東門院」。「つれづれ慰みぬべき物語や候ふ。」と大斎院に尋ねられた上東門院が、紫式部を呼んだのである。

3 **何《なに》をか参《まい》らすべき**　何を差し上げるのがよいか。

「参らす」は、「与ふ」の謙譲語。上東門院から大斎院への敬意を表している。

4 **参《まい》らせ給《たま》へ《エ》かし**　差し上げなさいませ。

「参らせ」は、謙譲の動詞「参らす」の連用形。紫式部から大斎院への敬意を表している。また、「給へ」は、尊敬の補助動詞「給ふ」の命令形。紫式部から上東門院への敬意を表している。

5 **「作《つく》れ。」と仰《おお》せられける**　「(おまえが)作りなさい。」とおっしゃった。

「仰せ」は、動詞「仰す」の未然形で「言ふ」の尊敬語。「られ」は、尊敬の助動詞「らる」の連用形。ともに、上東門院への敬意を表している。上東門院が紫式部に、大斎院の退屈を紛らすのによい物語を新しく作れと命じたのである。

7 **かかるもの**　このようなもの。

『源氏物語』をさす。

7 **それゆゑ《エ》紫式部《むらさきしきぶ》といふ《ウ》名《な》はつけたり**　そのため紫式部という名をつけた。

『源氏物語』の若紫にちなんで、紫式部と名づけたということ。

9 **参《まい》りける初《はじ》め**　出仕した初め。

紫式部が上東門院のもとに出仕し始めたころをさす。

11 **一文字《いちもんじ》をだに引《ひ》かぬ**　「一」という文字をさえ書かない。

最も簡単な「一」という漢字すら書けないと述べて、無学であることを謙遜した表現。

学習の手引き

一 **「いづれかまことにて侍らむ。」（717 一九六・8 719 一七六・8）とあるが、ここで話題になっていることと、対比されている内容とを整理しよう。**

解答例
・話題になっていること…『源氏物語』が書かれたのは、紫式部の出仕以前か、出仕以後か。
・対比されている内容…出仕後に、大斎院からの要望に応えるために、上東門院が紫式部に命じて作らせたということと、出仕前に書かれた『源氏物語』が目にとまって召し出されたということ。

二 **「その人の日記」（717 一九六・8 719 一七六・8）が引用されているが、教科書に掲載している『紫式部日記』のどの部分と対応しているか、指摘してみよう。**

解答例 「一文字をだに引かぬさまなりければ」717 一九六・11 719 一七六・11の部分が、『紫式部日記』（「日本紀《にほんぎ》の御局《みつぼね》」）の「一といふ文字をだに書きわたし侍らず」717 九七・5 719 八七・5の部分と対応している。

三 **本文から読み取ることのできる紫式部の性格をまとめよう。**

解答例 出仕を始めたころ、他の女房が「はづかしうも、心にくくも、また、添ひ苦しうもあらむずらむ」717 一九六・9 719 一七六・9と思っていたところ、「ほけづき、かたほにて、一文字をだに引かぬさま」717 一九六・11 719 一七六・11に振る舞うほど、周囲に気を使う性格だった。いっぽう、常に控えめなのではなく、『源氏物語』を創作したように、必要な場面では才能を見せた。

言葉の手引き

一 **次の古語の意味を調べよう。**

1 めでたし 717 一九六・1 719 一七六・1
2 心にくし 717 一九六・9 719 一七六・9
3 思はずなり 717 一九六・10 719 一七六・10
4 ほけづく 717 一九六・11 719 一七六・11
5 かたほなり 717 一九六・11 719 一七六・11

解答例 1 すばらしい 2 奥ゆかしい 3 意外だ 4 ぼんやりする。 5 未熟だ。世慣れていない。

二 **次の傍線部の違いを説明してみよう。**

1 尋ね参らせ給へりけるに、（717 一九六・2 719 一七六・2）
2 新しく作りて参らせ給へかし。（717 一九六・4 719 一七六・4）

解答例
1 謙譲の補助動詞「参らす」の連用形「参らせ」＋尊敬の補助動詞「給ふ」の已然形。敬意の方向は、「参らせ」が語り手から上東門院へ、「給へ」が語り手から大斎院への敬意を表している。
2 謙譲の動詞「参らす」の連用形「参らせ」＋尊敬の補助動詞「給ふ」の命令形。敬意の方向は、「参らせ」が紫式部から大斎院へ、「給へ」が紫式部から上東門院への敬意を表している。

言語活動 古典に見る人物評

教717 P.198 教719 P.178

活動の手引き

一 『無名草子《むみょうぞうし》』に収められている他の人物評のうち、次にあげた人物のものを調べ、そこから読み取れる人物像をまとめてみよう。

1 和泉式部《いずみしきぶ》
2 皇后宮《こうごうぐう》(中宮定子《ていし》)
3 上東門院《じょうとうもんいん》(中宮 彰子《しょうし》)

解答例

1 和泉式部は、女流歌人として、たくさんの歌を残しているが、それは「前世《さきのよ》のこと(前世からの宿命)」によるのだろうという。最後の夫といわれる藤原保昌《ふじわらのやすまさ》に忘れられ、貴船《きふね》神社でよんだ歌は、神が返歌をしたほど尊い。娘の小式部内侍《こしきぶのないし》に先立たれてよんだ嘆きの歌は、人の心を打ち、高僧に贈った歌に対しては、返歌ではなく袈裟《けさ》が贈られたと書かれている。そのおかげかどうか、極楽往生したといわれる逸話など、歌の才能に満ちあふれた人物と評している。

2 一条天皇に寵愛《ちょうあい》され、帝《みかど》がその死を深く嘆き悲しんだ美しい女性である。父の藤原道隆《みちたか》(=道長《みちなが》の兄)が亡くなり、兄の伊周《これちか》が失脚し、中の関白家の権勢が衰えてからの心細い中にも、優美さを失わずに暮らす、志の高さがうかがえる人物とされている。

3 (道長の娘として生まれ、その庇護《ひご》のもと華やかな人生を送り、長寿を全うしたという)すばらしい幸運の持ち主であることは言うまでもない。ただ長寿だったので(夫・息子二人など)多くの帝に先立たれたのは残念だとしている。優雅な女房たちが多く仕えていたが、上東門院自身は慎み深い人物だったと評している。

二 『紫式部日記《むらさきしきぶにっき》』には、清少納言《せいしょうなごん》と和泉式部の人物評が取り上げられている。『無名草子』の人物評と読み比べて、共通点と相違点を指摘してみよう。

解答例

〔清少納言〕
・共通点…人よりも優れていると自負する人物であると評している。
・相違点…『無名草子』では、中宮に認められるだけの才があり、気遣いもできる人物ととらえているが、『紫式部日記』では、知識が足りない点も多くあり、人と違っていようとする人は行く末によいことはないと評している。

〔和泉式部〕
・共通点…和歌の天賦の才能がある人物であると評している。
・相違点…『無名草子』では、和歌の才能が往生をもたらしたと捉え、好意的に述べているが、『紫式部日記』では、和歌の才能を認めつつも、歌を本当に理解している歌人ではないと評している。

物語（五）

大鏡

教717 P.200～P.208　教719 P.180～P.188

三舟の才

【大　意】 教717 200ページ1行～201ページ8行　教719 180ページ1行～181ページ8行

道長《みちなが》が大井川で舟遊びを催し、漢詩・音楽・和歌の舟に分け、それぞれに得意な人を乗せた。道長が、すべてに優れた藤原公任《ふじわらのきんとう》に対してどの舟に乗るかと聞いた。公任は和歌の舟に乗り、みごとな「小倉山」の歌をよんだ。公任は「漢詩の舟に乗ればよかった。この和歌ほどの漢詩を作ったなら名声を博したろうに。」と言った。一つに秀でることでもまれなのに、すべてに優れているのは例のないことだ。

【品詞分解／現代語訳】

格助　格助　サ変・未　助動・尊・用　補尊・四・用　助動・過・体　格助　格助　格助
ひととせ、入道殿の、大井川に逍遥せさせ給ひしに、作文の舟・管弦の舟・和歌
ある年、入道殿（＝藤原道長）が、大井川で舟遊びを催されたときに、漢詩の舟・音楽の舟・和歌の舟と（三つの舟に）

格助　格助　四・未　助動・尊・用　補尊・四・用　接助　（代）　格助　格助　下二・用　助動・存・体　格助　下二・未　助動・尊・用　補尊・四・用
の舟と分かたせ給ひて、その道にたへたる人々を乗せさせ給ひ
お分けになって、それぞれの道に優れた人々をお乗せになりましたところ、

助動・過・体　接助　（代）　格助　格助　四・用　補尊・四・已　助動・完・体　接助　（代）　格助　（代）　格助　格助
しに、この大納言殿の参り給へるを、入道殿、「かの大納言、いづれの舟に
この大納言殿（＝藤原公任）が参上なさったので、入道殿が、「あの大納言は、どの舟に

係助（係）　四・未　助動・尊・終　助動・推・体（結）　格助　下二・已　接助　格助　格助　四・用　補丁・ラ変・未　助動・意・終　格助
か乗らるべき。」とのたまはすれば、「和歌の舟に乗り侍らむ。」と
お乗りになるだろうか。」と仰せになったところ、「和歌の舟に乗りましょう。」とおっしゃって、

四・用 接助 四・用 補尊・四・已 助動・完・体 終助 終助
のたまひ て、よみ 給へ る ぞ かし、
(その舟で)およみになった歌ですよ。

格助 格助 ク・已 接助 格助 上一・未 助動・打・体 係助(係) ク・体(結)
小倉山 嵐 の 風 の 寒けれ ば 紅葉 の 錦 着 ぬ 人 ぞ なき
小倉山と嵐山の風が寒いので、紅葉が散りかかり、誰もが錦の衣を着ているように見えることだ。

下二・用 補尊・四・已 助動・完・体 ラ変・用 接助 四・用 助動・完・終 終助 係助 四・終 助動・伝・体 係助
申し受け 給へ る かひ あり て、あそばし たり な。御みづから も のたまふ なる は、
(和歌の舟を)自分からお願いなさったかいがあって、みごとにおよみになったことですね。(後で)ご自身もおっしゃったということには、

格助 格助 係助(係) 四・終 助動・適・用 助動・詠・体(結) 接 副 格助 格助 四・用 助動・完・未 助動・反仮・未 接助
「作文 の に ぞ 乗る べかり ける。さて、かばかり の 詩 を 作り たら ましか ば、名
「漢詩のほうの舟に乗ればよかったなあ。そして、この和歌ぐらいの(優れた)詩を作っていたら、名声も

格助 四・未 助動・婉・体 係助 四・用 助動・強・未 助動・反仮・終 シク・用 助動・詠・体 終助 接 格助
の 上がら む こと も まさり な まし。くちをしかり ける わざ かな。さても、殿 の、
いっそう上がっていただろうに。残念なことをしたよ。それにしても、入道殿が、

(代) 格助 係助(係) 格助 四・体(結) 格助 下二・用 助動・過・体 格助 係助(係) (代) サ変・未 助動・自・用
『いづれ に か と 思ふ。』と のたまはせ し に なむ、我ながら 心おごり せ られ
『どの舟に(乗ろう)と思うか。』とおっしゃったのには、自分ながら得意にならずにはいられなかった。」と

助動・過・体(結) 格助 四・終 助動・伝・体 格助 下二・体 副助 ラ変・体 接助 副 (代) 格助 係助 下二・用
し。」と のたまふ なる。1 一事 の すぐるる だに ある に、かく いづれ の 道 も 抜け出で
おっしゃったそうだ。一つのことに優れているだけでもめったにないのに、このようにどの道にも抜きんでていらっしゃった

補尊・四・用 助動・過伝・体 係助 係助 ラ変・未 助動・打・体 助動・断・終
給ひ けむ は、いにしへ も 侍ら ぬ こと なり。
そうなのは、昔にも例のないことです。

(太政大臣頼忠)

語句の解説

教717 200ページ　教719 180ページ

1 **逍遥《しょうよう》させさせ給《たま》ひ《イ》しに**　舟遊びを催されたときに。

「逍遥す」は、気ままにぶらつくさま。ここでは舟遊びをすること。「させ」は尊敬の助動詞「さす」の連用形。「させ給ふ」は敬語を重ねた最高敬語で、ここでは道長に対して用いている。

2 作文《さくもん》 漢詩。漢詩を作ること。

4 大納言殿《だいなごんどの》 藤原公任。

公任は、関白頼忠《よりただ》の子で、秀歌が数多くあり、歌論書『新撰髄脳《しんせんずいのう》』の著者でもある。和歌にも漢詩にも、また書にもすぐれた人物だったが、政治的には失意の人だった。

9 小倉山嵐《おぐらやまあらし》の風《かぜ》の寒《さむ》ければ 小倉山と嵐山の風が寒いので。

「嵐」は、「嵐山」と強い風の意味の「嵐」の掛詞《かけことば》。

教717 201ページ 教719 181ページ

1 作文《さくもん》のにぞ乗《の》るべかりける 漢詩のほうの舟に乗ればよかったなあ。

「ぞ…ける」は、強意を表す係り結び。「べかり」は推量の助動詞「べし」の連用形で、ここでの意味は適当(…のがよい)。

3 作《つく》りたらましかば、名《な》の上《あ》がらむ《ン》こともまさりなまし 作っていたら、名声もいっそう上がっていただろうに。

「ましかば…まし」は、「(もし)…だったら…だろう」の意味。

答 1

「一事《ひとこと》のすぐるだにあるに」とは、どのような意味か。

一つのことに優れているだけでもめったにないのに。(「すぐるだに」の後に、「ありがたきことにて」などが省略されている。)

7 抜《ぬ》け出《い》で給《たま》ひけむ《ン》は 抜きんでていらっしゃったそうなのは。

「抜け出づ」は、「抜きんでている。ずばぬけている」の意。「けむ」は、ここは過去の伝聞の意味。

学習の手引き

一 本文を、出来事と語り手の感想に分けて、内容を読み取ろう。

解答例

〈出来事〉

・「ひととせ、……着ぬ人ぞなき」(717 二〇〇・1 719 一八〇・1～717 二〇〇・10 719 一八〇・10)→大井川での舟遊びの時に、道長にどの舟に乗るのかと問われた公任は、和歌の舟に乗り、歌をよんだ。

・「御みづからも……とのたまふなる。」(717 二〇一・1 719 一八一・1～717 二〇一・6 719 一八一・6)→公任は、漢詩の舟に乗るべきだったと悔やむとともに、道長に評価されていることを喜んだ。

〈語り手の感想〉

・「申し受け給へる……あそばしたりな。」(717 二〇〇・11 719 一八〇・11～717 二〇〇・11 719 一八〇・11)→公任のよんだ和歌がすばらしい。

・「一事のすぐるだに……侍らぬことなり。」(717 二〇一・7 719 一八一・7～717 二〇一・8 719 一八一・8)→公任は過去に例がなく多才な人物である。

二 当時、「作文」と「和歌」のどちらが格上に扱われていたと推測できるか。本文中から根拠をあげて、説明してみよう。

解答例 漢詩の方が格上。公任が「作文のにぞ乗るべかりける。……まさりなまし。」(717 二〇一・1 719 一八一・1～717 二〇一・4 719 一八一・4)と述べている。優れた漢詩を作ったほうが、より名声も高くなるだろうと言っていることから推測できる。

三 **語り手は、道長と公任のどちらを上位に遇しているか。本文中の表現に留意して考えてみよう。**

解答例 道長を上位に遇している。公任が、道長に、「作文の舟・管弦の舟・和歌の舟」のどれに乗ろうと思うのかと問われ、「我ながら心おごりせられし」717 二〇一・6 719 一八一・6と述べ、道長の評価を喜んでいることからわかる。また、語り手は、道長に対して、最高敬語を主に用いていることからもわかる。

言葉の手引き

一 **次の古語の意味を調べよう。**

1ひととせ 717 二〇〇・1 719 一八〇・1　**2たふ** 717 二〇〇・3 719 一八〇・3
3あそばす 717 二〇〇・11 719 一八〇・11　**4さて** 717 二〇一・2 719 一八一・2
5かばかり 717 二〇一・2 719 一八一・2　**6くちをし** 717 二〇一・4 719 一八一・4

解答例 1 ある年。 2 優れている。能力がある。
3 管弦や詩歌などの遊びをする意味の尊敬語。およみになる。
4 そして 5 これほど。これぐらい。 6 残念だ

二 **「のたまふなる。」と「いにしへも侍らぬことなり。」の傍線部の違いを説明してみよう。**

解答例
・「のたまふなる。」は、伝聞の助動詞「なり」の連体形。
・「侍らぬことなり。」は、断定の助動詞「なり」の終止形。

佐理《すけまさ》の大弐《だいに》

【大意】 1 教717 202ページ1～4行 教719 182ページ1～4行

能書家として有名な藤原《ふじわらの》佐理は、船で大宰府《だざいふ》のある筑紫《つくし》から都に上るときに、伊予《いよ》の国(今の愛媛県)の手前で悪天候に見舞われた。

【品詞分解／現代語訳】

敦敏の少将　の(格助)　**子　なり**(助動・断定・終)**、　佐理の大弐、　世　の**(格助)　**手書き　の**(格助)　**上手。　任　果て**(下二・用)　**て**(接助)　**上ら**(四・未)　**れ**(助動・尊・用)

敦敏の少将の子ですよ、佐理の大弐といって、世間で評判の能書家は。(大宰大弐の)任期が終わって(筑紫から都に)

ける(助動・過・体)　**に、**(格助)　**伊予の国　の**(格助)　**前　なる**(助動・存在・体)　**泊まり　にて、**(格助)　**日　いみじう**(シク・用(音))　**荒れ、**(下二・用)　**海　の**(格助)　**面　あしく**(シク・用)

上られたとき、伊予の国の手前にある船着き場で、天候がひどく荒れ、海上の様子も悪くて、

て、(接助)　**風　恐ろしく**(シク・用)　**吹き**(四・用)　**など**(副助)　**する**(サ変・体)　**を、**(接助)　**少し**(副)　**直り**(四・用)　**て**(接助)　**出で**(下二・未)　**む**(助動・意・終)　**と**(格助)　**し**(サ変・用)　**給へ**(補尊・四・已)

風が恐ろしく吹きなどしたが、少し(天候が)回復して(船着き場から海に)出ようとなさると、

ば、また 同じ やうに なり ぬ。
接助／副／シク・体／助動・状・用／四・用／助動・完・終
また同じように（悪天候に）なった。

語句の解説 1

教717 202ページ　教719 182ページ

1 上《のぼ》られけるに　都に上られたとき。
「上る」は、ここは、大宰府のある筑紫から都に上ること。

3 同《おな》じやう《ヨウ》になりぬ　同じように（悪天候に）なった。
「同じ」とは、悪天候で海が荒れてしまうこと。

【大　意】 2　教717 202ページ5〜14行　教719 182ページ5〜14行

佐理が伊予の国で足止めされたのは、占いによると「神の祟《たた》り」だというが、心当たりもない。そんなとき、夢に気高い様子の男が現れて、自分の神社にかける額を佐理に書かせるために佐理を足止めしているという。その男は三島の神であると名乗り、佐理は恐縮して申し出を引き受ける。

【品詞分解／現代語訳】

かく のみ し つつ 日ごろ 過ぐれ ば、いと あやしく おぼし て、もの 問ひ 給へ ば、
副／副助／サ変・用／接助／上二・已／接助／副／シク・用／四・用／接助／四・用／補尊・四・已／接助
このようにばかり繰り返して数日が過ぎるので、たいそう不思議にお思いになって、占ってごらんになると、

「神 の 御祟り。」と のみ 言ふ に、さるべき こと も なし。いかなる こと に か と、
格助／格助／副助／四・体／接助／1（連語）／係助／ク・終／ナリ・体／助動・断・用／係助／格助
「神の御祟りである。」とだけ言うが、そのような（神の祟りを受ける）はずのこともない。どのようなわけだろうかと、

恐れ 給ひ ける 夢 に 見え 給ひ ける やう、いみじう けたかき さま し
下二・用／補尊・四・用／助動・過・体／格助／下二・用／補尊・四・用／助動・過・体／シク・用（音）／ク・体／サ変・用
恐れなさっ（て寝）た夢に見えなさったことには、たいそう気高い様子をしている

たる 男 の おはし て、「こ の 日 の 荒れ て、日ごろ ここ に 経 給ふ は、
助動・存・体／格助／サ変・用／接助／（代）／格助／格助／下二・用／接助／（代）／格助／下二・用／補尊・四・体／係助
在俗の男性がいらっしゃって、「この天気が荒れて、数日間ここに過ごしていらっしゃるのは、

おのれ が し 侍る こと なり。よろづ の 社 に 額 の 掛かり たる に、おのれ
格助／サ変・用／補丁・ラ変・体／助動・断・終／格助／格助／格助／四・用／助動・存・体／接助
自分がしていることです。（そのわけは、）すべての神社に額が掛かっているのに、自分の

がもとにしもなきがあしければ、掛けむと思ふに、なべての手
ところに限ってないのが不都合なので、掛けようと思うけれど、並ひとおりの筆跡で
して書かせむがわろく侍れば、我に書かせ奉ら
書かせるようなことはよろしくございませんので、あなたに書かせ申し上げようと思うことにより、
むと思ふにより、この折ならではいつかはとて、とどめ奉り
この機会以外にはいつ（書かせ申し上げよう）かと思って、引きとめ申し上げている
たるなり。」とのたまふに、「たれとか申す。」と問ひ申し
のである。」とおっしゃるので、「（あなたは）誰と申し上げるのか。」とお尋ね申し上げなさると、
給へば、「この浦の三島に侍る翁なり。」とのたまふに、夢のうち
「この海岸の三島におります翁である。」とおっしゃるので、夢の中でも
にもいみじうかしこまり申すとおぼすに、おどろき給ひて、また
たいそう恐縮してお引き受け申し上げるとお思いになるときに、目を覚ましなさって、（恐縮してお引き受けしたことは）
さらにも言はず。
また改めて言うまでもない。

語句の解説 2

教717 202ページ　教719 182ページ

5かくのみしつつ　このようにばかり繰り返して。「かく」は、悪天候が回復して出発しようとすると、また悪天候になることをさす。

6さるべきこともなし　「さるべき」は、ラ変動詞「然《さ》り」の連体形＋当然の助動詞「べし」の連体形。

1 「さるべきこともなし」とは、どのような意味か。

答 神の祟りを受けるような心当たりはない、ということ。

6いかなることにか　「いかなり」は、「どのようだ」の意。係助詞

「か」の結び「あらむ」が省略されている。

7 **見《み》え給《たま》ひ《イ》けるやう《ヨウ》** 「見ゆ」は、「見える、姿を見せる」という意味。ここの主語は「いみじうけたかきさましたる男」である。

10 **なべての手《て》** 並ひととおりの筆跡。

「なべて」は「並ひととおりだ」、「手」は「筆跡」の意。

11 **この折《おり》ならではいつかは** この機会以外にはいつ(書かせ申し上げよう)か。

「折」は「機会、とき」、「ならでは」は「…以外には」という意味。「かは」は、反語の係助詞で、「書かせ奉らむ」が省略されている。「いつ書かせ申し上げようか(いや、書かせ申し上げられないだろう)。」と補うことができる。

13 **かしこまり申《もう》す** 恐縮してお引き受け申し上げる。

「かしこまる」は、「恐縮して引き受ける、謹んで承る」の意。

13 **おどろき給《たま》ひ《イ》て** 「おどろく」は、「目を覚ます」の意。

【大　意】 3 教717 203ページ1～5行 教719 183ページ1～5行

神のご加護があったのか、伊予の国にすみやかに到着した佐理は、心身を清めて額を書き、社殿に掲げた後、無事に都に帰り着いた。

【品詞分解／現代語訳】

さて、伊予へ渡り給ふに、多くの日荒れつる日ともなく、うらうらと
接／格助／四・用／補尊・四・体／接助／ク・用／格助／下二・用／助動・完・体／格助／係助／ク・用／副
そして、伊予へお渡りになると、何日も天気が荒れた(後の)天気とも思われず、うららかに

なりて、そなたざまに追ひ風吹きて、飛ぶがごとくまうで着き給ひぬ。
四・用／接助／(代)／格助／四・用／接助／四・体／格助／助動・比・用／四・用／補尊・四・用／助動・完・終
晴れて、そちらの(＝伊予の)方に追い風が吹いて、飛ぶように参り着きなさった。

湯たびたび浴み、いみじう潔斎して、清まはりて、昼の装束して、やがて神の御前
副／四・用／シク・用(音)／サ変・用／接助／四・用／接助／サ変・用／接助／副／格助
湯を何度も浴び、たいそう飲食・行動の禁忌を守り、心身を清めて、正装の束帯を着用して、すぐに神の御前でお書きになる。

にて書き給ふ。神司ども召し出だして打たせなど、よく法のごとくして
格助／四・用／補尊・四・終／四・用／接助／四・未／助動・使・用／副助／ク・用／格助／助動・状・用／サ変・用／接助
神主など、神社に仕える神官を呼び出しなさって額を社殿に掲げさせなど、きちんときまりの通りにして

帰り給ふに、つゆ恐るることなくて、末々の船に至るまで、平らかに上り
四・用／補尊・四・体／接助／副／下二・体／ク・用／接助／格助／格助／四・体／副助／ナリ・用／四・用
お帰りになると、(今度は)少しも恐れることはなくて、従者たちの船に至るまで、無事に都に上りなさった。

語句の解説 3

給ひ 補尊・四・用　助動・完用　助動・過・終
に　き。

教717 203ページ　**教719** 183ページ

2そなたざま　そちらの方。
ここでは「伊予の方角」ということ。

2まうで着き給ひぬ　参り着きなさった。
「まうで着く」は、「お参りする場所に行き着く、参り着く」の意。

【大意】 4　**教717** 203ページ6〜10行　**教719** 183ページ6〜10行

三島の神にまで認められた佐理は、日本第一の能書家と言われた。

【品詞分解/現代語訳】

わ 代　**が** 格助　**する** サ変・体　**こと** 格助　**を** 格助　**人間** 格助　**に** 格助　**ほめ崇むる** 下二・体
自分のすることを世間でほめ尊ぶことさえ愉快なことであるのに、

だに 副助　**ある** ラ変・体　**こと** 格助　**に** 助動・断・用　**て** 接助　**こそ** 係助(係)　**あれ、** ラ変・已(結)

まして 副　**神** 格助　**の** 格助　**御心** 格助　**に** 副助　**さ** 副　**まで** 副助　**欲しく** シク・用　**おぼし** 四・用　**けむ** 助動・過婉・体
まして神の御心にそれほどまでほしいとお思いになったようなことは、

こそ、 係助(係)　**いかに** 副　**御心おごりし** サ変・用　助動・過・体
どれほど得意におなりになっただろうか。

給ひ 補尊・四・用　**けむ。** 助動・過推・体(結)

また、 接　**おほよそ** 副　**これ** 代　**に** 格助　**ぞ、** 係助(係)　**いとど** 副　**日本第一** 格助　**の** 格助　**御手** 格助　**の** 格助　**おぼえ** 格助　**は** 係助
また、ほぼこの一件によって、ますます日本第一の能書家という評判をお取りになった。

取り 四・用　**給へ** 補尊・四・已　**り** 助動・完・用　**し。** 助動・過・体(結)

六波羅蜜寺の、

給ひ。 補尊・四・用

六波羅蜜寺 格助　**の、** 格助　**額** 格助　**も、** 係助　**この** 代　**大弐** 格助　**の** 格助　**書き** 四・用　**給へ** 補尊・四・已　**る** 助動・完・体
六波羅蜜寺の額も、この大弐がお書きになったものだ。

なり。 助動・断・終

されば、 接　**かの** 代　**三島** 格助　**の** 格助　**社** 格助　**の** 格助　**額** 格助　**と、** 格助　**この** 代　**寺** 格助　**の** 格助　**とは** 係助　**同じ** シク・体　**御手** 格助　**に** 助動・断・用　**侍り。** 補丁・ラ変・終
だから、あの三島の神社の額と、この寺の額とは同じご筆跡でございます。
この寺の額とは同じご筆跡でございます。

4よく法のごとくして　きちんときまりの通りにして。
「法」は、ここは「きまり、作法」の意。

5つゆ恐るることなくて　「少しも…ない」とい
う意味。ここは都までの船の航海に関して、何の心配もなかったことをいう。

語句の解説 4

教717 203ページ　教719 183ページ

6 ほめ崇《あが》むるだに　ほめ尊ぶことさえ。「だに」は軽いものを挙げて重いものを類推する副助詞で、「…でさえ」という意。下の「まして」と呼応している。（太政大臣実頼）

6 興《きょう》あることにてこそあれ　愉快なことであるのに。「こそあれ」で係り結びが成立しているが、文が終止せず下に続いているので、逆接用法で「…けれども、…のに」の意。

学習の手引き

一 四つの段落がどのように結びついて文章が展開しているかを考えながら、全体の構成を捉えよう。

解答例　・第一段落…佐理を能書家と紹介し、悪天候で伊予の国の手前で足止めされたことを伝える。（→佐理が遭遇した足止め）

・第二段落…佐理の夢に三島の神社の祭神が現れ、額を書いてほしいと頼まれる。（→足止めされた理由が判明）

・第三段落…伊予へ渡り、精進潔斎して額を書いて奉納し、無事に帰京する。（→神のご加護で帰京）

・第四段落…語り手の感想と、佐理の日本第一の能書家としての世間の評価。（→能書家としての評価）

二 「神の御心にさまで欲しくおぼしけむ」（717 二〇三・6 719 一八三・6）とあるが、「さまで」の内容を明らかにしながら、事の経緯を整理しよう。

解答例　〔「さまで」の内容〕

① 佐理が出航しようとすると、天候が悪くなり出発できない。

② 神が夢に現れ、額を書いてほしいと依頼した。

③ 停泊地から神社のある伊予まで、追い風を吹かせた。

④ 佐理が額を奉納した後は、無事に都まで帰らせた。

①〜④のような神の威光を見せてでも、それほどまで（＝「さまで」）佐理の書いた額をほしいと思った。

言葉の手引き

一 次の古語の意味を調べよう。

1 手書き 717 二〇三・1 719 一八三・1　2 日 717 二〇三・2 719 一八三・2

3 なべて 717 二〇三・10 719 一八三・10　4 潔斎す 717 二〇三・3 719 一八三・3

5 やがて 717 二〇三・3 719 一八三・3　6 おぼえ 717 二〇三・8 719 一八三・8

解答例　1 能書家　2 天候　3 並みひととおり。普通。

4 精進する。神事や仏事を行う前に、飲食・行動の禁忌を守り、心身のけがれを清める。　5 すぐに。そのまま。　6 評判

二 「手して書かせむ」、「召し出だして」、「法のごとくして」の傍線部の違いを説明してみよう。

解答例　・「手して」…手段・方法を表す格助詞。／・「召し出だして」…サ行四段活用動詞「召し出だす」の連用形活用語尾「し」＋接続助詞「て」。／・「法のごとくして」…サ行変格活用動詞「す」の連用形「し」＋接続助詞「て」。

中納言争ひ

【大 意】 1 教717 204ページ1〜4行 教719 184ページ1〜4行

法住寺の大臣《おとど》と申し上げた藤原為光《ふじわらのためみつ》の長男の誠信《さねのぶ》は、人を恨む気持ちが募って亡くなった。人に官位を越えられるというのは、よくある話であるのに、そのことが原因で亡くなるとは、誠信はそうなるべき宿命であったのだろう。

【品詞分解／現代語訳】

九条殿 の〔格助〕 御九郎君、 大臣 の〔格助〕 位 にて〔格助〕 七年、 法住寺 の〔格助〕 大臣 と〔格助〕 聞こえさす〔下二・終〕。

九条殿（藤原師輔）の御九郎君（藤原為光）は、大臣の位に七年（いらっしゃって）、法住寺の大臣と申し上げる。

男君、 太郎 は〔係助〕、 左衛門督 と〔格助〕 聞こえさせ〔下二・用〕 し〔助動・過・体〕、 悪心 起こし〔四・用〕 て〔接助〕 失せ〔下二・用〕 給ひ〔補尊・四・用〕 に〔助動・完・用〕

ご子息で、長男（藤原誠信）は、左衛門督と申し上げた、（その人が）人を恨み怒る気持ちを起こしてお亡くなりになった様子は、

し〔助動・過・体〕 ありさま は〔係助〕、 いと〔副〕 あさましかり〔シク・用〕 し〔助動・過・体〕 こと ぞ〔終助〕 かし〔終助〕。 人 に〔格助〕 越え〔下二・未〕 られ〔助動・受身・用〕、

たいそう驚きあきれたことだよ。人に（官位を）越えられ、

からい〔ク・体(音)〕 目 見る〔上一・体〕 こと は〔係助〕、 さ〔副〕 のみ〔副助〕 こそ〔係助〕 おはしある〔ラ変・体〕 わざ なる〔助動・断・体〕 を〔接助〕、 さるべき〔■1（連語）〕 に〔助動・断・用〕

つらい目を見ることは、誰しもよくおありになることであるのに、そうなるべき（宿命）で

こそ〔係助(係)〕 は〔係助〕 あり〔ラ変・用〕 けめ〔助動・過原・已(結)〕。

あったのだろう。

語句の解説 1

教717 204ページ 教719 184ページ

1 聞《き》こえさす　申し上げる。
「言ふ」の謙譲語。ここは、「(人が…と)申し上げる」の意。

3 あさましかりし　「あさまし」は、「予想外で驚きあきれる」意。

4 さるべきにこそ　「さるべき」は、「そうなるはずである」という意味。

1 「さる」とは、何をさすか。

答 人を恨み怒る気持ちを起こして亡くなったこと。

【大　意】 2 教717 204ページ5行～205ページ6行 教719 184ページ5行～185ページ6行

兄の誠信は、弟の斉信《ただのぶ》に人柄や人望が劣っていたが、中納言の欠員ができた時に自分がなりたいと思い、弟に自分に譲るように働きかける。弟の斉信は、兄の申し出を承諾するが、道長《みちなが》から兄の昇進はないと言われ、自分が中納言の位につく。誠信は弟に裏切られたと思い、弟を恨む気持ちが募って死んでしまう。

【品詞分解／現代語訳】

同じ［シク・体］ 宰相 に［助動・断・用］ おはすれ［補尊・サ変・已］ ど、［接助］ 弟殿 に［格助］ は［係助］ 人柄・世おぼえ の［格助］ 劣り［四・用］ 給へ［補尊・四・已］ れ［助動・存・已］ ば［接助］

同じ宰相でいらっしゃるけれど、（誠信殿は）弟殿（＝藤原斉信）よりは人柄や世間の評判が劣っていらっしゃったからだろうか、

に［助動・断・用］ や、［係助］ 中納言 あく［四・体］ きは に、［格助］ 我 も［係助］ なら［四・未］ む［助動・意・体］ など［副助］ おぼし［四・用］ て、［接助］ わざと［副］ 対面し［サ変・用］

中納言に欠員ができたときに、自分もなろうなどとお思いになって、わざわざ（斉信殿に）対面し

給ひ［補尊・四・用］ て、［接助］ 「こ［（代）］ の［格助］ たび の［格助］ 中納言、 望み［四・用］ 申し［補謙・四・用］ 給ふ［補尊・四・終］ な。［終助］ ここ［（代）］ に［格助］ 申し［四・用］ 侍る［補丁・ラ変・体］

しなさって、「今回の中納言は、昇進を希望する申請をなさるな。私（＝誠信）に（おいても、昇進の希望を）

べき［助動・意・体］ なり。」［助動・断・終］ と［格助］ 聞こえ［下二・用］ 給ひ［補尊・四・用］ けれ［助動・過・已］ ば、［接助］ 「いかで［副］ か［係助（係）］ 殿 の［格助］ 御先 に［格助］ は［係助］

申し上げますつもりである。」と申し上げなさったので、「どうして殿（＝誠信）よりお先には

まかりなり［四・用］ 侍ら［補丁・ラ変・未］ む。［助動・意・体（結）］ まして［副］ かく［副］ 仰せ［下二・未］ られ［助動・尊・未］ む［助動・婉・体］ に［格助］ は、［係助］ ある［ラ変・体］

（中納言に）なり申し上げましょうか（いや、なりません）。ましてこのようにおっしゃるからには、（申請をすることは）あるべきことではない。」

べき［助動・当・体］ こと なら［助動・断・未］ ず。」［助動・打・終］ と［格助］ 申し［四・用］ 給ひ［補尊・四・用］ けれ［助動・過・已］ ば、［接助］ 御心 ゆき［四・用］ て、［接助］ しか［副］ おぼし［四・用］ て、［接助］

と申し上げなさったので、（誠信殿は）ご満足がいって、そのように（＝中納言になろうと）お思いになって、

いみじう［シク・用（音）］ 申し［四・用］ 給ふ［補尊・四・体］ に、［接助］ 及ば［四・未］ ぬ［助動・打・体］ ほど に［助動・断・用］ や［係助（係）］ おはし［補尊・サ変・用］ けむ、［助動・過原・体（結）］ 入道殿、

たいそう（中納言への昇進希望を）申し上げなさったが、中納言には及ばない器量でいらっしゃったからだろうか、入道殿（＝藤原道長）が、

（代）　格助　格助　（代）　係助　四・未　助動・尊・未　助動・打・体　係助　格助　下二・用　助動・過・已　接助
この弟殿に、「そこは申されぬか。」とのたまはせければ、
この弟殿（＝斉信）に、「あなたは（中納言への昇進希望を）申し上げなさらないのか。」とおっしゃったので、

格助　四・未　助動・尊・已　接助　副　係助　格助　ナリ・用　四・用　補尊・四・用　助動・過・体　接助
「左衛門督の申さるれば、いかがは。」と、しぶしぶげに申し給ひけるに、
「左衛門督（＝誠信）が（昇進希望の申請を）申し上げなさるので、どうして（私が申し上げましょうか）。」と、不服そうに申し上げなさったところ、

（代）　格助　係助　副　四・未　助動・尊・未　助動・打推・終　接　（代）　格助　四・未　助動・尊・未　接助
「かの左衛門督は、えなられじ。また、そこに避られば、こと人
「あの左衛門督は、おなりになることはできないだろう。また、あなた（＝斉信）が辞退なさったら、他の人が

係助（係）　係助　四・体　助動・推・体（音）　助動・定・已（結）　格助　下二・用　助動・過・已　接助　（代）　格助　四・終
こそはなるべかなれ。」とのたまはせければ、「かの左衛門督まかりなる
なるにちがいないようだ。」と（入道殿が）おっしゃったので、「あの左衛門督が（中納言に）なり申すことが

助動・不推・用　係助　ク・終　四・用　補尊・四・終　助動・勧・体　助動・断・終　格助　四・用　補尊・四・已　接助
まじくは、よしなし。なし給ふべきなり。」と申し給へば、
できそうにないなら、（私が遠慮しても）かいがない。私を中納言になさってください。」と（斉信殿が）申し上げなさると、

副　副　ラ変・未　助動・仮・体　格助　係助　係助　副　係助　格助　四・用　補尊・四・用　助動・完・用
「またかくあらむには、こと人はいかでか。」とて、なり給ひに
（入道殿は）「またこのように（あなたの希望が）あるようなら、他の人はどうして（なるだろうか、いや、ならない）。」ということで、（斉信殿が中納言に）

助動・過・体　接助　副　格助　四・用　接助　ラ変・体　助動・打当・体　格助　四・用　助動・過・体　終助
しを、「いかで、我に向かひて、あるまじきよしをはかりけるぞ。」
おなりになったので、（誠信殿は）「どうして、私に向かって、（中納言昇進を申請することは）あるはずがないということで（私を）だましたのだ。」とお思いに

格助　四・体　接助　副　格助　四・用　接助　格助　格助　格助　ク・用　四・用　接助
とおぼすに、いとど悪心を起こして、除目の朝より、手を強く握りて、「斉信、
なると、ますます恨み怒る気持ちを起こして、除目の（行われた）朝から、手を強く握って、「斉信と、

格助　四・未　助動・受・用　助動・完・体　終助　格助　四・用　接助　係助　副　四・未　接助
道長に、我はばまれぬるぞ。」と言ひ入りて、ものもつゆ参らで、
道長に、私ははばまれたぞ。」とひたすら言って、食事も全く召し上がらないで、

四・用	四・用	補尊・四・已	助動・存・体		格助	四・用	接助		格助	四・体	格助	下二・用	補尊・四・用
うつぶし	うつぶし	給へ	る	ほど	に、	病づき	て、	七日	と	いふ	に	失せ	給ひ

うつ伏しうつ伏ししなさっているうちに、病気になって、除目から七日目という日にお亡くなりになって

助動・完・用	助動・過・体	終助	四・用	補尊・四・用	助動・存・用	助動・過・体		係助	副	ク・用	接助		格助	係助(係)	四・用	接助
に	し	は。	握り	給ひ	たり	ける	指	は、	あまり	強く	て、	上	に	こそ	通り	て

しまったことだよ。握りなさっていた指は、あまりに強くて、(手の甲の)上にまで通り抜けて

下二・用	接助	補丁・ラ変・用	助動・過・已(結)
出で	て	侍り	けれ。

出ていました。

(太政大臣為光)

語句の解説 2

教717 204ページ　教719 184ページ

5 **同《おな》じ宰相《さいしょう》におは《ワ》すれど**　「宰相」は、「参議(国政を審議する、大納言・中納言に次ぐ要職で、定員八名)」の唐名。誠信も斉信も宰相であった。

5 **中納言《ちゅうなごん》あくきは《ワ》に**　中納言に欠員ができたときに。「あく」は、「官職などに欠員ができる」意。

7 **ここに申《もう》し侍《はべ》るべきなり**　私に(おいても、昇進の希望を)申し上げますつもりである。「ここ」は、自称の代名詞。

8 **いかでか殿《との》の御先《おおんさき》にはまかりなり侍《はべ》らむ《ン》**　どうして殿よりお先にはなり申し上げましょうか(いや、なりません)。「いかでか」は、反語を表す。「殿」は、兄の誠信のこと。「まかりなる」は「なる」の謙譲語で、「なり申す」の意。

10 **そこは申《もう》されぬか**　あなたは(中納言への昇進希望を)申し上げなさらないのか。「そこ」は、二人称の代名詞。目下の者や友人に対して用いる。

11 **いかがは**　どうして(私が申し上げましょうか)。「いかがは」は、副詞「いかが」＋係助詞「は」で、反語を表す。

12 **えなられじ**　「え…じ」で、不可能推量を表し「…できないだろう」と訳す。

2　**教717 205ページ　教719 185ページ**

「かく」は何をさすか。

答　弟の斉信が、中納言になるのを希望すること。

3 **除目《じもく》の朝《あした》**　「除目」は、大臣以外の諸官職を任命する行事。

6 **上《うえ》にこそ通《とお》りて出《い》でて侍《はべ》りけれ**　(手の甲の)上にまで通り抜けて出ていました。指が手の甲に突き出ているというのは誇張表現であるが、それほどに誠信の怒りがすさまじかったということを表している。

学習の手引き

一　第一段落と第二段落はどのような関係にあるか、説明してみよう。

解答例
・第一段落…藤原誠信が人に官位を越えられて憤死したというエピソードの紹介と、語り手の感想。
・第二段落…第一段落で紹介したエピソードの詳しい経緯。

二　第二段落について

1　ひと続きの文章から成る第一文を三つの場面に分け、それぞれの内容をまとめよう。

2　第二文からどのような印象を受けるか、考えを述べ合おう。

解答例
1 ・第一場面…「同じ宰相におはすれど、……申し給ふに、」(717 二〇四・5 719 一八四・5～717 二〇四・10 719 一八四・10)→誠信が弟の斉信に対して、「自分が中納言になろうと思うから、おまえは願い出るな」と申し入れた。
・第二場面…「及ばぬほどにやおはしけむ、……なり給ひにしを、」(717 二〇四・10 719 一八四・10～717 二〇五・1 719 一八五・1)→道長が、斉信に「誠信は中納言にはなれず、あなたが辞退したら別の人がなるだろう」と言い、斉信は中納言になった。
・第三場面…「『いかで、我に向かひて、……失せ給ひにしは。」(717 二〇五・1 719 一八五・1～717 二〇五・5 719 一八五・5)→誠信は斉信と道長に裏切られたと思い、物も食べずに七日目に死去した。
2 誇張した表現であるが、誠信の怒りと恨みのすさまじさを感じる。

言葉の手引き

一　次の古語の意味を調べよう。

1 あさまし 717 二〇四・3 719 一八四・3　2 からし 717 二〇四・3 719 一八四・3
3 ここ 717 二〇四・7 719 一八四・7　4 心ゆく 717 二〇四・9 719 一八四・9
5 そこ 717 二〇四・10 719 一八四・10　6 よしなし 717 二〇四・14 719 一八四・14
7 除目 717 二〇五・3 719 一八五・3　8 つゆ 717 二〇五・4 719 一八五・4
9 参る 717 二〇五・4 719 一八五・4

解答例　1 予想外で驚きあきれる。　2 つらい
3 私(一人称)。　4 満足する　5 あなた(二人称)。
6 かいがない。無駄だ。
7 大臣以外の諸官職を任命する行事。
8 (打消の語を伴って)全く(…ない)。　9 召し上がる

二　「越えられ」、「仰せられむ」、「えなられじ。」の傍線部の違いを説明してみよう。

解答例　・「越えられ」は、受身の助動詞「らる」の連用形。
・「仰せられむ」は、尊敬の助動詞「らる」の未然形。
・「えなられじ。」は、ラ行四段活用動詞「なる」の未然形活用語尾「ら」＋尊敬の助動詞「る」の未然形「れ」。

菅《すが》原《はらの》道《みち》真《ざね》の左遷

【大意】 1 教717 206ページ1〜10行 教719 186ページ1〜10行

醍醐《だいご》天皇がまだ若くていらっしゃったとき、左大臣藤原時平《ふじわらのときひら》、右大臣菅原道真の二人に政《まつりごと》を行わせなさった。学才にも政治の配慮にも優れていた道真は、天皇の信望も厚かったが、それを快く思わない左大臣の讒言《ざんげん》にあい、大宰府《だざいふ》のある筑紫《つくし》に流されてしまう。

【品詞分解／現代語訳】

醍醐の帝 の〔格助〕 御時、 こ〔(代)〕 の〔格助〕 大臣、 左大臣 の〔格助〕 位 に〔助動・断・用〕 て〔接助〕、 年 いと〔副〕 若く〔ク・用〕 て〔接助〕 おはします〔補尊・四・終〕。

醍醐天皇の御代に、この大臣(＝藤原時平)は、左大臣の位であって、年はたいそう若くていらっしゃる。

菅原の大臣、 右大臣 の〔格助〕 位 に〔助動・断・用〕 て〔接助〕 おはします〔補尊・四・終〕。 そ〔(代)〕 の〔格助〕 折、 帝、 御年 いと〔副〕 若く〔ク・用〕 おはします〔補尊・四・終〕。

菅原の大臣(＝菅原道真)は、右大臣の位でいらっしゃる。そのころ、帝は、お年がたいそう若くていらっしゃる。

左右 の〔格助〕 大臣 に〔格助〕、 世 の〔格助〕 政 を〔格助〕 行ふ〔四・終〕 べき〔助動・命・体〕 よし、 宣旨 下さ〔四・未〕 しめ〔助動・尊・用〕 給へ〔補尊・四・已〕 り〔助動・完・用〕

(そこで帝は)左右の大臣(＝時平と道真)に、天下の政治を行うようにとの旨、勅命をお下しになったが、

し〔助動・過・体〕 に〔接助〕、 そ〔(代)〕 の〔格助〕 折、 左大臣、 御年二十八、 九 ばかり〔副助〕 なり〔助動・断・終〕。 右大臣 の〔格助〕 御年、 五十七、 八

その時、左大臣は、御年二十八、九歳ぐらいである。右大臣の御年は、五十七、八歳で

に〔助動・断・用〕 や〔係助(係)〕 おはしまし〔補尊・四・用〕 けむ〔助動・過推・体(結)〕。 ともに〔副〕 世 の〔格助〕 政 を〔格助〕 せ〔サ変・未〕 しめ〔助動・尊・用〕 給ひ〔補尊・四・用〕

いらっしゃっただろうか。(時平と道真が)一緒に天下の政治をなさっていた間、

し〔助動・過・体〕 間、 右大臣 は〔係助〕 才 よに〔副〕 すぐれ〔下二・用〕、 めでたく〔ク・用〕 おはしまし〔補尊・四・用〕、 御心おきて も〔係助〕、 ことのほかに〔ナリ・用〕

右大臣は学才が非常に優れていて、すばらしくていらっしゃって、政治向きのご配慮も、格別に

かしこく〔ク・用〕 おはします〔補尊・四・終〕。 左大臣 は〔係助〕 御年 も〔係助〕 若く〔ク・用〕、 才 も〔係助〕 ことのほかに〔ナリ・用〕 劣り〔四・用〕 給へ〔補尊・四・已〕 る〔助動・完・体〕 に〔格助〕

立派でいらっしゃる。左大臣はお年も若く、学才もとりわけ劣っていらっしゃったことにより、

より〔四・用〕、右大臣 の〔格助〕 御おぼえ ことのほかに〔ナリ・用〕 おはしまし〔補尊・四・用〕 たる〔助動・完・体〕 に〔接助〕、左大臣 やすから〔ク・未〕 ず〔助動・打・用〕 おぼし〔四・用〕

右大臣道真に対する天皇のご信望が格別でいらっしゃったので、左大臣は心穏やかでなくお思いになっているうちに、

たる〔助動・存・体〕 ほど に〔格助〕、さるべき〔(連語)〕 に〔助動・断・用〕 や〔係助(係)〕 おはし〔補尊・四・用〕 けむ〔助動・過原・体(結)〕、右大臣 の〔格助〕 御ため に〔格助〕

そうなるはず(の宿命)でいらっしゃったのだろうか、右大臣の御ために

よから〔ク・未〕 ぬ〔助動・打・体〕 こと 出で来〔カ変・用〕 て〔接助〕、昌泰四年正月二十五日、大宰権帥 に〔格助〕 なし〔四・用〕 奉り〔補謙・四・用〕 て〔接助〕、

よくないことが起こって、昌泰四年(九〇一年)正月二十五日、大宰権帥になし申し上げて、

流さ〔四・未〕 れ〔助動・受・用〕 給ふ〔補尊・四・終〕。

(道真は大宰府のある筑紫に)流されなさる。

語句の解説 1

教717 206ページ　教719 186ページ

5 才《ざえ》よにすぐれ　学才が非常に優れていて。

「才」は、学才のこと。特に、漢学の素養をいう。

8 さるべきにやおは《ワ》しけむ《ン》　そうなるはず(の宿命)でいらっしゃったのだろうか。

「さるべき」は、ラ変動詞「然《さ》り」の連体形＋当然の助動詞「べし」の連体形。「そうなるはずである、そうなる宿命である」という意味。ここは、道真が配流されることを指す。

9 よからぬこと　よくないこと。

ここは、右大臣道真が讒言(事実と異なる悪口を言うこと)されたことをいう。

【大　意】 2　教717 206ページ11行〜207ページ9行　教719 186ページ11行〜187ページ9行

道真の子供たちも、それぞれに流されたが、幼い子供たちは一緒に連れていくことを許された。道真は、邸《やしき》の庭に咲く梅の花に託して悲しみの気持ちを歌によみ、宇多《うだ》法皇にも自分の心を託した歌を贈った。

【品詞分解／現代語訳】

こ〔(代)〕 の〔格助〕 大臣、子ども あまた〔副〕 おはせ〔サ変・未〕 し〔助動・過・体〕 に〔接助〕、女君たち は〔係助〕 婿 取り〔四・用〕、男君たち は〔係助〕、みな

この大臣(＝道真)は、子供がたくさんいらっしゃったが、姫君たちは婿を取り、男君たちは、皆

■ほどほど|格助 に|接助 つけ|接助 て 位ども|サ変・未 おはせ|助動・過・体 し を、
（それぞれの年齢や器量に応じて官位がおおありであったが、）

それ|係助 も みな 方々|格助 に|四・未 流さ|助動・受・用 れ|代（それ）
（それも皆あちらこちらに流されなさって）

給ひ|補尊・四・用 て|接助 し|終助 ぞ|終助 かし。
（悲しいうえに、）

けれ|助動・過・已 ば、|接助
（悲しいうえに、）

「小さき|シク・体 は|係助 あへ|ク・体 な|助動・強・未 む。|助動・推・終」と、|格助
（「小さい者は（一緒に連れていっても）きっと差し支えないだろう。」と、）

幼く|ク・用 おはし|補尊・サ変・用 ける|助動・過・体 男君、
（幼くていらっしゃった男君や、）

女君たち、
（姫君たちが、）

慕ひ泣き|四・用 て|接助 おはし|補尊・サ変・用
（（父君を）慕い泣いていらっしゃったので、）

おほやけ|補尊・四・用 も|係助 許さ|四・未 せ|助動・尊・用 給ひ|補尊・四・用
（朝廷もお許しになったのだよ。）

この|代 御子ども|格助 を、|格助
（この（年上の）お子様たちを、）

御前|格助 の 梅|格助 の
（お庭先の梅の花を）

同じ|シク・体 方|格助 に|格助 つかはさ|四・未 ざり|助動・打・用 けり。|助動・過・終
（（道真と）同じ方にはおやりにはならなかった。）

帝|格助 の 御おきて、きはめて|副 あやにくに|ナリ・用 おはしませ|補尊・四・已 ば、|接助
（帝のご処置が、きわめて厳しくていらっしゃったので、）

方々|副 に|格助 いと|副 悲しく|シク・用 おぼしめし|四・用 て、|接助
（（道真は）あれやこれやとたいそう悲しくお思いになって、）

花 を|格助 御覧じて、|サ変・用
御覧になって、

東風 吹か|四・未 ば|接助 にほひ おこせよ|下二・命 梅 の|格助 花 あるじ なし|ク・終 とて|格助 春 を|格助 忘る|下二・終 な|終助
（春が来て）東風が吹いたら、花の香を（私の流される筑紫の地まで）送り届けてくれ、梅の花よ。主人がいないからといって、春を忘れるな。

また、|接 亭子の帝|代 に|格助 聞こえさせ|下二・用 給ふ、|補尊・四・体
また、亭子の帝（＝宇多法皇）に申し上げなさる（歌は）、

流れゆく|四・体 我|代 は|係助 水屑 と|格助 なり果て|下二・用 ぬ|助動・完・終 君 しがらみ|格助 と|格助 なり|四・用 て|接助 とどめよ|下二・命
（筑紫の地に）流れてゆく私は水中のごみとなり果ててしまった。我が君よ、しがらみとなって（私を）とどめてください。

語句の解説 2

教717 206ページ　教719 186ページ

11 婿取り（むことり）　夫を迎えることをいう。当時は、女の家に男が通ってくる結婚形態であった。

1 「ほどほどにつけて」とは、どのような意味か。

【大意】3　教717 207ページ10行〜208ページ4行　教719 187ページ10行〜188ページ4行

無実の罪を嘆きながら都を離れた道真は、山崎で出家した。明石の駅で、道真の悲運に同情する駅長に、浮き沈みがあるのは人の世の常だという漢詩を作って慰めた。

【品詞分解／現代語訳】

なき｜ク・体
こと｜格助
に｜格助
より、｜四・用
　無実のことにより、

かく｜副
罪せ｜サ変・未
られ｜助動・受・用
給ふ｜補尊・四・体
を｜格助
　このように罰せられなさることを、

たいそうお思い嘆かれて、

都｜格助
遠く｜ク・用
なる｜四・体
まま｜格助
に、｜格助
　都が遠くなるにつれて、

あはれに｜ナリ・用
心細く｜ク・用
　しみじみと心細く

おぼし嘆き｜四・用
て、｜接助

やがて｜副
　そのまま

山崎｜格助
にて｜格助
出家せ｜サ変・未
しめ｜助動・尊・用
給ひ｜補尊・四・用
て、｜接助
　山崎で出家して、

おぼさ｜四・未
れ｜助動・尊・用
て、｜接助
　お思いになって、

君｜格助
が｜格助
住む｜四・体
宿｜格助
の｜格助
梢｜格助
を｜格助
行く行くと｜副
隠るる｜下二・体
まで｜副助
も｜係助
かへり見｜上一・用
し｜助動・過・体
はや｜間助
　あなたが住む家の木立の梢を、筑紫に向かって遠ざかりながら隠れるまで振り返り見たことだよ。

また、｜接
　また、

播磨の国｜格助
に｜格助
おはしまし着き｜四・用
て、｜接助
　播磨の国に到着なさって、

明石の駅｜格助
と｜格助
いふ｜四・体
所｜格助
に｜格助
御宿り｜サ変・未
せ｜助動・尊・用
しめ｜
　明石の駅という所にお泊まりになって、

答

それぞれの年齢や器量に応じて。

8「流れゆく（ながれゆく）」の歌　大宰府のある筑紫に流されることを自分ではどうすることもできないという現況を伝え、道真への信任の厚かった宇多法皇（醍醐天皇の父）に、帝（みかど）へのとりなしを頼んでいる。

14 御おきて（おおんおきて）**教717 207ページ　教719 187ページ**　「おきて」は、「処置・命令」という意味。

給ひ〔補尊・四・用〕 て〔接助〕、駅 の〔格助〕 長 の〔格助〕 いみじく〔シク・用〕 思へ〔四・已〕 る〔助動・存・体〕 けしき を〔格助〕 御覧じ〔サ変・用〕 て〔接助〕、作ら〔四・未〕 しめ〔助動・尊・用〕

（明石の）駅長がたいそう（道長の左遷を気の毒だと）思っている様子を御覧になって、お作りになった漢詩は、

給ふ〔補尊・四・体〕 詩、いと〔副〕 悲し〔シク・終〕。

たいそう悲しい。

駅長莫レ驚時変改（駅長驚くこと莫かれ 時の変改）

駅長よ、驚いてはいけない、時の移り変わることを。

一栄一落是春秋（一栄一落 是れ春秋）

ひとたび栄え、ひとたび凋落するのは（人の世の浮き沈みは）、春秋の草木の繁茂と落葉と同じことだ。

（左大臣時平）

語句の解説 3

教717 207ページ 教719 187ページ

11 **やがて** 「やがて」は、「そのまま、すぐに」という意味。ここは、旅の途中でそのまま、ということ。

教717 208ページ 教719 188ページ

3 **変改《へんがい》** 移り変わること。

ここは、右大臣の身であった道真が、今は配流の身となって大宰府に左遷されることをいう。

学習の手引き

一 第一段落に書かれている時平と道真の人物像を、両者を対比する形で整理しよう。

解答例

●年齢について

・時平…「御年二十八、九ばかりなり」

・道真…「御年、五十七、八にやおはしましけむ」

●才覚について

・時平…「才もことのほかに劣り給へる」

・道真…「才よにすぐれ、めでたくおはしまし、御心おきても、ことのほかにかしこくおはします」

二 三首の和歌と一首の漢詩によみ込まれた道真の心情を、よまれた状況や場面をふまえて、それぞれ説明してみよう。

解答例

・「東風《こち》吹かば」…大宰府のある筑紫に流されるとき、邸の庭の梅を見てよんだ歌。梅の花に託して、都から離れ、家族とも別れる

惜別の情をよんでいる。

・「流れゆく」…筑紫に流されるとき、宇多法皇に贈った歌。無実の罪を訴える悲痛な心情をよんでいる。

・「君が住む」…山崎も過ぎ、都から遠ざかるときによんだ歌。都に残る妻（宇多法皇という説もある）に対する名残惜しさをよんでいる。

・漢詩…播磨《はりま》の国、明石の駅で駅長に対してよんだ詩。栄枯盛衰は世の常だと駅長を慰めるようによんでいる。

三　語り手は道真の左遷をどのように捉え、伝えようとしているか。本文中の語句を引きながら説明してみよう。

解答例　・「左大臣やすからずおぼしたるほどに」717 三〇六・8 719 一八六・8→時平は道真に嫉妬し、その存在を不快に思っている。左遷の背景を示す。

・「右大臣の御ためによからぬこと出で来て」717 三〇六・9 719 一八六・9→「よからぬこと」とは、時平の讒言をさすが、明確には書かず、「よくないこと」と漠然と示している。

・「なきことにより、かく罪せられ給ふを」717 三〇七・10 719 一八七・10→無実の罪で左遷された、つまり冤罪《えんざい》であったことを示す。

時平の陰謀などの左遷の背景を子細に描くのではなく、冤罪であったことだけを事実として伝えようとしている。

言葉の手引き

一　次の古語の意味を調べよう。

1 才 717 三〇六・5 719 一八六・5　2 よに 717 三〇六・5 719 一八六・5
3 心おきて 717 三〇六・6 719 一八六・6　4 かしこし 717 三〇六・6 719 一八六・6
5 あやにくなり 717 三〇六・14 719 一八六・14
6 つかはす 717 三〇七・2 719 一八七・2　7 おこす 717 三〇七・5 719 一八七・5
8 やがて 717 三〇七・11 719 一八七・11

解答例　1 （特に漢学の）学才。　2 非常に
3 （政治向きの）配慮。　4 優れている。立派だ。
5 厳しい。意地が悪い。　6 「行かせる」「やる」の尊敬語。
7 寄こす　8 そのまま

二　本文中から、助動詞「る」「らる」「す」「しむ」をすべて抜き出し、意味を答えよう。

解答例　「下さしめ給へりしに、」717 三〇六・3 719 一八六・3→尊敬

・「せしめ給ひし」717 三〇六・5 719 一八六・5→尊敬
・「流され給ふ。」717 三〇六・10 719 一八六・10→受身
・「流され給ひて」717 三〇六・12 719 一八六・12→受身
・「許させ給ひしぞかし。」717 三〇六・14 719 一八六・14→尊敬
・「罪せられ給ふを、」717 三〇七・10 719 一八七・10→受身
・「出家《すけ》せしめ給ひて、」717 三〇七・12 719 一八七・12→尊敬
・「おぼされて、」717 三〇七・13 719 一八七・13→尊敬
・「御宿りせしめ給ひて、」717 三〇八・1 719 一八八・1→尊敬
・「作らしめ給ふ」717 三〇八・2 719 一八八・2→尊敬

言語活動　菅原道真の左遷の真相

教717 P.209　教719 P.189

活動の手引き

一　道真《みちざね》が左遷された事件である「昌泰《しょうたい》の変」について調べ、具体的な事件の経緯をまとめてみよう。

解答例　道真が、醍醐《だいご》天皇を退位させ、自分の娘婿である斉世《ときよ》親王（宇多《うだ》上皇の皇子であり、醍醐天皇の弟）を即位させようと画策しているという風聞がたち、それを時平《ときひら》が、真実であるかのように醍醐天皇に讒言《ざんげん》した。醍醐天皇は、即座に、道真を大宰権帥《だざいのごんのそち》として大宰府に追いやり、道真の子供や右近衛中将源善《みなもとのよし》らを左遷または流罪にしたという事件。

二　『大鏡』の続きを読んで、道真の祟《たた》りがどのように書かれているか、わかったことを報告し合おう。

解答例
・道真は、左遷された筑紫《つくし》の地で亡くなる。
・死後一夜のうちに、京都の北野にたくさんの松を生やし、そこに移り住んだという。これが道真を祭る北野天満宮となり、天皇も神としてあがめ、行幸するようになった。
・内裏が炎上したとき、その都度造営されたが、円融《えんゆう》天皇の時代にも火災があり、大工たちが屋根の裏板に鉋《かんな》をかけて仕上げて翌朝に見ると、一夜にして虫食いができている。その虫食いは文字の形になっていて、「造るとも／またも焼けなむ／菅原や／むねのいたまの／合はぬ限りは（造り替えても、また焼けてしまうだろう。無実の菅原の胸の傷が癒えない限りは。）」という歌が読み取れた。人々は、これを道真の無念の思いが表されたものとして、火災をその祟りと噂《うわさ》した。
・道真を讒言で追いやった時平は三十九歳で、その子女たちも早世したが、人々はこれも道真の祟りのせいと考えた。
・道真が雷神となり、雷がひどく鳴って清涼殿に落ちかけたが、時平が太刀をかざして道真を諭したので、いったんは鎮まった。語り手はこれを、道真が時平の偉大さに服したのではなく、天皇の威光に服するという道理があったからだとしている。

風《ふう》姿《し》花《くわ》伝《でん》

世《ぜ》阿《あ》弥《み》

教717 P.211〜P.213
教719 P.191〜P.193

【大　意】　1　教717 211ページ1〜6行　教719 191ページ1〜6行

七歳のころが能の稽古を始める時期だが、その子が持つ芸風というものは生まれつきのものがある。心のままに演じさせ、あまりよしあしを教えるべきではない。厳しすぎると、子供はやる気を失って、能の上達が止まってしまう。

【品詞分解／現代語訳】

七歳

一、こ(代) の(格助) 芸 に(格助) おいて、(連語) おほかた、(副) 七歳 を(格助) もて(連語) 初め と(格助) す。(サ変・終) こ(代) の(格助) ころ の(格助) 能 の(格助) 稽古、

一、この芸（猿楽の能）では、たいてい、七歳をもって（稽古の）初めとする。この年ごろの能の稽古というものは、

必ず、(副) そ(代) の(格助) もの 自然と(副) し出だす(四・体) こと に、(格助) 得(下二・用) たる(助動・存・体) 風体 ある(ラ変・体) べし。(助動・当・終) 舞・働き の(格助) 間、

必ず、その子がおのずからやり出すことに、生まれつき身についた芸風があるはずである。舞や所作全般の中や、

音曲、 もしくは(接) 怒れ(四・已) る(助動・存・体) こと など(副助) に(助動・断・用) て(接助) も(係助) あれ、(ラ変・已) ふと(副) し出ださ(四・未) ん(助動・婉・体) かかり を、(格助)

謡の中、もしくは怒りの演技の中などであっても、不意にやり出すであろう風姿を、

うち任せ(下二・用) て、(接助) 心 の(格助) まま に(格助) せ(サ変・未) さす(助動・使・終) べし。(助動・適・終) さのみに(副) よき(ク・体) あしき(シク・体) と(格助) は(係助) 教ふ(下二・終) べから(助動・適・未)

（その子に）任せて、自由に演じさせるのがよい。そうむやみに、よい、悪いとは教えないほうがよい。

ず。（助動・打・終）

あまりに（副） いたく（ク・用） 諫むれ（下二・已） ば、（接助） 童 は（係助） 気［1］ を（格助） 失ひ（四・用） て、（接助） 能、ものくさく（ク・用） なりたち（四・用） ぬれ（助動・強・已） ば、（接助）

あまりに厳しく意見すると、子供はやる気をなくして、能（をみがくの）が、いやになってしまうと、

やがて（副） 能 は（係助） とまる（四・体） なり。（助動・断・終）

そのままそこで能（の上達）は止まってしまうのである。

語句の解説 1

教717 211ページ　教719 191ページ

1 **おいて**　動詞「おく」の連用形＋接続助詞「て」＝「おきて」のイ音便。「…において」の形で、物事の状態・時・場所などを表し、「…では、…で」などの意味となる。漢文の「於」の訓読から生まれた語。

1 **もて**　「もちて」が変化したもの。本来は、「もつ」の連用形「もち」＋接続助詞「て」。

1 **能**《のう》　ここでは、能楽のことをさすが、能力・技芸の意味でも使われる。

2 **自然**《じねん》**と**　おのずから。「自然」は、名詞もしくは副詞の場合がある。「おのずからそうあること」の意味。

3 **音曲**《おんぎょく》　能の詞章である謡《うたい》に節をつけて歌うこと。

4 **さのみに**　そうむやみに。「さのみ」は、副詞の「さ」と副助詞の「のみ」から成る語で、適切な度合いを越えていることを表す。

5 **諫**《いさ》**むれば**　「諫む」は「意見する」「いましめる」といった意味。

1　「気を失ひて」とは、どのような意味か。

答　やる気をなくして。

5 **ものくさくなりたちぬれば**　いやになってしまうと。「ものくさし」は、「めんどうだ、いや気がさす」の意の形容詞。「ものぐさし」とも書く。「ぬれ」は、強意の助動詞「ぬ」の已然形で、ここは確述の用法。

6 **とまるなり**　止まってしまうのである。能の進歩がなくなることをさしている。

【大意】 2　教717 211ページ7行～212ページ2行　教719 191ページ7行～192ページ2行

十二、三歳からは、歌う声が音階に合うようになり、能の分別もつくようになるので、多くの技術や演目を教えるのがよいだろう。声もかわいらしく、稚児《ちご》姿なのでどのように演じても美しい。この段階ではそれほど細かい演技をさせるのはよくない。ふさわしくないし、能の上達にもつながらない。

【品詞分解／現代語訳】

十二、三より

こ〔(代)〕の〔格助〕年の〔格助〕ころより〔格助〕は〔係助〕、はや〔副〕、やうやう〔副〕声も〔係助〕調子に〔格助〕かかり〔四・用〕、能も〔係助〕心づく〔四・体〕ころなれ〔助動・断・已〕ば〔接助〕、

この年ごろからは、もう、だんだんと歌う声も音階に合うようになり、能も分別がつくころであるので、

次第次第に〔副〕物数を〔格助〕も〔係助〕教ふ〔下二・終〕べし〔助動・適・終〕。まづ〔副〕、童形なれ〔助動・断・已〕ば〔接助〕、何〔(代)〕と〔格助〕し〔サ変・用〕たる〔助動・存・体〕も〔係助〕幽玄なり〔ナリ・終〕。声も〔係助〕

順を追って能の技術や曲目の数々を教えるのがよいだろう。まず、稚児姿であるので、どのように演じていても美しい。声も

立つ〔四・体〕ころなり〔助動・断・終〕。二つの〔格助〕たよりあれ〔ラ変・已〕ば〔接助〕、わろき〔ク・体〕ことは〔係助〕隠れ〔下二・用〕、よき〔ク・体〕ことは〔係助〕いよいよ〔副〕花めけ〔四・已〕

引き立つころである。(姿と声の)二つの長所があるので、欠点は隠れ、長所はいよいよ美しく引き立っている。

り〔助動・存・終〕。おほかた〔副〕、児の〔格助〕申楽に〔格助〕、さのみに〔副〕細かなる〔ナリ・体〕物まね 2 など〔副助〕は〔係助〕、せ〔サ変・未〕さす〔助動・使・終〕べから〔助動・適・未〕

およそ、子供の演じる猿楽の能に、それほど細かい演技などは、させないほうがよい。

ず〔助動・打・終〕。当座も〔係助〕似合は〔四・未〕ず〔助動・打・用〕、能も〔係助〕上がら〔四・未〕ぬ〔助動・打・体〕相なり〔助動・断・終〕。

その場にも似つかわしくないし、(将来)能も上達しないことが目に見えているのである。

語句の解説 2

教717 211ページ　教719 191ページ

8 幽玄《ゆうげん》なり　美しい。

「幽玄」は、もともと神秘的な奥深さを表す言葉。「幽」はかすかなこと、「玄」はくらいことを表す。ここでは上品な美を表している。能の美しさを表す代表的な言葉。

9 たより　長所。

「たより」は名詞で、①「頼みとするもの」、②「縁、ゆかり」、③「手紙」、④「便宜」など多義語。ここでは①の転。

教717 212ページ　教719 192ページ

2 「物まね」の意味は何か。

答 登場人物に扮《ふん》してそれらしく見せる演技。

【大意】 3 教717 212ページ3行～213ページ1行 教719 192ページ3行～193ページ1行

二十四、五歳は一生の芸が定まる最初の時期である。稽古でも境目になる辺りで、声・姿もすばらしく、見る人たちもほめるだろうが、それはあくまでも「当座の花」であって、名人のものではない。「まことの花」を咲かせるよう芸の精進を怠ってはならない。

【品詞分解／現代語訳】

二十四、五

こ(代) の(格助) ころ、一期 の(格助) 芸能 の(格助) 定まる(四・体) 初め なり(助動・断・終)。さるほどに(接)、稽古 の(格助) 境 なり(助動・断・終)。声 も(係助)

このころは、一生を貫く芸能が固まる初期である。だから、稽古の変わり目である。(変声期の)声も

すでに(副) 直り(四・用)、体 も(係助) 定まる(四・体) 時分 なり(助動・断・終)。されば(接)、こ(代) の(格助) 道 に(格助) 二つ の(格助) 果報 あり(ラ変・終)。声 と(格助) 身なり

すっかり落ち着き、体型も固まるころである。さて、この(芸の)道に二つの幸運がある。声と姿である。

なり(助動・断・終)。これ(代) 二つ は(係助)、こ(代) の(格助) 時分 に(格助) 定まる(四・体) なり(助動・断・終)。年盛り に(格助) 向かふ(四・体) 芸能 の(格助) 生ずる(サ変・体) ところ

この二つは、このころに定まるものである。壮年に向かう芸能が生まれるところである。

なり(助動・断・終)。さるほどに(接)、よそ目 に(格助) も(係助)、すは(感)、[3] 上手 出で来(カ変・用) たり(助動・完・終) とて(格助)、人 も(係助) 目 に(格助) 立つる(下二・体) なり(助動・断・終)。

そうであるから、他人の目にも、さあ、上手な人が出て来たと、観客も注目するのである。

もと [3] 名人 など(副助) なれ(助動・断・已) ども(接助)、当座 の(格助) 花 に(格助) 珍しく(シク・用) して(接助)、立合勝負 に(格助) も(係助)、いつたん(副) 勝つ(四・体) とき

(競演の相手が)かつての名人などであっても、その場だけの一時的な魅力が珍しくて、競演にも、一度勝ったりすると、

は(係助)、人 も(係助) 思ひ上げ(下二・用)、主 も(係助) 上手 と(格助) 思ひしむる(下二・体) なり(助動・断・終)。これ(代)、返す返す(副)、主 の(格助) ため 仇 なり(助動・断・終)。これ(代)

他人も過大評価するし、本人も(自分は)上手だと思い込んでしまうのである。これは、どう考えても、本人のために害になる。このよ

係助　格助　助動・断・用　係助　ラ変・未　助動・打・終　格助　格助　上一・体　格助　副　格助　格助
も、まことの花にはあらず。年の盛りと、見る人のいつたんの心の
うなものは、本当の魅力ではない。　年齢的によい時期であると、観客が一時的に思う珍しい魅力なのである。

シク・体　助動・断・終　格助　係助　下二・終　助動・当・終　(代)　格助　格助　係助　格助　四・体
珍しき花なり。まことの目利きは見分くべし。このころの花こそ、初心と申すころ
本当の目利きの人は見分けるはずである。　この時分(二十四、五)の魅力は、初心と申す時分であるのに、

助動・断・体　接助　下二・用　助動・完・体　助動・状・用　格助　四・用　接助　副　格助　四・用　助動・存・体　格助　サ変・用　四・用
なるを、きはめたるやうに主の思ひて、はや申楽に側みたる輪説とし、至り
芸を極めたように本人が思って、　早くも猿楽の能の正道を外れた勝手な言動をし、　大成

助動・完・体　格助　サ変・体　シク・体　助動・断・終　副　係助　下二・用　副助　格助　四・終　接助
たる風体をすること、あさましきことなり。たとひ、人もほめ、名人などに勝つとも、
したような演じ方をするのは、　あきれはてたことだ。　たとえ、　他人もほめてくれ、名人などに勝っても、

(代)　係助　副　シク・体　助動・断・終　格助　四・用　接助　副　格助　係助　ナリ・用　下二・用　格助
これはいつたん珍しき花なりと思ひ悟りて、いよいよ物まねをもすぐにし定め、名を
これは一時的な珍しい魅力であると思い悟って、　ますます演技を確実に体得し、　名声を

下二・用　助動・存・未　助動・婉・体　格助　格助　ナリ・用　四・用　接助　格助　副　サ変・終　助動・適・終
得たらん人にことを細かに問ひて、稽古をいやましにすべし。
得ているような人にこと細かに尋ねて、　稽古をいっそう積むのがよい。

語句の解説 3

教717 212ページ　教719 192ページ

3 **さるほどに**　ラ変の動詞「然《さ》り」の連体形「さる」＋名詞「ほど」＋格助詞「に」が一語化したもの。

3 **声《こえ》もすでに直《なお》り**　（変声期の）声もすっかり落ち着き。変声期で変わった声が、この年ごろにはよくなるということ。

4 **二《ふた》つの果報《かほう》**　二つの幸運。「果報」は、本来は仏教語。ここでは「幸運」の意。二つとは、声と身なりをさす。

3　「上手」と「名人」との違いは何か。

答　「上手」は声や姿など見聞きしてすぐわかるところが美しい演者で、「当座の花」を備えた人。「名人」は、真の意味で能を理解している演者で、「まことの花」を備えた人。

9 **仇《あた》なり**　害になる。
「仇」は、現代語と読み方が違う。もともと「自分に対して攻め

てくるもの」を表す言葉で、ここでは「かえってよくないこと」の意味になる。

14 名《な》を得《え》たらん人《ひと》 名声を得ているような人。

「得」は、ア行下二段活用の動詞「得《う》」の連用形。「ん」は、婉曲《えんきょく》の助動詞の連体形。

学習の手引き

一 年齢に応じた稽古の心構えの要点を、それぞれ一文または一語でまとめよう。

解答例 ・七歳…やりたいように演じさせるのがよい。
・十二、三より…たくさんの技術や曲目を教えるのがよい。
・二十四、五…真実の魅力になるよう稽古に稽古を重ねるべきである。

二 「まことの花」(717 二三三・9 719 一九三・9)とはどのような意味か。「花」が表す意味を考えながら、説明してみよう。

解答例 「花」は、能楽で、観客をひきつける芸の美しさや魅力のこと。「まことの花」とは、年月を重ね、能楽という道の修行を通して培っていく、その人の持つ本質的な魅力をいう。この対義語が「当座の花」である。

三 本文で述べている芸能に関する心得を、人の生き方に当てはめたらどうなるか、各自の考えを発表し合おう。

考え方 私たちが生きる現代の社会でも、「若気の至り」とか「慢心」といった言葉をキーワードに考えることができるだろう。部活での「先輩」「後輩」といったことから話し合うこともできる。また、「名人」「達人」のような言葉を手がかりに考えてもよいだろう。

言葉の手引き

一 次の古語の意味を調べよう。

1 さのみに 717 二三一・4 719 一九一・4
2 幽玄なり 717 二三一・8 719 一九一・8
3 たより 717 二三一・9 719 一九一・9
4 一期 717 二三二・3 719 一九二・3
5 すは 717 二三二・6 719 一九二・6
6 すぐなり 717 二三二・14 719 一九二・14
7 いやましに 717 二三三・1 719 一九三・1

解答例 1 そうむやみに。 2 優雅で美しい。 3 長所。利点。 4 一生 5 (突然のことに驚いて)さあ。 6 まっすぐだ 7 いっそう

二 この文章の特徴を、文末に多用されている助動詞「べし」「なり」に留意して説明してみよう。

解答例 「べし」は当然や適当、「なり」は断定の助動詞。これらを多用して短い文を並べ、簡潔な文体で、能楽を学ぶときの心構えを説いた文章である。

風雅の誠

【三冊子】(さんざうし)

【大意】1　[教717] 214ページ1〜11行　[教719] 194ページ1〜11行

師(=芭蕉)の教えは、(詩の)心を深く理解して俳諧の「誠」(本質)を追い求め、そののち日常の卑近なことを俳諧によめというものである。常に俳諧の「誠」を追い求める者は、素材とする対象が自然でひねった表現を必要としない。「誠」に努めるというのは、俳諧に携わった古人の心を探究し、師の心(=詩の精神)を理解することである。師が作品を通して求める理想を自分で体得することが必要であり、自己流の理解で納得することを自戒しなければならない。

【品詞分解/現代語訳】

「高く(ク・用)　心を(格助)　悟り(四・用)　て(接助)、俗に(格助)　帰る(四・終)　べし(助動・当・終)。」と(格助)　の(格助)　教へ　なり(助動・断・終)。

「(俳諧においては)高く(詩の)心を理解して、(そののち)日常卑近な世界に帰るべきだ。」という(のが師=芭蕉の)教えである。

「常に(副)　風雅　の(格助)　誠　を(格助)

責め悟り(四・用)　て(接助)、今　なす(四・体)　ところ　俳諧に(格助)　帰る(四・終)　べし(助動・当・終)。」と(格助)　言へ(四・已)　る(助動・完・体)　なり(助動・断・終)。

俳諧の誠(本質)を追求し理解して、現在作っている俳諧の作品に帰着させるべきだ。」と言ったのである。

常(副)、風雅に(格助)　ゐる(上一・体)　者(四・体)　は(係助)、思ふ　心　の(格助)　色、物(格助)　と　なり(四・用)　て(接助)、句姿　定まる(四・体)　もの　なれ(助動・断・已)　ば(接助)、

常に、俳諧(の本質)を心がけている者は、持ち続けてきた心の在り方が、詩的な表現対象を見つけて、句の表現が決まるものであるので、

取る(四・体)　物　自然に(格助)　して(接助)　子細　なし(ク・終)。心　の(格助)　色　うるはしから(シク・未)　ざれ(助動・打・已)　ば(接助)、外に(格助)　言葉を(格助)　巧む(四・終)。

素材とする対象は自然であってあれこれひねったところがない。心の在り方が誠実でないと、表現の面で言葉に技巧を凝らす。

これ(代)　すなはち(接)、常に(副)　誠を(格助)　つとめ(下二・未)　ざる(助動・打・体)　心　の(格助)　俗　なり(助動・断・終)。

これはつまり、常に誠を求めるように努力しない(という)心の卑俗さなのである。

誠 を〔格助〕 つとむる〔下二・体〕 と〔格助〕 いふ〔四・体〕 は〔係助〕、風雅 に〔格助〕 古人 の〔格助〕 心 を〔格助〕 探り〔四・用〕、近く〔ク・用〕 は〔係助〕 師 の〔格助〕 心 よく〔ク・用〕

誠を(求めて)努めるというのは、俳諧に(携わった)古人の(詩の)心を探究し、近いところでは師の心をよく

知る〔四・終〕 べし〔助動・当・終〕。そ〔代〕 の〔格助〕 心 を〔格助〕 知ら〔四・未〕 ざれ〔助動・打・已〕 ば〔接助〕、たどる〔四・体〕 に〔格助〕 誠 の〔格助〕 道 なし〔ク・終〕。そ〔代〕 の〔格助〕 心 を〔格助〕 知る〔四・体〕 は〔係助〕、

理解するべきだ。その心を理解できないと、探しても誠の道(を知る方法)はない。その心を理解するには、

師 の〔格助〕 詠草 の〔格助〕 跡 を〔格助〕 追ひ〔四・用〕、よく〔ク・用〕 見知り〔四・用〕 て〔接助〕、すなはち〔接〕 わ〔代〕 が〔格助〕 心 の〔格助〕 筋 を〔格助〕 押し直し〔四・用〕、ここ〔1 代〕 に〔格助〕

師の作品の跡を追いかけ、よく理解して、そこで自分の心の方向を直して、ここ(師の心)に

赴い〔四・用(音)〕 て〔接助〕 自得する〔サ変・体〕 やうに〔助動・状・用〕 責むる〔下二・体〕 こと を〔格助〕、誠 を〔格助〕 つとむる〔下二・体〕 と〔格助〕 は〔係助〕 いふ〔四・終〕 べし〔助動・推・終〕。師 の〔格助〕

たどりついて自分で体得するように求めていくことを、誠を(求めて)努めるというのだろう。師が

思ふ〔四・体〕 筋 に〔格助〕 わ〔代〕 が〔格助〕 心 を〔格助〕 一つ に〔格助〕 なさ〔四・未〕 ず〔助動・打・用〕 して〔接助〕、私意 に〔格助〕 師 の〔格助〕 道 を〔格助〕 喜び〔四・用〕 て〔接助〕、

求める理想に自分の心を一つにしないで、自己流な理解で師の道を喜んで、

そ〔代〕 の〔格助〕 門 を〔格助〕 行く〔四・終〕 と〔格助〕 心得顔 に〔ナリ・用〕 して〔接助〕、私 の〔格助〕 道 を〔格助〕 行く〔四・体〕 こと あり〔ラ変・終〕。門人 よく〔ク・用〕

その門人であると得意顔で、(実は)自分の道を行くことがある。門人は正しく

己 を〔格助〕 押し直す〔四・終〕 べき〔助動・当・体〕 ところ なり〔助動・断・終〕。

自分の進む方向を直すべきなのである。

語句の解説 1

教717 214ページ 教719 194ページ

1 風雅《ふうが》の誠《まこと》を責《せ》め悟《さと》りて　蕉門(松尾《まつお》芭蕉の門下)では、「風雅」は俳諧のことをいう。「誠」は、「真髄」「本質」ということ。「責む」は、「追求する」という意味。

3 心《こころ》の色《いろ》　心の在り方。

特に、深く心に思いしみこむ様子をいう。

4 言葉《ことば》を巧《たく》む　言葉に技巧を凝らす。「巧む」は、ここは工夫するという意味。

5 心《こころ》の俗《ぞく》　「俗」は、風流ではなく、ありふれていること。俳諧は、「俗」なる表現をするが、精神は高き「悟り」を求めるのが芭蕉の教えであり、「心の俗」とは、高い境地を求めない、心の卑俗

さをいう。

7 **師《し》の詠草《えいそう》**　芭蕉の俳諧の草稿。

1　「ここ」は何をさすか。

答　師の心。

10 **その門《もん》を行《い》くと心得顔《こころえがお》にして**　師の門人であると得意顔で。「心得顔」は、いかにもわかったような顔つき、得意顔のこと。

11 **私《わたくし》の道《みち》**　自分の道。自己流の道。「誠の道」と反対の意味。

11 **己《おのれ》を押《お》し直《なお》すべきところなり**　「己を押し直す」とは、自分を正しい方向に向けることをいう。

【大意】 2 教717 215ページ1～10行 教719 195ページ1～10行

「松のことは松に習え。竹のことは竹に習え。」という師の言葉は、自己流の理解から離れよ、という教えである。「習え」というのは、自分が対象の中に入り、対象の奥に潜む本質が明らかになって感動をおぼえれば、句となるということである。作意のないことが重要なのであり、師の心を常に理解して、心を高く保ち、その根本に立ち返って俳諧をするべきである。師の心を探究することが自己流から離れる道である。

【品詞分解／現代語訳】

「松 の(格助) こと は(係助) 松 に(格助) 習へ(四・命)。竹 の(格助) こと は(係助) 竹 に(格助) 習へ(四・命)。」と(格助) 師 の(格助) 言葉 の(格助) あり(ラ変・用)

「松のことは松に習え。竹のことは竹に習え。」と師の言葉にあったのも、

し(助動・過・体) も、(係助) 私意 を(格助) 離れよ(下二・命) と(格助) いふ(四・体) こと なり。(助動・断・終) こ(代) の(格助) 習へ(四・命) と(格助) いふ(四・体) ところ を(格助) 己 が(格助)

自己流な理解を離れなさいということである。この「習え」というところを自分に都合のいいように受け取って、

まま に(格助) とり(四・用) て、(接助) つひに(副) 習は(四・未) ざる(助動・打・体) なり。(助動・断・終)

とうとう本当に「習う」ということをしないのである。

習へ(四・命) と(格助) いふ(四・体) は、(係助) 物 に(格助) 入り(四・用) て、(接助) そ(代) の(格助) 微 の(格助) あらはれ(下二・用) て(接助) 情 感ずる(サ変・体) や、(間助) 句 と(格助) なる(四・体)

「習え」というのは、対象の中に入っていって、対象の奥に潜む本質が明らかになって感動をおぼえると、句となるということ

助動・断・終　副　ナリ・用　下二・用　接助　係助　(代)　格助　格助　副　下二・体　助動・断・用
ところ なり。たとへ 物 あらはに 言ひ出で て も、その 物 より 自然に 出づる 情 に
である。たとえ物(の特徴)をはっきりと表現できても、その物から自然にわき起こる感動ではないので、

ラ変・未　助動・打・已　接助　格助　格助　四・用　接助　(代)　格助　格助　四・未　助動・打・終　格助
あら ざれ ば、物 と 我 二つ に なり て、その 情 誠 に 至ら ず。私意 の
対象と表現者とが離れ離れになって、その感動は本質には至らない。自己流の理解が

四・体　助動・断・終
なす 作意 なり。
もたらす(わざとらしい)趣向である。

副　格助　格助　副　四・用　接助　格助　ク・用　四・用　(代)　格助　格助　四・用　接助
ただ、師 の 心 を 常に 悟り て、心 を 高く なし、その 足もと に 戻り て
ただ、師の心を常に理解して、心を高く保ち、その根本に立ち返って

サ変・終　助動・当・終　格助　格助　ク・用　四・已　接助　(代)　格助　(代)　格助　格助　格助　四・用
俳諧す べし。師 の 心 を わりなく 探れ ば、その 色香 わ が 心 の 匂ひ と なり、
俳諧をするべきである。師の心を全身を傾けて探り求めると、その師の俳諧の情趣が自分の心の余情となり、

四・体　助動・断・終　サ変・未　助動・打・已　接助　四・体　格助　副　ラ変・終　下二・体　係助
うつる なり。詮議せ ざれ ば、探る に また 私意 あり。詮議 穿鑿 責むる 者 は、
(句に)映るのである。詳しく吟味しないと、探究するときにまた自己流な理解になる。詳しく吟味し究明しようとする者には、

副　係助　格助　下二・体　ラ変・終
しばらく も 私意 に 離るる 道 あり。
しばらくでも自己流な理解を離れる道がある。

語句の解説 2

教717 215ページ　教719 195ページ

1 **習へ《ならエ》**　「習ふ」は、「学ぶ」「習得する」という意味。

6 **物《もの》と我《われ》**　表現の対象と、対象を選び取る表現者。

6 **作意《さくい》**　詩歌や文章などの創作の意図や趣向。

8 **その色香《いろか》わが心《こころ》の匂《におイ》ひとなり**　「その」の「そ」は、「師の心」をさす。「色香」は、「心の在り方」「情趣、風情」を表す。「匂ひ」は、俳諧で句の余韻・余情をいう。師の作る句がかもし出す情趣が、自分が句を作るときに反映されて、自分の心の在り方になるというのである。

9 **詮議《せんぎ》せざれば**　詳しく吟味しないと。「詮議」は、「よく吟味して物事を明らかにすること」。

学習の手引き

一　「常に風雅の誠を責め悟りて、今なすところ俳諧に帰るべし。」(717 二二四・1 719 一九四・1)、「松のことは松に習へ。竹のことは竹に習へ。」(717 二二五・1 719 一九五・1)という芭蕉の教えを、本文に即して説明してみよう。

解答例
・「常に風雅の誠を…」→いつも俳諧の本質を心がけ、古人の心を探究し、芭蕉の教えを理解しようと努めていれば、日常を送るなかで、俳諧によむ素材や表現が自然と決まるものであるということ。
・「松のことは松に習へ。…」→自己流の理解を捨てて、虚心に対象に接して、そこから得た感動を、まず、大切にしなさいということ。

二　「風雅の誠」を体得するために、どのように作句すればよいと言っているか、まとめてみよう。

解答例
自己流の理解ではなく、芭蕉の教えを探究し、精神世界を高く保つように努力したのち、根本に戻って作句すればよい。芭蕉の教えを全身を傾けて探り求めると、自分の感じる情趣に影響を与え、自己流から離れて作句できる。

言葉の手引き

一　次の古語の意味を調べよう。
1風雅 717 二二四・1 719 一九四・1　2責む 717 二二四・1 719 一九四・1
3うるはし 717 二二四・4 719 一九四・4　4巧む 717 二二四・4 719 一九四・4
5あらはなり 717 二二五・5 719 一九五・5　6作意 717 二二五・6 719 一九五・6
7詮議 717 二二五・9 719 一九五・9

解答例　1　俳諧　2　追求する。究明する。
3　誠実だ。きちんとしている。　4　技巧を凝らす。
5　はっきりしている。明らかである。
6　(詩歌や文章などの)創作の趣向。
7　詳しく吟味して明らかにすること。

二　本文中から比喩表現を一箇所抜き出し、それが表す内容を説明してみよう。

解答例
・「その色香わが心の匂ひとなり、うつるなり」717 二二五・8 719 一九五・8…師の俳諧の高い精神性を「色香」、自己の表現のうちにただよう余情を「心の匂ひ」、師の教えを自分が習得できることを「うつる(映る)なり」という比喩で表している。

去《きょ》来《らい》抄《せう》

向《む》井《かゐ》去来

教717 P.216〜P.217
教719 P.196〜P.197

行く春を

【大　意】　教717 216ページ1〜10行　教719 196ページ1〜10行

芭蕉《ばしょう》の「行く春を」の句を尚白《しょうはく》が批判した。芭蕉が私、去来に意見を求めたので、近江《おうみ》である必然性と、実際に見た風景であることをあげ、反論した。芭蕉は古人も多くこの地で春を惜しんだことを言う。さらに私が、その土地や風景、時期にあった句が与える感動に感銘を受けたというのを聞いて、芭蕉は大いに喜んだ。

【品詞分解／現代語訳】

行く(四・体) 春 を(格助) 近江 の(格助) 人 と(格助) 惜しみ(四・用) けり(助動・詠・終)　芭蕉

（多くの古人が、琵琶湖で春の過ぎ去るのを惜しんだものだが、私も）過ぎゆく春を、近江の国の（親しい）人たちと惜しんだことだなあ。

先師 いはく(連語)、「尚白 が(格助) 難 に(格助)、『近江 は(係助) 丹波 に(格助) も(係助)、行く(四・体) 春 は(係助) 行く(四・体) 年 に(格助) も(係助) 振る(四・終) べし(助動・可・終)。』と(格助)

亡くなった先生（＝芭蕉）がおっしゃるには、「尚白の批判に、『近江は丹波にも、行く春は行く年にも置き換えられる。』と言っている。

言へ(四・已) り(助動・存・終)。なんぢ(代)、いかが(副) 聞き(四・用) 侍る(補丁・ラ変・体) や(係助)。」去来 いはく(連語)、「尚白 が(格助) 難、あたら(四・未) ず(助動・打・終)。湖水

おまえは、（その批判を）どのように聞きましたか。」（私）去来が申すには、「尚白の批判は、あたっていません。（琵琶湖

朦朧と(タリ・用) して(接助) 春 を(格助) 惜しむ(四・体) に(格助) たより ある(ラ変・体) べし(助動・推・終)。ことに(副) 今日 の(格助) 上 に(助動・断・用) 侍る(補丁・ラ変・体)。」と(格助) 申す(四・終)。

の）湖面がかすんでいて春を惜しむ気持ちのよりどころがあるでしょう。とくに眼前の景色を見たうえでの、今の実感でございます。」と申し上げる。

先師 いはく(連語)、「しかり(ラ変・終)。古人 も(係助) こ(代) の(格助) 国 に(格助) 春 を(格助) 愛する(サ変・体) こと、をさをさ(副) 都 に(格助) 劣ら(四・未) ざる(助動・打・体)

先生がおっしゃるには、「そうだ。昔の歌人たちもこの（近江の）国で春を愛することは、ほとんど都（の人が春を愛すること）に劣らないのになあ。」

ものを。」去来 いはく、「こ の 一言 心 に 徹す。行く 年 近江 に ゐ 給は ば、いかで か

終助　(連語)　(代)　格助　格助　サ変・終　四・体　格助　上一・用　補尊・四・未　接助　副　係助(係)

(私)去来が申すに、「この一言は心に深く感銘を覚えます。年の暮れに近江にいらっしゃったなら、どうしてこの(句の)ような感慨がお起こりに

こ の 感 ましまさ ん。行く 春 丹波 に いまさ ば、もとより こ の 情 浮かぶ まじ。風光

(代)　格助　四・未　助動・推・体(結)　四・体　格助　四・未　接助　副　(代)　格助　四・終　助動・打推・終

なるでしょうか(いいえ、起こりはしないでしょう)。過ぎゆく春(のころ)に丹波にいらっしゃったなら、もちろんこの感情が浮かぶことはないでしょう。美しい

の、人 を 感動せ しむる こと、まこと なる かな。」と 申す。先師 いはく、「去来、なんぢ は

格助　格助　サ変・未　助動・使・体　助動・断・体　終助　格助　四・終　(連語)　(代)　係助

風景が、人を感動させることは、本当なのですね。」と申し上げる。先生がおっしゃるには、「去来よ、おまえは

ともに 風雅 を 語る べき 者 なり。」と、ことさらに 喜び 給ひ けり。

副　格助　四・終　助動・適・体　助動・断・終　格助　ナリ・用　四・用　補尊・四・用　助動・過・終

いっしょに俳諧について語り合うのにふさわしい者だ。」と(おっしゃって)、ひときわお喜びになりました。

語句の解説

教717 216ページ　教719 196ページ

1 **行《ゆ》く春《はる》**　過ぎゆく春。
春の季語。去りゆく春を惜しむ心が表されている。また、この句の「近江」は今の滋賀県で、琵琶《びわ》湖《こ》が中心の土地。「けり」は詠嘆の助動詞。

2 **いは《ワ》く**　おっしゃるには。
言った内容の引用が次に続くことを示す。ハ行四段活用動詞「言ふ」の未然形＋接尾語「く」の連語。漢文で「曰」などをこのように訓読したので、漢文訓読調の文章に用いられることが多い。「いはく、『…』と言ふ。」が基本の形。

3 **なんぢ《ジ》**　あなた。おまえ。
二人称代名詞。この場合は去来をさす。

3 **いかが聞《き》き侍《はべ》るや**　どのように聞きましたか。
「いかが」は「いかにか」が転じたもので、疑問の副詞。さらに疑問の係助詞「や」を添える。

4 **たより**　よりどころ。
もともとは、「頼れるもの、頼みとなるもの」の意。そこから春を惜しむときの「よりどころ」となる。

5 **申《もう》す**　申し上げる。
先師(芭蕉)に答えているので、謙譲語「申す」を用いている。

5 **を《オ》さを《オ》さ都《みやこ》に劣《おと》らざるものを**　少しも都(の人が春を愛すること)に劣らないのになあ。
「をさをさ」は、下に打消の語を伴って、「ほとんど…ない、めったに…ない」という意味を表す。「ものを」は詠嘆の終助詞。

7 **いかでかこの感《かん》ましまさん**　どうしてこの(句の)ような感慨がお

起こりになるでしょうか(いいえ、起こりはしないでしょう)。「いかでか」の「か」は、反語を表す。年の暮れに近江にいたら、行く年を惜しむ感慨は起こらない、ということ。「まします」は、「あり」などの尊敬語。四段活用。去来の芭蕉に対する敬意を表す。

7 **いまさば**　「いまさ」(四段活用動詞「います」の未然形)+接続助詞「ば」。順接の仮定条件で「いらっしゃったとしたら」の意。「います」は、「あり」「をり」「ゐる」の尊敬語。

1　「この感」「この情」はそれぞれ何をさすか。

答
・この感…行く年を惜しむ感慨。
・この情…行く春を惜しむ感情。

9 **去来《きよらい》、なんぢ《じ》は**　去来よ、おまえは。呼びかけの言い方。

下《しも》京《ぎやう》や

【大意】　教717 217ページ1〜8行　教719 197ページ1〜8行

「下京や」の句は、最初は初めの五文字がなく、みなが考えたが、芭蕉《ばしよう》が「下京や」に決めた。凡兆《ぼんちよう》は納得しかねていたが、芭蕉は「これ以上の句があれば、二度と俳諧《はいかい》を口にしない。」と言われた。私、去来《きよらい》は、「優れていることは認めるが、ほかにないとは言えない。ほかの流派の人には理解できないであろう。」と言った。

【品詞分解／現代語訳】

下京 や(間助) 雪 つむ(四・体) 上 の(格助) 夜 の(格助) 雨　　凡兆

下京(京の下町)では雪が積もっているうえに夜になって雨が降っている。

こ(代) の(格助) 句、初め に(格助) 冠 なし(ク・終)。先師 を(格助) はじめ(下二・用) いろいろと(副) 置き(四・用) 侍り(補丁・ラ変・用) て(接助)、こ(代) の(格助) 冠 に(格助) きはめ(下二・用)

この句は、最初は初句(句の初めの五文字)がなかった。亡くなった先生(＝芭蕉)をはじめ(弟子たちも)いろいろと初句を置きまして、(先生が)この

給ふ(補尊・四・終)。凡兆「あ(感)。」と(格助) 答へ(下二・用) て(接助)、いまだ(副) 落ち着か(四・未) ず(助動・打・終)。先師 いはく(連語)、「兆、なんぢ(代) 手柄 に(格助) こ(代) の(格助)

初句にお定めになった。凡兆は「はあ。」と答えて、まだ十分に納得できなかった。先生がおっしゃるには、「凡兆よ、おまえは(自分の)立派な

格助　四・終　助動・命・終　副　四・体　ラ変・未　接助　(代)　副　格助　四・終　助動・意・未　助動・打・終　格助

冠 を 置く べし。もし まさる もの あら ば、我 ふたたび 俳諧 を 言ふ べから ず。」と

仕事としてこの初句を置きなさい。もしこれにまさるものがあるならば、私は二度と俳諧について言わないつもりだ。」ということだ。

助動・断・終　(連語)　(代)　格助　格助　ク・体　係助　(代)　(代)　係助　四・用　補丁・ラ変・已　接助　(代)　格助

なり。 去来 いはく、「こ の 五文字 の よき こと は、たれ たれ も 知り 侍れ ど、こ の

(私)去来が言うには、「この(初句の)五文字がすばらしいことは、誰もがみなわかっておりますが、この句

格助　ラ変・体　助動・打推・終　格助　係助　副　係助(係)　四・用　補丁・ラ変・未　助動・推・体(結)　(代)　格助　格助

ほか に ある まじ と は、いかで か 知り 侍ら ん。こ の こと、他門 の 人

以外にないだろうとは、どうしてわかるでしょうか(いえ、わからないでしょう)。このことを、他の流派の人が

四・用　補丁・ラ変・未　接助　ク・用　(代)　係助　四・未　助動・尊・終　助動・推・終　(代)　格助　ク・終　格助　四・未　助動・尊・体

聞き 侍ら ば、腹いたく いくつ も 冠 置か る べし。そ の よし と 置か るる

聞きましたら、笑止千万だと思っていくつも初句を置かれることでしょう。そこでよしとして置かれたものは、

係助　副　(代)　格助　係助　シク・用　助動・強・未　助動・推・終　格助　四・用　補丁・ラ変・体　助動・断・終

もの は、また こなた に は をかしかり な ん と、思ひ 侍る なり。」

またこちら(我々の流派)にとっては変な句であろうと、思うことでしょう。」

語句の解説

教717 217ページ　教719 197ページ

2 **置《お》き侍《はべ》りて**　置きました。

「置く」は、初めの五文字を入れてよんでみること。いろいろと五文字を考えたのは芭蕉とその門人。

2 **きは《ワ》め給《たま》ふ《ウ》**　お定めになった。

下二段動詞「きはむ」は、「決める、定める」という意味。「給ふ」は、尊敬の意味の補助動詞。芭蕉が決めたことがわかる。

2　**「あ。」と答えたとき、凡兆はどのような気持ちだったのか。**

答　納得のいかない気持ちだった。(その後に「いまだ落ち着かず」とある。)

4 **我《われ》ふたたび俳諧《はいかい》を言《い》ふ《ウ》べからず**　私は二度と俳諧について言わないつもりだ。

「べから」は、助動詞「べし」の未然形で、ここでは意志を表す。芭蕉の絶対的な自信を表す言葉。

8 **を《オ》かしかり**　変な。滑稽な。

形容詞「をかし」は、さまざまな意味を表すが、ここでは「滑稽だ、変だ」の意味で使われている。

学習の手引き

一 芭蕉とのやりとりによって、去来は「行く春を」の句に対する理解をどのように深めていったか、展開に即してまとめよう。

考え方 尚白の批判は、「行く春」は「行く年」、「近江」は「丹波」に置き換えられるだろう、というもの。それぞれの語に必然性がないと言ったのである。それに対して、去来は、必然性のあるものだという考えを述べている。

解答例 去来は、尚白の批判に対し、①「湖水朦朧《もうろう》として春を惜しむにたよりあるべし」→湖水によってかすんだ琵琶湖独特の風景が春を惜しむ気持ちにぴったりだ、②「今日の上に侍る」→現実の実感の句である、と考えを述べた。

さらに、芭蕉の「古人もこの国に春を愛すること、をさをさ都に劣らざるものを。」という言葉によって、去来は、風光に文学の伝統が加わることで、いっそう詩情がかきたてられるということに感銘を受けた。行く年近江にいても、行く春丹波にいても、このような詩情は得られない。「行く春」の句は、ほかの語に置き換えることのできない句であると納得したのである。

二 芭蕉が「下京や」の「冠」を定めたことを、去来はどのように評価しているのか、説明してみよう。

解答例 「雪つむ上の夜の雨」の上五文字には、いろいろの案があり、芭蕉が定めた「下京や」はもちろん優れている。確かに「雪つむ上の夜の雨」というやわらかみのある情趣は、庶民的で親しみやすい「下京」に合うと言える。しかし、門人にさえすぐに納得できるものではなく、他流派の人にとってはこれ以外にないとも言えない。この句にはこれしかない、と一つの言葉を探していくのは難しいことだ。

言葉の手引き

一 次の古語の意味を調べよう。

1 振る 717 三六・2 719 一九六・2
2 をさをさ 717 三六・5 719 一九六・5
3 います 717 三六・7 719 一九六・7
4 冠 717 三七・2 719 一九七・2
5 きはむ 717 三七・2 719 一九七・2
6 五文字《いつもじ》 717 三七・5 719 一九七・5
7 をかし 717 三七・8 719 一九七・8

解答例 1 置き換える 2 (打消の語を伴って)ほとんど(…ない)。 3 いらっしゃる 4 俳句の初めの五文字。 5 定める 6 初句の五文字。 7 変だ。滑稽だ。

二 二つの句の季語と切れ字を指摘しよう。

解答例
・「行く春を」…(季語)行く春 (切れ字)けり
・「下京や」…(季語)雪 (切れ字)や

兼好法師が詞《ことば》のあげつらひ

〔玉勝間《たまかつま》〕

教717 P.218～P.219
教719 P.198～P.199

【大　意】 1 教717 218ページ1～10行 教719 198ページ1～10行

兼好《けんこう》法師は、『徒然草《つれづれぐさ》』に「桜の花は満開に咲いているさまだけを、月は雲がかかっていないさまだけを眺めるものではない。」と書いているが、これは、利口ぶった心によるわざと構えたような風情であって、本当の風流心ではない。兼好法師が言う言葉には、この類いのことが多い。

【品詞分解／現代語訳】

兼好法師	が	徒然草	に、	「花	は	盛りに、	月	は	くまなき	を	のみ	見る	もの	かは。」	と	か	言へ
	格助		格助		係助	ナリ・用		係助	ク・体	格助	副助	上一・体		係助	格助	係助	四・已

兼好法師の『徒然草』に、「桜の花は満開に咲いているさまだけを、月は雲がかかっていないさまだけを眺めるものだろうか(いや、そうではない)。」とか言っているのは、どんなものだろうか。

る	は、	いかに	ぞ	や。
助動・存・体	係助	ナリ・用	終助	係助

いにしへ	の	歌ども	に、	花	は	盛りなる、	月	は	くまなき	を	見	たる	より	も、	花	の	もと
	格助		格助		係助	ナリ・体		係助	ク・体	格助	上一・用	助動・完・体	格助	係助		格助	

昔の歌々に、桜の花は満開に咲いているのを、月は雲がかかっていないのを眺めた歌よりも、花の下では風(が吹くの)を嘆き、月の(出ている)夜は雲(が月にかかるの)を嫌い、あるいは(桜の花が咲き、月が出るのを)待ち(桜の花が散り月が隠れるぞ〈係助〉 多く〈ク・用〉 て〈接助〉、心深き〈ク・体〉 も〈係助〉 ことに〈副〉 さる〈連〉 歌 に〈格助〉 多かる〈ク・体〉 は〈係助〉、みな 花 は〈係助〉 盛り〈ナリ・用〉 を〈格助〉 のどかにのを)惜しむやるせない気持ちをよんだ歌が多くて、趣が深い歌も特にそういう歌に多いのは、みな桜の花は満開に咲いているのをのんびりと眺めたく、まほしく、〈助動・願・用〉 月 は〈係助〉 くまなから〈ク・未〉 ん〈助動・婉・体〉 こと を〈格助〉 思ふ〈四・体〉 心 の〈格助〉 せちなる〈ナリ・体〉 から〈接助〉 こそ、〈係助(係)〉 さ〈副〉 も〈係助〉 え〈副〉 あら〈ラ変・未〉月は雲に隠れていないことを願う気持ちが切実であるからこそ、そのようにもあり得ない

に	は	風	を	かこち、	月	の	夜	は	雲	を	いとひ、	あるは	待ち	惜しむ	心づくし	を	よめ	る
格助	係助		格助	四・用		格助		係助		格助	四・用	接	四・用	四・体		格助	四・已	助動・完・体

ぞ	多く	て、	心深き	も	ことに	さる	歌	に	多かる	は、	みな	花	は	盛り	を	のどかに	見
係助	ク・用	接助	ク・体	係助	副	連		格助	ク・体	係助			係助		格助	ナリ・用	上一・未

まほしく、	月	は	くまなから	ん	こと	を	思ふ	心	の	せちなる	から	こそ、	さ	も	え	あら
助動・願・用		係助	ク・未	助動・婉・体		格助	四・体		格助	ナリ・体	接助	係助(係)	副	係助	副	ラ変・未

助動・打・体／格助／四・用／助動・完・体／助動・断・已(結)／(代)／格助／格助／係助(係)／格助／格助／四・用／格助／格助／四・用

ぬ を 嘆き たる なれ。 いづこ の 歌 に かは、 花 に 風 を 待ち、 月 に 雲 を 願ひ

のを嘆いたのである。 どこの歌に、 桜の花に風(が吹くの)を待ち、 月に雲(がかかるの)を願った

助動・完・体／係助／ラ変・未／助動・推・体(結)／接／(代)／格助／格助／四・已／助動・存・体／助動・例・体／係助／格助／格助

たる は あら ん。 さるを、 か の 法師 が 言へ る ごとくなる は、 人 の 心 に

ものがあるだろうか(いや、そんな歌はない)。それなのに、あの法師が言っているようなことは、 人の心情に

四・用／助動・存・体／格助／格助／格助／助動・断・用／接助／格助

さかひ たる、 のち の 世 の さかしら心 の、 つくりみやび に して、 まこと の みやび心

逆らっている、 後世の利口ぶった心(が原因)の、 わざと構えた風情であって、 本当の風流心ではない。

助動・断・用／係助／ラ変・未／助動・打・終／(代)／格助／格助／四・已／助動・存・体／(代)／格助／ク・終／副／シク・体

に は あら ず。 か の 法師 が 言へ る ことども、 こ の たぐひ 多し。 みな 同じ

あの法師が言っている言葉は、 この類い(のこと)が多い。 すべて同じ

助動・断・終

こと なり。

ことである。

語句の解説 1

教717 218ページ　教719 198ページ

1 **花《はな》は盛《さか》りに**　桜の花は満開に咲いているさまだけを。単に「花」というときは、平安時代初期までは「梅」、それ以降は「桜」をさすことが多い。

1 **月《つき》はくまなきをのみ**　月は雲がかかっていないさまだけを。「くまなし」は「隈なし」で、陰や欠点が全くない様子を表す。①「光が届かないところがない」、②「抜かりがない」、③「残すところがない」の意味を持ち、ここでは①の意味で使われている。

2 **いかにぞや**　どんなものだろうか。「や」は、疑問の係助詞。係助詞の文末用法である。

4 **待《ま》ち惜《お》しむ心《こころ》づくしをよめるぞ多《おお》くて**　待ち惜しむやるせない気持ちをよんだ歌が多くて。桜の花や月の何を待ち、何を惜しむのかを考えて、「桜の花が咲き月が出るのを待ち、桜の花が散り月が隠れるのを惜しむ」と解釈する。また、「心づくし」は「さまざまに気をもむこと、もの思いをすること」の意味。「よめる」の後には「歌」が省略されており、係助詞「ぞ」の結びは流れている。

5 **心《こころ》深《ぶか》きも**　趣が深い歌も。「心深き」の後には「歌」が省略されている。

5 **さる歌《うた》**　そういう歌。「さる」は、「花のもとには風をかこち、月の夜は雲をいとひ、あ

るは待ち惜しむ心づくしをよめる」の部分をさす。

6 **せちなるからこそ**　切実であるからこそ。「せちなり」は「切なり」で、心に強く感じる様子や、心にいちずに思う様子を表す。

6 **さもえあらぬを**　そうはあり得ないのを。「さ」は、桜の花は満開で、月は雲に隠れていないことをさす。「え」は呼応の副詞で、下に打消の語句を伴って不可能の意味を表す。

8 **かの法師《ほうし》**　あの法師。兼好法師のこと。10行目も同様。

9 **のちの世《よ》の**　後世の。作者が研究対象としていた『古事記』や『万葉集《まんようしゅう》』の時代に対して、兼好法師の『徒然草』の時代は「のちの世」にあたるということ。作者の時代に対しての「のちの世」ではない。

【大意】 2　教717 218ページ11行～219ページ6行　教719 198ページ11行～199ページ6行

総じて、普通の人が願う心情と違っていることを風流とするのは、作為的なものが多い。人の心情は、うれしいことは心に深く感じないが、思い通りにならないことは心に深く感じる。だから、思い通りにならないことをよんだ歌には趣が深いものが多いのであって、思い通りにならないことを風流であるといって願うのは、人の本当の感情ではない。

【品詞分解／現代語訳】

すべて、なべての人の願ふ心に違へるを、みやびとするは、つくりことぞ
副／副／格助／格助／四・体／格助／四・已／助動・存・体／格助／格助／サ変・体／係助／係助(係)
総じて、普通の人が願う心情と違っていることを、風流とするのは、わざと構えたことが多いの

多かりける。恋に、逢へるを喜ぶ歌は心深からで、逢はぬを嘆く歌のみ
ク・用／助動・詠・体(結)／格助／四・已／助動・完・体／格助／四・体／係助／ク・未／接助／四・未／助動・打・体／格助／四・体／副助
だよ。恋愛で、(恋人に)逢ったのを喜ぶ歌は趣が深くなくて、逢わないのを嘆く歌ばかり多くて、

多くして、心深きも、逢ひ見んことを願ふからなり。人の心は、うれしきことは、さ
ク・用／接助／ク・体／係助／上一・未／助動・婉・体／格助／四・体／接助／助動・断・終／格助／係助／シク・体／係助／副
趣が深いのも、(恋人と)契りを結ぶことを願うからである。人の心情(というもの)は、うれしいことは、それほど

しも深くはおぼえぬものにて、ただ心にかなはぬことぞ、深く身にしみ
副助／ク・用／係助／下二・未／助動・打・体／助動・断・用／接助／副／格助／四・未／助動・打・体／係助／ク・用／格助／四・用
深くは感じないものであって、ただ自分の思い通りにならないことは、深く身にしみて感じる

接助 係助 下二・体 助動・断・已 接助 副 シク・体 格助 四・已 助動・完・体 格助 係助 ク・体 係助 ク・用 接助
て は おぼゆる わざ なれ ば、すべて、うれしき を よめ る 歌 に は、心深き は 少なく て、
ものであるから、総じて、うれしいことをよんだ歌には、趣が深いものが少なくて、

格助 四・未 助動・打・体 格助 下二・用 助動・完・体 格助 ナリ・体 係助 ク・体 終助 終助 1 接
心 に かなは ぬ 筋 を 悲しみ憂へ たる に、あはれなる は 多き ぞ かし。さりとて、
思い通りにならないことを憂い悲しんだ歌に、しみじみと趣があるものが多いのだよ。だからといって、

シク・用 シク・体 格助 上二・用 助動・存・終 格助 四・未 助動・仮・体 係助 格助 格助 助動・断・未 助動・推・已 係助
わびしく 悲しき を、みやび たり とて 願は ん は、人 の まこと の 情 なら め や。
寂しく悲しいことを、風流であるといって願うとしたら、(それは)人の本当の感情であろうか(いや、そうではない)。

（巻四）

語句の解説 2

教717 219ページ 教719 199ページ

3 **ただ心《こころ》にかなは《ワ》ぬことぞ** ただ自分の思い通りにならないことは。

「ぞ」は、係助詞。係り結びの法則によって文末は連体形になるはずであるが、「わざなれば、」と接続助詞「ば」に続くため、結びが流れている。

4 **おぼゆるわざなれば** 感じるものであるから。

「わざ」には①「おこない」、②「ありさま」、③「仕事」、④「仏事」、⑤「方法」の意味がある。ここでは②の意味。

4 **心深《こころぶか》きは少《すく》なくて** 趣が深いものが少なくて。

「心深き」の後には「もの」が省略されている。次の行の「悲しみ憂へたる」「あはれなる」の後にも「歌」や「もの」が省略されている。

6 **人《ひと》のまことの情《こころ》ならめや** 人の本当の感情であろうか(いや、そうではない)。

「めや」は、推量の助動詞「む」の已然形＋係助詞「や」。「めや」で、反語の意が加わった推量を表す。「…だろうか、いや…ではない」の意。

1 「さりとて」は、どのような内容をさしているか。

答 総じて、うれしいことをよんだ歌には趣深いものは少なくて、思い通りにならないことを悲しむ歌には趣深いものが多いということ。

学習の手引き

一　花・月・恋の歌について、次のことを説明してみよう。

1　どのような歌が多くよまれ、情趣が深いと述べているか。

2　1の理由を、宣長《のりなが》はどのように考えているか。

3　1の理由を、兼好法師はどのように考えていると、宣長は見ているか。

解答例　1　「花」の歌では、花に吹く風を嘆き、花が散るのを惜しむ気持ち、「月」の歌では、雲に月が隠れるのを嘆く気持ち、「恋」の歌では、恋人と逢《あ》えないことを嘆く気持ちをよんだ歌が多く、そのような歌に趣深いものが多い。

2　人は、自分の思い通りにならないことが深く身にしみて感じられるので、心の満たされないことを嘆いた歌の方が、しみじみとした情趣が感じられるから、と考えている。

3　兼好法師は、人の素直な心情にしたがうよりも、心の満たされないのを嘆くことのほうが洗練されていて、情趣が深いと考えているから、と宣長は見ている。

二　宣長の主張の中心となる考えを、本文中の語句を用いて説明してみよう。

解答例　「まことのみやび心」717 二一八・9 719 一九八・9は、「人のまことの情《こころ》」717 二一九・6 719 一九九・6によるものであるべきで、人々の自然な感情を大切にするべきだということ。

言葉の手引き

一　次の古語の意味を調べよう。

1くまなし 717 二一八・1 719 一九八・1　2かこつ 717 二一八・4 719 一九八・4

3あるは 717 二一八・4 719 一九八・4　4心づくし 717 二一八・4 719 一九八・4

5心深し 717 二一八・5 719 一九八・5　6せちなり 717 二一八・6 719 一九八・6

7さかふ 717 二一八・8 719 一九八・8　8なべて 717 二一八・11 719 一九八・11

9みやび 717 二一八・11 719 一九八・11

解答例　1　曇りや影がない。　2　不平を言う。嘆く。

3　あるいは

4　さまざまに気をもむこと。もの思いをすること。

5　趣が深い。　6　切実だ　7　逆らう

8　総じて。おしなべて。　9　風流

二　本文中に反語表現が三箇所ある。抜き出して解説してみよう。

解答例・「花は盛りに、月はくまなきをのみ見るものかは。」717 二一八・1 719 一九八・1…反語を表す係助詞「かは」が用いられている。

・「いづこの歌にかは、花に風を待ち、月に雲を願ひたるはあらん。」717 二一八・7 719 一九八・7…反語を表す係助詞「かは」が用いられている。結びは、推量の助動詞「ん」の連体形。

・「人のまことの情ならめや。」717 二一九・6 719 一九九・6…反語の係助詞「や」が用いられていて、文末用法である。（文末の「めや」で反語の形。）

言語活動　本居宣長の「あげつらひ」

教717 P.220　教719 P.200

活動の手引き

一　『徒然草《つれづれぐさ》』第百三十七段を読んで、花・月・恋に関する兼好《けんこう》法師の考えを整理し、宣長《のりなが》の批評が妥当かどうかを論じてみよう。

解答例

●『徒然草』の内容

『徒然草』第百三十七段をまとめると、次のようになる。

「花は盛りに、月はくまなきをのみ見るものかは。」（花は満開のときを、月は雲もなく明るく出ているときだけを観賞すべきものか。いや、そんなことはない。）から始まるこの段で、兼好法師は、降る雨を見ながら見えない月を思い、部屋に引きこもっていて春が過ぎてしまうのを知らずにいるのも趣深いものだという。つまり、目に見えるものだけが風流ではない。はっきりとは見えないもの、心の中で思いをはせるだけのものであっても、趣深いものはあるのだ、という。

また、男女の恋愛は、夫婦になるのだけがよいというものではなく、結婚せずに終わってしまったつらさや、実を結ばなかった恋を思って昔をなつかしむようなことこそ、本当に恋の情趣を解するということだ、といっている。

●宣長の批判とその妥当性

それに対し、宣長はどのような批判を展開しているのか。

「月はくまなからんことを思ふ心のせちなるからこそ、さもえあらぬを嘆きたるなれ。」（月は雲に隠れていないことを願う気持ちが切実であるからこそ、そのようにもあり得ないのを嘆いたのである。）とあるように、本来人の心は、「くまなき月」や「盛りの花」を見たいものなのであって、それがいつまでもずっと見られるわけではないからこそ残念に思う。だから、兼好法師のいうように、月や花が見られないことを趣深く思うというのは、人の心に逆らうようなものである、というのだ。

「かの法師が言へるごとくなるは、人の心にさかひたる、のちの世のさかしら心の、つくりみやびにして、まことのみやび心にはあらず。」（あの法師が言っているようなことは、人の心情に逆らっている、後世の利口ぶった心が原因の、わざと構えた風情であって、本当の風流心ではない。）

恋愛についても次のようにいう。

「わびしく悲しきを、みやびたりとて願はんは、人のまことの情ならめや。」（寂しく悲しいことを、風流であるといって願うとしたら、それは人の本当の感情であろうか。いや、そうではない。）

ただ、兼好法師は、ここで「くまなき月」や「盛りの花」に風情がないといっているわけではない。それだけではない、といっているのであり、ありきたりだと否定しているわけでもない。したがって、宣長の批判に百パーセントの妥当性があるかについては考える余地がある。

いっぽうで、宣長のまことの人の心を尊重しようとする思いも、もちろん、否定することはできない。

二 **本居《もとおり》宣長の事績を調べ、宣長の持っていた国学の思想と、漢学に対する批判意識がどのようなものであったか、わかったことを報告し合おう。**

解答例

・一七三〇年、伊勢《いせ》松坂《まつさか》の木綿問屋の次男として生まれる。

・一七五二年、医学修業のために京都に遊学し、漢学・和歌を学ぶ。

・一七五八年、故郷松坂で、医業に従事する傍ら古典研究に励む。

〔事績〕

・一七六三年、賀茂真淵《かものまぶち》に会い、入門する。

・一七八五年、『詞《ことば》の玉緒《たまのお》』を完成させる。係り結びの法則などを「八代集」や『伊勢物語』などの文献で例証する。

・一七九六年、『源氏物語玉の小櫛《げんじものがたりたまのおぐし》』を完成させる。物語の本質を「もののあはれ」にあるとした。

・三十五年を費やして、宣長の国学の基礎となる『古事記伝《こじきでん》』を完成する。

・随筆『玉勝間《たまかつま》』を著し、学問や思想についての考えを示す。

〔国学の思想と漢学に対する批判意識〕

古典の正しい注釈により、日本の文化や精神を解明しようとした。そのためには、日本人の心にしみついた漢意《からごころ》を取り除き、日本人の心の本来のあり方「やまとだましひ」を取り戻すべきと考えた。

日記(三)

※教719では、「日記(二)」として学習します。

『讃岐典侍日記《さぬきのすけ》』は、堀河《ほりかわ》天皇の寵愛《ちょうあい》を受けた藤原長子《ふじわらのちょうし》が、天皇崩御までの看護の様子を綴《つづ》った前半部と、崩御後、幼い鳥羽《とば》天皇に出仕した際の出来事を記した後半部から成る。典侍《ないしのすけ》として二人の天皇に近侍した貴重な記録である。平安時代後期の成立。

『たまきはる』は、後白河《ごしらかわ》天皇の女御であった平滋子《たいらのしげこ》(＝建春門《けんしゅんもん》院《いん》)に仕え、後に八条院《はちじょういん》に仕えて幼い昇子《しょうし》内親王(＝春華門院《しゅんかもんいん》)の養育係となった、建春門院中納言《けんしゅんもんいんのちゅうなごん》と呼ばれた女性の晩年の回想録である。平安末期から鎌倉時代へと移行する転換期の宮中にあって、華やかだった昔をしのぶ哀切な調子がまじる。作者は藤原俊成《としなり》の娘で藤原定家《さだいえ》の姉。平家《へいけ》滅亡後の鎌倉時代前期の成立。

『とはずがたり』は、鎌倉幕府成立後の、政治的権力を失った宮廷を舞台に繰り広げられる愛欲の世界を綴った、後深草院二条《ごふかくさいんのにじょう》と呼ばれる女性の日記である。作者は幼いころから後深草院のもとで育てられ、院の寵愛を受けるが、その他にも多数の男性が恋人として登場する。後半は、そうした世界を離れ、出家して諸国行脚の旅に出る作者の姿が綴られている。鎌倉時代後期の成立。

堀河天皇との別れ

〔讃岐典侍《さぬきのすけ》日記〕

教717 P.222〜P.224
教719 P.202〜P.204

【大意】 1 教717 222ページ9行〜223ページ9行 教719 202ページ9行〜203ページ9行

重篤の床で、堀河天皇はお粥《かゆ》を少し召し上がると、大臣を呼んで、祈禱《きとう》のことと譲位の意向を、白河院に伝えるように頼んだ。大臣は白河院のもとへ行き、院の承諾の返事を天皇に伝えた。それを聞いて作者は、何事も今夜定めるとは譲位のことだったのだと悟った。

【品詞分解／現代語訳】

少し(副) 御粥 など(副助) 参らすれ(下二・已) ば、(接助) 召し(四・用) など(副助) すれ(サ変・已) ば、(接助) うれしさ は(係助) 何 に(格助) かは(係助(係))

(堀河天皇に)少しお粥などを差し上げると、(天皇は)お召し上がりになりなどするので、うれしいことは何に似ているだろうか(いや、何にも

似(上一・用) たる。(助動・存・体(結)) 「大臣 は(係助) ある(ラ変・体) か。」(係助) と(格助) 問は(四・未) せ(助動・尊・用) 給へ(補尊・四・已) ば、(接助) 大殿 入ら(四・未)

似ていない)。(天皇が)「大臣はいるか。」とお尋ねになるので、大臣が(几帳の中へ)お入り

助動・尊・用　補尊・四・用　接助　四・体　四・用　補尊・四・已　接助　係助　四・用　助動・完・体　係助　格助　四・未
せ　給ひ　て、候ふ　よし　申し　給へ　ば、「御幸　は　なり　ぬる　か。」と　問は
になって、（おそばに）控えている旨を申し上げなさると、（天皇が）「（白河院の）お出ましはすんだか。」とお尋ねになるので、

助動・尊・用　補尊・四・已　接助　副　四・用　補丁・四・用　助動・完・終　格助　四・未　助動・尊・用　補尊・四・已　接助
せ　給へ　ば、「しか。なり　候ひ　ぬ。」と　申さ　せ　給へ　ば、
（大臣は）「はい。すみました。」と申し上げなさると、

四・用　接助　四・命　係助　係助　四・未　助動・打推・終　副　サ変・未　助動・尊・用　補尊・四・体　格助
「参り　て　申せ。今　は　何事　も　益　候は　じ。ただ　せ　させ　給ふ、尊勝　にて
（天皇が）「（白河院のもとへ）参上して申し上げよ。今はもう何事も効果はないでしょう。ただ（白河院が）なさっておくことは、尊勝法での九つ

格助　格助　格助　格助　四・終　助動・当・体　助動・断・終　接　四・未　助動・適・終　助動・推・体　係助
九壇　の　護摩　と　懺法　と　の　候ふ　べき　なり。また、候は　むず　らむ　こと　は、
の炉壇を構えて行う護摩の法と、経を読んで罪を懺悔する法とが、なさっておくべきことです。また、行われるのがよいであろうことは、

係助　四・終　助動・当・体　終助　四・終　助動・可・体　サ変・用　補丁・ラ変・未　助動・打・終
何事　も　今宵　候ふ　べき　ぞ。明日　明後日　候ふ　べき　心地　し　侍ら　ず。」
何事も今夜行われるべきですよ。（私はもう）明日明後日まで生きていられる心地がいたしません。」

格助　下二・未　助動・尊・已　接助　副　係助(係)　シク・用　四・已(結)　格助　四・用　補尊・四・已　接助　(代)
と　仰せ　らるれ　ば、「あまり　護摩　こそ　おびたたしく　候へ。」と　申し　給へ　ば、「こ
とおっしゃるので、（大臣が）「あまりに護摩（の炉壇の数）が多いようでございます。」と申し上げなさると、（天皇が）「これ

係助　副　四・体　終助　副　格助　四・用　助動・存・体　格助　係助　格助　下二・未　助動・尊・已　接助
は　いかに　言ふ　ぞ。かばかり　に　なり　たる　こと　を　ば。」と　仰せ　らるれ　ば、御直衣
は何ということを言うのだ。これほど（の状態）になっていることなのに。」とおっしゃるので、（大臣は）御直衣の

格助　格助　格助　下二・用　接助　四・用　補尊・四・用　助動・完・終　(代)　格助　四・未　助動・婉・体　係助
の　袖　を　顔　に　おし当て　て　立ち　給ひ　ぬ。それ　を　聞か　む　御乳母たち　も、
袖を顔に押し当ててご退出になった。そのやりとりを聞いている乳母たちも、

副　下二・未　助動・推・体　[1]四・用　補謙・四・未　助動・尊・用　補尊・四・用　接助　感　格助
いかばかり　おぼえ　む。大殿　帰り　参ら　せ　給ひ　て、「『されば。去年　一昨年　の
どれほど（悲しく）思われたことだろう。大臣が（白河院のもとから）帰り（天皇のもとへ）参上なさって、（白河院が）「『では、そうしましょう。

御こと に〔格助〕 も〔係助〕、 さる〔連〕 沙汰 に〔助動・断・用〕 は〔係助〕 候ひ〔四・用〕 しか〔助動・過・已〕 ど〔接助〕、 宮 の〔格助〕 御年 の〔格助〕 幼く〔ク・用〕 おはします〔補尊・四・体〕 に〔格助〕

去年一昨年の（ご病気の）ときにも、そういう意向ではありましたが、東宮の御年が幼くていらっしゃることによって、

より〔四・用〕 て〔接助〕、 今日 まで〔副助〕 候ふ〔四・体〕 に〔助動・断・用〕 こそ〔係助〕。』 と〔格助〕 なむ〔係助（係）〕 侍る〔ラ変・体（結）〕。」 と〔格助〕 奏せ〔サ変・未〕 らるる〔助動・尊・体〕 に〔助動・断・用〕 ぞ〔係助〕、

今日まで（帝位はそのままに）しているのです。』ということでございます。」と（天皇にお伝え）申し上げなさると、

「何事 も〔係助〕、 ただ〔副〕 今宵 定め は〔係助〕 候ふ〔四・終〕 べき〔助動・当・体〕 ぞ〔終助〕。」 と〔格助〕 仰せ〔下二・未〕 らるれ〔助動・尊・已〕 ば〔接助〕、 さは〔接〕、 こ〔（代）〕 の〔格助〕

（天皇が）「何事も、ただもう今夜決定はなされるべきですよ。」とおっしゃるので、それでは（さっきから

御こと に〔助動・断・用〕 こそ〔係助（係）〕 あり〔ラ変・用〕 けれ〔助動・過・已（結）〕 と〔格助〕、 今 ぞ〔係助（係）〕 心得る〔下二・体（結）〕。

天皇がおっしゃっているのは）この（譲位の）ことであったのだと、今になって気づく。

語句の解説 1

教717 222ページ　教719 202ページ

9 **参《まい》らすれば** 差し上げると。
「参らすれ」は、「差し上げる、献上する」の意の謙譲の本動詞「参らす」の已然形。

9 **召《め》しなどすれば** 「召し」は、「食べる」「飲む」「着る」の尊敬語。ここは「召し上がる」の意。

10・11 **問《とワ》はせ給《たまエ》へば** ともに主語は堀河天皇。「せ給へ」は尊敬の助動詞＋尊敬の意の補助動詞で、二重敬語。

12 **参《まい》りて申《もう》せ** （白河院のもとへ）参上して申し上げよ。
「参り」は、「行く」「来」の謙譲語。参上する。うかがう。「今は何事も……」 717 三三・12 719 二〇二・12以降は、堀河天皇の、白河院への伝言である。

教717 223ページ　教719 203ページ

1 **候《さぶらワ》はむずらむ《ン》ことは** 「候は」は、「あり」「をり」「仕ふ」の丁寧語。ここは「あり」の意。「むず」は推量（ここは適当）の助動詞「むず」の終止形。「らむ」は推量の意。「行われるのがよいであろうこと」とは堀河天皇の譲位を意味し、死が近いことを悟った天皇が自ら譲位の意向を伝えているのである。

2 **仰《おお》せらるれば** 「仰す」は、「仰せらる」の形で「言う」「命じる」の意の尊敬語として用いられる。

3 **申《もう》し給《たまエ》へば** （大臣が天皇に）申し上げなさると。

1 どこから「帰り参らせ」たのか。

答 白河院のもとから。（「北の院」から。）

6『されば。去年《こぞ》一昨年《おととし》の……今日《きょう》まで候《さぶら》ふ《う》にこそ。』『　』内は、大臣が伝えた白河院の言葉。「さる沙汰」は、「そういう意向」。堀河天皇の譲位をさす。これまでも天皇の譲位を行う意向はあったが、東宮が幼いのでそのままにしていたのである。

7奏《そう》せらるるにぞ　（天皇に）申し上げなさると。「奏す」は、「天皇または院に申し上げる」意の謙譲語。奏上する。大臣が天皇に、（白河院の言葉を）お伝え申し上げなさる。「らる」は、作者から大臣への敬意を表す。

8何事《なにごと》も、ただ今宵《こよひ》定《さだ》めは候《さぶら》ふ《う》べきぞ。　堀河天皇の言葉。「何事も」は、暗に譲位のことをさす。

8さは、この御《おん》ことにこそありけれ　大臣と天皇の会話を聞いて作者が思ったことの内容。「この御こと」は、天皇の譲位をさす。

9心得《こころう》る　ア行下二段動詞「心得《こころう》」の連体形。

【大　意】 2　教717 223ページ10行～224ページ10行　教719 203ページ10行～204ページ10行

みなが重篤の天皇を見守っている中、天皇は苦しげな様子で乳母にわがままを言いかけるが、どうすることもできない。作者は天皇のそばに片時も離れず寄り添い、天皇の顔を見つめて泣いている。初めて参上した日から今日までのことが思われ、悲しくてたまらない。

【品詞分解／現代語訳】

誰（代）　も（係助）　寝　も（係助）　寝（下二・未）　ず（助動・打・用）　まもり（四・用）　参らせ（補謙・下二・用）　たれ（助動・存・已）　ば、（接助）　御けしき　いと（副）　苦しげに（ナリ・用）　て、（接助）

誰もが眠ることもせずにお見守り申し上げていると、（天皇は）ご様子がたいそう苦しそうで、

御足　を（格助）　うち掛け（下二・用）　て（接助）　仰せ（下二・未）　らるる（助動・尊・体）　やう、　「我（代）　ばかり（副助）　の（格助）　人　の（格助）　今日　明日　死な（ナ変・未）　む（助動・推・体）　と（格助）

（私＝作者に）御足をうち掛けておっしゃることには、「（天皇位にある）私ほどの人が今日明日にも死にそうにしているのを、

する（サ変・体）　を、（格助）　かく（副）　目　も（係助）　見立て（下二・未）　ぬ（助動・打・体）　やう　あら（ラ変・未）　む（助動・適・終）　や。（係助）　いかが（副）　見る。」（上一・体）　と（格助）　問は（四・未）

このように目もとめない様子でいてよいものであろうか。どう思うか。」とお尋ねなさる。

せ（助動・尊・用）　給ふ。（補尊・四・終）　聞く（四・体）　心地、　ただ（副）　むせかへり（四・用）　て、（接助）　御いらへ　も（係助）　せ（サ変・未）　られ（助動・可・未）　ず。（助動・打・終）

（それを）聞く（私の）気持ちは、ただもうむせび泣くばかりで、お返事をすることもできない。

ナリ・用 上一・体 格助 ク・体 助動・断・用 係助 四・未 助動・尊・用 補尊・四・用 接助
堪へがたげに まもりゐる けはひ の しるき に や、 問ひやま せ 給ひ て、 大弐三位、
たえがたい様子で見守っている気配がはっきりしているからであろうか、（天皇は）お尋ねになるのをおやめになって、大弐三位（＝乳母の一人）が

格助 格助 四・用 補尊・四・体 格助 四・用 接助 (代) 係助 シク・用 四・用 助動・存・体
長押 の もと に 候ひ 給ふ を 見つかはし て、 「おのれ は ゆゆしく たゆみ たる もの
長押のもとに控えていらっしゃるのに目をお向けになって、「おまえはひどく（務めを）怠っているな。

終助 (代) 係助 ナ変・未 助動・推・体 係助 四・未 助動・打・体 係助 格助 下二・未 助動・尊・已 接助
かな。 我 は 今日 明日 死な むずる は、 知ら ぬ か。」 と 仰せ らるれ ば、
私が今日明日にも死ぬであろうことが、わからないのか。」とおっしゃるので、

副 四・用 補丁・四・未 助動・意・体 終助 四・用 補丁・四・未 助動・打・已 接助 格助 四・用 補丁・四・体
「いかで たゆみ 候は むずる ぞ。 たゆみ 候は ね ど、 力 の 及び 候ふ
（大弐三位は）「どうして怠っておりましょうか。怠ってはおりませんが、（私＝大弐三位の）力の及びますことで

助動・断・用 補丁・四・未 接助 係助 格助 四・未 助動・尊・已 接助 感 四・用 助動・存・体 終助
こと に 候は ば こそ。」 と 申さ るれ ば、 「何か。 今 たゆみ たる ぞ。
ございましたならば。」と申し上げなさると、（天皇は）「いや。いま怠っていたぞ。

上一・未 助動・意・終 格助 下二・未 助動・尊・用 接助 シク・用(音) ナリ・用 四・用 助動・存・用 助動・過・已
今 試み む。」 と 仰せ られ て、 いみじう 苦しげに おぼし たり けれ
しばらく様子を見よう。」とおっしゃって、たいそう苦しそうにお思いになっている（ご様子だった）ので、

接助 下二・用 補謙・下二・未 助動・打・用 副 (代) 副助 格助 助動・比・用 四・用
ば、 片時 御かたはら 離れ 参らせ ず、 ただ、 我、 乳母 など の やうに 添ひ臥し
（私＝作者は）片時も（天皇の）おそばを離れ申し上げないで、ただ、もう私が、乳母などのように（おそばに）添い伏し申し上げて泣く

補謙・下二・用 接助 四・終 感 シク・終 副 ク・用 四・未 助動・尊・用 補尊・四・用 助動・強・未
参らせ て 泣く。 「あな いみじ。 かくて はかなく なら せ 給ひ な
ばかりである。（作者は心中で）「ああ、悲しい。このようにしてお亡くなりになるとしたら

助動・仮・体 係助 ク・用 四・用 ク・用 助動・完・体 格助 副助
む ゆゆしさ こそ。 ありがたく つかうまつり よかり つる 御心 の めでたさ。」 など
ほんとうに恐れ多い。もったいないほどお仕えしやすかった（天皇の）お心遣いのすばらしいことよ。」などと

思ひ続け られ て、 目 も 心 に かなふ もの なり けれ ば、 つゆ も 寝
下二・未　助動・自・用　接助　係助　格助　四・体　助動・断・用　助動・過・已　接助　副　係助　下二・未
自ら次々に思い出されて、目も心に従うものだというので、(私＝作者は)少しも寝る

られ ず、 まもり 参らせ て、 ほど さへ 堪へがたく 暑き ころ にて、 御障子 と
助動・可・未　助動・打・用　四・用　補謙・下二・用　接助　副助　ク・用　ク・体　格助　格助
ことができないで、お見守り申し上げて、時節までもたえがたく暑いころで、(私は)母屋と

臥さ せ 給へ る と に 詰め られ て、 寄り添ひ 参らせ て、
四・未　助動・尊・用　補尊・四・已　助動・存・体　格助　格助　下二・未　助動・受・用　接助　四・用　補謙・下二・用　接助
廂の間とを仕切る襖障子と、臥せっていらっしゃる天皇との間に押し詰められて、(天皇に)寄り添い申し上げて、

寝入ら せ 給へ る 御顔 を まもらへ 参らせ て、 泣く より ほか の こと
四・未　助動・尊・用　補尊・四・已　助動・存・体　格助　下二・用　補謙・下二・用　接助　四・体　格助　格助
寝入りなさっているお顔をお見守り申し上げて、泣く以外のことはできない。

ぞ なき。 いと かく 何しに 慣れ つかうまつり けむ と、 悔しく おぼゆ。
係助(係)　ク・体(結)　副　副　副　下二・用　四・用　助動・過推・終　格助　シク・用　下二・終
(こんなときに何もできないのなら)本当にこのように何のために親しくお仕え申し上げたのだろうと、悔しく思われる。

参り し 夜 より 今日 まで の こと 思ひ続くる 心地、 ただ 推し量る べし。 こ は
四・用　助動・過・体　格助　格助　格助　下二・体　副　四・終　助動・勧・終　(代)　係助
初めて出仕した夜から今日までのことを次々に思い出す気持ちを、ただ推し量ってほしい。これはどう

いかに し つる こと ぞ と、 悲し。
副　サ変・用　助動・完・体　終助　格助　シク・終
したことなのかと、悲しく思われる。

(上巻)

語句の解説 2

教717 223ページ　教719 203ページ

10 **寝《い》も寝《ね》ず**　「寝《い》」は、眠ること。「寝も寝ず」で、眠ることもしない、という意味を表す慣用的な表現。

10 **まもり参《まい》らせたれば**　お見守り申し上げていると。「参らせ」は、「…し申し上げる」という謙譲の意を添える補助動詞。

10 **苦《くる》しげにて**　「苦しげに」は、形容動詞「苦しげなり」の連用形。形容詞の語幹＋「げなり」で、「…の様子である」という意味の形容動詞となる。

10 **御足《みあし》をうち掛《か》けて**　前後の様子から、堀河天皇が足を、作者の体の上にのせている様子と考えられる。

11 **仰《おお》せらるるやう《ヨウ》**　おっしゃることには。

「やう」は、「様子」「理由」「こと」などを表す形式名詞だが、会話文などの前で動作の内容を示し「…することには」の意味でも用いられる。

11 **目《め》も見立《みた》てぬやう《ヨウ》**　目もとめない様子。

「やう」は、直前の内容を受けて「様子」の意を表す。

13 **しるきにや**　はっきりしているからであろうか。

「しるき」は、はっきりしている意の形容詞「しるし（著し）」の連体形。「にや」の後に「あらむ」が省略されている。

14 **見《み》つかは《ワ》して**　目をお向けになって。

主語は天皇。大弐三位《だいにのさんみ》が長押《なげし》のもとにいるのを、天皇が見やって、の意。

14 **「おのれはゆゆしく……」**　大弐三位に向けられた、天皇の言葉。

「おのれ」は、「私」の意でも「おまえ」の意でも用いられるが、ここは「おまえ」の意で大弐三位をさしている。

16 **「いかでたゆみ候《さぶら》は《ワ》む《ン》ずるぞ。……」**　直前の天皇の言葉に対する大弐三位の返答。「いかで」は、「どうして…か（いや、…ない）」という反語の意味を表す。

16 **力《ちから》の及《およ》び候《さぶら》ふ《ウ》ことに候《さぶら》は《ワ》ばこそ**　「候はば」は、「候ふ」の未然形「候は」に仮定条件を示す助詞「ば」が付いた形で、「力の及ぶことでございましたならば」という仮定の意。力の及ぶことなら力も尽くすが、自分の力の及ばないことなのである。

教717 224ページ　教719 204ページ

2 「こそ」の下には、どのような言葉が省略されているか。

答　力も尽くしましょうが、私の力ではどうしようもございません。

1 **何《なに》か。今《いま》たゆみたるぞ。**　「何か」は、「どうして」という疑問・反語の副詞としても用いられるが、ここは感動詞で、直前の大弐三位の言葉に対して「いや」と軽く否定する意味で用いられている。病気で苦しむ二十九歳の若い天皇が、自分ではどうにもならないいらだちを、身近な乳母にぶつけているのである。

4 **はかなくならせ給《たま》ひ《イ》なむ《ン》ゆゆしさこそ**　お亡くなりになるとしたらほんとうに恐れ多い。

「はかなくなる」は、「死ぬ、亡くなる」の意で用いられる慣用的な表現。「せ給ひ」は、二重敬語。「なむ」は、強意の助動詞「ぬ」の未然形「な」に仮定の助動詞「む」の連体形が付いた形。「お亡くなりになるとしたら、ゆゆしきことだ」という意味。「ゆゆし」は「恐れ多い」の意の形容詞。

4 **つかう《コウ》まつりよかりつる**　お仕えしやすかった。

「つかうまつる」は、「お仕えする」の意の謙譲動詞。「よかり」は形容詞「よし」の連用形。このように動詞の連用形について用いられる「よし」は、「…しやすい」という意味を添える。

8 **いとかく何《なに》しに慣《な》れつかう《コウ》まつりけむ《ン》・10 こはいかにしつることぞ**　ともに作者の心中会話。それぞれ文末の「悔しくおぼゆ」「悲し」の具体的な内容を表している。

学習の手引き

一 第一段落において中心となっている話題は何か。「この御こと」（717三三・8 719二〇三・8）がさす内容に留意して説明してみよう。

解答例 話題の中心は堀河天皇の譲位。「この御こと」も、堀河天皇の譲位をさす。死に直面する天皇自身が強く気にかけ、自分がまだ生きている今晩のうちに、それが定められるよう白河院に訴えた。白河院も考えていたことではあるが、東宮（後の鳥羽《とば》天皇）がまだ幼いのでためらっていたのだと伝え、それに対し天皇が、今晩のうちに、と念を押している。

二 堀河天皇および作者の心情を表現している箇所を抜き出し、それぞれの思いはどのようなものであるか、まとめてみよう。

考え方 心情は形容詞などの語のほか、会話文にも表れている。

解答例 〔堀河天皇の心情〕

・「参りて申せ。今は……心地し侍らず。」717三三・12 719二〇三・12
・「こはいかに……なりたることをば。」717三三・3 719二〇三・3
・「何事も、ただ今宵定めは候ふべきぞ。」717三三・8 719二〇三・8
　→死期を悟った天皇の、譲位などを急ぐ心情。
・「我ばかりの人の……いかが見る。」717三三・11 719二〇三・11
・「おのれはゆゆしく……知らぬか。」717三三・14 719二〇三・14
・「何か。……今試みむ。」717三四・1 719二〇四・1
　→苦しみのやり場がなく、いらだつ心情。

〔作者の心情〕

・「うれしさは何にかは似たる。」717三三・9 719二〇三・9
　→天皇が粥を食べてくれたことを、うれしく思う心情。
・「聞く心地……御いらへもせられず。」717三三・12 719二〇三・12
・「いみじう……添ひ臥し参らせて泣く。」717三四・2 719二〇四・2
　→天皇の病状を心配し、ひたすら悲しむ心情。
・「あないみじ。……御心のめでたさ。」717三四・3 719二〇四・3
・「いとかく何しに……ことぞと、悲し。」717三四・8 719二〇四・8
　→天皇とのこれまでのことを振り返り、悲しみが増す心情。

言葉の手引き

一 次の古語の意味を調べよう。

1 参らす 717三三・9 719二〇三・9
2 召す 717三三・9 719二〇三・9
3 御幸 717三三・11 719二〇三・11
4 益《やく》 717三三・12 719二〇三・12
5 奏す 717三三・7 719二〇三・7
6 しるし 717三三・13 719二〇三・13
7 ゆゆし 717三三・15 719二〇三・15
8 はかなし 717三四・4 719二〇四・4
9 つゆ 717三四・6 719二〇四・6
10 まもらふ 717三四・8 719二〇四・8

解答例 1 差し上げる　2 召し上がる
3 上皇の外出・お出まし。（天皇の場合は、「行幸」と書く。）
4 効果　5 （天皇・上皇に）申し上げる
6 はっきりしている。　7 程度が甚だしい。
8 （「はかなくなる」の形で）亡くなる。
9 （打消の語を伴って）少しも（…ない）
10 じっと見る。見守る。

建春門院の夢　〔たまきはる〕

教717 P.225〜P.227　教719 P.205〜P.207

【大　意】 1　教717 225ページ13行〜226ページ13行　教719 205ページ13行〜206ページ13行

建春門院《けんしゅんもんいん》が亡くなったあと門院の夢をよく見た。八条院《はちじょういん》に仕えることになったときも、昼寝の夢に門院が現れ、夢の中で、冷泉殿《れんぜいどの》から今日八条院とお会いできると言われたと思った。作者はその夢の通りに八条院にお目通りできたが、以後、門院の夢を再び見ない。

【品詞分解／現代語訳】

建春門院　おはしまさ（四・未）　で（接助）　のち、　恋しく（シク・用）　思ひ（四・用）　参らせ（補謙・下二・用）　しか（助動・過・已）　ば（接助）、　思ひ寝　に（助動・断・用）　や（係助）、　常に（副）

建春門院がお亡くなりになってのち、恋しく思い申し上げたので、思いながら寝るからであろうか、いつも

夢　に（格助）　見（上一・用）　参らせ（補謙・下二・用）　し（助動・過・体）　が（接助）、　ただ（副）　同じ（シク・体）　さま　に（助動・断・用）、　おはしまし（四・用）　し（助動・過・体）　より（格助）　も（係助）

（建春門院を）夢に見申し上げたのだが、ただ（生前と）同じご様子で、生きていらっしゃった（とき）よりも

け近く（ク・用）　参り（四・用）、　宮仕へ　する（サ変・体）　心地　のみ（副助）　し（サ変・用）　て（接助）、　覚め（下二・用）　て（接助）　面影　恋しく（シク・用）　のみ（副助）　思ひ（四・用）　参らせ（補謙・下二・用）

おそば近くに参上し、お仕えしている心地ばかりして、（夢から）覚めても（建春門院の）面影を恋しいとばかり思い申し上げたが、

し（助動・過・体）　に（接助）、　八条の院　へ（格助）　参り（四・用）　て（接助）、　御塩湯　の（格助）　ほど　とて（格助）、　御前　へ（格助）　も（係助）　参ら（四・未）　で（接助）、　十日

八条院（の御所）へ参上して、（八条院が）塩湯の（治療をなさっている）ころということで、（八条院の）御前へも参上しないまま、

ばかり（副助）　あり（ラ変・用）　し（助動・過・体）　に（接助）、　人々　は（係助）　ゐ（上一・用）　たる（助動・存・体）　所　へ（格助）　通り（四・用）　て（接助）、　御前　へ（格助）　参る（四・体）　道　の（格助）

十日間ほど（そこに）いたのだが、女房たちは控えの間を通って、御前へ参上する、その道筋の障子の

1 障子　の（格助）　内　に（格助）　ゐ（上一・用）　て（接助）、　いとど（副）　昔　恋しく（シク・用）　あぢきなく（ク・用）　て（接助）、　こ（代）　の（格助）　母　と（格助）　頼み（四・用）　し（助動・過・体）　人

内側に（私は）控えていて、（そんな状況であるので）ますます（建春門院に仕えていた）昔が恋しく、（今が）つまらなくて、この母と（思って）

格助 / 係助 / 格助 / シク・已 / 接助 / 四・終 / 助動・打意・終 / 格助 / 四・用 / 接助 / サ変・用 / 助動・存・用 / 助動・過・体

に、「今日 は 心地 の わびしけれ ば、参る まじ。」と 言ひ て、昼寝し たり し

頼りにしていた人（＝坊門殿）に、（私は）「今日は気分がよくないので、（八条院のところには）参上しません。」と言って、（坊門殿の部屋で）昼寝をしていた

接助 / 格助 / 上一・用 / 補謙・下二・用 / 助動・過・体 / 接助 / 2 / 格助 / 四・未 / 助動・尊・用 / 助動・過・体 / 接助 / 四・用

に、例 の 見 参らせ し に、冷泉殿、御前 に 候は れ し に、参り

ところ、いつものように（建春門院を夢に）見申し上げたが、冷泉殿（＝建春門院の女房）が、（建春門院の）御前にお仕えしていらっしゃったので、参上し

助動・完・已 / 接助 / 感 2 / 係助 / 感 / 下二・未 / 助動・尊・用 / 補尊・四・未 / 助動・推・体 / 終助 / 格助 / 下二・未 / 助動・尊・終

たれ ば、「や、御前 は、すは、今日 見え させ 給は んずる ぞ。」と 仰せ らる

たところ、（冷泉殿が）「もし、八条院様は、ほら、今日お会いになってくださるでしょうよ（ここにいてはいけないではないか）。」とおっしゃる

格助 / 四・用 / 接助 / 四・用 / 助動・完・用 / 助動・過・体 / 接助 / （代） / 格助 / 格助 / 格助 / 四・用 / 接助

と 思ひ て、うちおどろき たり し に、こ の 三位殿 の、局 へ 立ち寄り て、

と思って、ふと目を覚ましたところ、この三位殿（＝八条院の女房）が、（坊門殿の）部屋へ立ち寄って、

（代） / 格助 / 副助 / サ変・未 / 助動・尊・用 / 助動・過・体 / 接助 / 副 / 四・用 / 接助 / 格助 / 四・未

こ の 坊門殿、物語 など せ られ し に、「おほかた 腹立ち て、御前 へ 参ら

この坊門殿と、話などをしていらっしゃったが、（坊門殿が、昼寝している作者のことを）「おおよそ腹を立てて、

助動・打・未 / 助動・婉・体 / 係助 / 四・未 / 助動・打意・終 / 格助 / 下二・用 / 接助 / 補丁・四・終 / 格助 / 四・未 / 助動・尊・用 / 助動・過・体

ざら ん 限り は 参ら じ とて、寝 て 候ふ。」と 申さ れ し

（八条院の）御前へ参上しないうちは（上へは）参りませんと言って、寝ているのでございますよ。」と申し上げたので、

接助 / 四・用 / 接助 / 四・未 / 助動・尊・用 / 助動・過・体 / 格助 / 四・終 / 格助 / 四・未 / 助動・受・用 / 助動・過・已 / 接助

に、笑ひ て 帰ら れ し。御持仏堂 に おはします とて、召さ れ しか ば、

（三位殿は）笑ってお帰りになった。（すると、八条院が）持仏堂においでになるということで、お召しを受けたので、

四・用 / 接助 / 下二・未 / 助動・尊・用 / 補尊・四・用 / 接助 / （代） / 格助 / 格助 / 副 / 副 / 3 上一・用 / 補謙・下二・未

参り て 見え させ おはしまし て のち、こ の 世 に また ふたたび 見 参らせ

参上して（八条院が作者に）お会いなさってからは、（建春門院を）この世でまた二度とは（夢に）見申し上げないのは、

助動・打・体 / 係助（係） / 係助 / 格助 / ラ変・用 / 助動・詠・体 / 助動・断・用 / 係助 / 格助 / シク・体 / 格助 / 下二・用 / 接助

ぬ こそ、夢 も ゆゑ の あり ける に や と、あやしき に つけ て

夢も理由があってのことなのだろうかと、不思議なのにつけてもしみじみと感慨深く

ナリ・已（結）
あはれなれ。
思われる。

語句の解説 1

教717 225ページ 教719 205ページ

13 **おは《ワ》しまさで** お亡くなりになって。「おはします」は、「あり」「をり」「行く」「来」の尊敬語。ここは「あり」の意。「あり」には「生存する」意があり、ここでは打消の接続助詞「で」とともに用いられて、生存していらっしゃらない、つまり亡くなった後のことをいう。

13 **思《おも》ひ《イ》参《まい》らせしかば** 補助動詞「参らす」は、謙譲の意を添え、「…し申し上げる」と訳す。ここは建春門院が亡くなった後の回想で、作者が建春門院を、恋しく思っている。

13 **思《おも》ひ《イ》寝《ね》にや** 恋しく思いながら寝るからであろうか。「思ひ寝」は、人を恋しく思いながら寝ること。「にや」の後に「あらむ」などが省略されている。

教717 226ページ 教719 206ページ

1 **同《おな》じさま** 「同じ」は、体言に続く場合も「同じ」という形で用いられることが多い。「同じき」は漢文脈で用いられた。

1 **け近《ぢか》く** 「け」は、「何となく」という意を添える接頭語。「け近し」は、身近に感じられる様子を表す。

2 **八条《はちじょう》の院《いん》へ参《まい》りて** ここから八条院へ初めて出仕したときの話となる。ちょうど八条院が塩湯《しおゆ》の治療中で、出仕しても十日ほどの間、お目通りがかなわなかったのである。

---

1 **「障子《さうじ》の内にゐて」の主語は誰か。**

答 作者。

4 **いとど昔恋《むかしこい》しくあぢ《ジ》きなくて** 作者の思い。時間を持て余して、建春門院に仕えていたころのことを恋しく思い、今の状態をつまらなく思っている。「いとど」は、「程度が甚だしくなる」「いっそう、ますます」などと訳す。「あぢきなし（味気なし）」は、「つまらない、おもしろくない」という心情を表す。

6 **例《れい》の見《み》参《まい》らせしに** 「例の」は名詞「例」＋格助詞「の」で、「いつものように」の意で用いられる慣用的な表現。直前の「昼寝したりしに」から、昼寝の夢に建春門院が現れたことを読み取る。

2 **「御前《おまへ》」はそれぞれ誰をさすか。**

答 前者は、建春門院。後者は、八条院。

7 **今日《きょう》見《み》えさせ給《たま》は《ワ》んずるぞ** 「見え」は、ヤ行下二段動詞「見ゆ」の未然形。「見ゆ」は、「見える」「見られる」のほかに、「会う、対面する」意でも用いられる。直後の「させ給は」は二重敬語であるから主語は八条院。作者が夢で聞いた言葉で、後の「御持仏堂におはしますとて、召されしかば」717 二二六・10 719 二〇六・10 と呼応する予言的表現である。

8 **うちおどろきたりしに**　ふと目を覚ましたところ。

「うち」は接頭語。

10 **御持仏堂《おんじぶつどう》におは《ワ》しますとて**　「おはします」の主語は、八条院。

11 **召《め》されしかば**　お召しを受けたので。

「召す」は、「食う」「着る」「呼ぶ」などの尊敬語。ここは受身を伴い、「召される(呼ばれる)」の意。

3　**誰を「見参らせぬ」のか。**

答　建春門院。

12 **夢《ゆめ》もゆゑ《エ》のありけるにや**　夢も理由があってのことなのだろうか。作者の心中語。昼寝の夢で見たことが実際に起こったことを暗に示している。「ゆゑ」は、「理由」。「ありけるにや」は後に「あらむ」などが省略されている。

12 **あやしきにつけて**　「あやし」は、「身分が低い」「見苦しい」などの意味もあるが、ここは原義の「不思議だ」の意。「…につけて」は、「…に関連して、結びつけて」の意。

【大　意】　2　教717 226ページ14行～227ページ4行　教719 206ページ14行～207ページ4行

八条院にお仕えしていたとき、平家《へいけ》の都落ちがあり、恐ろしいことが続けて起こって、世の中の移り変わるさまを目《ま》のあたりに見た。

【品詞分解／現代語訳】

さて［接］ **のち** **は**［係助］、**かく**［副］ **候ひつく**［四・体］ **に**［格助］ **つけ**［下二・用］ **て**［接助］、**法住寺殿** **など**［副助］ **に**［格助］ **候ひ**［四・用］ **て**［接助］、**最勝光院** **の**［格助］ **方**

そうして後は、このように(八条院に)お仕えし続けるにつけても、法住寺殿(＝後白河院の御所)などに伺候して、(建春門院ゆかりの)最勝光

見やれ［四・已］ **ば**［接助］、**尽きせ**［サ変・未］ **ず**［助動・打・用］ **昔** **のみ**［副助］ **思ひ出で**［下二・未］ **られ**［助動・自・用］ **て**［接助］、**あはれなる**［ナリ・体］ **こと** **のみ**［副助］ **多かる**［ク・体］ **に**［接助］、

院のほうを見やると、尽きることなく昔のことばかりが自然と思い出されて、しみじみと懐かしいことばかりが多いのだけれど、

なべて［副］ **の**［格助］ **世の中**、**言ひ知ら**［四・未］ **ず**［助動・打・用］ **恐ろしき**［シク・体］ **こと** **のみ**［副助］ **ひまなく**［ク・用］ **て**［接助］、**にはかに**［ナリ・用］ **常盤殿** **に**［格助］ **渡り**［四・用］

総じて世の中は、言うこともできないほど恐ろしいことばかりが絶え間なく(起こって)、(八条院が)突然(別邸の)常盤殿にお移りに

おはします［補尊・四・体］ **ほど** **も**［係助］ **なく**［ク・用］、**都** **の**［格助］ **方** **に**［格助］ **煙** **立ち**［四・用］ **て**［接助］、**人** **の**［格助］ **言ひ騒ぐ**［四・体］ **こと**、**まこと** **そらごと**

なると間もなく、都のほうに(家を焼き払う)煙が立って、人々が(あれこれ)言い騒ぐことは、本当のことも嘘も、

数　限りなく（ク・用）、そ（（代））の（格助）　ゆゑ　と（格助）　思ひ分か（四・未）　ね（助動・打・已）　ど（接助）、移り変はる（四・体）　世　の（格助）　はかなさ　など（副助）、

数限りなく（あって）、その理由（が何か）はわからないけれども、移り変わってゆく世の中の無常のさまなどが、

さまざま（ナリ（語幹））　目　の（格助）　前　に（格助）　見え（下二・用）　し（助動・過・体）　秋、蓮華王院　の（格助）　西　に（格助）　あり（ラ変・用）　し（助動・過・体）　御所　へ（格助）、院

さまざまに目の前に起こった秋のこと、蓮華王院の西側にあった仮御所へ、

帰ら（四・未）　せ（助動・尊・用）　おはしまし（補尊・四・用）　て（接助）、こ（（代））　の（格助）　御方　に（格助）　も（係助）　おはします（四・終）。

（平家から逃れて比叡山にいた）後白河院がお帰りになって、この八条院（のもと）にもお見えになる。

語句の解説 2

教717 226ページ　教719 206ページ

15 **尽《つ》きせず**　尽きることなく。「尽きす」は、後に打消の語を伴って、「なくなる、尽きる」意を表す。「終わる」の意の「尽く」（上二段）からできた派生語。

15 **昔《むかし》のみ思《おも》ひ《イ》出《い》でられて**　「昔」は、建春門院に仕えていたころのことをさす。最勝光院《さいしょうこういん》は、建春門院にゆかりの寺である。

15 **多《おお》かるに**　「多かる」は、形容詞「多し」のカリ活用連体形。「多く＋あり」からできた形で、中古末期まではカリ活用の形で用いられることが多い。

教717 227ページ　教719 207ページ

1 **渡《わた》りおは《ワ》します**　お移りになる。

「渡る」は、一方から他方へ移動する意。「おはします」はここでは補助動詞で、「…していらっしゃる」という尊敬の意を表す。主語は、八条院。

---

1 **都《みやこ》の方《かた》に煙《けぶり》立《た》ちて**　八条院が移った常盤殿《ときわどの》のある双ケ丘《ならびがおか》（都の西方）から都を見やった表現。「煙立ちて」は、平家一門が都落ちするにあたって、屋敷を焼き払ったことをさす。

1 **まことそらごと**　「まこと」は、「真実、本当のこと」。「そらごと」は、「嘘《うそ》、いつわり」。対比的な表現で、平家の都落ちに際して都をかけめぐったさまざまな混乱したうわさをさしている。

2 **思《おも》ひ《イ》分《わ》かねど**　「思ひ分か」は、「判断する、分別する」の意の動詞「思ひ分く」の未然形。「ね」は、打消の助動詞「ず」の已然形。逆接の接続助詞「ど」が付いた形。

2 **移《うつ》り変《か》は《ワ》る世《よ》のはかなさ**　「移り変はる」は、ここでは平家の没落から源氏《げんじ》の台頭へと変化してゆく世の中の無常な様子をふまえた表現。「はかなさ」は、形容詞「はかなし」の語幹に、名詞をつくる接尾語「さ」が付いた形。

3 **目《め》の前《まえ》に見《み》えし秋《あき》**　脚注14にあるように、源義仲《みなもとのよしなか》の攻撃のうわさにより都が大混乱に陥ったのは、寿永二年七月のこと。「七月」

は陰暦では「秋」である。

3 **院帰《いんかえ》らせおはしまして** 後白河院《ごしらかわいん》がお帰りになって。「せおはしまし」は、尊敬の助動詞「す」の連用形に、補助動詞「おはします」が付いた形。平家の手を逃れて比叡山《ひえいざん》に隠れていた後白河院が、無事にもとの御所(法住寺殿《ほうじゅうじどの》)にもどった消息を記す。

4 **この御方《おんかた》にもおはします** 脚注15にあるように、八条院は騒動のとき双ヶ丘の別邸に移っていたが、一段落して法住寺殿にもどっていたという説もあり、後白河院がその八条院のもとにもやってきた、ということ。

【大　意】　3　教717 227ページ5～7行　教719 207ページ5～7行

世の中がすっかり変わってしまい、建春門院が存命だったころのことは跡形もなく消えうせ、同じ心で語り合える人も誰もいない。

【品詞分解／現代語訳】

人 の(格助) 心 も(係助) 引き換へ(下二・用)、神世 の(格助) 初め など(副助) を(格助) 聞く(四・体) 心地 し(サ変・用) て(接助)、あらぬ(連) さま に(助動・断・用)

人の心もすっかり変わり、(平家の話は)大昔の神代の時代の話を聞くような心地がして、(いつもとは)異なる様子で

珍しく(シク・用) のみ(副助) 聞こゆる(下二・体) に(格助) つけ(下二・用) て(接助)、昔 の(格助) 御こと は(係助)、いとど(副) 跡 も(係助) なき(ク・体) 心地 し(サ変・用)

めったにないことばかり聞こえてくるにつけても、(建春門院に仕えていた)昔のことは、いよいよ跡形もなくなった心地がして、

て(接助)、人 知れ(下二・未) ず(助動・打・用) あはれなる(ナリ・体) こと も(係助)、同じ(シク・体) 心 なる(助動・断・体) 人、誰(代) かは(係助(係)) 交じら(四・未) ん(助動・推・体(結))。

人には知られず(こっそりと)悲しいことを、同じ心で分かち合えるような人が、誰かいるだろうか(いや、そんな人は誰もいない)。

語句の解説 3

教717 227ページ　教719 207ページ

5 **神世《かみよ》の初《はじ》め** 天地が開けて世の中が始まった、遠い昔のこと。平家全盛の時代がすっかり変わってしまったことをたとえた表現。

5 **あらぬさま** いつもとは異なる様子。

連体詞「あらぬ」は、「あり」＋打消「ず」の連体形からできた語。平家から源氏へと移り変わってゆく世の中の驚くべき様子をいったもの。

(付編)

6 **昔《むかし》の御《おん》こと** 単なる世の中の変化ではなく、建春門院への思いを秘めた本文の趣旨から考えると、この「昔」は、建春門院在世の時代のことを回想した言葉。脚注3にあるように、建春門院は平氏一門に属する人物である。

7 誰《たれ》かは交《ま》じらん　誰か交じっているだろうか（いや、そんな人は誰もいない）。「かは…ん」で反語的表現。すっかり変わってしまった世の中で、自分と同じ気持ちで建春門院のことを思う人は誰もいない、という悲しみの表現。

学習の手引き

一 第一段落について、本文中の表現に注意して内容を捉えよう。

1 作者の見た夢はどこからどこまでか。

2 作者の見た夢と現実とはどのように関連しているか。

考え方 1は「昼寝したりしに、例の見参らせしに」717 三三六・6 719 二〇六・6、「うちおどろきたりしに」717 三三六・8 719 二〇六・8、2は「夢もゆゑのありけるにや」717 三三六・12 719 二〇六・12などに注目する。

解答例 1 「冷泉殿、御前に」717 三三六・6 719 二〇六・6から、「と仰せらると思ひ」717 三三六・7 719 二〇六・7まで。

2 夢の中で、冷泉殿が作者に「八条院様は、ほら、今日お会いになってくださるでしょうよ。」と言ったとおりに、夢から覚めた後に作者は八条院からお召しを受け、お目通りがかなった。

二 第二段落の状況をふまえ、第三段落に述べられている作者の思いをまとめてみよう。

考え方 第二段落では、平家の都落ちと都の混乱のさまが語られている。第三段落では、それを受けた作者の心情が述べられている。

解答例 移り変わる世の中のありさまを眼前に見て、世の中が全く変わってしまったことを実感し、建春門院に仕えていたころの世界が跡形もなく失われてしまったことを嘆き、その悲しみを分かち合う人もいないという孤独な思いをかみしめている。

言葉の手引き

一 次の古語の意味を調べよう。

1 あぢきなし 717 三三六・4 719 二〇六・4　2 頼む 717 三三六・5 719 二〇六・5

3 わびし 717 三三六・5 719 二〇六・5　4 おどろく 717 三三六・8 719 二〇六・8

5 物語 717 三三六・9 719 二〇六・9　6 おほかた 717 三三六・9 719 二〇六・9

解答例 1 つまらない　2 頼りにする。

3 苦しい。つらい。　4 目を覚ます。　5 話

6 おおよそ。だいたい。

二 「今日見えさせ給はんずるぞ。」（717 三三六・7 719 二〇六・7）、「目の前に見えし秋」（717 三三七・3 719 二〇七・3）の、「見え」の意味の違いを説明してみよう。

解答例 「見えさせ」は「会う、対面する」、「見えし秋」は「（目に）見える」の意味。

秘密の出産

〔とはずがたり〕

教717 P.228〜P.230 教719 P.208〜P.210

【大意】 1 教717 228ページ11行〜229ページ1行 教719 208ページ11行〜209ページ1行

（九月）二十日過ぎの夜明けごろから産気づいたが、知る人はあまりいない。このまま死んでしまったら、どんなうわさが立つだろうかと思うと、恋人（＝雪の曙《あけぼの》）の愛情が悲しく感じられる。

【品詞分解／現代語訳】

ラ変・体 格助 格助 格助 (代) 格助 カ変・用 助動・完・終
かかる ほど に、 二十日余り の 曙 より、 そ の 心地 出で来 たり。
こうしているうちに、二十日を過ぎたころの明け方から、産気づいた。

格助 副 格助 係助 四・未 助動・打・已 接助 副 四・用 助動・存・体
人 に かく と も 言は ね ば、 ただ 心 知り たる
女房たちにはこれこれと（事情を）も話していないので、ただ事情を知っている侍女の、

副助 格助 副 副助 係助
人、 一、 二人 ばかり にて、 とかく 心 ばかり は
一人二人くらいで、（あれこれ言って）何かと気持ちだけは

四・体 係助 ク・体 副助 係助 ナリ・体 格助 係助(係) 四・未 助動・推・体(結) 格助 四・体
言ひ騒ぐ も、 亡き 後 まで も いかなる 名 1 に か とどまら ん と 思ふ
騒ぐにつけても、自分が死んだ後までもどのような憂き名で（この世に）残るだろうかと思うと、

格助 ナリ・未 助動・打・体 格助 上一・体 格助 係助 副 シク・終
より、 なほざりなら ぬ 心ざし を 見る に も、 いと 悲し。
（雪の曙の）並々でない愛情を見るにつけても、とても悲しい。

語句の解説 1

教717 228ページ 教719 208ページ

11 **かかるほどに** こうしているうちに。
「かかる」は、「かく」＋「あり」からできたラ変動詞「かかり」の連体形。

11 **二十日《はつか》余《あま》りの曙《あけぼの》より** 作者は九月二日に病気といつわって御所を退出した。「二十日余り」は、その月の二十日を過ぎたころのこと。「曙」は、「夜が明けようとするころ」。「あかつき」（＝夜明け近くのまだ暗い時刻）の後の時間帯をさす。

11 **人《ひと》にかくとも** 「人」は、女房たち。

12 **心《こころ》知《し》りたる人《ひと》・心《こころ》ばかりは言《い》ひ《イ》騒《さわ》ぐも** 「心」は、「気持ち、感情」のほかに、「わけ、意味、事情」などの意でも用いられる。「心

知りたる」の「心」は、「わけ(事情)」、「心ばかりは」の「心」は「気持ち、心情」の意。

13いかなる　どのような。
形容動詞「いかなり」の連体形。

1　「名」の意味は何か。

答　うわさ。評判。(ここは、悪い評判〔=「憂き名」〕の意味で用いられている。)

13なほ《オ》ざりならぬ　「なほざりなり」は、「おろそかだ、いいかげんだ」という意の形容動詞。「なほざりならぬ」で、「いいかげんでない、並ひととおりでない」という意味で用いられている。

教717 229ページ　教719 209ページ

1心《こころ》ざし　「心ざし」は、「意向」「心を尽くすこと」「誠意」「愛情」などの意。「なほざりならぬ心ざし」で、作者への「雪の曙」の並々でない心遣い、愛情を表す。

【大　意】　2　教717 229ページ2〜8行　教719 209ページ2〜8行

夜になって出産が近づく気配がしたが、秘密のことなので魔除けなどはしない。堪えがたい苦しみの中、雪の曙に抱き起こされて赤ん坊は生まれた。作者の体を気遣って、雪の曙が重湯《おもゆ》などを頼んでくれるのを、侍女たちは感心して見ている。

【品詞分解/現代語訳】

いたく〔副〕　取り〔四・用〕　たる〔助動・存・体〕　こと　なく〔ク・用〕　て〔接助〕、日　も〔係助〕　暮れ〔下二・用〕　ぬ〔助動・完・終〕。灯　ともす〔四・体〕　ほど　より〔格助〕　は〔係助〕、
とくに取り立てて言うこともなくて、日も暮れてしまった。明かりをともすころからは、

ことのほかに〔ナリ・用〕　近づき〔四・用〕　て〔接助〕　おぼゆれ〔下二・已〕　ども〔接助〕、ことさら〔副〕　弦打ち　など〔副助〕　も〔係助〕　せ〔サ変・未〕　ず〔助動・打・用〕、ただ〔副〕　衣　の〔格助〕
格別に(出産が)近づいているように思われたが、わざわざ(魔除けの)弦打ちなどもしないで、ただ着物の

下　ばかり〔副助〕　にて〔格助〕　一人　悲しみ〔四・用〕　ゐ〔上一・用〕　たる〔助動・存・体〕　に〔接助〕、深き〔ク・体〕　鐘　の〔格助〕　聞こゆる〔下二・体〕　ほど　に〔助動・断・用〕　や〔係助〕、あまり〔副〕
下ばかりに(もぐって)一人で悲しんでいると、夜更けの鐘の音が聞こえるころであろうか、あまりに

堪へがたく〔ク・用〕　や〔間助〕、起き上がる〔四・体〕　に〔接助〕、「いでや〔感〕、腰　とかや〔(連語)〕　を〔格助〕　抱く〔四・終〕　なる〔助動・伝・体〕　に〔接助〕、さやう〔ナリ(語幹)〕　の〔格助〕　こと　が〔格助〕
堪えがたくて、起き上がると、(雪の曙が)「さあ、(出産のときは)腰などを抱きかかえるとかいうが、そういうことをしないために(出産

なき（ク・体） ゆゑ に（格助） とどこほる（四・体） か。（係助） いかに（副） 抱く（四・終） べき（助動・適・体） こと ぞ。」（終助） とて（格助） かき起こさ（四・未） るる（助動・尊・体） 袖

が）遅れるのだろうか。どう抱けばよいのか。」と言って抱き起こしになる、（その）袖に取りついて、

に（格助） 取りつき（四・用） て、（接助） ことなく（ク・用） 生まれ（下二・用） 給ひ（補尊・四・用） ぬ。（助動・完・終） まづ（副） 「あな（感） うれし。」（シク・終） とて、（格助） 「重湯、 とく。」（ク・用）

無事に（赤ん坊は）お生まれになった。まず「ああ、よかった。」と言って、「重湯を、早く（産婦に

など（副助） 言は（四・未） るる（助動・尊・体） こそ、（係助（係）） いつ（副） 習ひ（四・用） ける（助動・過・体） こと ぞ（終助） と、（格助） 心 知る（四・体） どち は（係助） あはれがり（四・用）

差し上げよ）。」などと（雪の曙が）おっしゃるのは、いつ習い覚えたことだろうかと、事情を知っている侍女たちはしみじみと感心して

侍り（補丁・ラ変・用） しか。（助動・過・已（結））

おりました。

語句の解説 2

教717 229ページ　教719 209ページ

2 **いたく取《と》りたることなくて**　まだ出産には至らない様子を表す。

2 **ことのほかに**　「ことのほかなり」という形容動詞の連用形。思いのほかであるさま、格別な様子を表す。

3 **ことさら**　わざわざ。

後の「せず」と呼応して「わざわざ…しない」という意味を表す。

4 **聞《き》こゆるほどにや**　聞こえるころであろうか。

「にや」のあとに「あらむ」などが省略されている。

5 **「いでや……ことぞ。」**　付き添っている「雪の曙」の言葉。

5 **腰《こし》とかやを抱《いだ》くなるに**　文中の「とかや」は、格助詞「と」＋疑問の係助詞「か」＋間投助詞「や」。ひと続きで、「…とかいう（こと・もの）」という意味を表す。ここは後の「なる」とともに、伝聞の意で用いられている。「雪の曙」が、お産について聞き知ったことを披露している文脈である。文末にある場合は、伝聞・詠嘆の意で用いられる。

6 **かき起《お》こさるる袖《そで》に取《と》りつきて**　「かき起こす」主体は「雪の曙」。ここは尊敬で、「抱き起こしになる」、その袖に取りついたのは、作者である。

7 **生《う》まれ給《たま》ひ《イ》ぬ**　お生まれになった。

貴人である「雪の曙」の子であることから、敬語が用いられたと考えられている。表面上は皇女（院の子）と偽っているから、という説もある。

8 **いつ習《なら》ひ《イ》けることぞ**　侍女たちの言葉。「雪の曙」の、出産に際しての行動や、産後の心遣いに感心しているのである。

8 **心《こころ》知《し》るどち**　事情を知っている侍女たち。

「どち」は、「仲間、連れ」の意。接尾語として「…どうし、…たち」の意で名詞に付くこともある。

【大　意】 **3** **教717 229ページ9行～230ページ6行** **教719 209ページ9行～210ページ6行**

生まれたのは女の子だったが、雪の曙は、子供が生まれるとすぐにへその緒を切って、どこかへ連れていった。作者は一目見たその子の面影を追うが、一緒にはいられないことである。院には流産したと偽って報告し、院からの心遣いを恐ろしく思う。

【品詞分解／現代語訳】

接　(代)　終助　格助　四・用　接助　上一・用　補尊・四・已　接助　タリ・用　サ変・用　接助　格助
「さても　何　ぞ。」　と、　灯　ともし　て　見　給へ　ば、　産髪　黒々と　し　て、　今　より
(雪の曙が)「それにしても(生まれた子は男女)どちらか。」と、明かりをともしてご覧になると、(赤ん坊は)産毛が黒々として、今から

下二・用　補尊・四・用　助動・存・体　格助　副　上一・已　接助　格助　助動・断・已　接助　ナリ・未
見開け　給ひ　たる　を、　ただ　一目　見れ　ば、　恩愛　の　よしみ　なれ　ば、　あはれなら
(もう目を)開けて見ていらっしゃるのを、(雪の曙は)ただ一目だけでも見ると、親子の情愛のつながりであるから、いとおしくない

助動・打・終　副助　ク・体　接助　助動・存在・体　ク・体　格助　四・用　接助　助動・存在・体　格助
ず　しも　なき　を、　そば　なる　白き　小袖　に　おし包み　て、　枕　なる　刀　の　小刀
はずはないが、(赤ん坊を)そばにある白い小袖にくるんで、枕元にある守り刀の小刀で、

格助　四・用　接助　四・用　接助　格助　係助　四・未　助動・打・用　格助　下二・用　補尊・四・用
にて　臍の緒　うち切り　つつ、　かき抱き　て、　人　に　も　言は　ず、　外　へ　出で　給ひ
へその緒を切って、(その子を)抱いて、他の人には知らせずに、外へお出になられた、と見た(とき)以外には、

助動・完・終　格助　上一・用　助動・過・体　格助　副　副　(代)　格助　上一・未　助動・打・用　助動・過・体
ぬ　と　見　し　より　ほか、　また　ふたたび　その　面影　見　ざり　し
(私＝作者は)二度とふたたびその(赤ん坊の)姿を見なかった。

係助　接　副　係助　副　係助　格助　四・未　助動・願・已　接助　ナリ・已　接助　係助　四・未
こそ。　「さらば、　など　や　いま　一目　も。」　と　言は　まほしけれ　ども、　なかなかなれ　ば、　もの　は　言は
「それならば、どうしてもう一目だけでも(赤ん坊を見せてくれないのか)。」と言いたいけれども、(言えば)かえってつらいから、何も言わない

助動・打・已　接助　格助　係助　ク・用　助動・過・体　助動・断・用　係助　副　副　下二・用　接助　ラ変・未
ね　ど、　袖　の　涙　は　しるかり　ける　に　や、　「よしや、　よも。　長らへ　て　あら
けれども、(その気持ちは)袖を濡らす涙ではっきりわかったのであろう、(雪の曙が)「まあ、いいではないですか、まさかこれきり

ば、見る こと のみ こそ あら め。」など 慰め らるれ ど、一目 見合はせ

会えないことはあるまい。生き長らえているならば、見る機会だけはきっとあるでしょう。」など(と言って)慰められるけれども、一目見合わせた

られ つる 面影 忘られがたく、女 に て さへ ものし 給ひ つる を、

(赤ん坊の)面影は忘れるのが難しく、(ましてその子が)女の子でいらっしゃったのに、

いかなる 方 へ と だに 知ら ず なり ぬる と 思ふ も 悲しけれ ども、

どこへ(やってしまったのか)ということさえ知らないままになってしまうと思うのも悲しいけれども、

「いかに し て。」と 言ふ に、さも なけれ ば、人 知れ ぬ 音 を のみ 袖 に

(私＝作者が)「なんとかして(会いたい)。」と言っても、そういうこと(会うこと)はないことなので、人知れずこっそりと泣き声ばかりを袖に隠して、

包み て、夜 も 明け ぬれ ば、「あまりに 心地 わびしく て、こ の 暁 はや おろし

夜も明けたので、(後深草院には)「あまりに気分が悪くて、この明け方にすでに流産なさいました。

給ひ ぬ。女 に て など は 見え分く ほど に 侍り つる を。」

女児であったことなどは見分けがつくほどでございましたが。」などと(侍女たちが)申し上げた。

など 奏し ける。「温気 など おびたたしき に は、みな さる こと と、医師 も 申す ぞ。

(後深草院からは)「熱などがひどいときには、誰でも流産することがあると、医師も申しているよ。

かまへ て いたはれ。」とて、薬 ども あまた 給はせ など する も、いと 恐ろし。

しっかり養生しなさい。」と言って、薬などをたくさんくださりなどするのも、たいそう恐ろしいことである。

語句の解説 3

教717 229ページ　教719 209ページ

9「さても何《なに》ぞ。」と、灯《ひ》ともして見給《みたまエ》へば　会話主と「見給へば」の主語は「雪の曙」。

9 産髪黒々《うぶがみくろぐろ》として、今《いま》より見開《みひら》け給《たまイ》ひたる　「産髪」は、産毛。「見開く」は、「目をあける」という意味で、下二段活用。

10ただ一目《ひとめ》見《み》れば、恩愛《おんない》のよしみなれば、あはれ《ワ》ならずしもなきを ただ一目だけでも見ると、親子の情愛のつながりであるから、いとおしくないはずはないが。
「あはれならずしもなき」は打消「ず」と否定の「なき」を重ねて、いとおしく思う気持ちを二重否定で強調している。「を」は逆接。

11おし包《つつ》みて……かき抱《いだ》きて　「おし包み」「うち切《き》り」「かき抱き」の主語はいずれも「雪の曙」。「おし」「うち」「かき」はそれぞれ接頭語で、「無理に…する(おし〜)」「さっと…する(うち〜)」「手にとって…する(かき〜)」などのニュアンスを添えている。

12見《み》しよりほか　見た(とき)以外には。
「雪の曙」が赤ん坊を抱いて外へ出て行った、と作者が見たとき以外、二度とは、ということ。

13その面影《おもかげ》見《み》ざりしこそ　代名詞の「そ」は、赤ん坊をさす。「こそ」は強意の係助詞で、結びの語は省略されている。

13さらば　それならば。
ラ変動詞「然《さ》り」の未然形に接続助詞「ば」がついてできた接続詞。生まれた子を連れて行ってしまうならば、ということ。

2 **「なかなかなれば」とは、どういう意味か。**

答 子の顔を見ると、かえって別れがつらいので。

14しるかりけるにや　はっきりわかったのであろう。
「しるかり」は、形容詞「しるし(著し)」のカリ活用連用形。「にや」の後に「あらむ」が省略されている。

14「よしや、よも。……あらめ。」　「雪の曙」の言葉。この後、連れ去られた子は「雪の曙」(＝西園寺実兼といわれる)の手元で、その娘として育てられた、と後年の研究では推測されている。

16女《おんな》にてさへ《エ》ものし給《たま》ひ《イ》つるを　「さへ」は、添加の副助詞。「…までも」の意を添える。「ものし」は、ここでは、「…でいる」の意味。直訳すると「女の子であってまでもいらっしゃったのに」。

16いかなる方《かた》へとだに知《し》らず　どこへ(やってしまったのか)ということさえもわからない。
「だに」は、程度の軽いものを示し重いものを類推させる副助詞。

教717 230ページ　教719 210ページ

2人《ひと》知《し》れぬ音《ね》をのみ袖《そで》に包《つつ》みて　人知れずこっそりと泣き声ばかりを袖に隠して。
「知れ」は、下二段動詞「知る」の未然形で、「知られる」という意味。四段動詞「知る」と区別して使われる。「音をのみ」は、「音のみ泣く」(声を立てて泣く)と同義で、ここは、泣き声を人に聞かれないように「袖」でおおって泣く様子を表している。

2夜《よ》も明《あ》けぬれば　ここから後深草院《ごふかくさいん》とのやりとりに移る。

2「あまりに……侍《はべ》りつるを。」　会話文の後に「奏しける」とあるように、ここは、侍女たちに後深草院に伝えさせた言葉。これに対する「温気《ぬるけ》など……」は、後深草院からの返答。

3 **「いと恐ろし」とは、誰に対するどのような気持ちか。**

答 後深草院に対する、だましていることを恐ろしく思う気持ち。

【大意】 4 教717 230ページ7〜10行 教719 210ページ7〜10行

産後は無事に過ぎたので、雪の曙は今後のことを言い置いて帰ったが、その後も毎晩通ってくる。いつか世間のうわさになるのではないかと思うと、作者も雪の曙も心配でたまらない。

【品詞分解／現代語訳】

ことなる　わづらひ　も　なく　て　日数　過ぎ　ぬれ　ば、ここ　なり　つる　人　も
ナリ・体／係助／ク・用／接助／上二・用／助動・完・已／接助／(代)／助動・存在・用／助動・完・体／係助
(産後は)特別に思うこともなくて日数が過ぎたので、ここ(産所)に付き添っていた人(＝雪の曙)も

帰り　など　し　たれ　ども、「百日　過ぎ　て、御所ざま　へ　は　参る　べし。」　とて　あれ　ば、
四・用／副助／サ変・用／助動・完・已／接助／上二・用／接助／格助／係助／四・終／助動・適・終／格助／ラ変・已／接助
帰りなどしたけれども、「百日たってから、御所へは参上するのがよいでしょう。」ということであったので、

つくづくと　籠りゐ　たれ　ば、夜な夜な　は　隔て　なく　と　言ふ　ばかり　通ひ　給ふ　も、いつ
副／上一・用／助動・存・已／接助／係助／ク・用／格助／四・体／副助／四・用／補尊・四・体／係助／(代)
ぼんやりと(部屋に)こもっていると、(雪の曙は)毎晩隔てなしとでも言うほどに(作者のもとへ)通っていらっしゃるにつけても、いつと

と　なく　世　の　聞こえ　や　と　のみ、我　も　人　も　思ひ　たる　も、心　の　ひま　なし。　(巻一)
格助／ク・用／格助／係助／格助／副助／係助／4／係助／四・用／助動・存・体／係助／格助／ク・終
いうことなく世間のうわさは(どうだろうか)とばかり、私もその人(＝雪の曙)も思っているのも、心配のなくなることはない。

語句の解説 4

教717 230ページ　教719 210ページ

8 「百日《ひゃくにち》過《す》ぎて、……参《まい》るべし。」 このとき作者は、出産のために後深草院の御所を退出して、実家にこもっている。この部分は、御所へ戻る時期についての後深草院の指示であろうと思われる。

9 通《かよ》ひ給《たま》ふ《ウ》 主語は、「雪の曙」。

4 「人」は誰をさすか。

答 雪の曙。

10 思《おも》ひ《イ》たるも 直前の「いつとなく世の聞こえや」を受けた表現。「聞こえ」は「聞こゆ」の名詞形で、「うわさ、評判」の意。

10 ひま すきま、ゆとり。

「心のひまなし」は、心配ごとが多く、心に余裕のない状態。落ち着いていられない様子を表す。

学習の手引き

一　状況の推移を、段落ごとに整理しよう。

解答例　・第一段落…九月二十日を過ぎたころから産気づいた。
・第二段落…日が暮れて明かりをともすころから陣痛が始まり、雪の曙の介助で、無事に赤ん坊が生まれた。
・第三段落…赤ん坊は女の子だったが、生まれるとすぐに、雪の曙がへその緒を切り、どこかへ連れていった。その後、後深草院に流産といつわって報告し、院から薬が届いた。
・第四段落…何日かして雪の曙は帰るが、その後も毎晩通ってくる。

二　作者の出産に際して「雪の曙」の取った行動とその折の心情を、時間の流れに沿ってまとめてみよう。

解答例　〔出産のとき〕腰をかかえるなどして出産を助けた。
〔出産直後〕①「あなうれし。」717二三九・7 719二〇九・7と喜び、作者を気遣って「重湯」を用意させた。
② 生まれた子が女児であることを確かめ、へその緒を切って、その子をどこかへ連れ去った。
③ 作者の悲しみを思いやり「よしや、よも。長らへてあらば……」717二三九・14 719二〇九・14と慰めた。
→作者の体を気遣い、気持ちに寄り添うが、出産を隠すための判断・行動には冷静である心情。
〔日数が過ぎた後〕自分の屋敷に帰ったが、その後も毎夜通ってきた。→産後の作者に愛情を感じ、いたわる心情。

三　「いと悲し。」(717二三九・1 719二〇九・1)、「悲しみゐたる」(717二三九・4 719二〇九・4)、「悲しけれども」(717二四〇・1 719二一〇・1)に表れた心情を、それぞれ説明してみよう。

解答例　・「いと悲し。」…雪の曙の愛情を見て、自分の死後にどんな憂き名が残るかと思い、悲しみがつのる心情。
・「悲しみゐたる」…秘密の出産の悲しみを、一人でかみしめる心情。
・「悲しけれども」…生まれた子がどこへ行ったのかさえわからないまま、別れてしまうのをつらく思う心情。

言葉の手引き

一　次の古語の意味を調べよう。

1いでや 717二三九・5 719二〇九・5　2どち 717二三九・8 719二〇九・8
3しるし 717二三九・14 719二〇九・14　4よも 717二三九・15 719二〇九・15
5わびし 717二四〇・3 719二一〇・3　6かまへて 717二四〇・5 719二一〇・5
7聞こえ 717二四〇・10 719二一〇・10

解答例　1 さあ　2 仲間　3 はっきりしている。
4 まさか　5 苦しい　6 十分心して。　7 うわさ

二　「いかなる方へとだに知らずなりぬる」(717二三九・16 719二〇九・16)によって類推される内容を説明してみよう。

解答例　行方だけでなく、その他のこと(どんな人に、どんな境遇で、どのように育てられるのかなど)も何もわからない。

父大納言の苦悩

〔とりかへばや物語〕

教717 P.232〜P.235
教719 P.212〜P.215

【大　意】　1教717 232ページ3行〜233ページ11行 教719 212ページ3行〜213ページ11行

物忌みの日、大納言は姫君(実は若君)の部屋を訪れた。内気な姫君は御帳の内で琴などを弾いている。お付きの女房たちは手持ちぶさたの様子だ。「外に出て桜でも見たらどうか。」と言うのだが、恥ずかしがってばかりである。髪も美しくのびている。大納言は「どうしてこんなことになったのか。」と嘆くばかりである。

【品詞分解／現代語訳】

春 の[格助] つれづれ、御物忌み に[助動・断・用] て[接助] のどやかなる[ナリ・体] 昼つ方、姫君 の[格助] 御方 に[格助] 渡り[四・用] 給へ[補尊・四・已] れ[助動・完・已]

春の所在ないある日、(父である大納言は)御物忌みでのんびりと過ごす昼ごろ、姫君(実は若君)のところにお渡りになったところ、

ば[接助]、例 の[格助] 御帳 の[格助] うち に[格助] 箏の琴 を[格助] 忍びやかに[ナリ・用] 弾きすさび[四・用] 給ふ[補尊・四・終] なり[助動・定・終]。女房 など[副助] ここ[(代)] かしこ[(代)]

いつものように御帳の内にこもって箏の琴(十三弦の琴)をひっそりと気ままに弾いていらっしゃるようである。女房たちがあちらこちらに

に[格助] 群れゐ[上一・用] つつ[接助]、碁・双六 など[副助] 打ち[四・用] て[接助]、いと[副] つれづれげなり[ナリ・終]。御几帳 押しやり[四・用] て[接助]、「など[副] かく[副] のみ[副助]

集って座っては、碁や双六などを打って、たいそうひまそうにしている。(殿は)御几帳を押しやって、「どうしてこのように

埋もれ[下二・用] て[接助] は[係助]。盛りなる[ナリ・体] 花 の[格助] にほひ も[係助] 御覧ぜよ[サ変・命] かし[終助]。御達 など[副助] も[係助] あまり[副] いぶせく[ク・用]、

閉じこもってばかりいるのですか。満開の桜の美しさも御覧なさいよ。(上級の)女房たちもたいそう気づまりで、

ものすさまじげに[ナリ・用] 思ひ[四・用] て[接助] 侍る[補丁・ラ変・体] は[終助] や[間助]。」とて[格助]、床 に[格助] 押しかかり[四・用] て[接助] ゐ[上一・用] 給へ[補尊・四・已] ば[接助]、御髪 は[係助]

つまらなそうに思っていますよ。」と言って、床に寄りかかってお座りになると、(姫君の)御

丈 に｜格助｜ 七、八寸 ばかり｜副｜ 余り｜四・用｜ たれ｜助動・存・已｜ ば、｜接助｜
髪は居丈より七、八寸ほど長いので、

花薄 の｜格助｜ 穂 に｜格助｜ 出で｜下二・用｜ たる｜助動・存・体｜ 秋 の｜格助｜ けしき おぼえ｜下二・用｜ て、｜接助｜
まるで花薄が穂を出している秋の風景が思われて、

裾つき の｜格助｜ なよなよと｜副｜ なびきかかり｜四・用｜ つつ、｜接助｜
裾の辺りがやわらかくなびきかかりながら、

物語 に｜格助｜ 扇 を｜格助｜ 広げ｜下二・用｜ たる｜助動・完・体｜ など、｜副助｜ こちたく｜ク・用｜ 言ひ｜四・用｜ たる｜助動・存・体｜
物語に（あるように）扇を広げたようなどと、大げさに言っているほどではなくて、

ほど に｜格助｜ は｜係助｜ あら｜ラ変・未｜ で、｜接助｜
「これ｜代｜ こそ｜係助（係）｜ なつかしかり｜シク・用｜ けれ。｜助動・詠・已（結）｜
いにしへ の｜格助｜ かぐや姫 も、｜係助｜ け近く｜ク・用｜
すくすくずばらしいという点ではこれほどではなかったのではないだろうか。」と御覧になるにつけては、
（大納言は）「こんな髪こそ美しいのだ。昔のかぐや姫も、親しみや

めでたき｜ク・体｜ 方 は｜係助｜ かく｜副｜ しも｜副助（係）｜ や｜係助｜ あら｜ラ変・未｜ ざり｜助動・打・用｜ けむ。｜助動・過推・体（結）｜ と 見 給ふ｜補尊・四・体｜ に つけ｜下二・用｜ て は、｜係助｜ 目
（大納言は）

涙 を｜格助｜ 一目｜ 浮け｜下二・用｜ て｜接助｜ 御髪 を｜格助｜ かきやり｜四・用｜ 給へ｜補尊・四・已｜ ば、｜接助｜ いと｜副｜ 恥づかしげに｜ナリ・用｜ おぼし入り｜四・用｜ たる｜助動・存・体｜
涙を目いっぱいに浮かべて御髪をかき上げなさると、（姫君が）たいそう恥ずかしそうに思い込んでいらっしゃるご様子は、

と、｜格助｜ 涙｜ を｜格助｜ 近く｜ク・用｜ 寄り｜四・用｜ 給ひ｜補尊・四・用｜ て、｜接助｜
も｜係助｜ くれ｜下二・用｜ つつ、｜接助｜
「こ は、｜代・係助｜ いかで｜副｜ かく｜副｜ のみ｜副助｜ は｜係助｜ なり果て｜下二・用｜ 給ふ｜補尊・四・体｜ に｜助動・断・用｜ か。」｜係助｜
涙にくれながら、（姫君の）近くにお寄りになって、「これは、どうしてすっかりこんなふうになってしまわれたのだろうか。」

御けしき、｜ 汗 に｜格助｜ なり｜四・用｜ て、｜接助｜
御顔 の｜格助｜ 色 は｜係助｜ 紅梅 の｜格助｜ 咲き出で｜下二・用｜ たる｜助動・完・体｜ やうに｜助動・比・用｜ にほひ｜四・用｜ つつ、｜接助｜ 涙 も
汗をかいて、御顔の色は紅梅が咲き出したように美しく色づきながら、涙も

落ち｜上二・用｜ ぬ｜助動・強・終｜ べく｜助動・当・用｜ 見ゆる｜下二・体｜ 御まみ の、｜格助｜ いと｜副｜ 心苦しげなる｜ナリ・体｜ に、｜接助｜ いとど｜副｜ 我 も｜代・係助｜ こぼれ｜下二・用｜ て｜接助｜ つくづくと｜副｜
こぼれそうに見える御目もとが、とてもつらそうなので、ますます大納言も涙がこぼれて、しみじみと

■
ことごと なく｜ク・用｜ あはれに｜ナリ・用｜ 見｜上一・用｜ 奉り｜補謙・四・用｜ 給ふ。｜補尊・四・終｜
ほかのことをすべて忘れていとおしく見つめ申し上げていらっしゃる。

語句の解説 1

教717 232ページ 教719 212ページ

3 御物忌《おおんものい》み 陰陽道で、方角や日が悪いとされるときに、一定期間、家にこもって身を慎むこと。

6 弾《ひ》きすさび 気ままに弾いて。
「すさぶ」は、「気の向くままにする」の意で、「弾く」という語と結びついて複合語となっている。

11 にほひ《オイ》 美しさ。
名詞「にほひ」は、色が美しく映えることを表す。それが転じて現代語のような「香り」の意味を持つようになった。

教717 233ページ 教719 213ページ

2 丈《たけ》 居丈《いたけ》。座っているときの背丈のこと。

5 かくしもやあらざりけむ《ン》 「かく」は、「このように」で姫君の美しさをさしている。

6 目《め》もくれつつ 涙にくれながら。
「くる」は「暗る・眩る」。「涙に目がくもって見えなくなる」意。

9 御《おおん》まみ 「まみ」は、漢字で表記すると「目見」。「目つき、まなざし」の意味もある。

1 「ことごとなく」に漢字をあてよ。

答 異事無く

【大 意】 2 教717 233ページ12行～234ページ6行 教719 213ページ12行～214ページ6行

姫君は、本当は若君なので、化粧などもほとんどせずに素顔であるのがかえって美しい。派手ではない衣装をまとっていても実に風情がある。大納言の殿は「情けない。仏門にでも入れようか。」と悩み、前世の罪の報いかと嘆いている。

【品詞分解／現代語訳】

さるは(接)、かたはらいたけれ(ク・已) ば(接助)、つくろひ(四・用) 化粧じ(サ変・用) 給は(補尊・四・未) ね(助動・打・已) ど(接助)、わざと(副) も(係助) いと(副) よく(ク・用) し(サ変・用) たる(助動・存・体)

そうは言っても、(姫君は男だから)気恥ずかしいので、とりたてて化粧をなさっていないのだが、わざわざ念入りに化粧をしているような

色合ひ なり(助動・断・終)。御額髪 も(係助) 汗 に(格助) まろかれ(下二・用) て(接助)、わざと(副) ひねりかけ(下二・用) たる(助動・存・体) やうに(助動・様・用) こぼれかかり(四・用)

お顔の色である。御額髪も汗でもつれて丸くなって、わざわざひねりかけているように(顔に)垂れかかっていて、

つつ(接助)、らうたく(ク・用) 愛敬づき(四・用) たり(助動・存・終)。「白く(ク・用) おびたたしく(シク・用) したて(下二・用) たる(助動・存・体) は(係助)、いと(副) けうとかり(ク・用) けり(助動・詠・終)。

愛らしく魅力的である。(大納言は)「(おしろいを)真っ白に塗っているのは、たいそううとましいものだなあ。

副｜係助(係)｜上一・終｜助動・適・用｜助動・詠・已(結)｜格助｜下二・終｜助動・断・用｜補尊・サ変・已｜接助｜ナリ・用｜下二・用｜助動・存・体
かくて こそ 見る べかり けれ。」 と 見ゆ。十二 に おはすれ ど、かたなりに 遅れ たる
このように(素顔で)見るのがよいのだなあ。」と思われる。十二歳でいらっしゃるが、未熟で発育が不十分なところもなく、

係助｜ク・用｜格助｜ナリ・用｜接助｜シク・体｜係助(係)｜ク・体(結)｜間助｜格助｜格助
ところ も なく、人柄 の そびやかに て なまめかしき さま ぞ、限りなき や。桜 の 御衣 の
体つきがすらりとして優美な様子は、このうえないよ。桜襲の袿で

ナリ・体｜副助｜格助｜格助｜格助｜シク・未｜助動・打・体｜格助｜四・用
なよよかなる 六つ ばかり に、葡萄染め の 織物 の 袿、あはひ にぎははしから ぬ を 着なし
柔らかに着慣らしたのを六枚ほど重ねて、葡萄染めの織物の袿(を表着として)、色合いが派手でないものを着こなしていらっしゃるのが、

補尊・四・已｜助動・存・体｜格助｜四・未｜助動・受・用｜接助｜格助｜副助｜ナリ・終｜感｜シク・終
給へ る、人柄 に もてはやさ れ て、袖口、裾 の 褄 まで をかしげなり。「いで、あさまし
人となりに引き立てられて、袖口、裾の褄まで風情がある。「ああ、情けないことだ。

間助｜副助｜格助｜副｜2(代)｜格助｜格助｜格助｜係助(係)｜ラ変・未｜助動・迷い・体(結)｜格助
や。尼 など にて、ひとへに その 方 の 営み にて や かしづき持たら まし。」と
尼などとして、ひたすらその方面の勤め(をさせること)でお世話をしていくのがよいだろうか。」と

上一・用｜補尊・四・体｜係助｜シク・用｜係助(係)｜四・未｜助動・自・用｜補尊・四・体(結)
見 給ふ も、くちをしく、涙 ぞ かきくらさ れ 給ふ。
御覧になるにつけても、残念で、思わず涙で悲しみにくれていらっしゃる。

ナリ・用｜助動・過・体｜格助｜格助｜四・体｜格助｜係助｜(代)｜格助｜格助｜副｜係助(係)｜シク・体(結)
いかなり し 昔 の 罪 と 思ふ に も こ の 世 に いとど もの ぞ 悲しき
どのような前世における罪業なのかと思うにつけてもこの世にあってますます悲しくてならない。

語句の解説 2

教717 233ページ　教719 213ページ

12 **さるは、かたは《ワ》らいたければ**　「かたはらいたし」は、「(人に知られると)きまりが悪い、恥ずかしい」といった意味の形容詞。「ば」は、活用語の已然形+接続助詞「ば」で順接の確定条件となり、「ので」の意味になる。

12 **いとよくしたる**　念入りに化粧をしている。「し」は前の「化粧じ」を繰り返さないための語である。

14 **らう《ロウ》たく**　愛らしく。形容詞「らうたし」の連用形。本来は、漢語「労」に「はなはだしい」意味の「甚《いた》し」が付いてできた語。

15 **かくてこそ見《み》るべかりけれ**　「かくて」は、化粧をしていない素

顔をさす。「べかりけれ」は適当の助動詞「べし」の連用形＋詠嘆の助動詞「けり」の已然形。「けれ」は係助詞「こそ」の結び。

教717 234ページ 教719 214ページ

2 人柄《ひとがら》にもてはやされて　人となりに引き立てられて。「もてはやす」は、「引き立たせる、美しく見せる」といった意味の動詞。

【大　意】 3 教717 234ページ7行～235ページ5行 教719 214ページ7行～215ページ5行

若君(実は姫君)のほうに行ってみると、横笛などを吹いたりしている。魅力的な男の子の姿をしているのだが、女君として育てたなら、どんなにかかわいかったであろうと思って、大納言の心は暗くなる。若君は活発に貴公子たちと男の子の遊びをしている。

【品詞分解／現代語訳】

西の対　に（格助）　渡り（四・用）　給ふ（補尊・四・体）　に、（接助）　横笛　の（格助）　声　すごく（ク・用）　吹き澄まし（四・用）　た（助動・存・体（音））　なり。（助動・定・終）　空　に（格助）　響き上り（四・用）　て（接助）

(大納言が)西の対にお渡りになると、横笛をぞっとするほどすばらしく澄んだ音に吹いている(のが聞こえる)ようだ。空に響き上るように

聞こゆる（下二・体）　に、（接助）　わ（代）　が（格助）　心地　も（係助）　そぞろはしく、（シク・用）　「めづらかなり。（ナリ・終）　これ（代）　も（係助）　さ（代）　な（助動・断・体（音））　なり。」（助動・定・終）　と（格助）　聞き（四・用）

聞こえるので、(大納言は)自分の気持ちもなんとなく落ちつかず、「珍しいことだ。この笛の音も若君(実は姫君)が吹いているのにちがいない。」と聞いて

給ふ（補尊・四・体）　に、（接助）　また（副）　心地　も（係助）　かき乱る（四・体）　やうなれ（助動・状・已）　ど、（接助）　さりげなく（ク・用）　もてなし（四・用）　て、（接助）　若君　の（格助）　御方　を（格助）

いらっしゃると、また心が乱れるようだが、さりげない風をよそおって、若君のお部屋を

のぞき（四・用）　給へ（補尊・四・已）　ば、（接助）　うちかしこまり（四・用）　て（接助）　笛　は（係助）　さし置き（四・用）　つ。（助動・完・終）　桜・山吹　など、（副助）　これ（代）　は（係助）　色々なる（ナリ・体）　に、（格助）

おのぞきになると、(若君は)かしこまって笛を置いた。桜襲、山吹襲など、こちらは色とりどりの(袿の)上に、

萌黄　の（格助）　織物　の（格助）　狩衣、　葡萄染め　の（格助）　織物　の（格助）　指貫　着（上一・用）　て、（接助）　顔　は（係助）　いと（副）　ふくらかに（ナリ・用）　色あはひ

萌黄色の織物の狩衣、葡萄染めの織物の指貫を着て、顔はたいそうふっくらとして顔色も

答 2 「その方の営み」とは何をさすか。

仏門に入って、仏に仕えること。

6 「いかなりし」の歌　「この世」は、「子の世」との掛詞《かけことば》になっている。係り結びによって、文末は連体形。

シク・用(音) ナリ・用 接助 シク・用(音) (代) 格助 ク・用 ナリ・用 四・用 接助 係助
いみじう きよらに て、 まみ らうらうじう、 いづこ と なく あざやかに にほひ 満ち て、 愛敬 は 指貫
とても清らかで美しく、 目もとが利発そうで、 どことなくきわ立って気品に満ちて、 愛らしさは指貫の裾

格助 副助 上二・用 助動・存・体 助動・比・終 上一・用 助動・願・用 係助 四・未 助動・自・体 格助 上一・体 格助
の 裾 まで こぼれ落ち たる やうなり。 見 まほしく 目 も 驚か るる を、 うち見る に
までこぼれ落ちているようである。 いつまでも見ていたい(ような)目も見張るばかり(の美しさ)であるのを、 ちょっと見るにつけ、

係助 上二・体 係助 格助 係助 四・未 助動・自・用 接助 四・未 助動・自・体 格助 感 シク・終
は、 落つる 涙 も もの の 嘆かしさ も 忘ら れ て うち笑ま るる 御さま を、 「あな いみじ。
落ちる涙も嘆かわしいことも忘れて自然に笑みが浮かんでくるようなお姿を、 「ああ悲しい。

(代) 係助 格助 格助 下二・用 助動・存・未 助動・仮・体 格助 副 ク・用 シク・未 助動・推・体
これ も もと の 女 にて かしづき立て たら む に、 いかばかり めでたく うつくしから む。」
これも本来の女として大切に育て上げていたら、 どれほどすばらしくかわいらしいことだろう。」

格助 下二・用 接助 係助 (代) 係助 係助(係) 四・用 助動・存・已(結) 副助 係助 格助 下二・用 助動・完・未
と 胸 つぶれ て、 御髪 も、 これ は 長さ こそ 劣り たれ、 裾 など は 扇 を 広げ たら
と胸のつぶれる思いで、 御髪も、 若君のは(姫君の髪に)長さこそ劣っているが、 裾などは扇を広げたようで、

助動・婉・体 助動・比・用 接助 格助 副 下二・用 助動・存・体 格助 四・已 助動・存・体
む やうに て、 丈 に 少し はづれ たる ほど に こぼれかかれ る 様体、 頭つき
座ったときの背丈に少し足りない長さにこぼれかかっている(髪の)ありさま、 頭の形

副助 上一・体(接尾) 格助 四・未 助動・自・用 接助 係助(係) 格助 係助 四・未 助動・自・体(結) 係助 副 ク・体
など、 見るごと に 笑ま れ ながら ぞ、 心 の うち は くらさ るる や。 いと 高き 人
など、 見るたびに自然に笑みがこぼれるけれども、 (大納言の)心の中は自然と暗くなっているのだろうか。 たいそう身分の高い

格助 副助 副 上一・用 接助 四・用 ナリ・用 四・用 副助 四・体 係助
の 子ども など あまた ゐ て、 碁・双六 打ち、 はなやかに 笑ひののしり、 鞠・小弓 など 遊ぶ も、
人の子供などをたくさん引き連れて、 碁や双六を打ち、 にぎやかに笑い騒ぎ、 蹴鞠や小弓などで遊んでいるのも、

副 ナリ・用 ナリ・終
いと さま 異に めづらかなり。
たいそう風変わりで珍しい。

(巻一)

語句の解説 3

教717 234ページ　教719 214ページ

9 **さりげなくもてなして**　さりげない風をよそおって。

「もてなす」は、接頭語「もて」+動詞「なす」。「振る舞う、ある態度をとる、ふりをする」といった意味になる。

12 **らうらうじう**《ロウロウジュウ》　形容詞「らうらうじ」は、「洗練されている、利発である」という意味だが、ほかに「気高く美しい」などの意味もある。「らうらうじく」がウ音便になっている。

15 **あないみじ**　ああ悲しい。

「あな」は感動詞で、喜怒哀楽のうちのどの場合にも用いる。多くの場合は後に形容詞を伴う。「いみじ」は、程度が甚だしいことを表す形容詞。

教717 235ページ　教719 215ページ

3 **くらさるるや**　自然と暗くなっているのだろうか。

「くらす」は「暗す」で、「悲しみなどで心を暗くしている」という意味の動詞。「や」は、疑問を表す係助詞。

4 **笑《わら》ひ《イ》ののしり**　「ののしる」は、ここでは「大声で騒ぎたてる」の意味。現代語の「ののしる」とは異なるので注意。

学習の手引き

一　本文を前半と後半に分け、それぞれに描かれた姫君と若君の容姿や行動の特徴を整理しよう。

考え方　演奏する楽器、性格、髪の長さ、衣装などの記述に沿ってまとめる。楽器は、箏《そう》の琴は女性の、横笛は男性のたしなみとされたことを頭に入れておくとよい。

解答例　〔前半〕（初め～717 二三四・6 719 二一四・6）…姫君

・箏の琴を弾く。

・内気でなかなか御帳の外に出ようとしない。

・髪は居丈(座ったときの背丈)より七、八寸ほど長い。

・化粧はしないが美しく、女子の衣装をまとっている。

・発育がよく、体つきはすらりとしている。

〔後半〕（717 二三四・7 719 二一四・7～終わり）…若君

・横笛を吹く。

・はなやかな色合いの男子の衣装をまとっている。

・髪は居丈に少し足りない。

・たくさん子供たちを集めて、碁や双六《すごろく》を打ったり、蹴鞠《けまり》や弓で遊んだりするなど、活発。

二　姫君と若君の様子を見ているときの父大納言の心情を、「いかなりし」の歌の解釈をふまえて、説明してみよう。

考え方　歌の解釈は「現代語訳」参照。

解答例　・姫君…御帳に隠れてひっそりと琴をかき鳴らしているのを見て、こんなに内気なのは困ったことだと思うが、涙を目にためた姫君を見ていとおしく思っている。前世のどんな罪業によりこうなったのかと情けなさを感じ、いっそ仏門に入れようかと悩んでいる。

・若君…横笛を吹く男姿の若君のすばらしさを見ると、つい、笑みが浮かんでくるのだが、心の中は本来の女の子として育てたらどんなにかわいらしかっただろうと思って沈んでいる。

三 **大納言の人に言えない悩みとはどのようなものか。本文中の表現を根拠にして、説明してみよう。**

考え方 どちらのほうへ行っても、大納言は涙を浮かべ嘆いている。

解答例 ・姫君に対しては、「などかくのみ……御覧ぜよかし。」717 三三・10 719 二三・10と、活発に振る舞わず内に閉じこもっているのを嘆き、「『こは、いかで……』と、涙を一日《ひとめ》浮けて」717 三三・6 719 二三・6と悲しみにくれて、「いかなりし」717 三四・6 719 二四・6の歌をよんでいる。

・若君に対しては、「『あないみじ。……』と胸つぶれて」717 三四・15 719 二四・15と悲しみ、つらい思いでいる。

・このことから姫君のような外見と内気な性格の子が実は男君で、活発で若君として振る舞っている子が実は女君であることが悩みであるとわかる。

言葉の手引き

一 **次の古語の意味を調べよう。**

1物忌み 717 三三・3 719 二三・3　2など 717 三三・10 719 二三・10
3にほひ 717 三三・11 719 二三・11　4いぶせし 717 三三・1 719 二三・1
5すさまじげなり 717 三三・1 719 二三・1
6こちたし 717 三三・4 719 二三・4
7なつかし 717 三三・4 719 二三・4　8け近し 717 三三・5 719 二三・5
9らうたし 717 三三・14 719 二三・14
10けうとし 717 三三・15 719 二三・15
11なまめかし 717 三三・16 719 二三・16
12あさまし 717 三四・3 719 二四・3　13すごし 717 三四・7 719 二四・7
14そぞろはし 717 三四・8 719 二四・8

解答例 1 陰陽道で、方角や日が悪いとされるときに、一定期間、家にこもって身を慎むこと。 2 どうして 3 美しさ 4 気詰まりだ 5 つまらなそうだ。興ざめの様子だ。 6 大げさだ 7 心がひかれる。 8 親しみやすい 9 愛らしい 10 うとましい。親しみにくい。 11 優美で上品だ。 12 情けない。予想外で驚きあきれる。 13 ぞっとするほどすばらしい。 14 なんとなく落ち着かない。

二 **姫君・若君の描写から、比喩表現を指摘しよう。**

解答例 〔姫君〕

・「花薄《はなすすき》の穂に出でたる」717 三三・2 719 二三・2…髪の裾が、薄の穂のようにやわらかくふさふさとしている。

・「扇を広げたるなど、こちたく言ひたるほどにはあらで」717 三三・4 719 二三・4…髪の様子が、「扇を広げたよう」といわれる物語の姫君ほどには豊かでない。

・「紅梅の咲き出でたるやう」717 三三・9 719 二三・9…顔の色が、紅梅が咲き出したように美しい。

〔若君〕

・「裾などは扇を広げたらむやう」717 三五・1 719 二五・1…髪の裾が、扇を広げたように豊かだ。

偽りの別れ

〔しのびね物語〕

教717 P.236～P.239　教719 P.216～P.219

【大意】 1 教717 236ページ4～11行 教719 216ページ4～11行

出家を決意した中納言は、自分の家で華やかに装い、最後のお別れを言いに帝《みかど》のもとへ参上する。帝には少しの間、鞍馬《くらま》へ詣でるだけですぐに戻りますと偽って、心の中で最後のお別れをする。帝は、これが永遠の別れとは知る由もなく、中納言は涙をこらえて帝のもとを去る。

【品詞分解／現代語訳】

接　格助　サ変・用　接助　副　四・用　ナリ・用　サ変・用　補尊・四・用　接助　副
さて、殿 へ おはし て、ことさら ひきつくろひ、はなやかに 御装束し 給ひ て、いま ひとたび、上
さて、（中納言は）内大臣の邸へいらっしゃって、念入りに身なりを整え、美しく装束を身につけなさって、もう一度、帝をも、

格助　係助　副　ラ変・未　助動・打・体　格助　係助　上一・用　補謙・四・未　助動・意・終　格助　四・用　接助　四・用　補尊・四・已　接助
を も、また さら ぬ 人々 を も 見 奉ら ん と おぼし て、参り 給へ ば、ただ今
またほかの方々をも拝見しようとお思いになって、参内なさったが、（お目にかかるのは）

副助　格助　四・体　接助　格助　上二・体　格助　四・用　接助　四・用　補尊・四・已　接助　係助　サ変・用　接助　サ変・未
ばかり と 思ふ に、涙 の 落つる を 紛らはし つつ、候ひ 給へ ば、上 は 御覧じ て、「尽きせ
今この時だけだと思うと、涙が出るのを紛らわしながら、控えていらっしゃると、帝は御覧になって、「尽きることのない

助動・打・体　副助　係助(係)　シク・已(結)　格助　下二・未　助動・尊・已　接助　副　格助　下二・体　格助
ぬ もの思はしさ のみ こそ 心苦しけれ。」と 仰せ らるれ ば、「しばし もの へ 詣づる こと の
もの思いをしてばかりいる様子は心が痛むよ。」とおっしゃるので、「しばらく、ものへ詣でることがありますので。

ラ変・已　接助　副　四・用　補丁・ラ変・未　助動・意・終　格助　サ変・用　補尊・四・終　(代)　終助　シク・体　係助　格助
侍れ ば。やがて 帰り 侍ら ん。」と 奏し 給ふ。「いづく ぞ。うらやましく こそ。」と
（都を離れますが、）すぐに帰参いたしましょう。」と申し上げなさる。「どこへ行くのか。うらやましいなあ。」と

下二・已　接助　格助　格助　格助　サ変・用　接助　副　ク・已　接助　四・用　接助　四・用　補尊・四・終
のたまはすれ ば、「鞍馬 の 方 へ。」と 奏し て、あまり 忍びがたけれ ば、紛らはし つつ 立ち 給ふ。
おっしゃるので、「鞍馬の方へ。」と申し上げて、あまりに（涙を）こらえきれないので、紛らわしながらお立ちになる。

語句の解説 1

係助(係)　ぞ、
サ変・用　御覧じ
接助　て
上 は 御覧じて、
帝は御覧になって、

係助(係)　あはれなる。(ナリ・体(結))
ぞ、あはれなる。
しみじみと悲しい。

教717　236ページ　教719　216ページ

「さらば、とく。」と 仰せ らるる に、
接　「さらば、
ク・用　とく。」
格助　と
下二・未　仰せ
助動・尊・体　らるる
格助　に、
「それなら、早く（戻って参れ）。」とおっしゃるのだが、

長き 別れ と しろしめさ れ ぬ
ク・体　長き
別れ
格助　と
しろしめさ（四・未）
助動・自・未　れ
助動・打・体　ぬ
永遠の別れとはご存じないことが、

5 さらぬ人々　ほかの方々。
「さら」は、ラ変動詞「然り」の未然形。

6 候ひ給へば　「候ふ」は「そばにいる」という意味の謙譲を表す動詞で、帝に対する敬意を表す。いっぽう、「給ふ」は中納言に対しての尊敬を表す補助動詞。

8 やがて　現代語の「そのうち」や「しばらくすると」という意味ではない。時間的に隔たりがないさま。

9 うらやましくこそ　うらやましいなあ。この後に、「あれ」（結びの語）が省略されていると考えられる。

11 しろしめされぬ　「しろしめす」は、「しる」の尊敬語。「知る」と「領る」があり、ここでは「知っていらっしゃる」の意味である。

【大意】2

教717　237ページ1行〜238ページ7行　教719　217ページ1行〜218ページ7行

日が暮れるのを待って、姫君の部屋に忍びこんだ中納言は姫君に、帝を大切にしてください、二度とお目にかかりませんと言う。姫君は、ここに残りたくない、どこへでも連れて行ってくださいとすがりつく。これでは出家はできないと思った中納言は、姫君に数珠と扇を渡し、必ず迎えに来ると約束する。だが、姫君は不審に思って泣くので、明け方になってしまう。人に見つからないうちに出ると言って、中納言は部屋を出る。

【品詞分解／現代語訳】

馬道 に たたずみ 暮らし て、かの 御局 へ 紛れ入り 給ふ。世 の 常 の 中 だに も、別れ は
馬道
格助　に
四・用　たたずみ
四・用　暮らし
接助　て、
代　か
格助　の
御局
格助　へ
四・用　紛れ入り
補尊・四・終　給ふ。
世
格助　の
常
格助　の
中
副助　だに
係助　も、
別れ
係助　は
馬道にたたずんで暮れるのを待って、かの（姫君のいる）お部屋に紛れてお入りになる。普通の男女の仲でさえ、別れは

かなしかる べき を、なかなか 目 も くれ て、もの も おぼえ ず。「ただ 候ひつき 給へ。
シク・体　かなしかる
助動・当・体　べき
接助　を、
副　なかなか
目
係助　も
下二・用　くれ
接助　て、
もの
係助　も
下二・未　おぼえ
助動・打・終　ず。
副　「ただ
四・用　候ひつき
補尊・四・命　給へ。
悲しくて当然なのに、（まして姫君とは特別な関係なので）かえって涙に目がくもって、何も考えられない。「ただいつも帝にお仕えなさいませ。

格助　格助　係助　ナリ・用　接助　四・用　補尊・四・終　格助　四・未　接助　副　シク・体　助動・推・終　ナリ・体
野山の末にても、かやうにて候ひ給ふと聞かば、いとうれしかるべし。いかなる方
野山の果てでも、(あなたが)このようにお仕えしていらっしゃると聞くならば、たいそううれしいでしょう。どのような所

格助　下二・用　補尊・四・終　接助　係助　格助　格助　下二・未　助動・打・体　助動・断・用　接助　ナリ・体
へあくがれ出で給ふとも、女は身を心にまかせぬものにて、思ひのほかなる
へさまよって行かれたとしても、女は身を思うにまかせないものであって、思いがけない

係助　副　ラ変・未　接助　副　ク・体　助動・推・終　副　四・用　補謙・四・用　補尊・四・終　格助　四・未　接助　係助(係)
こともまたあらば、いと本意なかるべし。御心となびき奉り給ふと思はばこそ、
こともまたあったら、たいへん不本意でしょう。(あなたが)自分から進んで(帝に)心をお寄せ申し上げなさると思ったなら、

係助　ラ変・未　助動・推・已(結)　格助　係助　格助　格助　係助(係)　四・未　助動・適・已(結)　シク・用　係助　四・未
恨みもあらめ。今よりは、吾子がことをこそおぼさめ。おとなしくもなら
恨みもあろうが(、そうではないので恨みはない)。これからは、わが子のことだけをお考えになることです。成長したら、

接助　係助　(代)　格助　格助　四・用　接助　格助　下二・用　補尊・四・未　助動・意・終　助動・推・終　ナリ(語幹)　格助
ば、殿もわが代はりとおぼして、宮仕ひに出だし立て給はんずらん。さやうの
内大臣の殿も私の代わりとお思いになって、宮仕えに出そうとなさるでしょう。そのような

係助　サ変・用　係助　副　係助　上一・用　補謙・四・体　係助　ラ変・体　助動・推・終　(代)　格助　係助(係)　格助
ときは、御覧じも、または見奉ることもあるべし。わが身こそ、ただ今より
ときは、(あなたが若君を)御覧になることも、また(若君があなたを)拝見することもあるでしょう。わが身は、今後は、

係助　助動・断・未　助動・打・用　接助　下二・用　補謙・四・未　助動・打意・已(結)　格助　副　四・用　補尊・四・已　接助
ほかは、夢ならずして見え奉らじ。」とて、さめざめと泣き給へば、
夢でなくては(あなたには)お目にかかりますまい。」と言って、さめざめとお泣きになると、

係助　副　(代)　副助　係助　副　サ変・用　接助　サ変・命　副　四・未　助動・打意・終
姫君は、「ただいづくまでも、もろともに具しておはせよ。さらに残りとどまらじ。
姫君は、「ただもうどこまでも、いっしょにお連れください。決してここに残りとどまりたくはありません。

四・用　補尊・四・未　助動・婉・体　格助　ク・体　格助　四・用　補尊・四・已　接助　副　係助　■四・未　助動・打推・終　格助
おくらかし給はんが心憂きこと。」と慕ひ給へば、かくてはかなはじと
置きざりになさるとは情けないこと。」とお慕いになるので、このままでは(出家は)かなわないだろうと

四・用 接助 接 ク・終 サ変・用 補謙・四・終 助動・意・終 (代) 格助 格助 四・用 補尊・四・命 四・用 接助 格助
おぼして、「さらば力なし。具し奉るべし。この暮れを待ち給へ。参りて、暁に
思われて、「それではしかたありません。お連れいたしましょう。この夕暮れをお待ちください。お迎えに参って、明け方

副 下二・用 補丁・ラ変・未 助動・意・終 副 係助 副 シク・已 接助 副 格助
もろともに出で侍らん。まづただ今はあまりに慌たたしければ、いま一度、殿の御顔
にいっしょに(ここを)出立しましょう。まず今すぐはあまりに慌ただしいので、もう一度、(父の)殿のお顔をも、

格助 係助 格助 係助 上一・用 補丁・ラ変・未 助動・意・終 格助 副 ク・用 四・用 補尊・四・已 接助 ク・用 接助
をも、吾子をも見侍らん。」と、いとよくすかし給へば、あやふくて、「ただ今、
わが子をも見ておきましょう。」と、たいそう上手に言いくるめなさると、(姫君は)不安で、「今すぐ、

副 (代) 副助 係助 サ変・用 接助 サ変・命 格助 格助 係助 下二・未 助動・打・用 格助 四・用
まづいづくまでも具しておはせよ。」とて、恥のこともおぼえず、中納言に取りつき
まずどこまでもお連れくださいませ。」と言って、恥ずかしさも考えず、中納言に取りついて離れなさ

接助 下二・用 補尊・四・未 助動・打・已 接助 シク・用 ク・用 接助 四・用 補謙・四・体 係助 ラ変・体
て離れ給はねば、心苦しく、かなしさせん方なくて、「すかし奉ることはある
らないので、せつなく、悲しみもどうしようもなくて、「(あなたを)だまし申し上げることはありません。

助動・打意・終 (代) 副助 係助 格助 四・終 助動・当・体 助動・断・已 接助 (代) 格助 下二・用 補丁・ラ変・未 助動・意・終
まじ。いづくまでも身に添ふべきものなれば、これをとどめ侍らん。」
(その証拠に)どこまでもわが身につけておくはずのものですから、これを置いて参りましょう。」

格助 格助 四・用 補尊・四・終 副 シク・終 格助 四・用 補尊・四・用 接助 ク・用 接助 四・用 補尊・四・已
とて、御数珠・扇を置き給ふ。いとどあやしと思ひ給ひて、せん方なくて泣き給へ
と言って、御数珠と扇をお置きになる。(姫君は)ますます不審にお思いになって、どうしようもなくてお泣きになるので、

接助 ク・用 下二・用 接助 副 係助 下二・用 補尊・四・終 助動・可・体 助動・断・已 接助 副 下二・用 補尊・四・体
ば、情けなく振り捨てて、いかでか出で給ふべきなれば、とかくこしらへ給ふほど
(中納言は姫君を)無情に振り切って、どうやって出て行きなさることができようか、いや、できないので、あれやこれやとなだめなさるうちに、

格助 係助 格助 四・用 助動・完・終 ク・用 四・未 助動・打・体 格助 下二・用 補丁・ラ変・用 接助 係助
に、夜も明け方になりぬ。「はしたなくならぬほどに出で侍りて、暮れは
夜も明け方になってしまった。「(夜が明けて人に見とがめられて)みっともないことにならないうちにここを出まして、日暮れには、

ク・用　下二・用　格助　四・未　助動・意・終　副　サ変・用　補謙・四・終　接助　ク・用　四・已　接助　副　シク・未　助動・推・終

とく　御迎へ　に　参ら　ん。　たとへ　具し　奉る　とも、明かく　なれ　ば　いと　見苦しから　ん。

早くお迎えに参りましょう。たとえお連れ申し上げるとしても、明るくなるとたいそうみっともないことでしょう。

接　接　(代)　格助　ラ変・体　助動・適・体　助動・断・未　助動・打・終　ナリ・用　サ変・用　接助　四・用　補尊・四・命　格助

また　さりとて、こ　の　まま　ある　べき　なら　ず。　さやうに　用意し　て　待ち　給へ。」と、

また、そうは言っても、このままいるのもよくありません。そのつもりで用意してお待ちください。」と、

シク・用　下二・用　接助　下二・用　補尊・四・終

まことしく　言ひ教へ　て　出で　給ふ。

まことしやかに言い教えてお出になる。

語句の解説 2

教717 237ページ　教719 217ページ

2 **目《め》もくれて**　目がくもって。「くれ」は、下二段活用動詞「暗《く》る・眩《く》る」の連用形。

3 **かやう《ヨウ》にて候《さぶらイ》ひ給《たまウ》ふ**　このようにお仕えしていらっしゃる。仏の道に入った後で、「帝と姫君がどのようにして過ごされているか」と人づてに聞くうわさのことをさしている。

7 **おとなしくもならば**　「おとなし」は「大人し」であり、大人の年齢にふさわしいことを表す。

1　何が「かなはじ」というのか。

答　出家。

14 **すかし給《たまエ》へば**　「すかす」は、「うまいことを言ってだます、言いくるめる」のほかに「なぐさめて、機嫌を取る」の意味もある。

教717 238ページ　教719 218ページ

1 **すかし奉《たてまつ》ることはあるまじ**　この「すかす」は、「だます」意味が強い。「まじ」は、強い打消の意志を表す助動詞。

4 **はしたなくならぬほどに**　みっともないことにならないうちに。「はしたなし」は「端なし」で、もともと「中途半端」という意味だったが、「体裁が悪い」という意味に使われるようになった。

6 **さりとて、このままあるべきならず**　この場合は、「このまま御所の中にいるわけにはいかない」の意味。

7 **さやう《ヨウ》に**　そのつもりで。「いっしょに御所を出るつもりで」支度をしなさいと、中納言は心にもないことを言っている。

【大　意】　3　教717 238ページ8〜15行　教719 218ページ8〜15行

不安に思う姫君が馬道まで送ってきて、早く迎えに来てと中納言にすがるが、中納言は、「申し訳ない。どんな宿縁でこうなったのか」と嘆きながら行ってしまう。姫君は中納言が日暮れに迎えに来ると信じて待つのである。

【品詞分解／現代語訳】

馬道 まで［副助］ 姫君 送り［四・用］ 給ふ［補尊・四・体］ に、［接助］ 心強く［ク・用］ は［係助］ 出で［下二・用］ 給へ［補尊・四・已］ ども、［接助］ これ［(代)］ を［格助］ 限り と［格助］ おぼせ［四・已］ ば、［接助］

馬道まで姫君がお送りになると、(中納言は)かたい決心でお出になるけれども、これが最後とお思いになるので、

有明月 くまなき［ク・体］ に、［接助］ 立ちとどまり、［四・用］ 「暮れ は［係助］ とく［ク・用］ 御迎ひ［四・用］ に［格助］ 参ら［四・未］ ん［助動・意・終］ よ。」［終助］ とて、［格助］ 御顔 を［格助］ つくづくと［副］ 見［上一・用］ 給へ［補尊・四・已］ ば、［接助］ いみじう［シク・用(音)］ 泣きはれ［下二・用］ たる［助動・存・体］ 御顔 の、［格助］ いよいよ［副］ 光る［四・体］ やうに［助動・比・用］ 白く［ク・用］ うつくしけれ［シク・已］ ば、［接助］ 御髪 を［格助］ かきやり［四・用］ て、［接助］ 「かく［副］ もの思は［四・未］ せ［助動・使・用］ 奉る［補謙・四・終］ べき［助動・義・体］ 身 と［格助］ なり［四・用］ けん［助動・過婉・体］ 宿世 こそ［係助(係)］ 心憂けれ。［ク・已(結)］ いかなる［ナリ・体］ 昔 の［格助］ 契り にて、［格助］ 身 も［係助］ いたづらに［ナリ・用］ なり［四・用］ ぬる。」［助動・完・体］ など［副助］ かきくどき［四・用］ つつ、［接助］ 出で［下二・用］ 給ふ。［補尊・四・終］ 涙 に［格助］ くれ［下二・用］ て、［接助］ さらに［副］ いづく［(代)］ へ［格助］ 行く［四・体］ と［格助］ も［係助］ おぼえ［下二・用］ 給は［補尊・四・未］ ず。［助動・打・終］

有明の月がかげりなく照っているのに、立ちどまって、「日暮れには早くお迎えに参りましょうよ。」と言って、お顔をつくづくと御覧になると、(姫君の)ひどく泣きはれているお顔が、ますます光るように白く美しいので、御髪をかきやって、「(あなたに)こんなにもの思いをおさせ申し上げなければならない身となった前世からの因縁がつらい。どのような宿縁で、わが身もむなしくなってしまうのか。」などと、恨み言を繰り返し言いながら、出て行かれる。(中納言は)涙にくれて、これからどこへ行くともお考えになることができない。

姫君 は、［係助］ こ［(代)］ の［格助］ 暮れ に［格助］ は［係助］ と［格助］ おぼし［四・用］ て［接助］ 待ち［四・用］ 給ひ［補尊・四・用］ ける、［助動・過・体］ 御心 の［格助］ うち ぞ［係助(係)］ はかなかり［ク・用］ ける。［助動・過・体(結)］

姫君は、今日の日暮れにはとお思いになってお待ちになった、そのお心の内は頼りないものであった。

語句の解説 3

教717 238ページ　教719 218ページ

12 **身《み》もいたづ《ず》らになりぬる**　わが身もむなしくなってしまうのか。

「いたづらなり」は、「やる甲斐《かい》がない、むなしい」という意味の形容動詞。力を尽くしたのに期待した結果が得られず、失望する様子を表す。「ぬる」は、完了の助動詞の連体形。「いかなる」という疑問を表す語に呼応して連体形になっている。

【大　意】　4　教717 238ページ16行～239ページ6行　教719 218ページ16行～219ページ6行

中納言は、父の邸《やしき》に戻った。息子がいつもより華やかな装束を身につけているのを見て、両親は何も知らないで喜ぶ。中納言は、これが最後だと心の中で別れを言いつつ、出家することが、両親のためにもなると思う。息子の若君が無邪気に走り回るのを見て涙し、姫君に別れの手紙を書くが涙で文字が見えない。

【品詞分解／現代語訳】

中納言、殿 へ(格助) **参り**(四・用) **給へ**(補尊・四・已) **ば、**(接助) **いつ**(代) **より**(格助) **も**(係助) **はなやかに**(ナリ・用) **ひきつくろひ**(四・用) **給へ**(補尊・四・已) **る**(助動・存・体) **を、**(格助)

中納言が、(父の)殿のところへ参上なさると、ふだんより華やかに身なりを整えていらっしゃるのを、

殿・母上 は、(係助) **いと**(副) **うつくし**(シク・終) **と**(格助) **おぼし**(四・用) **たり。**(助動・存・終) **親たち に**(格助) **見え**(下二・用) **奉ら**(補謙・四・未) **ん**(助動・婉・体) **も、**(係助) **ただ今 ばかり**(副助) **ぞ**(終助)

殿と母上は実に美しいとお思いになっている。両親にお目にかかるようなことも、今だけだなあ、

かし、(終助) **もの思は**(四・未) **せ**(助動・使・用) **奉ら**(補謙・四・未) **ん**(助動・婉・体) **こと の**(格助) **罪 深く、**(ク・用) **いと**(副) **恐ろしけれ**(シク・已) **ど、**(接助) [2] **まことの道 に**(格助)

心配をおかけすることは罪深く、たいそう恐ろしいけれど、(自分が)仏の道に

入り(四・用) **な**(助動・強・未) **ば、**(接助) **つひに**(副) **は**(係助) **助け**(下二・用) **奉ら**(補謙・四・未) **ん**(助動・推・終) **と、**(格助) **心強く**(ク・用) **おぼし返す。**(四・終)

入ったならば、最後にはお助け申し上げることになるだろうと、気丈に思い返しなさる。

若君 の、(格助) **何心なく**(ク・用) **走りありき**(四・用) **給ふ**(補尊・四・体) **ぞ、**(係助(係)) **目 も**(係助) **くれ**(下二・用) **て**(接助) **かなしく**(シク・用) **おぼさ**(四・未) **るる。**(助動・自・体(結)) **わ**(代) **が**(格助) **方**

若君が、無邪気に走りまわっていらっしゃるのが、目の前も暗くなって悲しく思われなさる。自分(中納言)

へ（格助） おはし（サ変・用） て（接助）、御身 の（格助） したため よく（ク・用） し（サ変・用） て（接助）、姫君 の（格助） 御方 へ（格助） の（格助） 文 書き（四・用） 給ふ（補尊・四・体） に（接助）、涙 の（格助）

の部屋にいらっしゃって、ご自身の準備を念入りに整えて、姫君の御方にあてた手紙をお書きになるが、涙が

こぼれ出で（下二・用） て（接助）、文字 も（係助） 見え（下二・未） ず（助動・打・終）。

こぼれ出て、文字も見えない。

語句の解説 4

教717 238ページ　教719 218ページ

16 **ひ《イ》きつくろひ給《たま》へ《エ》る** 帝をはじめ両親にも最後の別れを言うつもりで、中納言はいつもより華やかな衣装を身につけている。

教717 239ページ　教719 219ページ

2 **罪深《つみふか》く** ここでいう罪とは、道徳的な意味の罪、すなわち、親の了承も得ないまま出家してしまうことをさす。

2 「まことの道」とは何か。

答 仏の道。中納言は出家しようとしている。

3 **入《い》りなば** 「な」は強意の助動詞で、ここは確述の用法。

学習の手引き

一 本文を三つの場面に分け、それぞれ小題をつけてみよう。

解答例 1 717 初め～二三六・11 719 初め～二一六・11…帝との別れ

2 717 二三七・1～二三八・15 719 二一七・1～二一八・15…姫君との別れ

3 717 二三八・16～終わり 719 二一八・16～終わり…父母・若君との別れ

二 第二の場面において、中納言は姫君をどのように説得しようとしているか。話の展開に従ってまとめてみよう。

解答例 ・最初は姫君に、ただひたすら帝のおそばに仕えなさい、二人の間にできた若君のことを思いなさい、若君が大きくなって出仕するようになれば、会う機会もあるだろうから、と言う。

・日暮れには迎えにくる、いつも身につけている数珠と扇を置いていくことにする、この品が必ず迎えに来る証拠だ、と言う。

・明るくなると、他の人に見つかるし、姫君の支度もまだだから、準備を整えて待っていてほしい、と言って出て行く。

三 姫君について

1 中納言の説得と反する思いを表す表現を抜き出し、その思いはどのような考えによるものか、説明してみよう。

2 言動から読み取れる人物像をまとめてみよう。

解答例 1 「ただいづくまでも、……心憂きこと。」717 二三七・10 719 二一七・10、「ただ今、……具しておはせよ。」717 二三七・15 719 二一七・15、「中納言に……離れ給はねば、」717 二三七・16 719 二一七・16→強い調子で自分を連れて逃げるようにと中納言に迫り、自分の強い意志を行

動でも表している。ここから、中納言への愛を貫きたいという考えが読み取れる。

・「いとどあやしと……泣き給へば、」717 三八・2 719 二八・2→中納言が本当に自分を迎えに来るのかどうか疑いを持っている。

2　自分の思いを伝え、受け身ではなく、自分の意志で行動しようとする能動的な人物。

四　「あはれなる。」（717 三六・11 719 二六・11）、「はかなかりける。」（717 三八・15 719 二八・15）と述べる理由を、それぞれ説明してみよう。

解答例　・「あはれなる。」…中納言が出家の決意を固めていることを帝は知らず、永遠の別れとなることにも気づいていないから。

・「はかなかりける。」…中納言は日暮れに姫君を迎えに来るとは言ったが、姫君はその言葉に確信が持てるわけでもないから。

言葉の手引き

一　次の古語の意味を調べよう。

1ひきつくろふ 717 三六・4 719 二六・4

2奏す 717 三六・8 719 二六・8　3しろしめす 717 三六・11 719 二六・11

4なかなか 717 三七・2 719 二七・2

5あくがる 717 三七・4 719 二七・4　6すかす 717 三七・14 719 二七・14

7情けなし 717 三八・3 719 二八・3

8はしたなし 717 三八・4 719 二八・4

9くまなし 717 三八・9 719 二八・9　10ありく 717 三九・4 719 二九・4

11したため 717 三九・5 719 二九・5

解答例　1　身なりを整える。　2　帝に申し上げる。

3　ご存じである。　4　かえって　5　さまよい歩く。

6　なぐさめる。言いくるめる。　7　無情だ

8　体裁が悪い。　9　かげりがない。

10　（動詞の連用形について）…てまわる。　11　準備

二　「さやうのときは、御覧じも、または見奉ることもあるべし。」（717 三七・8 719 二七・8）の傍線部の主語を、敬語の種類に留意して、それぞれ答えよう。

解答例　・「御覧じ」…尊敬語で、主語は姫君。

・「見奉る」…「奉る」は謙譲の補助動詞で、主語は若君。

はいずみ

〔堤《つつみ》中《ちゅう》納《な》言《ごん》物語〕

教717 P.240～P.244　教719 P.220～P.224

【大　意】　1　教717 240ページ7行～241ページ2行　教719 220ページ7行～221ページ2行

もとの妻は家を出て、夜中のうちに身を寄せる小さな家に到着した。いっしょに来た童《わらわ》（召し使い）が心配して、帰るとき、主人にどう言えばよいかと尋ねると、女は、「涙川」の歌をよんで童に託した。

【品詞分解／現代語訳】

この女は、いまだ夜中ならぬ先に行き着きぬ。見れば、いと小さき家なり。

（代） 格助 係助 副 助動・断・未 助動・打・体 格助 四・用 助動・完・終 上一・已 接助 副 ク・体 助動・断・終

この女（＝もとの妻）は、まだ夜中にならない前に（大原に）到着した。見ると、たいそう小さい家である。

この童、「いかに、かかる所にはおはしまさむずる。」と言ひて、いと心苦しと見ゐたり。

（代） 格助 副 ラ変・体 格助 係助 四・未 助動・意・体 格助 四・用 接助 副 シク・終 格助 上一・用 助動・完・終

この童（＝女の夫である「男」の家の召し使い）は、「どうして、こんな所にいらっしゃろうとするのですか。」と言って、とても気の毒だと（思って）見ていた。

女は、「はや、馬率て参りね。待ち給ふらむ。」と言へば、

係助 副 上一・用 接助 四・用 助動・強・命 四・用 補尊・四・終 助動・現推・終 格助 四・已 接助

女は、「早く、馬を連れてお帰りなさい。（家でご主人様が）待っていらっしゃるでしょう。」と言うと、

「いづこにか泊まらせ給ひぬるなど仰せ候はば、

（代） 格助 係助（係） 四・未 助動・尊・用 補尊・四・用 助動・完・体（結） 副助 四・未 接助

（童が）「どこにお泊まりになったのか、などと（ご主人様の）お尋ねがありましたら、

いかが申さむずる。」と言へば、泣く泣く、「かやうに申せ。」とて、

副 四・未 助動・適・体 格助 四・已 接助 四・終 四・終 ナリ・用 四・命 格助

どのように申し上げましょう。」と言うと、（女は）泣きながら、「このように申し上げなさい。」と言って、

いづこにか送りはせしと人問はば心はゆかぬ涙川まで

（代） 格助 係助（係） 四・用 係助 サ変・未 助動・過・体（結） 格助 四・未 接助 係助 四・未 助動・打・体 副助

どこに送ったのかと人（＝夫）が尋ねたら、心の晴れることがない涙の川（というところ）までと申し上げなさい。

と言ふを聞きて、童も泣く泣く馬にうち乗りて、ほどもなく来着きぬ。

格助 四・体 格助 四・用 接助 係助 四・終 四・終 格助 四・用 接助 係助 ク・用 四・用 助動・完・終

と（歌を）よんだのを聞いて、童も泣きながら馬に乗って、まもなく（家に）帰り着いた。

語句の解説 1

教717 240ページ　教719 220ページ

8 **かかる所《ところ》**　「かかる」は、「かく」＋「あり」からできたラ変動詞「かかり」の連体形。「こんな所」の意。

8 **おはしまさむずる**《ワ》《ン》　「おはしまさ」は、尊敬を表す動詞「おはします」の未然形。女（＝もとの妻）に対する敬意を表す。「むずる」は推量の助動詞「むず」の連体形。ここは意志の意。

9 **待《ま》ち給《たまう》ふらむ《ン》**　主語は、男（女の夫）。「らむ」は、離れた所で今起こっていることを想像していうときに用いる、現在推量の助動詞。家にいる夫が童の帰りを待っているだろう、の意。

9 いづ《ズ》こにか泊《と》まらせ給《たま》ひ《イ》ぬるなど仰《おお》せ候《さぶら》は《ワ》ば、いかが申《もう》さむ《ン》ずる
「泊まらせ給ひぬる」の主語は、女。「仰せ」は、男の言葉。「申さむずる」の主語は、童。話の流れと敬語の使い方から、それぞれの主語を判断する。

11 かや《ヨ》う《ウ》に申《もう》せ 「申せ」の主語は童で、命じているのは女である。

教717 241ページ 教719 221ページ

1 涙川《なみだがわ》まで 後に「と申し上げよ」などの言葉が省略されている。上句の「いづこにか送りはせしと人問はば」に対応させた表現である。

【大　意】 2 教717 241ページ3〜13行 教719 221ページ3〜13行

童の帰りが遅いので男が妻の身を案じて歌をよんでいるうちに、童が帰ってきた。童の話を聞いて、男は妻をあわれに思い、妻を連れ戻しに行こうと決心した。夜が明ける前にと男は思い、童を連れて妻のいる家にすばやく到着した。

【品詞分解／現代語訳】

男、うちおどろき て 見れ ば、月 も やうやう 山の端 近く なり に たり。あやしく 遅く
（四・用／接助／上一・已／接助／係助／副／ク・用／四・用／助動・完・用／助動・完・終／シク・用／ク・用）
男は、ふと目を覚まして見てみると、月もだんだん(沈みかかって)山の端に近くなっていた。奇妙なほど(童は)遅く

帰る もの かな、遠き 所 へ 行き ける に こそ と 思ふ も、いと あはれなれ ば、
（四・体／終助／ク・体／格助／四・用／助動・過・体／助動・断・用／係助／格助／四・体／係助／副／ナリ・已／接助）
帰るものだなあ、遠い所へ行った(のであろう)と思うにつけても、(もとの妻のことが)たいそうしみじみと思われるので(その気持ちを歌によんで)、

すみなれ し 宿 を 見捨て て 行く 月 の 影 に おほせ て 恋ふる わざ かな
（下二・用／助動・過・体／格助／下二・用／接助／四・体／格助／格助／下二・用／接助／上二・体／終助）
住み慣れた家を見捨てて行った妻を、沈んでゆく月の光を惜しむのにかこつけて、恋しく思うことだなあ。

と 言ふ に ぞ、童 帰り たる。「いと あやし。など 遅く は 帰り つる ぞ。
（格助／四・体／格助／係助(係)／四・用／助動・完・体(結)／副／シク・終／副／ク・用／係助／四・用／助動・完・体／終助）
と言っていると、(妻を送っていった)童が帰ってきた。(男が童に)「本当におかしいことだ。どうして(こんなに)遅く帰ってきたのだ。

いづく なり つる 所 ぞ。」と 問へ ば、ありつる 歌 を 語る に、男 も いと
（(代)／助動・断・用／助動・完・体／終助／格助／四・已／接助／連／格助／四・体／接助／係助／副）
どこであったのか。」と尋ねると、(童は、女がよんだ)さっきの歌のことを話すと、男もとても悲しくて、

シク・用　接助　四・未　助動・自・用　助動・完・終　(代)　格助　四・未　助動・打・用　助動・完・体　係助
悲しく て、 うち泣か れ ぬ。 ここ にて 泣か ざり つる は、
自然に泣けてしまった。　(妻が)家で泣かなかったのは、

ク・終　格助　四・用　助動・過・体　助動・断・用　係助　格助　ナリ・已　接助　四・用　接助　四・用　助動・強・未　助動・意・終
つれなし を 作り ける に こそ と、 あはれなれ ば、 行き て 迎へ返し て む
平気を装っていたのだろうと(思い)、　しみじみ悲しく感じられるので、(妻のいるところへ)行って連れ戻してこよう

格助　四・用　接助　格助　四・体　副　副助　シク・体　格助　四・終　助動・現推・終　格助　係助(係)　四・未
と 思ひ て、 童 に 言ふ やう、 「さ まで ゆゆしき 所 へ 行く らむ と こそ 思は
と思って、　童に言うことには、　「それほどまでひどい所へ行っているだろうとは思わなかった。

助動・打・用　助動・完・已(結)　副　連　格助　係助　係助　ナリ・用　四・用　助動・強・未　助動・推・終　副
ざり つれ。 いと、 さる 所 にて は、 身 も いたづらに なり な む。 なほ
本当に、そんな所では、　体をこわして死んでしまうだろう。　やはり

四・用　助動・強・未　助動・意・終　格助　係助(係)　四・已(結)　格助　四・已　接助　副　ク・用　係助(係)　四・未
迎へ返し て む と こそ 思へ。」 と 言へ ば、 「道すがら、 をやみ なく なむ 泣か
迎えに行って連れ戻してしまおう、と思う。」と(男が)言うので、　(童が)「(奥様は)道々、ひっきりなしにお泣きに

助動・尊・用　補尊・四・已　助動・完・体(結)　格助　連　間助　格助　四・已　接助　下二・未　助動・打・体　格助
せ 給へ る。」 と、 「あたら 御さま を。」 と 言へ ば、 男、 「明け ぬ 先 に。」
なっていらっしゃいました。」と(言い、またさらに)「もったいないほど美しい奥様のご様子ですのに。」と言うと、男は、「夜が明けない前に(行こう)。」

格助　(代)　格助　格助　副　ク・用　四・用　助動・完・終
とて、 こ の 童、 供 にて、 いと とく 行き着き ぬ。
と言って、　この童を連れて、　たいそう早く(妻のいる所へ)行き着いた。

語句の解説 2

教717 241ページ　教719 221ページ

3 **うちおどろきて**　「うち」は接頭語。「おどろく」は目を覚ます。

3 **やうやう《ヨウヨウ》山《やま》の端近《はちか》くなりにたり**　「山の端」は、山の上部の、空に接するあたり。月がだんだん西に傾いてゆく様子を表す。

4 **行《ゆ》きけるにこそ**　行ったのであろう。「にこそ」の後に「あらめ」などが省略されている。

5 **おほ《オ》せて**　「おほす」は「負ふ」の使役形で、「負わせる」「せいにする」という意味。ここでは沈んでゆく月を惜しむせいにして、去っていった妻を恋しく思う、という意で用いられている。

答　1

「ありつる歌」は何をさすか。

妻がよんで童に託した「涙川」の歌。

8 作《つく》りけるにこそ　「にこそ」の後に、「あらめ」などが省略されている。

9 ゆゆしき所《ところ》　「ゆゆし」には、①「おそれ多い」、②「不吉で忌まわしい」、③「程度が甚だしい」などの意味がある。ここでは③。

10 身《み》もいたづ《ズ》らになりなむ《ン》　「いたづらになる」は、「むなしく終わる」「死ぬ」などの意で用いられる慣用的な表現。ここは直前の「ゆゆしき所」を受けて、「体を損ねて死んでしまう」意。

11 をやみなく《オ》　「をやみ」は「小止み」と書き、少しの間止まること。「をやみなし」で、ひっきりなしに続く様子を表す。

【大　意】　3　教717 241ページ14行～242ページ7行　教719 221ページ14行～222ページ7行

女がいたのは本当に小さなあばら屋で、男が「涙川」へたどり着いたという歌をよむと、女は声を聞いて驚き、男がやってきた理由もわからないまま戸を開けて中に入れた。男は許しを乞い、夜が明ける前に帰ろうと言って女を抱いて馬に乗せた。

【品詞分解／現代語訳】

げに(副)、いと(副)　小さく(ク・用)　あばれ(下二・用)　たる(助動・存・体)　家　なり(助動・断・終)。見る(上一・体)　より(格助)　悲しく(シク・用)　て(接助)、打ちたたけ(四・已)　ば(接助)、

本当に、たいそう小さくて荒れ果てた家である。(男は)見るやいなや悲しくなって、(家の戸を)たたくと、

こ(代)　の(格助)　女　は(係助)、来着き(四・用)　に(助動・完・用)　し(助動・過・体)　より(格助)、さらに(副)　泣き臥し(四・用)　たる(助動・存・体)　ほど　に(助動・断・用)　て(格助)、「誰(代)　ぞ(終助)。」

この女(＝もとの妻)は、(この家に)到着したときから、いっそう(はげしく)泣き伏していたところであって、(もとの妻が)

と(格助)　問は(四・未)　すれ(助動・使・已)　ば(接助)、こ(代)　の(格助)　男　の(格助)　声　にて(格助)、

「誰ですか。」と(取り次ぎの者に)尋ねさせると、この男(＝夫)の声で、

2 涙川　そこ(代)　と(格助)　も(係助)　知ら(四・未)　ず(助動・打・用)　つらき(ク・体)　瀬　を(格助)　行き返り(四・用)　つつ(接助)　ながれ来(カ変・用)　に(助動・完・用)　けり(助動・詠・終)

(あなたの行ったという)涙川をどことも知らないで、渡りづらい瀬(苦しい道中)を行ったり来たりしながら(ここまで)やって来たことだよ。

と［格助］ 言ふ［四・体］ を、［格助］ 女、 いと［副］ 思はずに［ナリ・用］ 似［上一・用］ たる［助動・存・体］ 声 かな［終助］ と［格助］ まで、［副助］ あさましう［シク・用(音)］ おぼゆ。［下二・終］

と(男が)言うのを、女は、たいそう意外なことに(夫に)似ている声だなあ、とまで(感じて)、あきれたことに思われる。

「開けよ。」［下二・命］ と［格助］ 言へ［四・已］ ば、［接助］ いと［副］ おぼえ なけれ［ク・已］ ど、［接助］ 開け［下二・用］ て［接助］ 入れ［下二・用］ たれ［助動・完・已］ ば、［接助］ 臥し［四・用］

(男が)「戸を開けなさい。」と言うと、(女は)全く思い当たることはないが、(戸を)開けて(男を中へ)入れると、(男は、

たる［助動・存・体］ 所 に［格助］ 寄り来［カ変・用］ て、［接助］ 泣く［四・終］ 泣く［四・終］ おこたり を［格助］ 言へ［四・已］ ど、［接助］ いらへ を［格助］ だに［副助］ せ［サ変・未］ で、［接助］ 泣く［四・体］

女が)伏している所に寄ってきて、泣きながら(自分の)過ちをわびるけれども、(女は)答えることさえしないで、いつまでもずっと

こと 限りなし。［ク・終］ 「さらに［副］ 聞こえやる［四・終］ べく［助動・可・用］ も［係助］ なし。［ク・終］ いと［副］ かかる［ラ変・体］ 所 と［格助］ は［係助］ 思は［四・未］ で［接助］ こそ、［係助(係)］

泣いていた。(男が)「全く申し上げようもありません。ほんとうにこんな(ひどい)所だとは想像もしないで、

出だし［四・用］ 奉り［補謙・四・用］ つれ。［助動・完・已(結)］ かへりて［副］ は［係助］ 御心 の［格助］ いと［副］ つらく、［ク・用］ あさましき［シク・体］ なり。［助動・断・終］ よろづ は、［係助］

送り出し申し上げてしまった。(あなたが何も打ち明けてくれないので)かえって(その)お心がつらく、あきれたことに思われる。すべては、

のどかに［ナリ・用］ 聞こえ［下二・未］ む。［助動・意・終］ 夜 の［格助］ 明け［下二・未］ ぬ［助動・打・体］ 先 に。」［格助］ とて、［格助］ かき抱き［四・用］ て、［接助］ 馬 に［格助］

(戻ってから)ゆっくりお話し申し上げよう。夜が明けない(まだ暗い)うちに(帰りましょう)。」と言って、(女を)かき抱いて、馬にさっと

うち乗せ［下二・用］ て［接助］ いぬ。［ナ変・終］

乗せて(女とともに大原を)去った。

語句の解説 3

教717 241ページ　教719 221ページ

14 **あばれたる家《いえ》**　荒れ果てた家。
「あばる(荒る)」は、「荒れ果てる、荒廃する」意。

14 **見《み》るより悲《かな》しくて**　主語は、男。「より」は、①起点(〜から)、②方法(〜で)、③即時(〜するとすぐに)、④比較(〜より)など多様な文脈で用いられるが、ここは③の意。見るとすぐに、悲しみに襲われたのである。

15 **来着《きつ》きにしより**　この「より」は起点を表し、「着いたときから」の意。

15 **「誰《た》そ。」と問《と》は《ワ》すれば**　「すれ」は、使役の助動詞「す」。女が直接尋ねたのではなく、召し使いなどに尋ねさせたのである。

教717 242ページ　教719 222ページ

② 「涙川」の歌の縁語を説明せよ。

答
「そこ」「瀬」「ながれ」が、「川」の縁語。

1　思はずに
　声が夫に似ているので、女は意外に思った。「思はずなり」の連用形で、「意外だ、予想外だ」の意。

2　臥したる所に寄り来て
　女が寝ている所に、男が寄って来て。

3　おこたりを言へど
　過ちをわびるけれども。男が、自分が至らなかったことを、謝罪したのである。

4　いらへをだにせで、泣くこと限りなし
　「せで」「泣く」の主語は、女。「だに」は、程度の軽いものをあげて重いものを類推させる用法。女が返事もできず、まして話などできないというニュアンスを添えている。

5　さらに聞こえやるべくもなし
　「さらに」に「やる」がついた形で、女に対して申し上げようもない、とわびている。「聞こえやる」は、謙譲語「聞こゆ」に、後の「なし」と呼応して、「全く…ない」と強調する意。「聞こえやる」は、謙譲語「聞こゆ」に「やる」がついた形で、強調する意。

6　かへりては
　かえって。前提になることを受けて、恨み言を言っている文脈である。女が行く先を話してくれなかったので、自分はかえって（女の心が）つらく、あきれたものに感じられたと言っている。

【大意】4　教717 242ページ8〜13行　教719 222ページ8〜13行

女は思いがけない成り行きに呆然としていたが、男は女を慰めて、もう新しい女のところへは行かない、新しい女を家に連れてくることもしないと言い、新しい女の方には待つようにと言いやって家にだけいたので、もとの妻は喜んでいた。

【品詞分解/現代語訳】

女、　いと（副）　あさましく（シク・用）、　二人　臥し（四・用）　ぬ。（助動・完・終）
　女は、たいそう驚きあきれて、二人は横になった。

いかに（副）　思ひ（四・用）　なり（助動・断・用）　ぬる（助動・完・体）　に（格助）　か（係助）　と、（格助）
　どのように気が変わったのであるかと、

よろづに（副）　言ひ慰め（下二・用）　て、（接助）　「今　より（格助）　は、（係助）　さらに（副）　かしこ（代）　へ（格助）　まから（四・未）　じ。（助動・打意・終）
　（男は）何かにつけて（女に）言葉をかけて慰めて、「これからは、決して新しい女の所へは行きますまい。

かく（副）　おぼし（四・用）　ける（助動・過・体）　とて、（格助）　またなく（ク・用）　思ひ（四・用）　て、（接助）　家　に（格助）　渡さ（四・未）　む（助動・意・終）　と（格助）　せ（サ変・未）
　（あなたがこんなにつらく思っていらっしゃったのだから。」と言って、（男はもとの妻を）このうえなく（大事に）思って、家に連れてこようとした

下ろし（四・用）　て、（接助）　二人　臥し（四・用）　ぬ。（助動・完・終）
　（馬から）下ろして、二人は横になった。

あきれ（下二・用）　て（接助）　行き着き（四・用）　ぬ。（助動・完・終）
　呆然とした状態で（家に）到着した。

助動・過・体　格助　係助　（代）　助動・存在・体　格助　四・用　助動・過・已　接助　シク・体　助動・推・終
し　人　に　は、「ここ　なる　人　の　わづらひ　けれ　ば、折　あしかる　べし。
新しい女のもとには、「家にいる人（＝もとの妻）が病気になったので、（そんなときに来るのは）時期が悪いでしょう。

シク・体　助動・推・終　（代）　格助　格助　四・用　接助　下二・用　補謙・四・未　助動・意・終　格助　四・用　接助
あやしかる　べし。こ　の　ほど　を　過ごし　て、迎へ　奉ら　む。」と　言ひやり　て、
（初めて来るのが病人のいる家というのも）普通でないでしょう。この時期をやり過ごしてから、（あなたを）お迎え申し上げましょう。」と言ってやって、

副　（代）　格助　副助　ラ変・用　助動・過・已　接助　四・終　（代）　格助　係助　格助　助動・比・用
ただ　ここ　に　のみ　あり　けれ　ば、父母　思ひ嘆く。こ　の　女　は、夢　の　やうに
（男は）ただ家にばかりいたので、（新しい女の）父母は嘆かわしく思う。（一方）もとの妻は、夢のようにうれしいと

シク・終　格助　四・用　助動・過・終
うれし　と　思ひ　けり。
思った。

語句の解説 4

教717 242ページ　教719 222ページ

8 **あきれて行《ゆ》き着《つ》きぬ**　「あきる（呆る）」は、どうしていいのかわからず呆然とする様子を表す。現代語の「あきれる」とは異なるので注意する。

9 **さらにかしこへまからじ**　「さらに…じ」は、「決して…するまい」の意。

10 **またなく**　「またなし」は、「二つとない、このうえない」の意。

11 **ここなる人《ひと》のわづ《ズ》らひ《イ》ければ**　妻が病気になったので。「ここなる人」は、家にいる人（＝もとの妻）。「ければ」は、過去の助動詞「けり」の已然形＋「ば」で、理由を表す。

11 **あやしかるべし**　「あやし」は、普通と異なる異様な様子を表す。妻が病気なのに新しい女を迎えるのは異様でしょう、ということ。

12 **ただここにのみありければ**　主語は男。新しい女のもとには行かず、ただもう家にばかりいたので、の意。

13 **この女《おんな》は**　もとの妻をさす。妻と新しい女の立場が逆転し、妻は喜んでいるのである。

【大　意】 5　**教717 242ページ14行〜243ページ11行　教719 222ページ14行〜223ページ11行**

男は、ちょっと行ってくるなどと言って、新しい女のところへ突然出かけた。女の方では慌てふためいて、おしろいのつもりで黒い掃墨《はいずみ》を顔に塗り、鏡も見ずにいるところへ男がやってきたが、男は女の顔を見て驚きあきれて帰ってしまった。

【品詞分解／現代語訳】

(代) 格助 副 ナリ・用 助動・過・体 助動・断・用 接助 ナリ・用 格助 格助 格助 格助
この男、いとひききりなりける心にて、「あからさまに。」とて、今の人のもとに、
この男は、たいそうせっかちな性質で、「ちょっと(出かけてくる)。」と言って、新しい女のところに、

格助 カ変・体 格助 上一・用 接助 ナリ・用 サ変・終 間助 格助 四・已 接助 下二・用 接助 上一・用
昼間に入り来るを見て、女、「にはかに殿おはすや。」と言へば、うちとけてゐ
昼間のうちに入って来るのを見て、女は、「突然、殿がいらっしゃいますよ。」と、(侍女が)言うので、(それまで)油断していた

助動・完・用 助動・過・体 格助 四・用 接助 (代) (代) 格助 係助 格助 四・用 接助 格助 格助
たりけるほどに、心騒ぎて、「いづら、いづこにぞ。」と言ひて、櫛の箱を
ころなので、心が落ち着かず、「どこに、どこに(あるのか)。」と言って、櫛の箱を引き寄せて、

下二・用 接助 ク・体 格助 下二・体 格助 四・用 助動・完・已 接助 下二・用 接助 四・用 助動・存・体
取り寄せて、白きものをつくると思ひたれば、取り違へて、掃墨入りたる
おしろいをつけようと思ったところ、取り間違えて、(眉などを描くための)掃墨の入った

格助 下二・用 接助 係助 四・未 助動・打・用 四・用 接助 係助 (代) 格助 副 副 四・用
畳紙を取り出でて、鏡も待たずうち装束きて、女は、『そこにて、しばし。な入り
包み紙を取り出して、鏡も見ずにしたくをして、女は、「『そこで、しばらく(待って)。(中へ)お入りになり

補尊・四・用 終助 格助 四・命 格助 係助 四・未 助動・打・用 下二・体 格助 副 ク・用 係助
給ひそ。』と言へ。」とて、ぜひも知らず、きしつくるほどに、男、「いととくも
ますな。』と(男に)言いなさい。」と(侍女に)言って、夢中になって、きしきしいうほど掃墨を顔にこすりつけているうちに、男は、「本

四・用 補尊・四・体 終助 格助 格助 下二・用 接助 四・用 助動・完・已 接助 格助 四・用 接助 ナリ・用
疎み給ふかな。」とて、簾をかき上げて入りぬれば、畳紙を隠して、おろおろに
当に早くも(私を)嫌って遠ざけていらっしゃるのですね。」と言って、簾を上げて(中に)入ってしまうので、(女は)包み紙を隠して、不十分に

四・用 接助 四・用 接助 ナリ・用 下二・用 助動・完・終 格助 四・用 接助 ナリ・用 格助 下二・用
ならして、うち口覆ひて、いうまくれにしたてたりと思ひて、まだらに指形につけ
なでつけて、口を袖で覆い隠して、目もくらむほど優雅に(化粧を)仕上げたと思って、(実は顔に)まだらの指の形に跡をつけて、

接助 格助 副 サ変・用 接助 上一・用 助動・完・終 上一・体 接助 シク・用(音) ナリ・用 四・用

て、目 の きろきろと し て、またたきゐ たり。男、見る に、あさましう、めづらかに 思ひ

目がきょろきょろとして、(しきりに)まばたきをしていた。男は、見ると、あきれて、おかしなことだと思って、

接助 副 サ変・未 助動・意・終 格助 シク・已 接助 ク・用 係助 四・未 接助 副 副 副 ラ変・用 接助

て、いかに せ む と 恐ろしけれ ば、近く も 寄ら で、「よし、今 しばし あり て

どうしようかと恐ろしいので、近くにも寄らずに、「ままよ、もうしばらくしてから参りましょう。」

四・未 助動・意・終 格助 副 上一・体 係助 ク・已 接助 ナ変・終 格助 副 3カ変・用 助動・完・終

参ら む。」とて、しばし 見る も むくつけけれ ば、いぬ。女 の 父母、かく 来 たり

と言って、少しの間見るのも気味が悪いので、(そのまま)帰ってしまう。女の父母は、このように(男が)来たと

格助 四・用 接助 3カ変・用 助動・完・体 接助 副 下二・用 補尊・四・用 助動・完・終 格助 四・已 接助 副 シク・用

と 聞き て 来 たる に、「はや 出で 給ひ ぬ。」と 言へ ば、いと あさましく、

聞きつけて(女のもとへ)やって来たが、「もうお帰りになりました。」と言うので、たいそう驚きあきれて、

ク・体 終助 格助 格助 格助 格助 上一・已 接助 副 ク・用 四・用 助動・完・終 下二・用

「名残なき 御心 かな。」とて、姫君 の 顔 を 見れ ば、いと むくつけく なり ぬ。おびえ

「未練のない冷淡な(男の)お気持ちだよ。」と思って、姫君の顔を見ると、たいそう気味が悪くなってしまった。恐ろしく

接助 係助 四・用 助動・完・終

て、父母 も 倒れ臥し ぬ。

思って、父母も倒れ伏してしまった。

語句の解説 5

教717 242ページ　教719 222ページ

14 **ひききりなりける**　余裕のない、せっかちな様子を表す。

14 **あからさまに**　ちょっとの間。

形容動詞「あからさまなり」の連用形。

15 **うちとけて**　「うちとく」は、「慣れ親しむ」「くつろぐ」「油断する」などの意で用いられる。ここは「油断する」に近い。

教717 243ページ　教719 223ページ

---

1 **白《しろ》きもの**　顔につけるおしろいのこと。

2 **うち装束《そうぞ》きて**　「うち装束く」は、身なりを整える意の動詞。

5 **おろおろにならして**　「おろおろに」は、不十分な様子を表す形容動詞。「ならす」は、平均にする意。

5 **いうまくれに**《ユウ》　目がくらむほど優雅に。「優まくれに」と書き、「まくる」は、「目がくらむ(眩《まく》る)」の意とした。ここは、ほかにも諸説ある。

7 **めづ《ズ》らかに思《おも》ひ《イ》て**　「めづらかなり」は、よくも悪くも普通と

違っているさまを表す。ここは悪いほうの意味で使われている。

8 むくつけければ　気味が悪いので。

「むくつけし」は、不気味で不快な様子を表す。

3 　答

「来たり」「来たる」の主語は誰か。

「来たり」は、男。「来たる」は、新しい女の父母。

【大意】 6 教717 243ページ12行〜244ページ7行 教719 223ページ12行〜224ページ7行

家中で大騒ぎをし、もとの妻の呪詛のせいだということで、こちらでも祈禱をしているうちに、墨が落ちていつもの肌になった。新しい女の父母は掃墨で黒くなったのに、こんなふうに大騒ぎをしたのはおかしなことだ。

【品詞分解／現代語訳】

娘、　　「など、　かく　は　のたまふ　ぞ。」
　　　副　　　　副　　係助　　四・体　　終助
娘（＝新しい女）が、「どうしてそんなふうにおっしゃるのか。」

と言へ　ば、　「その　御顔　は、いかに　なり　給ふ　ぞ。」
格助　四・已　接助　(代)　格助　係助　　副　　四・用　補尊・四・体　終助
と言うと、（親は）「そのお顔は、どうなさったのか。」と言って、

鏡　を　見る　まま　に、かかれ　と
格助　格助　上一・体　　　格助　　ラ変・已　格助
鏡を見ると、このよう（自分の顔が異様な状態）な

も、　え　言ひやら　ず。「あやしく、など　かく　は　言ふ　ぞ。」とて、
係助　副　　四・未　　助動・打・終　シク・用　　副　　副　　係助　四・体　終助
ので、きちんと言うことができない。（娘が）「おかしい、どうしてそんなふうに言うのか。」と言って、

我　も　おびえて、　鏡　を　投げ捨て　て、
（代）係助　下二・用　接助　格助　格助　下二・用　接助
自分もおびえて、鏡を投げ捨てて、

「いかに　なり　たる　ぞ　や、
　　副　　四・用　助動・完・体　終助　間助
「どうなってしまったのか、

ば、　泣け　ば、　家　の　うち　の　人　も、
接助　四・已　接助　格助　格助　　　格助　　係助
泣くので、家中の人も、

ゆすりみちて、　「これ　を　ば　思ひ疎み　給ひ
　　四・用　　接助　（代）格助　係助　　四・用　　補尊・四・用
いっせいに大騒ぎして、「こちらを殿がお嫌いになってしまいそうなこと

ぞ　や。」　とて　泣く　の　で、
終助　間助　　格助　四・体　　　
と言って泣くので、

いかに　なり　たる
　副　　四・用　助動・完・体
どうなってしまったのか、

たれ　ば、　御顔　の　かく　なり　に
助動・完・已　接助　格助　格助　副　　四・用　格助
なったために、お顔がこのようになってしまったのだ。」と言って、

ぬ　べき　こと　を　のみ、かしこ　に　は　し
助動・強・終　助動・推・体　　　格助　副　　（代）　格助　係助　サ変・用
（＝祈禱や呪詛など）ばかりを、あちら（＝もとの妻のほう）ではしているようなので、

御顔　の　かく　なり　たる。」　とて、
格助　格助　副　　四・用　助動・完・体　　格助
お顔がこのようになってしまったのだ。」と言って、

陰陽師　呼び騒ぐ　ほど　に、　涙　の
　　　　四・体　　　　　格助　　格助
（こちらも祈禱のために）陰陽師を呼んで騒ぐうちに、涙が

侍る　　なる　に、おはし
補丁・ラ変・体　助動・伝・体　接助　サ変・用
（殿がこちらに）おいでに

落ちかかり たる 所 の、例 の 肌 に なり たる を 見 て、乳母、紙 押しもみ て

（四・用／助動・完・体／格助／格助／格助／四・用／助動・完・体／格助／上一・用／接助／四・用／接助）

こぼれた所が、いつもの肌になったのを見て、乳母が、紙を手でもんで(姫君の顔を)

拭へ ば、例 の 肌 に なり たり。

（四・已／接助／格助／格助／四・用／助動・完・終）

拭うと、いつもの肌に戻った。

かかり ける ものを、「いたづらに なり 給へ る。」とて、騒ぎ ける こそ、返す返す

（ラ変・用／助動・過・体／接助／ナリ・用／四・用／補尊・四・已／助動・完・体／格助／四・用／助動・過・体／係助(係)／副）

こうであったのに、「(美しい)姫君が台なしになってしまわれた。」と言って、騒いだのは、本当に

をかしけれ。

（シク・已(結)）

滑稽なことだ。

語句の解説 6

教717 243ページ　教719 223ページ

13 **え言《い》ひやらず**　「やる」は動詞の連用形について、打消の語とともに「…しおおせない」という意味を添える。

4　「かかれば」は何をさすか。

答　自分(娘)の顔が掃墨で黒くなっていること。

15 **ゆすりみちて**　「ゆすりみつ」は、「揺すり満つ」と書き、その場にいるすべてが騒ぎ立てるという意味。

16 **おは《ワ》したれば**　「おはす」は、「来る」の尊敬語。主語は男。

教717 244ページ　教719 224ページ

1 **かくなりにたる**　もとの妻の呪詛によって、娘の顔がこのようになったのだと思っている。

5 **かかりけるものを**　掃墨のせいにすぎないのに。

5 **いたづ《ズ》らになり給《たま》へ《ェ》る**　「いたづらになる」は、ここでは、「娘の顔が台なしになる」の意とした。「二人の縁がだめになる」の意とする説もある。

学習の手引き

一　本文を前半部と後半部に分け、それぞれ小題をつけてみよう。

解答例　・前半部…第一～四段落「もとの妻との愛情の行方」

・後半部…第五～七段落「新しい女の失敗」

二 前半部の内容を、四つの段落がどのように結びついて話が展開しているかに留意して、まとめてみよう。

解答例 ① 妻が家を出た。
② 男は童から事情を聞いて驚く。
③ 男は大原に行き、妻を連れて帰る。
④ 妻は男の愛情を取り戻して喜ぶ。

三 もとの妻が男の愛情を取り戻した理由を考察してみよう。

解答例 家を出た妻がよんだ「いづこにか」の歌を童から聞いてあわれに思い、これまで妻が家で泣かなかったのは平気を装っていただけだとわかって、いっそういじらしく思えたから。

四 後半部について、男の取った行動と、それに伴う騒動を整理し、この結末から受ける印象を話し合ってみよう。

解答例 〔男の行動〕
・男はせっかちな性質であって、突然に新しい女の家を訪れた。
・準備のできていない女の制止にもかかわらず、「もう嫌いになったのですか」と言って、簾《すだれ》を上げて部屋に入った。
・女の異様な姿を見て恐ろしく思い、そのまま退散した。
〔それに伴う騒動〕
・女は突然の男の来訪にあわてふためき、化粧をしようと思ったが間違えて掃墨を顔に塗ってしまう。
・男が帰った後、話を聞きつけてやってきた女の両親は娘の姿を見て驚き、倒れてしまう。
・女も鏡を見て自分の姿におびえ、泣き騒ぐ。
・女がこのような顔になったのは、妻の側の呪詛のせいだと陰陽師を呼んで祈禱させようとするが、涙で掃墨が流れ落ちて原因が判明する。
〔印象〕
前半がまじめな夫婦愛の物語であるのに比べ、後半は突然に滑稽でおもしろい話に変化する。作者が、読者を楽しませようと、ことさらに意図したものかとも思われる。

言葉の手引き

一 次の古語の意味を調べよう。

1 おどろく 717 三四一・3 719 三三一・3　2 ありつる 717 三四一・7 719 三三一・7
3 ゆゆし 717 三四一・9 719 三三一・9　4 あさまし 717 三四二・2 719 三三二・2
5 おこたり 717 三四二・4 719 三三二・4　6 あきる 717 三四二・8 719 三三二・8
7 ひききりなり 717 三四二・14 719 三三二・14
8 あからさまなり 717 三四二・14 719 三三二・14
9 な 717 三四三・3 719 三三三・3　10 おろおろなり 717 三四三・5 719 三三三・5
11 むくつけし 717 三四三・8 719 三三三・8
12 ゆすりみつ 717 三四三・15 719 三三三・15

解答例 1 目を覚ます。　2 さっきの。前述の。
3 ひどい　4 驚きあきれる　5 過ち
6 呆然とする。　7 せっかちだ　8 ちょっとの間である。
9 …するな。　10 不十分だ　11 気味が悪い。
12 いっせいに大騒ぎする。

近世の小説

※教719では、学習しません。

●近世の小説とは

江戸時代の文学を、大きく前期・後期に分けると、まず、前期の初めには、社会の実用書の分野で、教訓書・地誌・名所記などが発行され、古典のパロディや中国小説の翻訳なども刊行されるようになった。これらを総称して「仮名草子《かなぞうし》」とよぶ。それが元禄期に入ると、井原西鶴《いはらさいかく》が「浮世草子《うきよぞうし》」によって庶民文学を確立する。この時期が近世文学の最盛期といえる。

後期に入ると、趣味的・遊戯的な小冊子が流行し、「黄表紙《きびょうし》」や、「洒落本《しゃれほん》」などが作られる。文化・文政期には、「滑稽本《こっけいぼん》」「読本《よみほん》」「人情本《にんじょうぼん》」などが作られ、伝奇的な筋立てや、観念的な教訓、遊戯的なおもしろさなどを取り入れた作品が多く生み出された。上田秋成《うえだあきなり》の『雨月物語《うげつものがたり》』は、江戸時代中期の読本の代表作でもある。

大晦日《おほつごもり》は合はぬ算用

〔西鶴《さいかく》諸国ばなし〕

教717 P.246～P.250

【大　意】 1　教717 246ページ1～9行

原田内助《ないすけ》は無理を通して暮らす男で、広く世に知られた浪人である。貧しい生活を送っていたが、年の暮れに医者をしている義理の兄に借金を頼んだところ、金子《きんす》十両が送られてきた。

【品詞分解／現代語訳】

榧・かち栗・神の松・やま草の売り声もせはしく、餅つく宿の隣に、煤をも払はず、

格助　係助　シク・用　四・体　格助　格助　格助　係助　四・未　助動・打・用

榧、かち栗、神の松、裏白の売り声もせわしなく、餅をつく家の隣で、正月の準備の大掃除もせず、

二十八日まで髭もそらず、朱鞘の反りを返して、「春まで待てと言ふに、是非に待た

副助　係助　四・未　助動・打・用　格助　格助　四・用　接助　副助　四・命　格助　四・体　接助　副　四・未

二十八日まで髭もそらず、朱塗りの鞘の刀の刃のほうを上に向けて、「(支払いは)春まで待てと言うのに、何としても待たな

ぬか。」と、米屋の若い者をにらみつけて、直なる今の世を横に渡る男あり。名

助動・打・体　係助　格助　格助　ク・体(音)　格助　下二・用　接助　ナリ・体　格助　格助　格助　四・体　ラ変・終

いのか。」と、米屋の若い者をにらみつけて、まっすぐな(政治が行われている)今の世の中に無理を通して暮らす男

係助 は｜格助｜原田内助｜四·用 と｜接助 申して、隠れ｜係助 も｜ク·体 なき 浪人。

（小さい注）がいる。名は原田内助と申して、

ク·体 広き｜格助 江戸｜副助 にさへ｜下二·用 住みかね、｜代 この｜格助 四、五年、品川

（小さい注）広く世に知られた浪人（である）。広い江戸にすら住みにくくなり、この四、五年は、品川

の｜格助 藤茶屋｜の あたり｜に｜格助 棚借り｜四·用 て、｜接助 朝｜の 薪｜格助 に｜こと｜格助 を 欠き、｜四·用 夕べ｜格助 の 油火｜を も｜見｜上一·未

（小さい注）の藤茶屋のあたりに借家住まいをして、朝食を作る薪に不自由し、夕方の灯火の油を買えず、明かりがともせな

助動·打·終 ず。｜代 これ｜係助 は｜シク·体 かなしき 年｜の 暮れ｜に、女房｜の 兄、

（小さい注）い。こんな貧しい年の暮れに、女房の兄、

半井清庵｜と 申して、｜四·用｜接助 神田｜格助 の 明神｜格助 の 横町

（小さい注）半井清庵と申して、神田明神の横町に、

格助 に、ラ変·終 薬師 あり。｜代 この｜格助 もと｜へ｜格助 無心｜格助 の 状｜格助 を｜四·用 つかはし｜助動·過·体 ける｜接助 に、｜副 たびたび 迷惑ながら

（小さい注）医者がいる。この（医者の）もとに借金を頼む手紙をやったところ、たびたびのことで迷惑であるが

ク·用 見捨てがたく、｜金子｜格助 十両｜四·用 包みて、｜接助 上書｜格助 に「貧病｜格助 の 妙薬、

（小さい注）小判十枚を包んで、上書きに「貧病の妙薬、金用丸、万病に効く。」と書いて、

金用丸、よろづ｜格助 に よし。」｜ク·終 と｜格助 記して、｜四·用 接助

内儀｜の 方｜へ｜格助 おくら｜四·未 れ｜助動·尊·用 ける。｜助動·過·体

（小さい注）（内助の）妻のところにお送りになった。

語句の解説 1

教717 246ページ

3 **是非に待たぬか**
「是非に」は副詞で、「どうしても、必ず、何としても」の意味。「か」は、疑問の係助詞の文末用法。

3 **米屋の若い者をにらみつけて**
「若い者」は、形容詞「若し」の連体形「若き」のイ音便。「若い者」は、内儀に対して、支払いを待てないと言うのである。

6 **これはかなしき年の暮れに**
形容詞「かなし」は、①「いとし

い」、②「心をひかれる」、③「悲しい」、④「残念だ」、⑤「貧しい」などの意味を持つ。ここでは⑤の意味で使われている。なお、①・②は「愛し」、③～⑤は「悲し・哀し」で、⑤は近世の文章に見られる用法。

9 **内儀の方へおくられける**
「内儀の方へおくられける」の「ける」は、過去の助動詞「けり」の連体形。近世では、連体形と終止形の区別が曖昧になってきており、連体形で文が終わっていても余情表現ではないことも多い。

【大意】　2　教717　246ページ10行～247ページ9行

金子十両を受け取った内助は、親しい浪人仲間を酒宴に招いた。十両を包んだ紙の上書きの趣向を紹介するために小判を取り出し、回覧したが、酒宴が終わって回収すると一両不足していた。

【品詞分解／現代語訳】

内助　喜び、〔四・用〕　日ごろ〔副〕　別して〔副〕　語る〔四・体〕　浪人仲間　へ、〔格助〕「酒〔格助〕　一つ　盛らん。〔四・未〕〔助動・勧・終〕」　と〔格助〕　呼び〔四・用〕　に〔格助〕　つかはし、〔四・用〕　さいはひ〔副〕

内助は喜んで、ふだん特に親しくする浪人仲間に、「酒を一献差し上げよう。」と呼びにやり、幸いにも

雪　の〔格助〕　夜　の〔格助〕　おもしろさ、今〔副〕　まで〔副助〕　は〔係助〕　崩れ次第〔上二・用〕　の〔格助〕　柴　の〔格助〕　戸　を〔格助〕　開け〔下二・用〕　て、〔接助〕

雪の夜の(景色の)すばらしさ、今までは崩れるに任せていた柴の戸を開けて、

言ふ。〔四・終〕　以上　七人　の〔格助〕　客、いづれ〔代〕　も〔係助〕　紙子　の〔格助〕　袖　を〔格助〕　つらね、〔下二・用〕　時　なら〔助動・断・未〕　ぬ〔助動・打・体〕　一重羽織、どこやら〔副〕　昔

言う。全部合わせて七人の客は、どの人も紙子の袖を連ね、季節外れの一重羽織(であるが)、どこか(仕官して

を〔格助〕　忘れ〔下二・未〕　ず。〔助動・打・終〕　常　の〔格助〕　礼儀　過ぎ〔上二・用〕　て〔接助〕　から、〔格助〕　亭主　まかり出で〔下二・用〕　て、〔接助〕「私、〔代〕　仕合はせ　の〔格助〕　合力　を〔格助〕　請け〔下二・用〕

いた)昔を忘れない(感じである)。型どおりの挨拶がすんでから、亭主(内助)が出て参って、「私は、運のよい(金銭などの)援助を受けて、

て、〔接助〕　思ひまま　の〔格助〕　正月　を〔格助〕　つかまつる。」〔四・終〕　と〔格助〕　申せ〔四・已〕　ば、〔接助〕　おのおの、「それ〔代〕　は、〔係助〕　あやかりもの。」〔代〕　と〔格助〕　言ふ。〔四・終〕

思いのままの(よい)正月をいたします。」と申すと、(客人たちも)それぞれ、「それは、あやかりたいほどの果報だ。」と言う。

「それ〔代〕　に〔格助〕　つき、〔四・用〕　上書　に〔格助〕　一作　あり。」〔ラ変・終〕　と、〔格助〕　くだんの〔連〕　小判　を〔格助〕　出だせ〔四・已〕　ば、〔接助〕「さても〔感〕　軽口なる〔ナリ・体〕　御事。」〔格助〕　と

「それについて、(金包みの)上書きにおもしろい趣向がある。」と、例の小判を出すと、「本当にまあ、軽妙でしゃれた御趣向。」と

見〔上一・用〕　て〔接助〕　回せ〔四・已〕　ば、〔接助〕　盃　も〔係助〕　数　重なり〔四・用〕　て、〔接助〕「よい〔ク・体(音)〕　年忘れ、ことに〔副〕　長座。」〔格助〕　と、〔格助〕　千秋楽　を〔格助〕　謡ひ出し、〔四・用〕

(言って)回覧するうちに、盃も数が重なって、「すばらしい年忘れ(の会)で、ことさらに長居(してしまった)。」と、宴を辞去する

燗鍋・塩辛壺 を〔格助〕 手ぐり に〔格助〕 し〔サ変・用〕 て〔接助〕 あげ〔下二・未〕 させ〔助動・使・用〕、「小判 も〔係助〕 まづ〔副〕、御しまひ〔四・用〕 候へ〔補丁・四・命〕。」 と〔格助〕 集むる〔下二・体〕 に〔接助〕、
挨拶を始め、燗鍋や塩辛の壺を手渡しして片づけさせ、「小判もとりあえず、おしまいください。」と集めると、

十両 あり〔ラ変・用〕 し〔助動・過・体〕 うち、一両 足ら〔四・未〕 ず〔助動・打・終〕。 座中 居直り〔四・用〕、袖 など〔副助〕 振るひ〔四・用〕、前後 を〔格助〕 見れ〔上一・已〕 ども〔接助〕、
十両あったうち、一両足りない。一座の人はきちんと座り直し、袖などを振って、まわりを見るけれども、

いよいよ〔副〕 ない〔ク・体(音)〕 に〔格助〕 極まり〔四・用〕 ける〔助動・過・体〕。
とうとう(どこにも)ないという結論になった。

語句の解説 2

教717 246ページ

6 **よい年忘《としわす》れ** すばらしい年忘れ(の会)で。

8 **座《ざ》中《ちゅう》居《い》直《なお》り** 一座の人はきちんと座り直し。
「居る」は「座る」の意味で、「居直る」で「座り直す」となる。

9 **いよいよないに極《きわ》まりける** 「ない」は、形容詞「なし」の連体形「なき」のイ音便。「極まる」は、①「極限に達する」、②「尽きる」、③「行きづまる」、④「決まる」の意味を持つ。ここでは④の意味で、「とうとうないと決まった」となる。

11 **今《いま》までは崩《くず》れ次第《しだい》の柴《しば》の戸《と》を開《あ》けて** 「次第」は接尾語で、①「物事のなりゆきに任せる様子」、②「ある動作に続けてすぐ起こること」を示す。ここでは①の意味で、「なりゆきに任せて崩れている柴の戸」となる。

教717 247ページ

【大　意】 3 教717 247ページ10行〜249ページ2行

内助は、すでに一両使っていたのを忘れていたことにして、その場を収めようとしたが、客たちは、確かに十両あったと言う。衣服を脱いで身の潔白を証明しようとする客たちであったが、その中の一人が偶然にも小判を持ち合わせており、一時的であっても疑われる恥辱に耐えがたいので自害すると言いだし、刀に手をかけた。そのとき、客のうちの一人が丸行灯《まるあんどん》のかげから小判を見つけ、また、ちょうどそのとき、内助の妻が、重箱のふたに小判がついていたと言って持ってきた。そのため、小判が全部で十一両になってしまった。

【品詞分解／現代語訳】

あるじ の〔格助〕 申す〔四・体〕 は〔係助〕、「そ〔(代)〕 の〔格助〕 うち 一両 は〔係助〕、さる〔連〕 方 へ〔格助〕 払ひ〔四・用〕 し〔助動・過・体〕 に〔接助〕、拙者〔(代)〕 の〔格助〕 覚え違へ。」 と〔格助〕
亭主(内助)が申すことには、「そのうちの一両は、あるところに払ったのに、私の勘違い(でした)。」と

言ふ。

［四・終］「ただ今［副助］まで、［副］たしか十両見え［下二・用］し［助動・過・体］に、［接助］めいめい［格助］の こと ぞ かし。とかく は めいめい の 身の潔白を証

（しかし、客たちが）「たった今まで、確かに十両あったのに、不思議なことだ。」と（言って）、

身晴れ。」と、［格助］上座から［格助］帯を［格助］解け［四・已］ば、［接助］その［代］次も［係助］改め［下二・用］ける。［助動・過・体］三人目に［格助］あり［ラ変・用］し［助動・過・体］男、

上座（に座っていた人）から帯を解くので、その次の人も（帯を解いて衣服を脱いで）調べた。三番目に座っていた男は、

十面作つ［四・用（音）］て、［接助］もの［格助］を も 言は［四・未］ざり［助動・打・用］し［助動・過・体］が、［接助］膝立て直し、［四・用］「浮き世に は、［格助］かかる［ラ変・体］難儀も［係助］

顔をしかめて、口もきかなかったが、

ある［ラ変・体］もの かな。［終助］それがし［代］は、［係助］身振るふ［四・体］まで も なし。［ク・終］金子［格助］一両持ち合はす［四・体］こそ［係助（係）］因果なれ。［助動・断・已（結）］

私は衣服を振（って確かめ）るまでもない。金子一両を（たまたま持ち合わせていることが不運なめぐり合わせで

思ひ［四・用］も よら［四・未］ぬ［助動・打・体］こと に、［格助］一命を［格助］捨つる。」［下二・体］と、［格助］思ひ切つ［四・用（音）］て［接助］申せ［四・已］ば、［接助］一座の者は口をそろへて、［下二・用］

この命を捨てる（ことになった）よ。」と、覚悟を決めて申すので、一座の者は口をそろえて、

「こなた［代］に［格助］限ら［四・未］ず、［助動・打・用］あさましき［シク・体］身なれ［助動・断・已］ば［接助］とて、［格助］小判一両持つ［四・終］まじき［助動・打当・体］もの に も［係助］

「あなたに限らず、落ちぶれた身であるからといって、小判一両を持つはずがないというものでもない。」と申す。

あら［ラ変・未］ず。」［助動・打・終］と［格助］申す。［四・終］

一両二歩に、［格助］昨日売り［四・用］候ふ［補丁・四・体］こと、紛れ［係助］は なけれ［ク・已］ども、［接助］折ふし悪し。［ク・終］常々［副］語り合はせ［下二・用］たる［助動・完・体］

一両二歩で、昨日売りましたことに、間違いはないけれども、時機が悪い。いつも親しくしてきた縁で、

「いかにも、［副］この［代］金子［格助］の 出所 は、［係助］私［代］持ち来たり［四・用］たる［助動・完・体］徳乗［格助］の 小柄、唐物屋十左衛門方へ、［格助］

（覚悟を決めた男は、）「確かに、この金子の出所は、私がずっと持っていた徳乗の小柄を、唐物屋の十左衛門のところに、

よしみには、生害に及びし跡にて、御尋ねあそばし、かばねの恥を、せめては頼む。」
(私が)自害した後で、お調べになって、死後に残る汚名を、せめて(晴らしてくれるよう)頼む。」

と、申しもあへず、革柄に手を掛くるとき、「小判は、これにあり。」と、丸行灯の
と、申すやいなや、革柄に手を掛ける(まさにその)とき、(客のうちの誰かが)「小判は、ここにある。」と、丸行灯の

陰より投げ出だせば、「さては。」と事を静め、「ものには念を入れたるがよい。」と
かげから(小判を)投げ出すので、「それでは(見つかったか)。」と騒ぎを静め、「物事は(念には)念を入れたほうがよい。」と

言ふとき、内証より、内儀声を立て、「小判は、この方へ参つた。」と、重箱の
言う(その)とき、台所から、(内助の)妻が声を上げて、「小判は、こちらに来ておりました。」と、重箱の

蓋につけて、座敷へ出ださせける。これは宵に、山の芋の煮しめ物を入れて
蓋につけて、座敷にお出しになった。これは宵のうちに、山芋の煮物を入れて

出ださされしが、その湯気にて取りつきけるか。さもあるべし。これで
出されたが、その湯気でくっついたのか。そういうこともあるだろう。これでは

は小判十一両になりける。いづれも申されしは、「この金子、ひたもの数多く
小判が十一両になってしまった。どの人も申されたことには、「この金子は、ひたすら数が多く

なること、めでたし。」と言ふ。
なることは、めでたいことだ。」と言う。

語句の解説 3

教717 247ページ

12 **その次《つぎ》も改《あらた》めける** 「ける」は、過去の助動詞「けり」の連体形。連体形で終わっているが、717二四六・9と同様、余情表現ではない。

13 **十面作《じゅうめんつく》つ《ッ》て** 「十面」は「渋面」で、しかめ面。「作つて」は動詞「作る」の連用形「作り」の促音便に接続助詞「て」がついたも

の。近世の文章では、連用形に音便が用いられることが多くなる。

15 **一命《いちめい》を捨《す》つる** 「捨つる」は、動詞「捨つ」の連体形。何の罪も犯していないが、成り行き上、命を絶つことになるという文脈を考えると、ここは余情表現と判断するのが妥当である。

16 **あさましき身《み》なればとて** 「あさまし」は、予期しないことに対する驚きを表す形容詞で、①「意外だ」、②「がっかりだ」、③「情けない」、④「見苦しい」、⑤「みすぼらしい」の意味を持つ。ここでは⑤の意味。

教717 248ページ

1 **持《も》つまじきものにもあらず** 持つはずがないというものでもない。

「まじき」は打消当然の助動詞「まじ」の連体形、「ず」は打消の助動詞「ず」の終止形で、二重否定になっている。

2 **私《わたくし》 持《も》ち来《き》たりたる徳乗《とくじょう》の小柄《こづか》** 「持ち来たる」は「持ち来《く》」と同じ意味。「来」はもとは補助動詞で、①「接近してくる」、②「状態が継続している」の意味を表す。ここは②の意味で、「所持している状態が継続している」つまり「ずっと持っている」となる。

5 **申《もう》しもあへ《エ》ず** 「あふ」は、「…もあへず」の形で「…するやいなや」の意味を表す。

8 **小判《こばん》は、この方《ほう》へ参《まい》つ《ッ》た** 「参つ」は、動詞「参る」の連用形「参り」の促音便。「た」は、完了・存続の助動詞「たり」が転じたもので、完了・過去の意味を表す。

教717 249ページ

1 **さもあるべし** そういうこともあるだろう。

「さ」は、重箱の蓋に小判がついていたことをさす。

1 **十《じゅう》一両《いちりょう》になりける** 「ける」は、過去の助動詞「けり」の連体形。文末が連体形であるが、余情表現ではない。

【大　意】 4 **教717 249ページ3行～250ページ5行**

内助は余分な小判を自分のものとすることをよしとせず、持ち主に返そうとしたが、誰も名乗り出なかった。解決を一任された内助は、小判を外の手水鉢《ちょうずばち》のところに置き、客を一人ずつ帰すことによって、持ち主がほかの人に知られることなく小判を回収できるようにした。この試みは成功し、小判は持ち主の元に戻った。内助の即座の思慮や、場慣れした客たちの振る舞いは、さすがのものである。

【品詞分解／現代語訳】

亭主 申す（四・体） **は**（係助）**、「九両 の**（格助） **小判、十両 の**（格助） **僉議 する**（サ変・体） **に**（接助）**、十一両 に**（格助） **なる**（四・体） **こと、座中 金子 を**（格助）

亭主（内助）が申すことには、「九両の小判（について）、十両（あったかどうか）の詮議をするうちに、十一両になることは、一座の中の誰かが金子を

持ち合はせ（下二・未） **られ**（助動・尊・用）**、最前 の**（格助） **難儀 を**（格助） **救は**（四・未） **ん**（助動・婉・体） **ため に**（格助）**、御出だしあり**（ラ変・用） **し**（助動・過・体） **は**（係助） **疑ひなし**（ク・終）**。こ**（代）

持ち合わせていらっしゃり、先ほどの難儀を救うために、（金子一両を）お出しになったのは疑問の余地がない。この

の一両、わが方に納むべき用なし。御主へ返したし。」ときくに、たれ返事の

一両は、私の懐に入れるべきいわれがない。持ち主の方に返したい。」と(客に)きくが、誰一人として返事を

してもなく、[1]一座異なものになりて、夜更鶏も鳴く時なれども、おのおの立ちかね

する人もなく、一座の雰囲気が変なものになって、一番鶏が鳴く時刻であるけれども、それぞれ帰るに帰れなかっ

られしに、「このうへは、亭主が所存のとほりに、あそばされて給はれ。」と

たので、(客の誰かが、)「こうなったからには、亭主の思う通りに、なさってください。」と

願ひしに、「とかく、あるじの心任せに。」と申されければ、かの小判を

願ったところ、(ほかの客も)「とにかく、亭主の考えのままに(しましょう)。」と申されたので、(内助は、)問題の小判を

一升桝に入れて、庭の手水鉢の上に置きて、「どなたにても、この金子の主、

一升枡に入れて、庭の手水鉢の上に置いて、「どなたであっても、この金子の持ち主は、

取らせられて、御帰り給はれ。」と、御客一人づつ立たしまして、一度一度に戸をさしこめ

お取りになって、お帰りください。」と言い、お客は一人ずつお帰りになって、一回ごとに戸を閉めて、

て、七人を七度に出だして、そののち内助は、手燭ともして見るに、たれとも知れ

七人を七回に(分けて)帰して、その後で内助は、手燭に火をつけて(手水鉢の上の一升枡を)見たところ、誰とはわから

ず取つて帰りぬ。

ないが(小判を)取って帰っていた。

あるじ即座の分別、座慣れたる客のしこなし、かれこれ武士のつきあひ、各別ぞかし。

亭主の即座の思慮、場慣れしている客の振る舞い(など)、あれもこれも武士の交際(というものは)、格別であるよ。

語句の解説 4

教717 249ページ

4 **御出《おんい》だしありしは**　お出しになったのは。

接頭語「御」＋名詞（動詞の連用形）＋「あり」で尊敬の意味を表す複合動詞になる。「お…になる」と訳す。

6 **返事《へんじ》のしてもなく**　「して」は名詞で「する人」の意。漢字で表記すると「仕手」または「為手」。

6 **一座《いちざ》異なものになりて**　一座の雰囲気が変なものになって。

「異な」は、形容動詞「異なり」の連体形「異なる」が口語化したもの。現代語では連体詞化している。

1　「一座異なものになりて」はどのような意味か。

答　場の雰囲気が妙なものになったという意味。盛り上がっていた宴席がしらけたことをいう。

6 **おのおの立《た》ちかねられしに**　それぞれ帰るに帰れなかったので。

「立つ」にはさまざまな意味があるが、ここでは「席を立つ」、つまり、「帰る」と訳すのがよい。「かね（＝かぬ）」は、接尾語で、「…することができない」の意の動詞を作る働きを持つ。

教717 250ページ

1 **御客《おんきやく》一人《ひとり》づ《ズ》つ立《た》たしまして**　お客は一人ずつお帰りになって。

「します」は尊敬の助動詞で、四段・ナ変動詞の未然形に接続する。活用の型は四段型である。

3 **取《と》つ《ッ》て帰《かえ》りぬ**　「取つて」は動詞「取る」の連用形「取り」の促音便に接続助詞「て」がついたもの。

学習の手引き

一　原田内助の身分や暮らしぶりと、話の発端となる出来事を、第一段落から第三段落までの記述でまとめてみよう。

解答例　〔身分や暮らしぶり〕身分は浪人で、薪や油に不自由するほど貧しい。借金を取り立てに来た人を脅して追い返すような無茶な人物である。その悪評のため、市中には住めず、品川あたりに借家住まいをしている。いよいよ困窮すると、妻の兄に借金をする。義兄は迷惑に思いつつも、金を用立ててくれる。

〔話の発端となる出来事〕親しい浪人仲間を酒宴に招き、義兄が用立ててくれた小判十両の上書きの趣向を紹介するため、小判を見せる。酒宴の終わりに、十両の小判が一両不足していた。

二　第三段落で金子一両が不足してから事件が解決するまでの経緯を、話の展開に沿って整理しよう。

解答例　・第四段落→内助が一両をすでに使ったのを忘れていたと言って解決をはかるが、客たちに確かに十両あったと否定される。客たちが衣服を脱いで潔白を証明したところ、三人目の男が偶然にも小判を持ち合わせており、疑われる恥辱に耐えがたいので自害すると言いだす。

・第五段落→三人目の男が刀に手をかけたとき、客の一人が丸行灯のかげから、小判を見つけた。しかし、そのタイミングで内助の妻が重箱のふたに小判がついていたことを知らせたため、全部で十一両あることになってしまった。

・第六段落→内助は余分な小判を持ち主に返そうとするが、誰も名乗り出ない。内助は小判を外の手水鉢のところに置いておき、客を一人ずつ帰すことにした。こうして、持ち主がほかの人に知られることなく小判を回収でき、無事に解決する。

三　最終段落で「各別ぞかし。」と評されている三つの要素を、本文の記述に当てはめてみよう。また、これらの行動をどのように評価するか、各自の考えを述べ合おう。

解答例　・「あるじ即座の分別」…客が帰宅する際に通る庭の手水鉢の上に一両を置き、客を一人ずつ帰して、持ち主に持ち帰らせる方法を考えついたこと。

・「座慣れたる客のしこなし」…事態の収拾を主人に一任し、その意図に従ってそれぞれの客が行動し、一両を持ち帰ったこと。

・「かれこれ武士のつきあひ」…名誉のために切腹しようとした武士を助けるため、一両を投げ出した客も名乗り出ることはなく、武士の名誉と体面を重んじる付き合い方をしていること。

言葉の手引き

一　次の古語の意味を調べよう。

1かなし 717 二四六・6　**2薬師** 717 二四六・7　**3無心** 717 二四六・7　**4別して** 717 二四六・10

5くだんの 717 二四七・5　**6因果** 717 二四七・15

7あさまし 717 二四七・16

解答例　1 貧しい　2 医者　3 借金を頼むこと。

4 特に　5 例の　6 不運なめぐり合わせ。

7 みすぼらしい。貧乏だ。

二　次の傍線部を口語文法に従って説明してみよう。

1 ものには念を入れたるがよい。（717 二四八・7）

2 小判は、この方へ参つた。（717 二四八・8）

3 一座異なものになりて、（717 二四九・6）

解答例　1　口語の形容詞「よい」の終止形。文語の形容詞「よし」の連体形「よき」のイ音便で、口語では連体形と終止形の区別がなくなっている。

2　完了・過去を表す口語の助動詞「た」の終止形。文語の完了・存続の助動詞「たり」が転じたもの。

3　口語の形容動詞の連体形。文語のナリ活用形容動詞「異なり」の連体形「異なる」が口語化したもの。口語文法では「異な」は連体詞とする。

浅《あさ》茅《ぢ》が宿《やど》　〔雨《う》月《げつ》物語〕

教717 P.251〜P.256

【大　意】　1　**教717 251ページ5行〜252ページ7行**

七年ぶりに帰ってきた勝四郎《かつしろう》に、妻の宮木《みやぎ》はどんなにつらい思いをしたかを、泣く泣く語り聞かせる。戦が始まり、里の人たちが逃げてしまっても、妻は家から離れず、ずっと夫の帰りを待ち続けた。約束の秋を過ぎても、冬が過ぎて春が来ても…。でも、こうして再び逢《あ》えたことで、晴れ晴れとした気分になれた、と言う。勝四郎は妻を慰め、床についた。

【品詞分解／現代語訳】

妻 涙 を とどめ て、「一たび 離れ 参らせ て のち、たのむ の 秋 より 先 に、恐ろしき 世の中

を：格助　とどめ：下二・用　て：接助　離れ：下二・用　参らせ：補謙・下二・用　て：接助　の：格助　より：格助　に：格助　恐ろしき：シク・体

妻は、涙をおさえて、「一度（あなたと）お別れ申し上げて後、頼みとする（帰ってくるという約束の）秋よりも前に、恐ろしい（戦乱の）世の中

と なり て、里人 は みな 家 を 捨て て、海 に 漂ひ、山 に 隠れ ば、たまたまに 残り たる 人

と：格助　なり：四・用　て：接助　は：係助　を：格助　捨て：下二・用　て：接助　に：格助　漂ひ：四・用　に：格助　隠れ：四・已　ば：接助　たまたまに：副　残り：四・用　たる：助動・完・体

となって、里の人はみな家を捨てて、海の辺りを漂い、山に隠れ住んだので、まれに里に残った人は、

は、多く 虎狼 の 心 あり て、かく 寡 と なり し を たより よし と や、言葉 を 巧み て

は：係助　多く：ク・用　の：格助　あり：ラ変・用　て：接助　かく：副　と：格助　なり：四・用　し：助動・過・体　を：格助　よし：ク・終　と：格助　や：係助　を：格助　巧み：四・用　て：接助

多くは恐ろしい心の持ち主で、このように一人になった（私の）ことを都合がよいと思ったのか、言葉巧みに

いざなへ ども、玉 と 砕け ても 瓦 の 全き に は ならは じ ものを と、幾たび か 辛苦

いざなへ：四・已　ども：接助　と：格助　砕け：下二・用　ても：接助　の：格助　全き：ク・体　に：格助　は：係助　ならは：四・未　じ：助動・打意・体　ものを：終助　と：格助　幾たび：副　か：係助（係）1

言い寄ってきたのだが、（私は）玉と砕け散っても、汚れた瓦のように生き長らえることはするまいよと、何度も辛苦を忍んできました。

を 忍び ぬる。銀河 秋 を 告ぐれ ども、君 は 帰り 給は ず。冬 を 待ち、春 を 迎へ

を：格助　忍び：上二・用　ぬる：助動・完・体（結）　を：格助　告ぐれ：下二・已　ども：接助　君：（代）　は：係助　帰り：四・用　給は：補尊・四・未　ず：助動・打・終　を：格助　待ち：四・用　を：格助　迎へ：下二・用

天の川が秋を告げるけれども、あなたはお帰りにならない。冬を待ち、春を迎えても連絡はない。

て も 消息 なし。今 は 京 に 上り て 尋ね 参らせ ん と 思ひ しか ど、丈夫 さへ 許さ

て：接助　も：係助　なし：ク・終　は：係助　に：格助　上り：四・用　て：接助　尋ね：下二・用　参らせ：補謙・下二・未　ん：助動・意・終　と：格助　思ひ：四・用　しか：助動・過・已　ど：接助　さへ：副助　許さ：四・未

こうなれば京に上ってお探し申し上げようと思ったが、立派な男でさえ（通行

ざる 関 の 鎖し を、いかで 女 の 越ゆ べき 道 も あら じ と、軒端 の まつ に

ざる：助動・打・体　の：格助　を：格助　いかで：副　の：格助　越ゆ：下二・終　べき：助動・可・体　も：係助　あら：ラ変・未　じ：助動・打推・終　と：格助　の：格助　まつ：四・体　に：接助

を）許さない関所の守りを、どうして女が越えられる道などあろうか、いや、ないでしょうと、軒端の松を眺めて待っても

かひなき 宿 に、狐・ふくろふ を 友 と し て、今日 まで は 過ごし ぬ。今 は 長き 恨み も

かひなき：ク・体　に：格助　を：格助　と：格助　し：サ変・用　て：接助　まで：副助　は：係助　過ごし：四・用　ぬ：助動・完・終　は：係助　長き：ク・体　も：係助

かいのないこの家で、狐やふくろうを友達にして、今日まで過ごしてきました。（再会できた）今となっては長い

晴れ晴れと〔副〕 なり〔四・用〕 ぬる〔助動・完・体〕 こと の、〔格助〕 うれしく〔シク・用〕 侍り。〔補丁・ラ変・終〕
恨みも晴れ晴れとなってしまったことを、うれしく思います。

逢ふ〔四・体〕 を〔格助〕 待つ〔四・体〕 間 に〔格助〕 恋ひ死な〔ナ変・未〕 ん〔助動・仮・体〕 は、〔係助〕 人
逢うことを待ち続ける間に恋いこがれて死んでしまったら、あなたが

知ら〔四・未〕 ぬ〔助動・打・体〕 恨み なる〔助動・断・体〕 べし。」〔助動・推・終〕 と、〔格助〕 また〔副〕 よよと〔副〕 泣く〔四・体〕 を、〔格助〕 「夜 こそ〔係助〕 短き〔ク・体〕 に。」〔接助〕 と〔格助〕 言ひ慰め〔下二・用〕 て、〔接助〕
それを知らないことを恨むことでしょう。」と、またよよと泣くのを、(勝四郎は)「夜は短いのだから。」と言い慰めて、

ともに〔副〕 臥し〔四・用〕 ぬ。〔助動・完・終〕
ともに床に入った。

語句の解説 1

教717 251ページ

5 **離《わか》れ参《まゐ》らせて** お別れ申し上げて。
動詞「わかる」は、「別る」「分かる」とも書く。「参らす」は、謙譲の補助動詞。

5 **たのむ** 頼みとする。
ここでは名詞。夫の勝四郎が秋には帰ると言った、その約束を信じて頼みとする、の意味。元々は動詞で「頼みにする、あてにする」の意味。

7 **寡《やもめ》となりしを** 一人になった(私の)ことを。
「寡」は未亡人のことだが、ここでは「一人住まいになった女」の意味。

1 **「辛苦《からきめ》」の用字の特徴は何か。**

答 音読みの熟語で「しんく」と読むものを、意味から訓読みで読み、和語としている。

9 **銀河《ぎんが》秋《あき》を告《つ》ぐれども** 「銀河」は天の川。天の川で牽牛《けんぎゅう》と織女が逢う七夕を念頭においた表現。

10 **丈夫《ますらお》さへ《エ》** 立派な男でさえ。
「丈夫」は、勇ましい男子、立派な男のこと。「さへ」は、程度の軽いものを先に挙げておいて、重いものはなおさらだ、という意味を表す。女ではとても関所を抜けられない、というのである。

11 **いかで女《おんな》の越《こ》ゆべき道《みち》もあらじ** どうして女が越えられる道などあろうか、いや、ないでしょう。
文が二重構造になっている。
・「いかで女の越ゆべき」(どうして女が越えることができるだろうか)
・「女の越ゆべき道もあらじ」(女が越えることができる道などないでしょう)

教717 252ページ

2 **今《いま》は長《なが》き恨《うら》みも晴《は》れ晴《ば》れとなりぬる** 「今は」は、「今となっては」。「今は限り」「今は斯《か》う」などの言い方もある。宮木は夫に逢うこ

とができたので、長い間の恨みも晴れてしまったのだ、と言っている。

6 夜《よ》こそ短《みじか》きに　「こそ」は係助詞。「短けれ」となるべきところを、接続助詞「に」に続いているので、結びは流れている。

【大　意】　2　教717　252ページ8行〜253ページ6行

すっかり眠り込んだ勝四郎は、明け方の寒さで目が覚め、気がつくと、家はすっかり廃墟《はいきょ》になっていた。屋根は風にめくられて月すらも見え、床下から高く伸びた草が生える。庭も草に埋もれるようになってしまっていた。

【品詞分解／現代語訳】

窓 の(格助) 紙 松風 を(格助) 啜り(四・用) て(接助)、夜もすがら(副) 涼しき(シク・体) に(格助)、途 の(格助) 長手 に(格助) 労れ(下二・用)、うまく(ク・用) 寝ね(下二・用) たり(助動・完・終)。五更

窓障子の破れ紙から松風が吹き込んで、夜どおし涼しいのに加えて、(旅の)途上の長い道のりに疲れ、ぐっすり寝てしまった。午前

の(格助) 天 明けゆく(四・体) ころ、現なき(ク・体) 心 に(格助) も(係助) すずろに(ナリ・用) 寒かり(ク・用) けれ(助動・過・已) ば(接助)、衾 かづか(四・未) ん(助動・意・終) と(格助) 探る(四・体) 手

四時から六時ごろの空が明けていくころ、夢うつつの心にもなんとなく寒く感じたので、夜着をかぶろうと手探りする手に、

に(格助)、何物 に(助動・断・用) や(係助)、さやさやと(副) 音 する(サ変・体) に(接助)、目覚め(下二・用) ぬ(助動・完・終)。顔 に(格助) 冷や冷やと(副) もの の(格助) こぼるる(下二・体) を(格助)、

何物だろうか、さやさやと音がするので、目が覚めてしまった。顔にひんやりとものがこぼれ落ちるのを、

雨 や(係助) 漏り(四・用) ぬる(助動・完・体) か(係助) と(格助) 見れ(上一・已) ば(接助)、屋根 は(係助) 風 に(格助) まくら(四・未) れ(助動・受・用) て(接助) あれ(ラ変・已) ば(接助)、有明月 の(格助)

雨でも漏ったのかと見てみると、屋根は風に(吹かれて)まくり上げられているので、有明の月が

白み(四・用) て(接助) 残り(四・用) たる(助動・存・体) も(係助) 見ゆ(下二・終)。家 は(係助) 扉 も(係助) ある(ラ変・体) や(間助) なし(ク・終)。簀掻 朽ち頽れ(下二・用) たる(助動・存・体) ひま より(格助)、

白んで残っているのさえ見える。家は戸もほんの形ばかり。簀掻の床が朽ち果てて崩れているすき間から、

荻・薄 高く(ク・用) 生ひ出で(下二・用) て(接助)、朝露 うちこぼるる(下二・体) に(接助)、袖 ひぢ(上二・用) て(接助) しぼる(四・終) ばかり(副助) なり(助動・断・終)。壁 に(格助) は(係助) 蔦・葛

荻や薄が高く生え出ていて、朝露がこぼれ落ちるので、袖が濡れてしぼるほどである。壁には蔦や葛が

這ひかかり(四・用)、庭 は(係助) 葎 に(格助) 埋もれ(下二・用) て(接助)、秋 なら(助動・断・未) ね(助動・打・已) ども(接助) 野ら なる(助動・断・体) 宿 なり(助動・断・用) けり(助動・詠・終)。

はいかかり、庭は葎に埋もれて、秋ではないのに(秋の)野原のような家であったことだ。

語句の解説 2

教717 252ページ

8 **夜《よ》もすがら**　夜どおし。
「すがら」は、接尾語。「…の間じゅう」の意味を添える。

10 **現《うつつ》なき心《こころ》**　夢うつつの心。
形容詞「現なし」は、「正気でない、夢心地だ」の意味。名詞の「うつつ」は、現実という意味。

11 **衾《ふすま》かづ《ズ》かんと**　夜着をかぶろうと。
「衾」は、夜具のこと。布団、もしくは夜着。「かづく」は、「かぶる」の意味だが、ほかに「ほうびとしていただく」の意もある。

教717 253ページ

1 **あるやなし**　ほんの形ばかり。
「あるかないかわからない程度」の意味。「や」は並列の意味の間投助詞で、「…やら…やら」の意。

1 **簀掻《すがき》朽ち頽《くず》れたるひま**　簀掻の床が朽ち果てて崩れているすき間。
床が崩れてすき間があいている状態。「ひま」は、①「すき間」、②「絶え間」、③「時間のゆとり」、④「よい機会」などの意味がある。ここでは①。

5 **葎《むぐら》に埋《うず》もれて**　「葎」は、つる草の総称。荒れた家、貧しい家の描写に用いられる。

【大　意】 3　教717 253ページ7行〜254ページ5行

荒れ果てた家には妻の姿が見えない。狐《きつね》にでも化かされたのだろうか、とも勝四郎は考えたが、確かにここは自分の家だ。妻はすでに死んでしまったのではないか…。そんなことを考えるうち、床が払われて墓らしき塚があるのが見える。昨夜の妻はここから出てきたのだろうか、なんとも恐ろしく、また慕わしいことだと勝四郎は感じた。

【品詞分解／現代語訳】

さて［副］しも［副助］、臥し［四・用］たる［助動・完・体］妻は［係助］、いづち［(代)］行き［四・用］けん［助動・過推・体］、見え［下二・未］ず［助動・打・終］。狐など［副助］の［格助］しわざに［助動・断・用］

それにしても、(ともに)寝ていた妻は、どこへ行ったのだろうか、どこにも見えない。狐などのしわざであろうかと思うと、

や［係助］と［格助］思へ［四・已］ば［接助］、かく［副］荒れ果て［下二・用］ぬれ［助動・完・已］ど［接助］、もと［副］住み［四・用］し［助動・過・体］家に［格助］違は［四・未］で［接助］、広く［ク・用］造りなせ［四・已］

このように荒れ果ててしまっているが、もと(自分が)住んでいた家にまちがいなく、広く造ってあった

し［助動・過・体］奥わたりより［格助］、端の［格助］方、稲倉まで［副助］、好み［四・用］たる［助動・完・体］ままの［格助］さまなり［助動・断・終］。あきれ［下二・用］て［接助］足の［格助］

奥の間の辺りから、端のほう、稲の倉まで、(自分が)好んだままの様子である。呆然として足の踏む場所さえ

副助 下二・用 助動・完・体 助動・状・用 助動・過・体 接助 副 四・体 接助 係助 副 四・用 接助 係助
踏み所さへ忘れたるやうなりしが、つらつら思ふに、妻はすでに死りて、今は狐狸
忘れてしまったようであったが、よくよく思うと、妻はすでに死んでしまい、今は(この家は)狐狸が

格助 四・用 接助 副 助動・断・体 格助 四・用 助動・完・已 接助 シク・体 格助 サ変・用 接助 連
の住み替はりて、かく野らなる宿となりたれば、あやしき鬼の化して、ありし形
住み替わって、このように野原のような家となってしまったので、あやしい妖怪が化けて、生前の妻の姿を

格助 下二・用 助動・完・体 助動・断・用 接助 係助(係) ラ変・体 助動・推・体(結) 副 副 (代) 格助 四・体 格助 四・用
を見せつるにてぞあるべき。もしまた、我を慕ふ魂の帰り来たり
見せたのであるにちがいない。あるいはまた、私を慕う妻の魂が(この世に)帰って来て、

接助 四・用 助動・完・体 係助 四・用 助動・過・体 格助 副 四・未 助動・打・用 助動・過・体 終助 格助 副
て、かたりぬるものか。思ひしことのつゆ違はざりしよと、さらに涙
(私と)語ったものなのか。(都を立つときに)考えていたことが全くちがわなかったことだと、全く涙さえも

副助 下二・未 助動・打・終 (代) 格助 係助 格助 助動・断・用 接助 格助 四・体 接助 助動・断・用
さへ出でず。わが身一つはもとの身にしてと、歩みめぐるに、昔閨房に
出ない。わが身だけがもとのままなのにと思って、歩き回ってみると、昔寝室であった所の床を

接助 ラ変・用 助動・過・体 格助 格助 四・用 格助 四・用 接助 格助 サ変・用 格助 四・体 係助
てありし所の簀子を払ひ、土を積みて塚とし、雨露を防ぐまうけも
取り払って、土を積んで墓とし、雨露を防ぐ覆いもある。

ラ変・終 格助 係助 (代) 格助 係助 格助 シク・用 係助 副 シク・終
あり。夜の霊はここもとよりやと、恐ろしくもかつなつかし。
夜に出会った霊はここから(現れたの)かと、恐ろしくもあり慕わしくもある。

語句の解説 3

教717 253ページ

7 **いづ《ズ》ち行《ゆ》きけん** どこへ行ったのだろうか。
「いづち」は代名詞で、「ち」は場所を表す接尾語。

8 **狐《きつね》などのしわざにや** 狐などのしわざであろうか。
「や」は疑問の係助詞。結びは省略されている。

10 **広《ひろ》く造《つく》りなせし奥《おく》わたり** 広く造ってあった奥の間の辺り。
勝四郎のかつての生活が読み取れる場面。相当に裕福であったことがわかる。「造りなせ」は四段動詞の已然形。過去の助動詞「き」は、中世以降、已然形に接続することもあった。

12 **あきれて足《あし》の踏《ふ》み所さへ《エ》忘《わす》れたるやう《ヨウ》なりしが** 呆然《ぼうぜん》として足の踏む場所さえ忘れてしまったようであったが。

「あきれ」は、動詞「あきる」の連用形で、「意外なことに驚いて途方に暮れる、呆然とする」の意。「足の踏み所さへ…」は「足の踏み所を覚えず」などの形で慣用的に用いられていた表現か。

教717 254ページ

2 思《おも》ひ《イ》しことのつゆ違《たが》は《ワ》ざりしよ　(都を出るときに)思っていたことが全く違わなかったことだ。

「都を立つときの予感が的中した」というふうに解釈できるが(717 二五四脚注17)、「家や妻の運命は予想通りであった」とすることもできる。「つゆ」は副詞で、下に打消の語を伴って「全く、少しも」の意を表す。

4 まうけ《モウ》　覆い。

本来は、「設備、支度」の意味。ここでは、直前に「雨露を防ぐ」とあるので、覆いとした。ほかに「ごちそう」「もてなし」などの意味もある。

4 ここもとよりや　ここから(現れたの)か。

「ここもと」は指示代名詞で①「すぐそば」、②「この辺り、ここ」の意。この場合は②。「や」は係助詞だが、結びは省略されている。後に「現れけん」「出でし」などを補って読む。

5 恐《おそ》ろしくもかつなつかし　恐ろしくもあり慕わしくもある。

「かつ」は、副詞で二つのことが同時に行われていることを表す。「一方では…他方では…」。「なつかし」は、①「心引かれる、慕わしい」、②「親しみやすい」、③「なつかしい」の意味がある。ここでは①。

【大意】　4　教717 254ページ6〜13行

墓前に供える水の辺り、木の端を削ったものに紙が付けてあり、和歌が書きつけてある。ところどころ消えてはいるが、確かに妻の筆跡である。その歌を読むにいたり、勝四郎は妻が死んだことをはっきり悟ることになった。何年何月何日に死んだのかさえもわからない。誰か知っている人はいないのか、探しに出かけるのだった。

【品詞分解／現代語訳】

水向け　の〔格助〕　**具　ものせ**〔サ変・未〕　**し**〔助動・過・体〕　**中　に、**〔格助〕　**木　の**〔格助〕　**端　を**〔格助〕　**削り**〔四・用〕　**たる**〔助動・存・体〕　**に、**〔格助〕　**那須野紙　の、**〔格助〕　**いたう**〔ク・用(音)〕　**古び**〔上二・用〕　**て、**〔接助〕

墓前に供える水の器を置いた中に、木の端を削ったものに、那須野紙で、とても古びて、

文字　も〔係助〕　**むら消え　し**〔サ変・用〕　**て**〔接助〕　**ところどころ**〔副〕　**見定めがたき、**〔ク・体〕　**まさしく**〔シク・用〕　**妻　の**〔格助〕　**筆　の**〔格助〕　**跡　なり。**〔助動・断・終〕　**法名　と**〔格助〕

文字もまばらに消えてところどころはっきりとは読めないものが(あって)、まさしく妻の字の跡である。法名という

ものも年月も記さないで、

いふ〔四・体〕もの も〔係助2〕 年月 も〔係助〕 記さ〔四・未〕 で〔接助〕、

さりとも〔接〕 と〔格助〕 思ふ〔四・体〕 心 に〔格助〕 はから〔四・未〕 れ〔助動・受・用〕 て〔接助〕 世 に〔格助〕 も〔係助〕 今日 まで〔副助〕 生け〔四・已〕 る〔助動・完・体〕 命 か〔終助〕

そうはいっても（いつかは逢える）と思う心にだまされて、よくぞ今日まで生きてきた命だなあ。

三十一字 に〔格助〕 末期 の〔格助〕 心 を〔格助〕 あはれに〔ナリ・用〕 も〔係助〕 述べ〔下二・用〕 たり〔助動・存・終〕。

三十一字で最期の思いをしみじみと述べている。

さりとて〔接〕、何〔代〕 の〔格助〕 年、

そうかといって、いつの年の、

何〔代〕 の〔格助〕 月日 に〔格助〕 終はり〔四・用〕 し〔助動・過・体〕 さへ〔副助〕 知ら〔四・未〕 ぬ〔助動・打・体〕 あさましさ よ〔終助〕。

いつの月日に死んだのかさえ知らない情けなさよ。

ここに〔副〕 初めて〔副〕 妻 の〔格助〕 死し〔サ変・用〕 たる〔助動・完・体〕 を〔格助〕 悟り〔四・用〕 て〔接助〕、大いに〔副〕 叫び〔四・用〕 て〔接助〕 倒れ伏す〔四・終〕。

このとき初めて妻が死んだことをはっきり知り、大いに叫んで倒れ伏す。

人 は〔係助〕 知り〔四・用〕 も〔係助〕 や〔係助（係）〕 せ〔サ変・未〕 ん〔助動・推・体（結）〕 と、涙 を〔格助〕 とどめ〔下二・用〕 て〔接助〕 立ち出づれ〔下二・已〕 ば〔接助〕、日 高く さし昇り〔四・用〕 ぬ〔助動・完・終〕。

誰が知っているかもしれないと、涙をおさえて外へ出てみると、日は高く昇ってしまっていた。

語句の解説 4

教717 254ページ

6ものせし　置いた。
動詞「ものす」は、さまざまな動詞の代わりに用いられる語。ここでは「置く」、②「並べる」などが考えられる。そのほかに、①「ある、いる」、②「行く」、③「生まれる」などの意味を持つ。

6木の端（はし）を削りたるに　木の端を削ったものに。
卒塔婆（そとば）、もしくは位牌の代わりにしたものか。これに紙に書いた和歌を貼り付けたのである。

2

「年月」とは何の年月か。

答　宮木が死んだ日の年月。

10「さりともと」の歌　『敦忠集（あつただしゅう）』にある歌。宮木の臨終の歌という設定だが、勝四郎が古歌であると気づいたかどうかにはふれられていない。宮木が、この歌に臨終の思いをこめたということか。

11さりとて　そうかといって。接続詞。本来は動詞「然り（さり）」＋格助詞「とて」。

12あさましさ　情けなさ。形容詞「あさまし」に「さ」がついて名詞化したもの。「あさまし」には、①「意外だ」、②「情けない」、③「見苦しい」、④「みすぼらしい」などの意味がある。ここでは②。

【大意】 5 教717 254ページ15行～256ページ7行

勝四郎は、亡き妻の墓を作ってくれた漆間《うるま》の翁《おきな》に会うことができた。翁は勝四郎が京に向かって旅立ってから、宮木がどんなつらい目にあってきたかを話す。彼女のけなげさに打たれた翁は、彼女が亡くなったときに墓を作って弔った。足が不自由な翁は、寺に行って法名をつけてもらうこともできず、文字も知らないので、年月を記すこともできなかったという。二人はその夜を、宮木の墓の前で念仏を唱えて明かした。

【品詞分解／現代語訳】

勝四郎、翁が高齢を寿きて、次に、京に行きて心ならずも逗りしより、

格助 格助 四・用 接助 格助 格助 四・用 接助 助動・断・未 助動・打・用 係助 四・用 助動・過・体 格助

勝四郎は、漆間の翁の長寿を祝い、次に、京に行って不本意ではあったが長くとどまったことから、

前の夜のあやしきまでを詳に語りて、翁が塚を築きて祭り給ふ恩のかたじけなき

格助 格助 シク・体 副助 格助 ナリ・用 四・用 接助 格助 格助 四・用 接助 四・用 補尊・四・体 格助 ク・体

前夜の不思議な事情までを詳しく語り、翁が墓を築いて（妻を）葬って弔ってくださった恩のありがたいこと

を告げつつも、涙とどめがたし。翁言ふ。「吾主遠く行き給ひてのちは、夏のころより

格助 下二・用 接助 係助 ク・終 四・終 （代） ク・用 四・用 補尊・四・用 接助 係助 3 格助 格助

を告げながらも、涙をおさえることができない。翁は言う。「あなたが遠くへ行きなさって後は、夏のころから

干戈を揮ひ出でて、里人は所々に遁れ、若き者どもは軍民に召さるるほどに、桑田

格助 下二・用 接助 係助 格助 下二・用 ク・体 係助 格助 四・未 助動・受・体 格助

戦が始まって、里の人はあちこちに逃げ、若い者たちは兵士にとられてしまううちに、桑田も

にはかに狐兎の叢となる。ただ烈婦のみ、主が秋を約ひ給ふを守りて、家を出で

ナリ・用 格助 格助 四・終 副 副助 （代） 格助 格助 四・用 補尊・四・体 格助 四・用 接助 格助 下二・用

みるみるうちに狐や兎のすむ草むらになった。ただ、しっかりしたあなたの妻だけは、あなたが秋に帰ると約束なさったことを守って、家をお出に

給はず。翁もまた足なへぎて百歩をかたしとすれば、深く閉てこもりて出で

補尊・四・未 助動・打・終 係助 副 四・用 接助 格助 ク・終 格助 サ変・已 接助 ク・用 四・用 接助 下二・未

ならない。この翁もまた歩行が不自由になって百歩の距離も歩きがたいありさまなので、家に深く閉じこもって外に出なかった。

ず。一たび樹神などいふ恐ろしき鬼の栖む所となりたりしを、稚き女子の

助動・打・終 副助 四・体 シク・体 格助 四・体 格助 四・用 助動・完・用 助動・過・体 接助 ク・体 格助

たちまち樹神などという恐ろしい妖怪のすむ所となってしまったのに、若い女性が

矢武におはするぞ、老がもの見たる中のあはれなりし。秋去り春来たりて、

雄々しくいらっしゃったのは、老いた私が見たものの中でも感動的であった。秋が過ぎ春が来て、

その年の八月十日といふに、死り給ふ。惆しさのあまりに、老が手づから土を運び

その年の八月十日という日に、お亡くなりになった。あまりにふびんなので、この老人が自分の手で土を運んで

て柩を蔵め、その終焉に残し給ひし[4]筆の跡を塚のしるしとして、

柩をおさめ、その臨終の折に残しなさった筆跡を墓のしるしとして、

水向けの祭りも心ばかりにものしけるが、翁もとより筆執るわざをしも知らね

墓前に水を供える弔いも心ばかりしたが、私はもともと字を書くこともできないので、

ば、その年月を記すこともえせず、寺院遠ければ贈号を求むるすべもなく

その（彼女が没した）年月を記すこともできず、寺が遠いので法名をつけてもらう手立てもなく、

て、五年を過ごし侍るなり。今の物語を聞くに、必ず烈婦の魂の来たり給ひ

五年を過ごしました。今のあなたの話を聞くと、きっと気丈なあなたの妻の魂がやって来られて、

て、久しき恨みを聞こえ給ふなるべし。ふたたびかしこに行きて、ねんごろにとぶらひ

長い間の恨みを申し上げなさったのでしょう。再びあの場所へ行って、丁寧にお弔いなさい。」

給へ。」とて、杖を曳きて先に立ち、あひともに塚の前に伏して、声をあげて嘆き

と言って、杖をついて先に立って行き、二人ともに墓の前で頭を下げて、声を上げて嘆きながらも、

つつも、その夜はそこに念仏して明かしける。

その夜はそこで念仏を唱えて明かしたのであった。

語句の解説 5

教717 254ページ

15 **寿《ことぶ》きて**　祝って。
動詞「寿く」は、「祝いを言う、祝福する」の意味。「ことほく」の転。

15 **心《こころ》ならずも**　不本意ではあったが。
「心ならず」は、①「不本意に」、②「無意識に」、③「気が気でない」の意味がある。ここでは①。

教717 255ページ

1 **詳《つばら》に**　形容動詞「詳なり」の連用形。「委曲なり」とも表記する。形容動詞「つばらかなり」、副詞「つばらつばらに」などという語もある。

2 **かたじけなきを**　ありがたいことを。
形容詞「かたじけなし」には、①「恥ずかしい」、②「もったいない」、③「ありがたい」などの意味がある。ここでは③。

4 **吾主《わぬし》**　あなた。そなた。
勝四郎をさす。対称の人称代名詞。自分と同等もしくはそれ以下の人に対して用いる。

3 **「夏のころより干戈《かんくわ》を揮《ふる》ひ出でて」と同じ意味の表現を、宮木の言葉から抜き出せ。**

答　たのむの秋より先に、恐ろしき世の中となりて　717 二五一・5

5 **干戈《かんか》を揮《ふる》ひ出《い》でて**　戦が始まって。
宮木が勝四郎に話す場面の「恐ろしき世の中となりて」717 二五一・5に一致する。

9 **家《いえ》を出《い》で給《たま》は《ワ》ず**　家をお出にならない。
「給ふ」は、尊敬の補助動詞。翁から宮木に対する敬意を表す。

13 **稚《わか》き女子《おんなご》**　宮木のことをさす。翁は、ほかにも「烈婦《さかしめ》」717 二五五・8という言葉も使っている。

16 **惆《いとお》しさのあまりに**　あまりにふびんなので。
「惆しさ」は、形容詞「いとほし」に「さ」がついて名詞化したもの。

教717 256ページ

1 **手《て》づ《ズ》から**　自分の手で。
翁は、足が不自由であったにもかかわらず、自分の手で宮木の墓を作り、弔った。

4 **「筆の跡」は何をさすか。**

答　宮木が書き残した和歌。

2 **筆《ふで》執《と》るわざをしも知《し》らねば**　字を書くこともできないので。
「筆執るわざ」は字を書くこと。「しも」は強意の副助詞。翁は字を知らないので、墓に年月を書いておくこともできなかったのである。

3 **記《しる》すこともえせず**　記すこともできず。
「え」は副詞で、上代には「…できる」の意味で肯定の表現にも使われたが、中古以降では後に打消の語を伴って不可能の意味を表す。

4 **五年《いつとせ》を過《す》ごし侍《はべ》るなり**　「侍る」は、丁寧の補助動詞の連体形。宮木が死んでから五年がたっていることがわかる。勝四郎が旅に出て二年後に死んだので、勝四郎が旅に出てから七年がたっていることになる。

5 **かしこに行《い》きて**　「かしこ」は、遠称の指示代名詞。「あそこ」の意味。宮木の墓のある場所をさす。

6 **あひ《イ》ともに**　二人ともに。「あひ」は、接頭語で「いっしょに、互いに」などの意味を添える。本来「ともに」は、名詞「とも」+格助詞「に」。

学習の手引き

一　勝四郎の心の動きを、目を覚ましてから妻の死を確認するまでの行動を押さえながら、整理しよう。

解答例　・「さてしも、臥《ふ》したる妻は、いづち行きけん」**717** 三五三・7 →目が覚めて、辺りを見回し、荒れ果てた家には妻がいないことに気づく。

・「狐などのしわざにや」**717** 三五三・8 →狐などにだまされたのかと思うが、そこが自分の家であることも確かめる。

・「つらつら思ふに、妻はすでに死《まか》りて」**717** 三五三・13 →妻はすでに死んでいるのではないかと思い当たる。

・「あやしき鬼《もの》の化《け》して、……かたりぬるものか。」**717** 三五三・16 →昨夜見た妻の正体について考える。妖怪が化けて生前の姿を見せたものか、私を慕う魂だけが戻ってきて、語ったものか。

・「夜《よべ》の霊はここもとよりやと、恐ろしくもかつなつかし。」**717** 三五四・4 →墓を発見し、昨夜の妻はここから出てきたのか、と思う。

・「ここに初めて妻の死したるを悟りて」**717** 三五四・11 →妻の筆跡の歌を見つけ、死を確認する。

二　漆間の翁の言葉から、宮木を弔うことになった経緯を整理しよう。

解答例　・勝四郎が不在の間、宮木がけなげに夫の帰りを待っていたことを、翁はずっと見ていた。

・宮木が死んだときに弔ったのは、彼女をふびんに思ったからで、足が不自由であるにもかかわらず、土を盛って墓を作り、最期の筆らしい歌を墓のしるしにした。

・文字を知らないので、年月を記すことができなかった。足が不自由なので、遠くの寺に行って法名をつけてもらうこともできなかった。

三　宮木の「恨み」（717 三五三・5）とはどのような思いか。注9の引き歌や「さりともと」の歌を参考にして、説明してみよう。

解答例　注9の古歌「人知れず逢ふを待つ間に恋ひ死なば何にかへたる命とか言はむ」は、「人知れず逢えるときを待ちながら恋い焦がれて死んでしまったとしたら、何にかえて失う命だと言えばいいのか。」という意味で、「恨み」の直前の「逢ふを……死なん」**717** 三五三・4は、この歌を引いてきたものである。勝四郎に知られないまま、一人恋い焦がれて死んでしまったら、なんのための命なのだろう、という宮木の無念さがにじみ出ている。また、「さりともと」の歌では、「いつか逢えるということを信じて生きながらえてきた」との思いがこめられており、勝四郎に逢えぬまま死にゆく自らの境遇を嘆く。これらから、宮木が死んでなお、勝四郎の前に姿を現したのは、自らの無念の思いを伝えるためであったと考えられるのである。

言葉の手引き

一 次の古語の意味を調べよう。

1たより 717 三五一・7　2消息《おとづれ》 717 三五一・10
3丈夫《ますらを》 717 三五一・10　4夜もすがら 717 三五二・8
5すずろなり 717 三五三・11　6衾 717 三五三・11
7ひづ 717 三五三・3　8あきる 717 三五三・12
9つらつら 717 三五三・13　10まうけ 717 三五四・4
11なつかし 717 三五四・5　12ものす 717 三五四・6
13物語 717 三五六・4　14ねんごろなり 717 三五六・6
15とぶらふ 717 三五六・6

解答例 1 都合。便宜。 2 連絡 3 立派な男。
4 一晩中 5 なんとなく心が動くさま。
6 夜寝るときに上にかける夜具。 7 濡れる
8 呆然とする。 9 よくよく。つくづく。
10 設備、仕度。ここは、覆い。 11 慕わしい。心ひかれる。
12 さまざまな動詞の代わりに用いられる語。 13 話
14 丁寧にするさま。 15 弔う。死者の霊を供養する。